第27辑

CHUANTONG WENHUA YANJIU

傳統文化研究

顧廷龍題

苏州市传统文化研究会 编

中西書局

本书编委会

| 铁骨红心、磊落峥嵘 |

谢孝思 绘

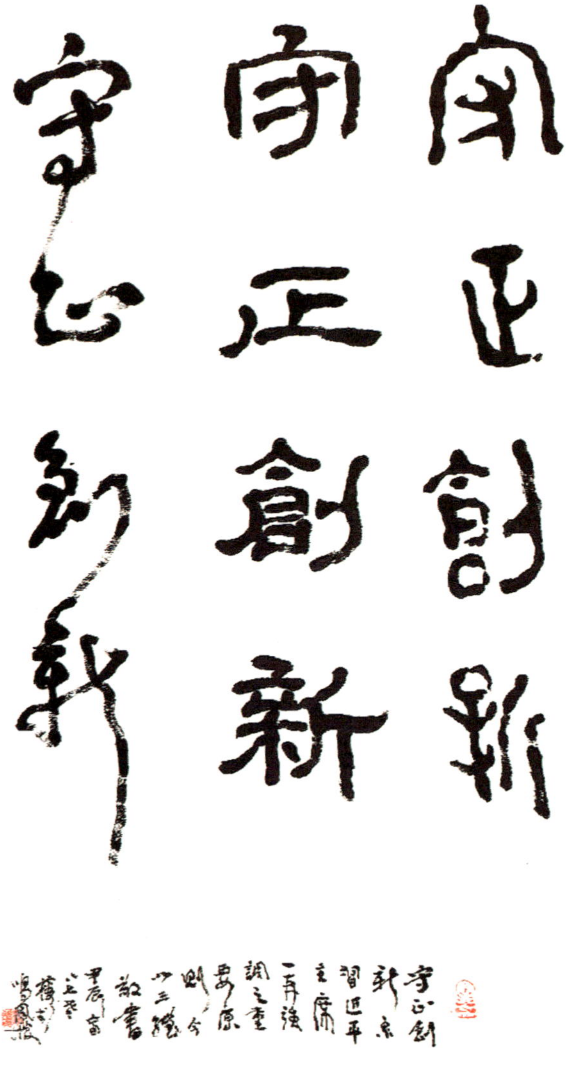

| 守正创新 |

葛振华 书

高瞻远瞩

葛藤 绘

新篁清心

萧芃 绘

老竹弥坚

萧芃 绘

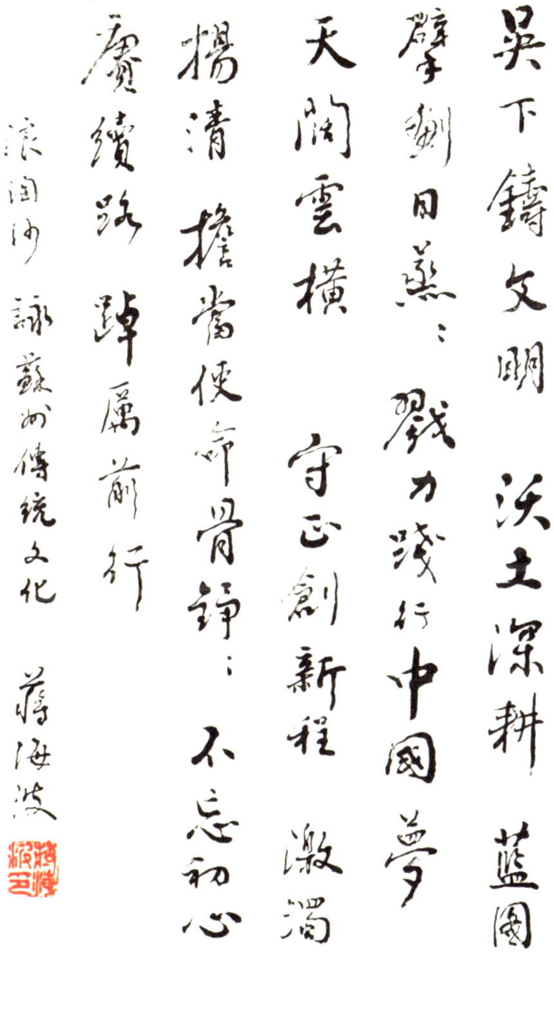

浪淘沙 · 咏《传统文化研究》

蒋海波 词并书

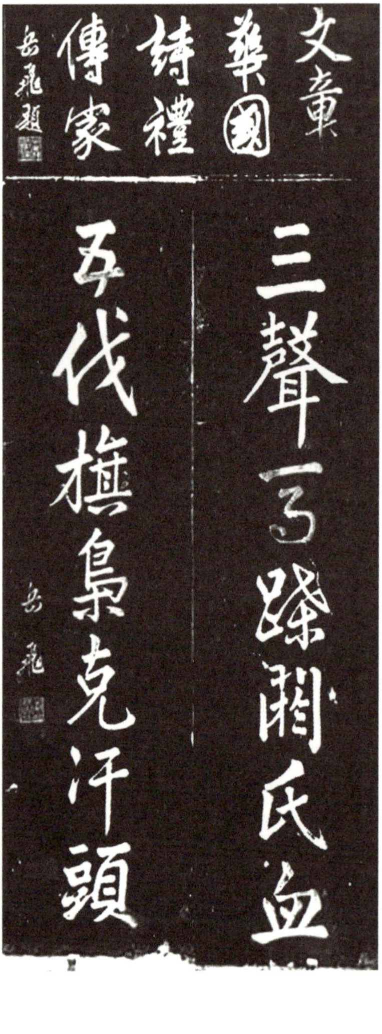

三声马蹀阏氏血，
五伐旗枭克汗头。

苏州寒山寺岳飞手迹

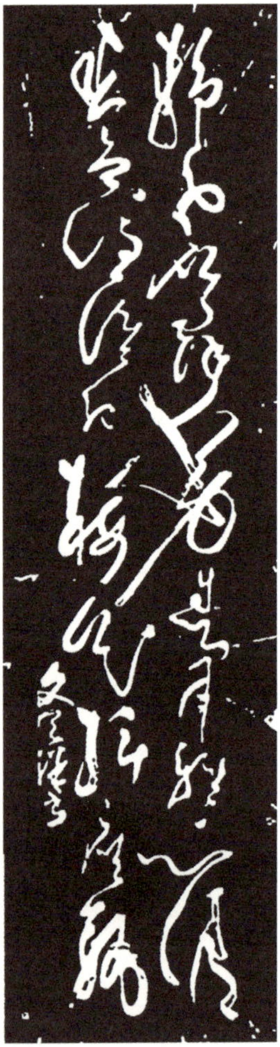

静虚群动息，身雅一心清。
春色凭谁记，梅花插座瓶。

苏州狮子林文天祥手书《梅花诗碑》

目　录

业绩难忘

吴地人文

江 南 书 香

稽 古 图 新

三 吴 名 贤

历 史 文 献

文 学 艺 术

弦 索 论 艺

序

徐茂明

“文化”的概念数以百计,但核心要义基本一致,即文化是生产、生活与观念的综合体。一般人讨论“文化”时,往往是从形而上的角度,去谈文学、艺术、宗教、风俗等,就像文化人类学奠基人泰勒所说:“文化或文明,在其广泛的人种学意义上,是人作为一个社会的成员所获得的知识、信仰、艺术、道德、法律、习俗及其他能力与习惯的综合体。”在这里,我们不应忽视泰勒所强调的“是人作为一个社会的成员”。“文化”不是单个的人所创造的,而是整个“社会”群体的产物。文化作为一个整体,观念与习惯是离不开生产与生活的,它们相互影响,彼此成就,从而形成某种文化形态或所谓文明。文化具有强大的惯性与支配性影响,大到人种、国家、民族,小到村落、家族、社团,等等,都有各自的文化规范与传统,彼此既有共性,也有个性,因此,不同文化之间才会产生冲突、融汇与嬗变。

中国的文化传统,历史悠久而绵延不断,是世界上连续性最强、延续最长的文化之一。悠久的文化传统是中国大一统得以实现的精神根基,同时构成了国人尚古而自信的文化心理,认为“天不变道亦不变”。直至晚清,面对“三千年未有之大变局”,处于独尊地位的儒学传统才开始感受到西方文化的冲击与挑战。近代中国的发展史就是“传统”与“现代”交织的新陈代谢史,一百多年来理论探索与政治实践证明,“传统”与“现代”的关系并非简单的“东方”与“西方”的对立,而是相互碰撞、融汇、激发、创生的关系。然而,要想客观理性地对于“传统”与“现代”作出恰当的评价并非易事,在现实世界,强势的经济与国力会显而易见地影响价值判断的标准。

在17、18世纪的西方启蒙时期,即相当于明清之际到所谓“康乾盛世”的时候,欧洲改革者为了批判黑暗的教会制度和专制的封建制度,将学习的目光投向中国的伦理型政治,认为以孔子儒家伦理为基础的国家学说优于欧洲。对中国政治的推崇还影响到欧洲大众的审美观念,其日常生活、室内装饰、园林建筑等都受到“中国风”的影响。但随着18世纪后期西方工业革命的成功,东西方出现了所谓经济“大分流”,在世界上占支配地位的“西欧中心”逐渐形成。经济上的西升东降,使得清朝的天朝中心遭遇挑战,欧洲人的“中国观”也随之逆转,启蒙时代备受推崇的中国文化开始受到质疑与批评,西人报刊介绍中国文化时,整体表现出一种文化上的优越感,其目光开始聚焦于中国政治的衰败、宗教的异端、民俗的愚昧等。东西方的经济“大分流”直接导致文化上的“大分流”。

面对西方强势的经济实力与坚船利炮,中国的有识之士开始反思,魏源希望“师夷长技以制夷”。苏州人冯桂芬提出,“以中国之伦常名教为原本,辅以诸国富强之术”,经过洋务运动的实践,这一思想后来化约为著名的“中体西用”说,这是晚清思想与政治变革的基本线索。整体而言,“中体西用”说的理论依据还在传统儒学,没有越出《易经》“自强不息”“穷变通久”的思想轨辙。与此同时,中国士大夫们不断调整着文化的身姿,悄然改变对西方列强的称呼,从“夷人”变为“洋人”,再变为“西人”,名称变化的背后,隐含着对于西方世界态度的微妙变化,从歧视性的“夷人”,到中性的“西人”,标志着天朝上国对域外异邦开始从俯视转向平视。清末“新政”以后,儒学一统天下的文化传统开始被打破,思想界百舸争流。辛亥革命,推翻帝制,肇建共和,五四之后,各种主义与思潮纷至沓来,儒学从主流意识形态地位逐渐边缘化。

民国初年,被后人奉为新儒家开山祖师的熊十力说:“民国五年之间,各种制度、各种人物,无一不经试验,而无一可加然否。”不久,王国维也感慨说:“自三代至于近世,道出于一而已。泰西通商以后,西学西政之书输入中国,于是修身齐家治国平天下之道乃出于二。光绪中叶新说渐胜,逮辛亥之变,而中国之政治学术几全为新说所统一矣。”两位国学大师均对儒学文化传统的命运表达了忧心。

从五四运动算起,迄今已经一百余年,如何批判地继承传统文化,始终交织着与西方列强竞争角力的迫切任务,因此,对于传统文化的态度也不可避免地受到诸多政治因素的影响,走过不少弯路。身处21世纪的今天,全球化与逆全球化并存,在这个多元化的世界文化大家庭里,“传统”与“现代”的关系依然是我们面临的问题,但相对于一百年前“救亡图存”的先辈,我们可以更加从容而自信地思考中国的传统文化与其他先进文化,择善而从。正如著名社会学家费孝通所言:“美人之美,各美其美,美美与共,天下大同。”

苏州历史悠久,文化深厚,1982年就被列为我国首批历史文化名城。1994年,中国与新加坡两国政府合作建设苏州工业园区,经过三十年发展,园区在GDP、科技、教育、环保等方面均取得令人瞩目的成就,被誉为“中国改革开放的重要窗口”和“国家合作的成功范例”。苏州工业园区的成功之路证明传统文化内蕴着现代性的基因,通过“美美与共”的文化融合,完全可以创造性转化为现代化发展的驱动力,苏州就是传统与现代有机结合的“双面绣”。

为传承并弘扬优秀的传统文化,20世纪90年代初,苏州一批怀着强烈文化使命感和社会责任感的离退休老人和高校学者成立了苏州传统文化研究会,每年定期出版《传统文化研究》学术集刊,迄今已连续出版27辑,这在地级市的学会中是非常罕见的。本集刊注重经世致用,重视优秀传统文化的挖掘与弘扬,长期开展对苏州先贤范仲淹、顾炎武思想的研究,开设过红楼梦研究专栏,对苏州古村落与古城文化遗产进行过调查与研究,近年来又加强对江南文化的研究,地方特色鲜明,许多著名学者在此发表论文,曾经多次获得苏州市哲学社会科学优秀成果奖。《传统文化研究》持久的生命力固然植根于历史悠久的苏州文脉,但要维持一本学术集刊数十年不坠,更离不开编委会的苦心经营与无私奉献。我与《传统文化研究》交往三十年,对编委会诸位前辈的奉献精神充满敬意,也曾有幸在集刊发表文章,受教良多。今奉编委会之邀,为集刊作序,愧不敢当,谨以小文略论传统与现代之关系,抛砖引玉,以待宏论。祝愿集刊立足江南,面向世界,拥抱未来,在继承优秀传统文化中不断开拓创新,为苏州的现代化事业贡献更多的智慧。

(作者系上海师范大学历史系主任、教授)

· 业绩难忘 ·

抗日民族统一战线与“七君子”

俞 菁

1931年，日本侵略者在东三省制造了“九一八”事变，东北人民唱出了《流亡三部曲》“无处流浪，无处逃亡”的凄哀歌曲与“我们要为民族战斗！”的复仇心声。继东北沦陷后，日军野心日益膨胀，继续蚕食华北地区。这一时期，东北有抗日义勇军，更有中国共产党领导下的抗联，不时给日军以突然袭击，打击了侵略者的嚣张气焰。中共及时发出抗日救国的《八一宣言》，推动了风起云涌的抗日救亡运动。

从日本发动侵华战争，到抗日战争以日本投降告终，这是在抗日民族统一战线形成的基础上，全民族抗战所取得的伟大胜利。而抗日民族统一战线是中国共产党为团结全国各民族一切抗日力量，打败日本侵略者而制定的路线和策略。全国各界救国联合会和“七君子”在其中扮演了重要角色，推进了历史的进程。

抗日民族统一战线的形成背景

1935年五六月间，日军炮制“河北事件”和“张北事件”，导致河北、察哈尔两省的大部分主权丧失，中华民族处在千钧一发的生死关头。中国共产党从民族大义出发，呼吁此刻应停止内战，集中一切力量抗日救国。1935年8月1日，中共驻共产国际代表团草拟了《为抗日救国告全体同胞书》，即“八一宣言”。宣言指出，当下中日矛盾已成为中国国内的最主要矛盾，抗日救国应是中国人民的首要任务，提出要建立抗日民族统一战线的主张。10月1日,宣言正式以中共中央、中华苏维埃共和国中央政府的名义在法国巴黎出版的《救国报》上发表。

这份宣言在社会各界尤其在学生中间引起强烈反响。这一年12月,在中共北平临时工作委员会的领导下,北平学生发动了“一二·九”反日游行示威,要求“停止内战,一致对外”。各地学生和民众纷纷支援,抗日救亡运动如火如荼地在全国展开。12月17日,中共中央在瓦窑堡召开政治局扩大会议,会议的决议确定并系统阐明了党的抗日民族统一战线的策略和路线,指出目前时局的特点是日本帝国主义企图吞并中国,使中国面临亡国灭种的危险,国内阶级关系发生急剧变化,民族矛盾已经上升为主要矛盾。因此,党的策略路线是:发动、团结与组织全中国全民族一切革命力量去反对当前的主要敌人——日本帝国主义与卖国贼。会后,毛泽东作了《论反对日本帝国主义的策略》的报告,指出要勇敢地抛弃关门主义,采取广泛的统一战线,防止冒险主义。在此背景下,刘少奇受党中央指派去了华北,以中共中央代表的身份主持工作,改组了北方局。在中共地下党的领导下,在国统区形成了一股较强大的爱国民主进步力量,扩大了统一战线,广泛开展抗日救亡运动,为全面抗战做好了准备。

救国会成立及统一战线形成

1936年,宋庆龄、何香凝、马相伯等著名爱国人士响应中国共产党建立抗日民族统一战线的号召,在上海发起成立全国各界救国联合会。5月31日至6月1日,全国20多个省市60多家抗日救亡团体及十九路军代表在上海召开成立大会,选举了宋庆龄、何香凝、马相伯、邹韬奋、沈钧儒、章乃器、李公朴、沙千里、陶行知、史良、王造时等人为执行委员,确定了救国会宗旨:“团结全国救国力量,统一救国方案,保障领土完整,图谋民族解放。”大会讨论通过了《抗日救国初步政治纲领》等重要文件,要求停止一切内战,建立全国统一的抗日政权，团结一致共同抗敌。刘少奇得知救国会领导人邹韬奋在香港创办的《生活日报》即将出版，立刻以“莫文华”的笔名写信，表示积极支持，说“目前的中心问题”是组织“民族解放的人民阵线”，希望该刊能担负起促成解放中华民族的伟业，成为救国人民阵线的指导者与组织者，成为千千万万群众的权威性刊物。6 月 7 日，邹韬奋以“民族解放与人民阵线”为题将刘少奇的这封信发表在《生活日报星期增刊》第一卷第一号上。6 月 19 日，刘少奇又给邹韬奋写信，撰写了《人民阵线与关门主义》，再次强调“民族统一战线的问题，是中国目前的中心问题”，论述了建立广泛的抗日民族统一战线的必要性和可能性，进一步批评了狭隘的关门主义的观点。这篇文章发表在 7 月 12 日《生活日报星期增刊》第一卷第六号上。7 月 15 日，章乃器、陶行知、邹韬奋、沈钧儒等爱国民主人士联合发表了署名文章《团结御侮的几个基本条件与最低要求》，赞同中共关于建立抗日民族统一战线的主张，要求停止内战、释放政治犯，共同抗日。8 月 10 日，毛泽东代表中共中央给四人写信，信中说：“我们同意你们的宣言纲领和要求，诚恳地愿意与你们合作，与一切愿意参加这一斗争的政派的组织或个人合作，以便如你们纲领与要求上所提出来的一样，来共同进行抗日救国的斗争。”这封信于 10 月 30 日，以“苏维埃政府领袖毛泽东先生致章陶邹沈四先生信”的标题，整版刊登在中共海外报刊《救国时报》上。

“七君子”被捕

随着各媒体的加大宣传，抗日民族统一战线的方针日益为广大民众接受。是年 11 月，上海工人举行反抗日本商人剥削压迫的大规模罢工斗争。救国会为支持工人运动组织了罢工后援会，后援会由沈钧儒主持，为工人募集捐款，“吁请全国同胞援助日商纱厂罢工工人”。此举引起日方的恐慌，日本驻沪领事以待命的日本陆战队威胁，向国民党当局施压，要求抓捕救国会领导人。国民党当局也忌惮救国会与中共联合,便以《危害民国紧急治罪法》第六条之罪名,将救国会定为“以危害民国为目的”的非法组织团体。1936年11月23日凌晨,上海市公安局在租界巡捕房协助下,突袭逮捕了沈钧儒、邹韬奋、李公朴、章乃器、王造时、沙千里等救国会领导人,并通缉追捕史良。此为轰动一时的“七君子事件”。几人中最年长的是63岁的沈钧儒,最年轻的是32岁的史良,史良是“七君子”中唯一的女性。他们中,邹韬奋是报刊主编,李公朴是上海补习学校校长,章乃器是大学教授,其余都是上海文化界人士和律师公会的律师。12月初,“七君子”被转押至苏州,沈钧儒等6人被羁押在江苏高等法院看守所吴县横街分所,史良被独自羁押在苏州司前街看守所。当时《苏州明报》被授意声称沈钧儒等人“勾结‘赤匪’,妄议人民阵线,煽动阶级争斗,更主张推翻国民政府……密谋鼓动上海总罢工,以遂其扰乱治安颠覆政府企图”,欲在舆论上给几人定罪。

对“七君子”的声援

事件发生后,各方人士纷纷向国民党当局提出强烈抗议,全国各界掀起了声势浩大的营救运动。救国会及时发表《为七领袖无辜被捕告当局及国人书》,向世人揭露真相,表明救国会奋斗到底的决心。1936年11月29日,宋庆龄在《救亡情报》上发表了《宋庆龄先生为全国各界救国联合会七领袖被捕声明》,向国民党当局提出强烈抗议:“余以全国救国联合会执行委员之一,鉴于全国救联七领袖被捕,特提出抗议,反对此等违法逮捕,反对以毫无根据的罪名横加于诸领袖。”她在声明中说道:“救国会的七位领袖已经被捕了,可是我们中国还有四万万人民,他们的爱国义愤是压迫不了的。”她主张全国人民不分政治信仰或党派,成立联合战线,投入民族救亡运动。

此事件在海内外引起轩然大波。国内各大城市纷纷举行声势浩大的示威游行,各所高校师生举行罢课抗议,声援营救,北平文化教育界107位知名人士联名赞扬“七君子热心救国,全国景仰”,呼吁当局立即释放他们。海外同胞亦无不惶骇，美国华侨300余人签名发表《为营救抗日救国七先生告海外同胞书》。东南亚、欧美等各地华侨纷纷致电国民政府，为“七君子”发声，要求当局立即释放他们。中国共产党在法国巴黎出版的《救国时报》以宣传、解释、鼓动、组织抗日救国联合战线为己任，在43个国家发行。“七君子”事件发生后，《救国时报》对此作了详尽报道，刊登了《全欧华侨抗日救国联合会等致南京政府电》《星洲侨胞营救救国七领袖电》《加拿大侨胞群起保护救国分子》《古巴侨胞救沈章》等文。国际和平大会也致电国民政府，请求从宽处理、即予释放。作家罗曼·罗兰、科学家爱因斯坦、社会活动家罗素、教育家杜威等16位国际知名人士亦联名抗议，要求立即恢复中国民主人士的自由。

西安事变的影响

救国会在成立后曾发电报给张学良，希望他请缨抗日。在抗日民族统一战线政策的影响下，张学良上书蒋介石，请与日军对战，遭到拒绝。1936年12月2日，张学良赴洛阳面见蒋介石，要求释放“七君子”，并再三请蒋介石前往西安训话。12月12日，张学良、杨虎城发动兵谏，扣押前往西安督剿红军的蒋介石，并向全国发出了“救国八项主张”的通电：“改组南京政府，容纳各党各派，共同负责救国；停止一切内战；立即释放上海被捕之爱国领袖；释放全国一切政治犯；开放民众爱国运动；保障人民集会结社一切政治自由；确实遵行总理遗嘱；立即召开救国会议。”西安事变发生后，国民党CC系领导、江苏省政府主席陈果夫提出要将“七君子”枪杀以示警告，所幸被冯玉祥以蒋介石等人尚被质留怕有危险为名制止，但关押“七君子”的看守所仍被加强了警卫，亲友家属也不再被允许探望。“七君子”在狱中听闻风声，亦做好了随时牺牲的准备并达成一致意见：押赴刑场时高唱《义勇军进行曲》，临刑前高呼“打倒日本帝国主义！民族解放万岁！”中国共产党参与西安事变的谈判后，国民党政府最终同意中央军撤出西北,释放“七君子”及其他政治犯,联合红军,联合苏联和英美一起抗日。双方初步达成了停止内战、国共合作、共同抗日的协议。西安事变促进了抗日民族统一战线的建立。

然而答应释放“七君子”只是权宜之计,国民党政府实则仍然想要诱降救国会领导人,要求他们不再从事救国活动,遭到“七君子”的断然拒绝。“七君子”移至江苏高等法院后,经过5次侦讯,每次都不卑不亢,据理以争。1937年4月,江苏高等法院检察官对“七君子”以及陶行知、罗青、孙晓村、曹孟君、张仲勉、陈道弘、陈卓等人提起公诉,罗列十条罪状,指责众人涉嫌“勾结共产党,组织非法团体,煽动罢工罢课,扰乱地方秩序,图谋颠覆政府”,并构陷西安事变是救国会通过电报怂恿煽动所致。4月24日,中共中央委员会在《解放》周刊创刊号上发文《中国共产党中央委员会对沈章诸氏被起诉宣言》,要求国民党当局“立即释放沈钧儒、章乃器、邹韬奋、李公朴、王造时、沙千里、史良及全体政治爱国犯,立即取消陶行知等及一切政治犯之通缉令。”“立即彻底修改《危害民国紧急治罪法》”,宣言“真实之抗战准备,唯有给予民众民主权利!”5月至6月,上海、天津、广州等地群众多次发动数千人的联名请愿,要求江苏高等法院撤回起诉,认定“七君子”无罪。但国民党政府一意孤行,不顾大众的强烈反对,于6月11日对“七君子”等人进行开庭审判。得知CC分子想要将他们送入南京“反省院”,“具结悔过”后再由杜月笙出面保释,律师立刻采用申请回避制度,使法院被迫停止诉讼程序,改期再审。

“七君子”答辩状

为组织营救“七君子”,陆鸿仪等苏州、上海律师界二十七位律师组成辩方律师团,撰写了两万余字的答辩状,对起诉书进行淋漓尽致的反驳,并将答辩状在《申报》《大公报》上刊载,让国人进一步了解事件真相。律师们据理力争,阐明抗日救亡迫在眉睫的事实,称:“被告等目击河山破碎,痛念国亡无日,奋起赴难,未敢后人。当时救国会及被告等均认为救亡唯一要道，端在全民族团结一致，御侮抗敌。故言论行动莫不以此为依归，至和平统一，集中力量各点，则均不过为求达此项目的之方法。”针对起诉书所谓“危害民国”之罪名，该状愤然答辩：“然以被告等爱国之行为，而诬为害国；以救亡之呼吁，而指为宣传违反三民主义之主义，实属颠倒是非，混淆黑白，摧残法律之尊严，妄断历史之功罪。”对于起诉书中所称“被告等对于工人不惜多方煽惑以遂其不法之企图”，答辩：“罢工后援会之组织，乃在上海日纱厂罢工发生以后，时值寒冬，因罢工而失业之人冻馁堪虞，所谓后援，不过略为捐助果腹之资，以期稍免疾病死亡之惨。凡此各点均有案内之罢工后援会缘起可考。无论华工惨受日人之虐待，凡属国民，本均有同胞互助之义务，而事属慈善，且于地方治安有益，更不能引为犯罪之论据。”对于起诉书中针对救国会宣言和《团结御侮的几个基本条件与最低要求》一文是蔑视政府，有利于共产党宣传的指责，答辩也是见招拆招，强调抗日救亡是关系整个民族生死存亡的大问题，只有集合一切人力、财力、智力、物力，实行全国总动员，才能得到最后的胜利，“换句话说，抗日救国这一件大事业，决不是任何党派任何个人所能包办的。脱离了民众，单是政府，抗日必然失败，但是没有一个政府的领导，单靠民众自动地作战，也决不会有胜利的前途”。答辩始终坚持爱国无罪论。

“救国入狱运动”

1937年6月25日，江苏高等法院再次开庭。宋庆龄等人破釜沉舟，发动“救国入狱运动”，制定规约：“救国入狱运动以争取救国无罪为其唯一目的。”宋庆龄、何香凝、诸青来、彭文应、张定夫、胡愈之、汪馥炎、张宗麟、潘大逵、王统照、潘白山、张天翼、沈兹九、刘良模、胡子婴、陈波儿等十六人签署了《为沈案呈苏州高等法院文》，递交给江苏高等法院，声称：“爱国如竟有罪，则具状人等，皆在应与沈钧儒等同受制裁之列……愿以身试法律上救国之责任。”要求将自己与“七君子”并案办理,以此表示与救国会成员共进退。宋庆龄等人以发起人身份向大众散发《救国入狱运动宣言》,庄严声明:“我们准备好去进监狱了!我们自愿为救国而入狱,我们相信这是我们的光荣。”“我们要使全世界知道中国人决不是贪生怕死的懦夫,爱国的中国人决不只是沈先生等七个,而有千千万万个。中国人心不死,中国永不会亡!”“我们都为救国而入狱吧!中国人都有为救国而入狱的勇气,再不用害怕敌人,再不用害怕日本帝国主义的侵略!”7月5日,宋庆龄一行人赶赴苏州,直奔江苏高等法院,把院长和首席检察长叫出来,义正词严地责问:“救国有罪无罪?如果无罪,应把七位救国会领袖立即释放;如果有罪,则把我们一起关押起来。”法院官员们理屈词穷,无言以对。同时,当天另有三四十人也响应救国入狱运动,具呈了为沈案请求羁押的状子。最后检察官只好答应重新审查,众人方肯离去。这场“救国入狱运动”使“七君子”更坚定了坚决斗争到底的决心,也极大地鼓舞了人们的斗志,让更多人参与到这场运动中来。电影界袁牧之、赵丹、白杨等二十余人也具状江苏高等法院,要求与“七君子”共同收押。一些教授、学生、工商业人士也纷纷签名要求救国入狱。这对国民党当局形成了更大的压力,使其不敢轻举妄动。

抗日民族统一战线确立

1937年7月7日,日本悍然发动七七事变,向宛平城和卢沟桥发动进攻。事变第二天,中共中央向全国通电,号召中国军民团结起来,共同抵抗日本侵略者。全国人民群情激奋,抗日救国情绪达到空前高潮。在此形势下,蒋介石于7月17日发表庐山谈话,正式宣布对日全面抗战。7月31日,国民党政府迫于当前局势和各方压力,终于将“七君子”释放。“七君子”出狱当天,两百多位民众聚集在看守所门口,高呼抗日口号、合唱救亡歌曲,军乐响起、爆竹声声以示庆贺。当晚,张一麐、李根源等为“七君子”担当保人的当地士绅在苏州国货公司屋顶花园设宴,代表民众向沈钧儒等人及诸位律师表达慰问之情,鼓励大家重振斗志。“七君子”亦表示初衷不改,坚持全国一致抗日救国。9月22日,国民党中央通讯社发表《中国共产党为公布国共合作宣言》,以国共合作为基础的抗日民族统一战线正式形成。

历经八个月的“七君子”事件至此告一段落。他们出狱后继续投身抗日救亡运动。沈钧儒为抗日军人家属及进步人士义务辩护,并筹组抗日救亡总会;章乃器发表了《抗日必胜论》,还发起中国工业合作协会,组织沿海工厂内迁以发展战时生产和就业;邹韬奋创办了《抗战》《全民抗战》《抗战画报》等抗日刊物,撰写长篇史料《抗战以来》;王造时创办了《前方日报》,报纸宗旨为加强团结、反对内战、一致抗日;李公朴担任“民族革命战争战地总动员委员会”宣传部部长,宣传抗日民族统一战线;史良发动妇女参加抗战,成为后方妇女运动的重要领导人之一;沙千里则于1938年加入中国共产党,从事党的统一战线工作和救国会的宪政运动,为抗战服务。

“七君子”出狱时说过:“当不变初衷,誓为国家民族求解放而斗争。”他们矢志不渝,言出必行,无惧个人安危,以己所能担起中华民族救亡图存的使命。他们并非势单力薄,而是体现了全国人民的意志。这也证明了抗日救国是人心所向,中国共产党倡导建立的抗日民族统一战线是大势所趋。可说是“四万万人齐蹈厉,同心同德一戎衣”。在生死存亡之际,中华民族排除万难、万众一心,谱写出了团结抵御外侮的宏伟篇章。

优秀传统文化精神的传承

写到此处,无独有偶,不禁又想起了清末“戊戌六君子”,他们是“戊戌变法”时英勇就义的谭嗣同、康广仁、林旭、杨深秀、杨锐、刘光第。当然,由于时代不同,他们与“七君子”的信仰并不一样。“六君子”是要求清廷变法,变君主专制为君主立宪,因而触动了君主封建统治之逆鳞,于是六人惨遭杀害。人们尊敬他们为追求真理而献身,所以尊为“六君子”。尤其是谭嗣同,立志甘愿以一人之血,誓醒世界亿万。入狱后，他在狱中墙壁上写下七绝诗一首，最后两句尤为动人："我自横刀向天笑，去留肝胆两昆仑。"写出了为革命事业慷慨赴死的大义。

"六君子"这种舍身求仁的优秀传统文化精神，传承后世。其后有抗战"七君子"，为民族、为民主甘冒风险，奔走呼吁，身陷牢狱而不屈。时代在前进，抗战"七君子"有全国人民的支持，有国际进步人士的声援，更有抗日民族统一战线的引领，因而见到了胜利的曙光。

参考文献：

[1] 苏州市委统战部、党史办、档案局编：《七君子在苏州狱中》，1986 年版（内部发行）。

[2] 刘怡：《支持抗日救国　挽救民族危亡——宋庆龄与"七君子"事件》，《中国档案》2019 年第 9 期。

[3] 刘丹、李言红：《论共产国际与中共抗日民族统一战线方针政策的确立》，《福建省社会主义学院学报》2014 年第 1 期。

[4] 王晓华：《"七君子"大案的前情与内幕》，《炎黄春秋》2020 年第 6 期。

[5] 董晓峰、陈挥：《刘少奇与邹韬奋关于抗日民族统一战线的对话》，《上海党史与党建》2020 年第 6 期。

[6] 楚向红：《我们党如何倡导建立抗日民族统一战线》，《学习时报》2021 年第 10 期。

一辈子最爱的是教育工作

——解放后第一任苏州市教育局局长马崇儒同志

若　菊

马崇儒是江苏无锡人，1938 年加入中国共产党。从 1946 年开始，他由陶行知指定，担任山海乡村实验学校校长。以后，经赵朴初推荐，由宋庆龄主席任命为中国福利基金会（后称中国福利会）的第一儿童福利站站长。中华人民共和国成立后，他担任过苏州市教育、卫生、统战等部门的领导。离休后，他创建苏州市陶行知研究会，又致力于职工教育。从青年时代直到生命终结，他一生为党的事业兢兢业业。

1983 年春马崇儒在邓尉观梅

陶行知指定的“山海”校长

马崇儒年轻时就从事教育工作,一生中的很长时间在教育岗位忙碌,这源于陶行知的教育理念。

“捧着一颗心来,不带半根草去”是著名教育家、思想家陶行知一生的写照。陶行知认为,我们国家以农立国,如果农村的教育没有改观,国家就没有希望。他被毛泽东主席誉为“伟大的人民教育家”。

1932年,陶行知在上海宝山的大场创办了“山海工学团”(以下简称“山海”),他这样解释山海工学团的含义:“有两层意思:一是因为我们这儿地处宝山、上海之间;二是‘九一八’事变以后,山海关危急,取名‘山海’有共赴国难的意思”。“山海”将社会、学校、工场打成一片,是一所新型的、拥护共产党抗日救国主张的进步学校,为抗日救亡运动作出了重大贡献。

1937年8月13日淞沪抗战开始,大场成为战场,“山海”被迫停办。抗战胜利后,大家都希望陶行知恢复“山海”。1946年春天,陶行知从重庆回到上海。当时,马崇儒在陶行知的生活教育社任上海分社理事,开展乡村教育、工人教育、难民教育、儿童教育工作。这是陶行知以宣传、发展其生活教育理论为宗旨的教育社团。马崇儒和“山海”成员多次拜访陶行知。陶行知亲切地对他们说:“抗战胜利了,我有许多事情要做,……我积极支持你们,‘山海’一定可以办好。”陶行知指定由马崇儒担任“山海”校长。同时,中共上海市委指示,抗战胜利后要继续开辟近郊农村工作。浦西近郊地下党的工作由钱柏荪和马崇儒等负责领导,他们以恢复“山海”、办民校为主要形式,迅速打入教育界,逐步在农村展开各项革命活动。其间,郊区党组织办了9所市立民校、16所义务小学和3所工农夜校,包括近百个班级,影响所及达300多个村庄、市镇和19个工厂,不仅发展了老据点,还开辟了新阵地,党的影响向广大农村纵深发展,普及农村教育成为我们党联系群众的良好形式。马崇儒在上海近郊工委工作期间,以超负荷的状态开展用拖粪车运送枪支等工作,加上长期营养不良,导致患上严重肺结核。党组织为他专门请了外国大夫动手术,取下了他左边的2根肋骨,切除了部分左肺。他逐步恢复健康后,更积极地投入党在上海近郊的工作。

根据党组织的要求和陶行知的教导,马崇儒和同志们在群众中开展恢复“山海”的宣传,号召“有钱出钱,有力出力”,取得了广大农民和一些上层人士的支持。有人献出2亩竹园作为校址,有人动手参与盖校舍,有人制作简易课桌椅,还有人资助办学经费……这一切使恢复“山海”具备了重要的物质条件。校董会以农民为主体,陶行知任名誉董事长(后来由著名教育家陈鹤琴担任),山海工学团改名山海乡村实验学校,马崇儒成为第一任校长。5月21日,“山海”复校上课,在大场地区开展了大规模的普及教育活动。

最初,学校缺乏教师,马崇儒和两位有教学经验的同志一起讲课,三人边教书,边宣传,克服种种困难,逐步取得了校董会和农友们的信任。从1946年秋季到解放前,总校发展到4个班级,近200名学生,并在附近的几十个村子里,先后办了7所分校,共有14个儿童班、13个成人班,外加“小先生”办的十几处识字班,直接受教育者达千余人。“山海”的师生们坚持“工以养生”,要求学生从小养成爱劳动的好习惯,除了学习,还要帮助家长养羊、喂猪,参加力所能及的农活,协助父母料理家务。农忙季节,教师们经常参加劳动,他们按村分组,帮各村农友及为老师“供饭”的农户干活,师生、家长打成一片。山海工学团首创“小先生制”,开展“即知即传”的普及教育方法,村里要做什么,老师就教,学生就学。老师在做中教,学生在做中学。“小先生制”理念的产生及实践是近代中国教育史上的重要事件,影响遍及全国及东南亚。

“山海”按照规定教科书上课的同时,还根据革命形势需要,采取单元教学法,自编或改编各科教材。从识字到讲道理,从讲农民生活到讲国家大事,从文化教育到政治启蒙,由浅入深,循序渐进。“山海”还办壮丁识字班、妇女识字班,办小茶馆,开展读报活动,组织歌咏队。

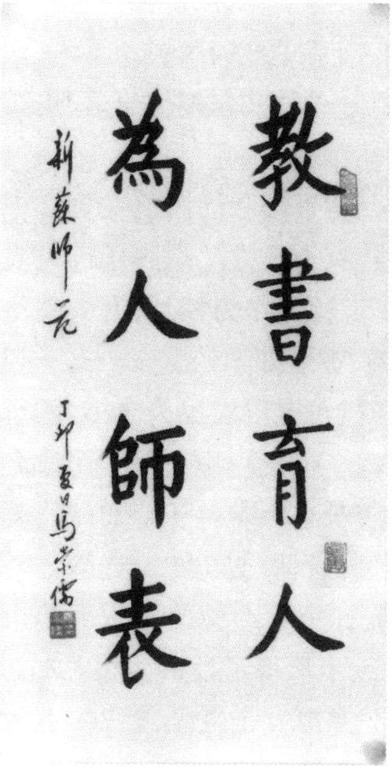

马崇儒墨迹

针对农村青年的爱好,教唱《你是灯塔》《你这个坏东西》等歌曲,教跳秧歌,既丰富了活动内容,又灌输了革命思想,学校充满朝气。这所在办学内容和形式上都很特殊的学校,不久便被国民党反动派视为眼中钉,国民党的督学常常来“山海”找麻烦,校董事长陈鹤琴就出面与他们周旋,解决问题。这时的山海乡村实验学校已成为中国共产党在上海北郊地区开辟农村工作的主要阵地之一。

陶行知把山海工学团作为实践自己教育抱负和救国理想的一块坚实基地,他在这里创造、传播、践行着至今依然闪烁光辉的教育思想。这一思想不仅影响了马崇儒的青年时代,也影响了他的一生。

宋庆龄赞赏的第一儿童福利站站长

1949 年,苏州刚解放,百废待兴,很多机关干部日夜忙于学习和工作,没有精力照管孩子,都希望有个幼托机构能助一臂之力。于是,民治路的“机关托儿所”成立了。这家托儿所实行的是寄宿制,孩子们不仅比较独立,还养成了学习和生活的好习惯。直到现在,“民治路托儿所”在苏州市仍有很高知名度。当时,上海的五原路也有个托儿所,那是由宋庆龄创办的名闻遐迩的“中国福利会托儿所”。这两所幼托机构的成立时间相近,教程和管理也类似。马崇儒说,苏州市机关托儿所成立时,向中国福利会(以下简称“中福会”)申请支援,在物资和教学上得到中福会和中福会托儿所很大的帮助,后来才知道，这是宋庆龄支持和批准的。

那么，上海的中福会、中福会托儿所和苏州市的机关托儿所怎么有了关联？

这事说来话长。当时的苏州市教育局局长马崇儒和中福会的关系渊源匪浅。解放前，上海许多儿童因为家贫，食不果腹、体质虚弱，甚至一字不识。宋庆龄决定面向贫困儿童建立文化福利机构。1947年4月，她在上海儿童图书室的基础上，成立了第一儿童福利站。儿童福利站融教育、保健、救济工作于一体，设识字班、图书室、保健室和营养站，旨在救助贫困儿童、培育未来新人。于是，赵朴初先生向她推荐了马崇儒。7月初，宋庆龄任命马崇儒为第一儿童福利站站长（以下简称“第一站”）。

第一站设在沪西的胶州路。接着，中福会又在沪东、虹口地区开办了第二、第三两个儿童福利站，属中福会儿童工作组直接领导。每个儿童福利站都有1—2幢圆顶的铁皮活动房，面积约100平方米，比较简陋。这些铁皮房屋原是第二次世界大战期间为美军设计建造的，之后作为剩余物资，经过宋庆龄争取，由当时的国民政府行政院救济总署工业善后处分配给中国福利基金会使用。

宋庆龄一直鼓励马崇儒在儿童福利站推广陶行知的“小先生”学习制，教育孩子们“学会赶快去教人，教了又来做学生”，“滴自己的汗，吃自己的饭，自己的事自己干；靠人、靠天、靠祖上，不算是好汉”，帮助孩子们确立最基本的学习目标。儿童福利站的“小先生”们主要从附近的公立小学学生中挑选，这些孩子大多出身贫苦，中福会帮他们付学费，使他们能够继续上学。从中再选拔、训练好学肯干、品学兼优的大孩子，让他们担任“小先生”。教师们给“小先生”讲《表》《铁木儿》《小夏伯阳》《青年近卫军》等故事，教唱《读书郎》《团结就是力量》《你是灯塔》《山那边呀好地方》等歌曲，教跳农作舞、秧歌，演话剧《救救孩子》，还带他们看进步电影，教他们管理图书室，让他们懂得个人卫生、家庭卫生、公共卫生，教他们如何看病、怎样吃药。“小先生”们学会了这些，自然就能帮助和带动其他小朋友。于是,到第一站来读书、唱歌的穷苦孩子更多了,第一站甚至吸引了附近的中学生。两间活动屋经常挤满孩子,有的读书识字、翻看图书画报,有的唱歌跳舞、学踢腿打拳,有的参加小足球队、跳集体操,有的为保健室服务,“小先生”们在这些活动中,发挥了模范作用。

第一站先后为附近失学儿童办起扫盲识字班,招收贫困劳动人民的子女。课本是自编两年制四册的《老少通》,有语文、算术、常识、唱游等科目。识字班的学生经过学习,走出福利站的教室就能成为受尊重的老师。他们会骄傲地在墙上、树上插起一面“识字班”的三角小旗,挂上小黑板,随处都可以是课堂,三五个学生就可以开课。他们在自己家里、弄堂口、理发摊就能把学到的知识教给其他人。

宋庆龄欣慰地说:“家庭扫盲班正在迅速增加,我们认为这是在今日中国消灭文盲最经济、最有效的办法。”马崇儒每周召开一次“小先生”的工作会议,和第一站的教师们一起参加讨论,对“小先生”的工作给予必要的帮助和指导,解决“小先生”提出的各种问题。“小先生”们建立起自治组织“小先生团”,开展有组织的研究、出版、纠察、文体等活动,成为第一站工作的骨干力量。宋庆龄在致友人的信中自豪地说,“已培养了 300 多名‘小先生’”,“受惠儿童已达 15 000 人”,这一切“将对中国的未来产生长远的影响。采用这种办法,可使儿童负起社会责任,爱护和改进他们周围的环境”。

为扩大穷孩子免费入学的人数,第一站向所在地晋元小学借了十几间教室,利用下午放学和晚上,聘请晋元小学、女青年会夜校和学联进步教师,根据不同情况,分别担任白天或晚上识字班的教师。教材除了自编的《老少通》外,也用规定的教科书,更多则是根据报纸新闻编写的“反内战、争和平;反独裁、争民主;反饥饿、争生存”的自编教材。马崇儒常给大孩子们读报,讲国家大事,讲立大志,讲新四军、八路军、小八路的故事,让他们明白现在的自己就是国家未来的主人。1947 年,第一儿童福利站发展了 3 名共产党员,党在第一站的力量增强了,一些表现突出的“小先生”先后参加了地下少先队。他们以第一站为据点,翻印、散发传单,绘制小地图,为迎接上海解放提供资料。他们密切配合小教联和地下党,组织传送、阅读、义卖《新少年报》。一些“小先生”从第一站起步,加入青年团,加入共产党,从此走上革命道路。上海解放后,“小先生”中有号召力的成为领导,有专长的成为能人,喜欢音乐的成为乐团指挥,喜欢表演的成为剧团演员……人才济济。

了解第一儿童福利站的良好发展,宋庆龄带了外国友人前来参观,听着介绍,她高兴地说:“马先生,你把山海工学团的‘小先生’带到第一站来了,现在第一站也有了‘小先生’,你们做得好。”

1947年一个冬天的下午,宋庆龄又和外国友人来到第一站,他们要拍一些照片作宣传。经过短暂的安排,在阅览室里,宋庆龄亲自指导“小先生”读书识字,外国友人摄下了一张十分珍贵、具有历史意义的照片。宋庆龄对马崇儒在儿童福利站积极推行“小先生”制备加赞赏,便邀请马崇儒等人一起参加家宴。马崇儒说:“1947年圣诞节的中午,宋庆龄邀请顾锦心、陈维博、柏里和我到香山路参加她的家庭便宴。宋庆龄热情接待、亲自送茶、亲自做各种菜肴。”对他们表示亲切慰问。

1948年春天的一个下午,宋庆龄在辣斐德路(今复兴中路)犹太人俱乐部举行外国友人和外国记者招待会,在介绍中国福利基金会工作时,还介绍了3个儿童福利站和儿童剧团,她特地安排马崇儒详细介绍开展“小先生”活动的情况,请中国福利基金会总干事、美国人谭宁邦帮助翻译。为了那次记者招待会,马崇儒特地穿上西装。晚年他常笑着说:“那是我这辈子唯一穿过的一次西装,那西装还是借来的。”

三十年后,有关人士向宋庆龄了解儿童福利站以及上海儿童剧院赴京演出的情况时,她都一一问起当年在儿童福利站工作的同志,还热情地提到了“密斯特马”……这一切都成为马崇儒一生的温暖回忆。

致力于苏州的教育事业

1948 年夏,顾锦心向马崇儒转达宋庆龄的口信:他的行动已引起国民党特务的注意,要马崇儒“注意一些呵!”8 月 7 日,马崇儒及时撤离第一儿童福利站,转移到苏州,以志成小学校长的身份作为掩护,和中共苏州地下党组织的同志们一起,参与了解放苏州的伟大事业,开始了新的工作。

志成小学由当时的丝织产业工会创办,地点在乔司空巷。这是苏州城区中部的一条小巷,位于人民路东侧、观前街北面,以南宋大臣乔行简居此而得名。

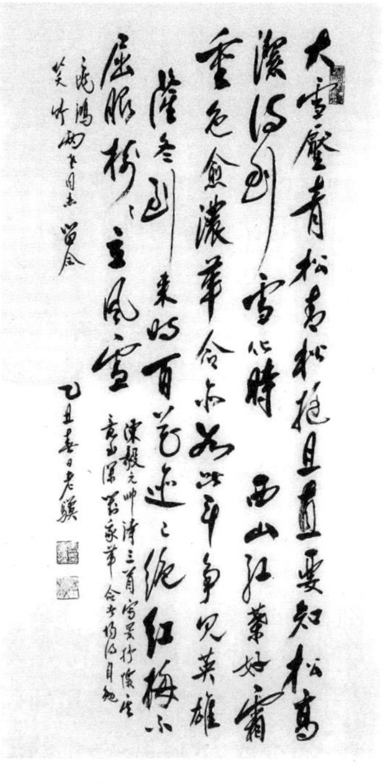

马崇儒行书陈毅诗三首

志成小学由于政治上比较可靠,很快就被地下党选中,成为中共苏州工委的临时指挥所,负责统一领导苏州的护厂、护校斗争。志成小学校门不大,里面有个大厅,厅里隔出两个课堂,一、二年级合用一个,三、四年级则用另一个,学生多为几家丝织厂的职工子弟。这里的孩子们不仅学习语文、算术,还悄悄地传唱革命歌曲。当年的陆恒老师一直记着,校长马崇儒先教老师们唱《解放区的天》等歌曲,再由老师教孩子们,大家都很喜欢唱。那时,学校里有陈姓五兄妹,从小失去父母,住在观前街承德里的一间小屋内,虽然靠领救济粮维持生活,却坚持学习。在他们生活非常困难时,校长马崇儒经常到他们的住处去看望和帮助他们,鼓励他们刻苦学习,努力成才。几十年过后,“文革”时,五兄妹牵挂着老校长,他们从青海、南京、北京等地千方百计地寻找马崇儒,终于在一个下雪天,兄妹们相约汇聚苏州,步行到尹山湖五七干校,找到了自己常常思念的如亲人般的校长,这时的五兄妹已成为著名话剧演员、著名医学专家和优秀教师,他们带去了人世间最美好的情感,也给马崇儒带去了力量。

中华人民共和国刚成立时,苏州市的教育部门对少年儿童教育和校外活动很重视,马崇儒提出要在苏州建立一个少年儿童校外活动的场所。教育局从学校抽调了专人负责筹备,本来想学上海的“中国福利会少年宫”,成立“苏州市少年宫”。但“宫”的规模比较大,苏州没有那样的场所,也没有足够的经费。几经周折,选择了大公园(苏州公园)北门内原叶楚伧纪念林,修整后定名为“苏州市少年儿童文化馆”(以下简称“少儿文化馆”)。

少儿文化馆南面是明德亭和绿植覆盖的小假山,假山下是夏天会盛开荷花的池塘,池塘上有一座几折几曲的铁栏杆水泥小桥,桥身中间的两侧和桥头是马崇儒书写的“和平桥”。北门通道路口的牌楼上面用红字写着“苏州市少年儿童文化馆”。通道两侧,分别用竹篱笆围开。东侧是一排小洋房,房子不大,红砖青瓦,室内雪白的墙壁配以淡黄色桌椅,很漂亮;房子内有少儿图书部和活动房,还有一条宽阔的室内走廊。房子四周是绿茵茵的草地。西侧是四开间的大活动室和办公区域,活动室可以举办展览会等大型活动。室外是一片活动场地,有水泥砌的滑梯和一些运动器具,前面绿树成荫。

当年,少年儿童校外教育机构是新生事物,全国只有上海中福会少年宫、广州市少年宫、北京市少年之家和苏州市少年儿童文化馆等10家校外教育机构,江苏省只有苏州1家。1953年底,第二次全国少年儿童工作会议在北京召开。苏州派出少儿文化馆负责人陆家穗同志,她作为江苏省唯一的校外教育工作者代表参加了会议。会后,团中央将国际友人送给新中国少年儿童的礼品分送给这10家校外教育机构,苏州市少儿文化馆还收到了团中央拨发的1万元经费,用于添置设备和开展活动。中华人民共和国成立初期,经费极其困难,这笔钱简直就是天文数字。

有了这笔经费,少儿文化馆的音乐组添置了钢琴、手风琴、小提琴等乐器,话剧组、舞蹈组添置了服装、道具、布景,室外的草坪上装起了回转轮、荡木马、滑梯、秋千等活动器具,美术、无线电、生物、航模、舰模等兴趣小组添置了所需的工具、仪器和标本,孩子们喜欢的活动都开展起来了。每到活动日,这里就成为孩子们欢聚的乐园。那笔 1 万元的拨款,少儿文化馆精打细算,一直用了 10 多年,到 1966 年的夏天还没用完。

马崇儒离休后,于 1984 年回到自己热爱的教育岗位,他创建了苏州市陶行知研究会,到苏州的大中小学校宣传陶行知的教育思想。他办讲座、送书籍、写文章、作报告,鼓励师生们用陶行知"捧着一颗心来,不带半根草去"的中国教育精神,去承担教育工作者的责任。苏州科技大学的石湖校区至今还保留着由马崇儒题名、谢孝思书写的《师陶园》。从 1985 年起,马崇儒担任中国陶行知研究会理事、江苏省陶研会常务理事、苏州市陶研会会长等职务,践行着自己对教育事业的忠诚。

马崇儒同志一生热爱党的教育事业,他牢记"教育必须为社会主义建设服务,社会主义建设必须依靠教育"。离休后,他应邀担任东吴业余科技进修学校(以下简称"东吴学校")校长,重新回到教育岗位,他晚年经常说:"教育工作是我一辈子最喜欢的工作。"

到东吴学校后,他与苏州市教育局和职工教育办公室联系密切,当时的教育局副局长徐世仁说:"由于局里分工的关系,我和马崇儒同志的接触机会增多了,……会上经常可以遇到他,马崇儒同志不顾年迈,除了主持东吴业余科技进修学校的工作以外,还十分积极参加市教育局主办的各种教育活动。"在教育局的支持下,马崇儒凭借自己的工作基础和影响,一次次步行或挤公交车登门寻访、邀请热心教育的离退休干部和教师一起办学,共同为职工教育事业发挥余热。

马崇儒在东吴业余科技进修学校醋库巷办公室

1984年,党的十二届三中全会召开,标志着我国经济政策的重大改革。当时,在职的许多干部、职工文化基础不扎实,缺乏专业知识。马崇儒和东吴学校7位离退休党员干部联名给苏州市委写信,表示要帮助青年们提高文化和专业知识,使他们早日学有所成,为祖国建设服务。东吴学校确定的办校宗旨是,职工教育必须适应经济建设需求,多出、快出、出好人才。他们采用“按需施教”“拾遗补缺”“厂校挂钩”“联合办学”“送教下乡”等多层次、多形式的办学方法。从1985年到1988年,根据社会需求,开办大专文科、理科预备班,电大、职大、夜大复习班,中专城市绿化、花卉园艺等班。受市委组织部、经委、财政局等机关委托,开办成人高复班、干部高中文化班、英语班、财会班。与吴县党校、农业银行等单位“联合办学”“送教下乡”。还根据单位需求,开设所需的专业。马崇儒在任期间,东吴学校前后开设276个班,学员达10 703人次。

从这里完成学业的学员,80%以上都考入了上一级院校。干部高中文化班和干部高考预科班,当时参加高考的录取率达72%,电大、职大的录取率达90%以上。

东吴学校是一所民办学校。本着勤俭办学、以校养校的原则,他们用办学收入支付办学费用,把办学所得转为对教育的投入。马崇儒经常自勉:“一息尚存须努力。”不顾自己年老体衰,有时自己上台讲课、批改作业、送书下乡。他表示,自己乐意做个老园丁,要一辈子“捧着一颗心来,不带半根草去”。有年冬天,经常下大雪,街道积雪后又被碾压成冰路,人们骑车和行走时常会滑倒摔伤。按常理,七十多岁的老人不该再在雪中奔忙,可他不顾家人反对,坚持和东吴学校的老师们一起跟班监考各班的期末考试,一直忙到学期结束。江南的黄梅天多雨,6月的一天,清晨下起了暴雨,徐世仁副局长一直记着,马崇儒季布一诺,坚持要到吴江,他不顾衣服打湿、不顾鞋子浸满雨水,双手紧抱着一大捆教育资料,由家人陪着去长途汽车站赶上了头班车。

从1985年到1988年,东吴业余科技进修学校连续四年被苏州市人民政府、职教办、总工会等评为苏州市职工教育先进集体,马崇儒连续三年被评为苏州市职工教育先进工作者,深得社会各界好评。

马崇儒的书法在江苏省的老干部书法比赛中两次获过一等奖。“文革”前位于人民路的苏州市委大门边那块白底红字“中国共产党苏州市委员会”的大挂牌,就是由他书写的。他从没题写过店名招牌,直到有位青年创办书店,恳请马崇儒帮助,他二话没说,认认真真地书写了“教育书店”送给他。这家“教育书店”在嘉裕坊开了很多年,这块招牌也是他一生中唯一题写的店名招牌。

马崇儒特别关注青年学子的成长。有个女孩,因为父亲被打成右派陷入困境,马崇儒见到她的信后独自寻访,帮助她解决了很多困难并支持她高考深造。马崇儒喜欢学习努力的孩子,他会为孩子们批改书法作业,指导他们背诗读书,有个男孩在他的严格要求和热情帮助下,跨上了人生的一级级台阶,成为国家重要的外交官员。

回望来路,历历在目。马崇儒深知教育是民族振兴、社会进步的重要基石,立德树人是教育的根本任务。苏州教育界的很多人至今还记得马崇儒的身影,“绿满江南锦绣堆”是马崇儒同志留下的诗句,说的既是江南山清水秀、绿意盎然的美景,也是江南十步香草、春雨雨人的教育风尚。正如他所述,今天教育事业天翻地覆的变化正是无数先贤仁者的不懈求索。

与李大钊诗碑的缘分

马崇儒除了长期从事教育工作外,1949 年后还长期从事苏州市的统战和政协工作,因为工作的缘故,他和不少政协委员有交往。几乎每个休息日,他都会步行或骑着自己的黑色自行车走街串巷,登门拜访看望他们,向他们宣传党的有关政策,了解他们的思想和需求,也会指出他们的不足,鼓励他们进步。马崇儒在知识界的委员中有很高的威望,有些委员之间偶有矛盾和误会,就会找"马部长"帮助协调解决。他善解人意、为人谦和,和统战、政协系统的干部都相处得很好,已离休的苏州市政协副秘书长张玉熙曾谈起一件鲜为人知的往事。

寒山寺松茂亭李大钊诗碑

曾任上海市文化局副局长的方行,“文革”前曾打算和毛主席的秘书田家英合编《李大钊手迹》一书,其中收集了李大钊《枫桥夜泊》手迹的照片,当这本书即将编成时,“文革”开始了,《李大钊手迹》的编辑工作被迫中止。粉碎“四人帮”后,方行恢复工作,他重新找出李大钊《枫桥夜泊》手迹的照片。1979 年到苏州时,他委托马崇儒转交给苏州前市委书记柳林,又在以后的信里提出了在寒山寺勒石竖碑的具体要求。当时柳林书记已调离苏州,马崇儒生怕照片邮来寄去会遗失损坏,想择机当面转交,一直将照片夹在书中,珍藏在办公室的抽屉里,直到离休,将这张照片转交给了时任市政协副秘书长的张玉熙。

张玉熙先请苏州的版本专家、市政协委员江澄波先生作了鉴别,又请中国人民银行的领导李葆华同志(李大钊之子)进一步确认。中国人民银行总行办公厅的复函是这么写的:“李葆华意见:1. 此确系真迹照片。2. 是 1922 年左右在北京家写后送给亲友的。3. 原件应是中堂。”1922 年,李大钊 33 岁。

有了这些权威认定,经过精选石料、精细镌刻、新建碑亭,1993 年秋天,这块高 235 厘米、宽 75 厘米的李大钊《枫桥夜泊》诗碑矗立在了寒山寺松茂亭的正中,这里万木争荣、郁郁葱葱,在寒山寺历代《枫桥夜泊》的碑林中独树一帜,备受瞩目。

马崇儒 1916 年出生,1938 年加入中国共产党,1988 年去世。他的一生非常充实,他留下的每一个足迹都是自己人生的记录,留给了翻过的日历,也留给了永久的历史。他实现了自己入党的初心,也实现了自己生命的意义。“更喜彩霞如锦帐,潮平浪静伴清风。”马崇儒同志留下的诗句表达了一位共产党员为党的事业奋斗终生的初衷。

参考文献

马崇儒和山海工学团:

《中国共产党上海史(1920—1949)》(中共上海市委党史研究室)。

《宝山县志》卷十九第一章第一节“境内党的秘密组织和活动”

（上海市宝山区地方志编纂委员会编）。

《上海近郊地下斗争纪实（1945—1949）》（《上海近郊地下斗争纪实》编委会编）。

《山海工学团》上海市山海工学团（政协上海市宝山县委员会编）。

《行知研究·山海工学团成立五十周年纪念专刊》（安徽省陶行知教育思想研究会主办）。

“上海通”（网站，上海市地方志办公室主办）。

马崇儒和第一儿童福利站：

《中国福利会会史资料》总第7期，1990年第4期（中国福利会编）。

《中国福利会志》第一编第四章、第十四编第一章（《中国福利会志》编纂委员会编）。

《人民政协报》2017年6月1日。

《半月谈》2011年第5期。

马崇儒和苏州教育：

《苏州情况简报》第47期，1985年9月25日（中共苏州市委办公室、中共苏州市委政策研究室）。

《苏州职工教育》1988年第5—6期。

“中国校外教育网”。

马崇儒和李大钊诗碑：

《李大钊寒山寺诗碑墨迹矗立记》、方行信件、张玉熙访谈等。

应社小识

简　雄

天启甲子即天启四年(1624),应社在常熟成立,当为晚明文社之先声。“应社”得名其实简单,清人顾湄(字伊人)在《子常先生行状》中言:“三吴名士为文社,就所居之园名‘应亭’,因曰‘应社’。”“所居之园”即杨彝在常熟唐市的家宅凤基园。

杨彝(1583—1661),字子常,号谷园,常熟唐市(今属沙家浜镇)人。“颀然长身,骨稜稜不胜衣”,按现在的说法就是身材瘦长,还有点弱不禁风的样子。子常一生专注明经,却功名蹉跎,直到五十多岁才出贡任松江训导,任满后转任江西都昌知县。面对明季乱世,便称病请辞,从此在乡间闭门谢客。但晚年遭受长子亡故、双目失明的痛苦,所谓“幅巾待尽,如斯而已”。一代士子,在时局的急剧变动中黯然谢幕。①

晚明文社,别于以前文人结社,专为研习应试制艺,有点像现在的“高复班”。朱彝尊(字锡鬯,号竹垞)《静志居诗话》卷二十一言:“诗流结社,自宋、元以来,代有之。迨明庆、历间,白门再会,称极盛矣。至于文社,始天启甲子。”

一般认为,明朝八股取士始于朱元璋。《明史》卷七十《选举二》

① 杨彝生平来自多种史料,最详尽的是杨的弟子许玉森撰《业师都昌令杨子常先生行状》,抄本,常熟图书馆藏。该馆还藏有抄本:清顾湄《子常先生行状》、清汪琬《杨顾两先生合传》。另有:清顾沅《吴郡名贤图传赞》卷十二“杨彝”,王国平点校,古吴轩出版社,2022 年,等等,可供参阅。

记:“科目者,沿唐、宋之旧,而稍变其试士之法,专取四子书及《易》《书》《诗》《春秋》《礼记》五经命题试士。盖太祖与刘基所定。其文略仿宋经义,然代古人语气为之,体用排偶,谓之八股,通谓之制义。”但到中晚明,考题作文都越来越程式化。顾炎武《日知录》卷十六议论说:“经义之文,流俗谓之‘八股’,盖始于成化以后。股者,对偶之名也。天顺以前,经义之文不过敷演传注,或对或散,初无定式,其单句题亦甚少。”到了成化二十三年(1487)的会试,要求起讲三句,四股,中间承接四句,四股,复收四句,再作大结。所谓“反正、虚实、浅深、扇格”,次第文法,亦复如之。八股遂成定制。

越来越程式化的应试使读书人亟须群策群力来应对。杜登春《社事始末》说得很幽默:“明季诸公,本是名以立文章之帜,建声教之坛,其亦取诸治田者之通力合作、守望相助已尔。”

其实,应社之前,已有零星文社成立,如万历年间常熟瞿氏拂水山房社,虽为同里,却与应社无涉。拿拂水山房社说事儿的是吴江复社成员后辈计东(字甫草),因曾与应社抵牾,叙述多有抑词,须小心辨析。①

不过连他都说:“子常、麟士经营社事最先。”(《静志居诗话》卷二十一)

《静志居诗话》同卷还附录了张采的一段回忆,说:甲子冬,他与张溥一起去唐市杨彝府上拜访,还去了开在杨彝家的顾梦麟学馆,“遂定‘应社’约。叙年子常居长”。故先能确定的应社发起人有杨彝(字子常)、顾梦麟(字麟士)、张溥(字天如)、张采(字受先)。

“两张”先生《明史》皆有传。顾梦麟(1585—1653),字麟士,号织帘,太仓人,与杨彝史称“杨顾”,《清史稿》有传。这三位史载较多,兹不赘述。

---

① 计东关于应社源于拂水山房之论,今贤多有质疑。如李玉栓《明代文人结社考》(中华书局,2013年)认为,两者成员无任何交集(第207页)。又如何宗美《明末清初文人结社研究》(南开大学出版社,2003年)认为,当时的结社风气不过是一地多个文社而已(第135页)。

应社广受关注,皆因后来声势浩大之复社。但应社还有哪些发起成员则说法不一。盖随着社事影响日隆,社群不断扩大,人员便也迅速分化,或专心制义,或专心学问,更有专心政治,高光者留名青史、光芒四射,困挫者渐被掩盖甚至遗忘。现不避浅陋,略作考辨,不至奄忽。

《静志居诗话》卷二十一"杨廷枢"条说得很具体,共有十人:

> 先生倡"应社"于吴中,评骘五经文字,张溥天如、朱隗云子主《易》,杨彝子常、顾梦麟麟士主《诗》,周铨简臣、周钟介生主《春秋》,张采受先、王启荣惠常主《礼记》,而先生与嘉善钱栴彦林主《书》。后与"复社""几社"合。

则杨廷枢也能确定。杨廷枢(1595—1647),字维斗,苏州人。《明史》有传。崇祯三年(1630)乡试第一名举人。易代时隐居。顺治四年(1647)被清兵俘获,不屈被杀。维斗系吴中名贤,史载较多,不赘述。

上述另五位传略皆见清道光年间震泽县(今吴江)士子吴山嘉辑《复社姓氏传略》,现综合其他史料记述整理如下。

朱隗,字云子,长洲(今苏州)人,诸生,雅尚文藻。复社兴,隗与张溥、张采、杨廷枢、杨彝、顾梦麟等分主五经文字之选,驰驱江表,为一时厨顾。诗宗中晚唐,人称为徐祯卿、唐寅之流亚。晚岁当贡不赴。有《咫闻斋稿》。

周铨,字简臣,金坛人。少负隽才,与弟钟齐名。崇祯丁丑(十年,1637)中进士。知上虞县,用古循吏法治之,易良朴直,多有政声。后谪代州判官。著述不倦,有《未焚集》《史论》数十卷行世。金坛破,死之。

周钟,字介生,金坛人。敏颖绝伦,负逸才。角丱时,诗文洒洒,有万言倚马之目。张溥举进士归,即将制艺选文之事委托周钟。钟所出《名山业》一选,脍炙人口。崇祯癸未(十六年,1643)中进士,选庶吉士；甲申（十七年，1644），京师陷，钟出降，用为检讨。后南归。明年四月，治从贼罪，钟弃市。

王启荣，字惠常，太仓人，清顺治十三年（1656）苏州府学贡生。另检张溥《七录斋诗文合集》，其与惠常多有唱和，称惠常“弘气渥理，吐蓄中会”。清汪学金《娄东诗派》卷二十八收录王静纨诗一首《春晚》并注：“王静纨，字文琳，太仓人，文学王惠常女，张汝上室。”与继父张天如之女张在贞唱和。则知，惠常与张溥系儿女亲家。

钱栴（一称钱旃），字彦林，嘉善人。崇祯癸酉（六年，1633）顺天举人。陈子龙荐授职方郎中，奉敕视江浙城守，还里，而南都又溃，乃避迹村坞。丁亥（清顺治四年，1647）松督变，作捕子龙不得，相传匿栴所，亦被逮。适其婿夏完淳以闽疏事发，语多连及，遂同日死于市。其妻徐氏自沉死。

但朱彝尊同书同卷“孙淳”条又述“应社”，似有自相矛盾处，共有十一加一人，其中孙淳承担着类似“文社秘书”的角色。此条因被谢国桢先生《明清之际党社运动考》征引而影响广泛，不过，谢文的视角在于“党社运动”而非考订创始成员。

> 至于文社，始天启甲子，合吴郡、金沙、槜李十有一人，张溥天如、张采来章、杨廷枢维斗、杨彝子常、顾梦麟麟士、朱隗云子、王启荣惠常、周铨简臣、周钟介生、吴昌时来之、钱栴彦林，分主五经文字之选，而效奔走以襄厥事者，嘉兴府学生孙淳孟朴也。是曰“应社”。

多出二人。《复社姓氏传略》记：

吴昌时，字来之，崇祯甲戌（七年，1634）进士，为文选郎中。周延儒复出为首辅，昌时之力居多。继以年例出言路十人于外，言路大哗。掌科给事中吴麟徵、掌道御史祁彪佳、御史蒋拱宸俱劾之，词连延儒。给事中曹良直亦劾延儒十大罪。帝怒，勒延儒自尽，而昌时弃市。

孙淳，字孟朴，吴江人，寄籍嘉兴，为诸生。少负诗名。复社起，淳渡淮泗,历齐鲁,达于京师。贤士大夫必审择而定衿契,然后进之于社。复社先后大会者三,淳劳居多。有《梅绾居存草》。

竹垞这段记述其实来自杨彝《复社事实》:

> 文社始于天启甲子,和吴郡、金沙、槜李仅十有一人。张溥天如、张采来章、杨廷枢维斗、杨彝子常、顾梦麟麟士、朱隗云子、王启荣惠常、周铨简臣、周钟介生、吴昌时来之、钱旃彦林分主五经文字之选。而效奔走以襄厥事者,嘉兴府学生孙淳孟朴也。是曰"应社"。当其始,取友尚隘,来之、彦林谋推大之讫于四海,于是有"广应社"。贵池刘城伯宗、吴应箕次尾,泾县万应隆道吉,芜湖沈士柱昆铜,宣城沈寿民眉生咸来会。声气之孚,先自"应社"始也。

"应社"是在子常家创立的,其记述自然可信。但"杨廷枢"条为何不提吴昌时呢?一是涉及"应社"初创时成员之间的理念与矛盾,如一方主在科考,而一方却要五湖四海"做大"。二是吴昌时热衷官场手腕多为士林诟病,遂被"屏蔽",下面再辨。此条最后一句话可关注:"后与'复社''几社'合。"因当时吴江有复社、松江有几社耳。

原来,此"复社"并非后来声震全国的复社,这里暂且称之为吴江复社。该社创立时仅有四人。

《静志居诗话》"孙淳"条:

> 崇祯之初,嘉鱼熊开元宰吴江,进诸生而讲艺。于时,孟朴里居,结吴扶九、吴允夏去盈、沈应瑞圣符等肇举"复社"。

孙淳传略前文已述,现整理《复社姓氏传略》记另三位如下。

吴扶九,即吴翻,字扶九,号静菴,貌魁硕,善谈论诗文,浏漓藻丽。弱冠负重名。庄烈帝立,凡阉党悉置于法。翻与同志孙淳等四人创为复社,义取"剥穷而复也"。太仓张溥举应社以合之,海内知名士皆闻风而来。时温体仁方柄国，屡招之，翻卒不应。以是为忌者所构，几陷不测。以序年当贡，值鼎革，遂绝志仕进，杜门著书，笃嗜天官象纬之学。所藏明人文集至三千七百家，手自纂辑，乙未（清顺治十二年，1655）秋卒，年四十七，私谥“孝靖”。去世数月后，家遭盗劫，所藏书及所著历法稿散佚殆尽。内弟沈礽晋与女婿计东，搜集其遗稿为《升恒堂集》十卷行于世。

吴允夏，字去盈。博雅好古，邃于理学事。母谨治家，严肃如公府。入太学，累试不第。崇祯末岁，饥民相率掠富家。允夏发粟赈济全活甚众。因自置义冢一区，掩埋遗殣至五千有奇。知县叶翼云重其行，遣使致羊酒谢，不受。

沈应瑞，字圣符，号介轩，诸生。少以诗文名。乙酉（1645）后绝意进取。当事举贤良方正，不就。生平笃于友谊，周人之急无倦色。给事熊开元遣戍定海，迎其家居于别墅。解橐以济尹职方民兴于危，皆为人所难。卒年八十五。

至于松江几社，创立时仅有六人。杜登春《社事始末》云：

> 几社会议，则止于六子……六子者何？先君子与彝仲两孝廉主其事，其四人则周勒卣先生立勋、徐闇公先生孚远、彭燕又先生宾、陈卧子先生子龙是也。

主事的两位是杜登春的父亲杜麟徵和夏允彝。《复社姓氏传略》记“几社六子”整理如下。

杜麟徵，字仁趾，参政乔林长子，崇祯辛未（四年，1631）进士，授刑部主事。少从父宦，晓习吏事，尚书使掌章奏。时太监张彝宪等总理部事，监宣大诸镇。麟徵上疏极谏，举天启近事为戒，举朝叹服。寻改兵部职方司，为尚书熊明遇所重。其请授诸将事权及定滇寇普名声，麟徵条画为多。又上书论时政得失，有贾、晁遗风。丁母忧归，卒年三十九。有《浣花遗稿》行世。

夏允彝，字彝仲，号瑗公，华亭人。弱冠举于乡，好古博学，工属文,与陈子龙等结几社。崇祯丁丑(十年,1637)成进士,授长乐令,善决疑狱,五年邑大治。尚书郑三俊举天下廉能,知县七人以允彝为首。帝召见,将特擢,会丁母忧,未及用,京师陷,恸哭累日。毁家倡义,走谒史可法,与谋兴复。闻福王立,乃还。其年五月,擢吏部考功司主事,疏请终制不赴。马、阮屡招之,拒不应。服除犹不起。御史徐复阳者,故逆案中人,指劾允彝及其同官文德翼居丧授职为非制,两人实未尝赴官,无可罪。吏部尚书张捷遽议贬秩调用。未几,南都失,允彝彷徨山泽间,欲有所为。闻友人徐石麒、侯峒曾、黄淳耀、徐汧等皆死,乃以八月中赋绝命词,自投深渊以死。允彝学务经世,历朝制度暨昭代典章无不谙习。独处一室,志常在天下。名既高,四方人士争走其门,书问酬答无暇晷。好奖励后进,有片善称之不容口,多因以成材。允彝既与子龙齐名,晚节亦相似,人谓"白首同所归"云。清乾隆四十一年(1776),赐谥"忠节"。

周立勋,字勒卣,刑部茂源从子,与陈子龙、夏允彝齐名,为"云间五子"之一。以太学生屡试不第。留滞南雍,未几客死。

徐孚远,字闇公,崇祯壬午(十五年,1642)顺天举人。南都破,与夏允彝起兵不克,遂入闽,唐王授福州推官,擢兵科给事中。唐王败,浮海至浙。时鲁王驻舟山,孚远入朝,擢左佥都御史。舟山破,从亡入闽。戊戌(清顺治十五年,1658),桂王迁孚远左副都御史。是年入滇,失道入安南还,从鲁王入台湾。未几卒。少时与陈子龙、夏允彝言志慨然,流涕曰"百折不回,死而后已"。后果如其言。有《十七史猎俎诸编》。

彭宾,字燕又,崇祯庚午(三年,1630)举人。入清为汝宁推官。才华震荡,不屑以肺石绳人。巡方使者劾之罪,几不测。赖御史李某之力,得薄谴归。

陈子龙,字卧子,生有异才,工举子业,兼治诗赋古文,卓绝流辈。崇祯丁丑(十年,1637)举进士,选绍兴推官。东阳诸生许都反,旬日间聚众数万,连陷东阳、义乌、浦江,遂逼郡城。巡按御史左光先以抚标兵命子龙为监军讨之,以定乱功擢兵科给事中。命甫下而京师陷。

乃事福王于南京。多次上疏言防兵之策、防守要策。又请擢诸生涂仲吉、举人祝渊于言路。皆无果。以事不可为乞终养去。子龙与夏允彝同负重名,允彝死,子龙念祖母年九十,不忍割,遁为僧。寻以受鲁王部院职衔,结太湖兵欲举事。事露被执,乘间投水死。清乾隆四十一年(1776),赐谥“忠裕”。

吴江复社一度对应社杨廷枢颇有门户之见,如清人王应奎《柳南随笔》卷三记述道:“孟朴至吴门,怀刺谒杨(廷枢),再往,不得见,曰:‘我社中未尝有此人。’我社者,应社也。”幸得张溥“性宽,泛交博爱”,调剂其间,终成大业。

吴伟业(字骏公,号梅村)《复社纪事》云:

> 楚熊鱼山先生开元,用能治剧,换知吴江县事,以文章饰吏治,知人下士,喜从先生游。吴江大姓吴氏、沈氏洁官舍,庇饮食于其郊,以待四方之造请者。

梅村所说“喜从先生游”之先生即张溥。陆世仪(眉史氏)《复社纪略》卷一也说:

> 吴江令楚人熊鱼山开元,以文章经术为治,知人下士,慕天如名,迎之邑馆。巨室吴氏、沈氏诸弟子具从之游学。

熊开元,字鱼山,嘉鱼人。天启五年(1625)进士。除崇明知县,调繁吴江。《明史》本传长达三页,详细记述了鱼山在晚明及南明官场沉浮的曲折经历,包括与给事中姜埰一起被廷杖的惨状。甲申(1644),京师陷,福王召起吏科给事中。丁母忧,不赴。唐王立,起工科左给事中,连擢太常卿、左佥都御史,随征东阁大学士。乞假归。汀州破,弃家为僧,隐苏州之灵岩以终。

在地方政府官员推动下,吴江复社与应社牵手,张溥的影响力最为关键。这也为最后全国文社取名“复社”埋下伏笔,此名实乃折中调和产物。

《复社纪略》卷一中还记:

> 始周介生之应社,社目若茂苑杨维斗廷枢、徐九一汧,常郡荆石兄艮,虞山杨子常彝、顾麟士梦麟,吴江吴茂申有涯、吴来之昌时,松郡夏彝仲允彝、陈卧子子龙,及闽中陈道掌元纶、蒋八公德璟,咸在列,而独以凡例为天如手定,盖两人相信在语言文字之外,别有契合也。

则又冒出一个"应社",但这份名单当是"广应社"时期了。其实梳理一下社事,看似头绪很多,实质其发展逻辑非常清晰,原因大致有三。

一是文社蜂起,各自为号。如杨廷枢试图以苏州府地统领"散装"各县,但困难诸多。直到张溥多方协商合为复社。如《复社纪略》言:"是时,江北匡社、中洲端社、松江几社、莱阳邑社、浙东超社、浙西庄社、黄州质社与江南应社,各分坛坫,天如乃合诸社为一。"

二是张溥先自举大旗,但制艺效果不如周钟的套路,遂弃己而从周说。如《复社纪略》言:"闻周介生倡教金沙,负笈造谒之。三人一见,相得甚欢,辩难亘昼夜,订盟乃别。溥归,尽弃所学,更尚经史,试乃冠军。"所谓"三人",还有张采。科举获胜,张溥进京从政,将制艺时文之事全部交付介生,这在前文周钟传略中说得很明白。

三是应社创始人理念不同,杨彝、顾梦麟一门心思求功名,如《社事始末》言:"娄东又有杨顾之学,不与社事而与西铭称把臂交。顾为麟士先生梦麟,杨为子常先生彝,皆闭户读书君子也。"而张溥、张采的社会活动能力极强,周氏兄弟、钱彦林等一心要扩张社事。《复社纪略》记:"介生乃益扩而广之,上江之徽、宁、池、太及淮阳、庐、凤与越之宁、绍、金、衢诸名士,咸以文邮致焉。因其名社为应社,与莱阳宋氏、侯城方氏、楚黄梅氏遥相应和。于是,应社之名,闻于天下。"吴江复社孙淳亦热心社事,应社影响遂跨过大江南北,到达京师,这在前文孙淳传略中已述。而钱栴素与陈子龙善,几社诸子亦加盟。

所谓“周介生之应社”又增五位。

徐汧之传略,《复社姓氏传略》不载,《复社纪略》所录复社姓氏亦不载徐汧,因他崇祯元年(1628)成进士后即进京,虽与杨廷枢等交往密切,但未参与具体社事。现据《明史》本传、《吴郡名贤图传赞》等史料,整理其传略如下:

徐汧,字九一,号勿斋,长洲(今苏州)人。生未期而孤。稍长砥行,有时名。天启五年(1625),东林骨干魏大中被逮过苏州,汧贷金资其行。周顺昌被逮,缇骑横索钱,汧与廷枢敛财经理之。崇祯元年(1628)进士,选庶吉士,授检讨。历迁至右庶子,充日讲官,召对平台,讲论便殿,帝心器之。而汧以权臣当国,欲留其身以有待,遂家居杜门。甲申(1644)春,京师陷,汧日夜涕泣,朔望朝服北向哭。福王立,召为少詹事。马、阮用事,遂移疾归。明年,南京失守,汧慨然作书戒二子,投虎丘新塘桥下死,年四十九。清乾隆四十一年(1776),赐谥“忠节”。子枋,字昭法,举崇祯十五年(1642)乡试。依父训隐,有高节。

蒋八公,《复社姓氏传略》《复社纪略》无载。今“百度百科”有人物生平,兹不转述,仅记简历如下:

蒋德璟,字申葆,号八公,泉州人。

另三位则见《复社姓氏传略》记,整理如下。

荆良,字石兄,丹阳人,崇祯时贡生,知京山县。

吴有涯,字茂申,吴江人。九岁作《贪夫论》,人咸异之。天启丁卯(七年,1627)中举人。崇祯中,谒选得金坛教谕,迁平阳知县,首立十禁,又请折海运止预征,政声大著。南都破,避地乐清,遂入闽,召对自晡至夜,侃侃数千言,有真御史之褒。擢广西道御史,巡按浙东。在闽三月,前后疏凡四十七,皆军国急务。以道梗,驻处州。浙东兵溃,遂为僧,隐邓尉山。久之,返故里,幽忧发病遂卒,年六十八。有《客编奏议》四卷、《燕游草》。

陈元纶,字道掌,福州人。著有《学庸日笺》二卷。

今贤纂修《唐市镇志》,还提供了“应社十子”的说法:

> 吴中兴复社,彝为眉目。与金台周介生、华亭周勒卣、青浦陈卧子、吴县杨维斗、徐君和、同里许子洽结盟为应社十子。(《人物编》"杨彝"条)

其中又有两个新面孔,则当在复社兴起之时了。此二人《复社姓氏传略》皆有记,整理如下。

徐鸣时,字君和,吴县(今苏州)人。少丧父,赤贫,寄食萧寺为句读师,借修脯以养母。知县万谷春首拔之,从游日众,室隘不能容,乃于隙地构室,取杨万里"老夫稼圃方双学"之句,颜曰"双学"。崇祯十年(1637),以选贡除武宁,合有惠政,卒于任,私谥"贞隐"。有《横溪录》。

许重熙,字子洽,常熟唐市人,明诸生,以史学名世。崇祯初,北游太学,一时钜公推其有良史才。既刻《五陵注略》,触诚意伯刘孔昭忌,将发难,祭酒倪元璐争之力,因并攻元璐,牵连参阅姓氏七十五人,俱东林知名者。时温体仁当国,阴主之拟旨推究,三上不允而解。数游金陵、维扬、匡庐间,诸藏书家延致商订。学益博,识益高,所著有《历代通略大臣年表》行世。《宋史增定新编》《缀篱草》《旅寄轩稿》俱未刻。年七十八,灯下犹细书《舆地分合指掌图》,未竟卒。

常熟士子王应奎在《柳南随笔》卷三中也对应社作了梳理,因为他生活在康乾年间,稍稍拉开了时间距离,反而对应社不断发展变化的脉络有了比较清晰的认识,不过也有硬伤:

> 天启中,吴中诸名士结文社曰应社。大江以南主应社者:太仓张采受先、张溥天如,吴门杨廷枢维斗,金坛周镳仲驭、周钟介生。大江以北主应社者:宣城沈寿民眉生,泾县万应隆道吉,池州刘城伯宗。而太仓自二张外,在社中者又有八人,为应社十子。吴门自维斗外,在社中者又有十二人,为应社十三子。又常熟杨彝子常、太仓顾梦麟麟士治《诗》,维斗及嘉善钱旃彦林治《书》,介生兄弟治《春秋》,受先及吴门王启荣惠常治《礼记》,天如及长洲朱隗云子治《易》,为"五经应社"。

周镳应为周铨之误。周镳，字仲驭，金坛人，周钟堂兄，南明风云人物，在党争中死于马、阮之手。徐鼒《小腆纪传》卷十九中议论说："周氏，金坛贵族，而其父子兄弟悉有离心。镳与钟尤以才相忌，各招致生徒，立门户，两家弟子遇于途，不交一揖。"这样一对"乌眼鸡"堂兄弟，怎么可能在一起治学？

另所谓"北应社"三位，皆见《复社姓氏传略》记，整理如下。

沈寿民，字眉生，为诸生有声。崇祯九年(1636)诏举贤良方正，巡抚张国维举以应诏入都，即疏论本兵杨嗣昌夺情误国及总督熊文灿不能制敌，不报，遂投劾归。阮大铖复用，将出缇骑逮寿民，乃避地金华、兰溪、武义诸邑山中。久之返故里。临终谓门人曰："以此心还天地，以此身还父母，以此学还孔孟。"语毕而卒，私谥"贞文"。有《闲道录》《姑山文集》。

万应隆，字道吉，泾县人，崇祯己卯(十二年，1639)举人。

刘城，字伯宗，晚更号存宗，贵池人。负隽才，与吴应箕齐名。史可法抚安庆，深器重之，大事每咨焉。丙子(崇祯九年，1636)应诏，保举以知州用，城辞归。福王时，廷议分江北为四镇，城闻之戚然，曰："祸始此矣！"亟上书可法，言四镇桀骜之臣，或起降盗，非怀忠义，主弱必叛，敌强必降。主敌皆弱，则专制自为，互相并吞。公之督师，无老成宿将以俱行，何以弹压四镇而收其用？后必悔之。卒如其言。城知南都必败，杜门不出。及江南亡，应箕以起兵死难。愈愤恨不自得，未几竟卒，私谥"贞文"。有《峄桐集》。

综上所辨，为了和后来扩充到各地的应社相区别，最初在常熟唐市凤基园中成立之应社，因专门切磋应试经义而被称为"五经应社"，最初十一人是：杨彝(子常)、顾梦麟(麟士)、张溥(天如)、张采(受先)、杨廷枢(维斗)、朱隗(云子)、王启荣(惠常)、周铨(简臣)、周钟(介生)和钱栴(彦林)。另有吴昌时(来之)，因志在"运动"而非学问，故后世称"五经应社"时多数"忽略"，今从杨彝说，应为"应社"创始人之一。他们搅动起了整个晚明士林集团的社会影响力。但其中的一些人可能自己并未意识到，如一心考功名的杨彝、顾梦麟。而另一些人却“蓄谋已久”,要为天下苍生立言而走上历史舞台,如张溥。但不管是“名士”还是“循士”,他们都曾活在属于他们的时代里,并跟随历史的车轮留下了一道辙。

“应社”之名本无前缀,皆为后人所添,以区分不断扩大之社事,直至声势浩大的复社成立。遂将最初成立之应社称为“五经应社”。

癸卯冬改

复社，中国文人社团的丰碑

安　达

复社的兴起与主要人物

明代士人以求取功名为名，尊师交友，砥砺文章，结社成风，尤以江南一带为甚。

其中除东林党外，以复社文社为最，他们以文集友，也以东林"风声雨声读书声，声声入耳；家事国事天下事，事事关心"之名联系社员。在讲习之余，他们讽议朝政，指陈时弊，锐意图新，主张志在世道，躬行实践，反对空发议论，一时倾动朝野，海内多有士大夫以复社为精神向往。复社，继东林而起。

一部分正直廉洁的江南士大夫，反对宦官专权谋私。张溥等人联络四方人士，主要在于揣摩八股，切磋学问，自律品行，以谋挽救明王朝的统治。他们主张复兴古学，开放言路，改良政治，重振经济，崇尚民族气节，明显地带有政治色彩，又与一些江南市民阶层的斗争倾向相呼应，因而具有相当广泛的群众基础。

明崇祯二年（1629），以张溥（1602—1641）为首的吴中名士，统一全国各地的文社，进行文学和政治活动。成员先后有三千多人，遍及海内外，主要集会有苏州尹山大会（1629）、南京金陵大会（1630）和苏州虎丘大会（1633）。尤其是崇祯六年（1633）春苏州虎丘所开全国文社大会，山东、江西、湖广、福建、浙江等地成员络绎而至，与会者总共达数千人，出现了中国历史上前所未有的盛况。虎丘寺大雄宝殿"座无虚席"，大殿外生公台、千人石一带也成了"会场"，整条山塘河和古城护城河皆泊满了各地来的船只,方圆几十里的路上尽是参会车马。围观者更是不计其数,令后人都惊叹不已。这样的场面,三百年来从未有过!

复社初期,东林幸存者与诸君子后人都加入复社,使复社声势更为浩大。复社成员以东林书院的领袖们为学习楷模,他们学术上以探本求源为目标,现实中以实现匡扶世风为目的。在成立时复社就有相应的组织体系和政治纲领,有社规盟约,有专门的办事机构和组织分工等。

其主要人物有张溥、张采、黄宗羲、瞿式耜、文震孟、顾炎武、杨廷枢、陈子龙、夏完淳、侯方域、方以智、冒辟疆、陈贞慧、吴伟业、吴昌时、归庄、陆世仪、顾杲和吴应箕等。

复社的主要社会活动

明万历后期,政治腐败,到天启年间更出现了阉党专权局面,魏忠贤罗列党羽,遍建生祠,敛财害民,民怨沸腾,社会矛盾日趋激化。复社的活动其实是继承东林党的未竟事业,推荐后生应试科举,在尊经复古的旗号下,继续开展社会的改良运动,讲究士人思想品德、忠贞气节的修养。其宗旨是:“兴复古学,经世致用。”

张溥于崇祯二年(1629)统一各地的文社而成立了复社文社联盟,其组织构成表明复社经过了近十年的筹备。在复社成立之前,全国已有不少地方出现了文社组织。这些组织的成员大多为文人学士,也有一些是在职官员。其组织活动一般是诗酒唱和、讲学论道的形式。复社的主要活动,从晚明到南明的事实来看,除了集会讲学、科举应试,都集中在对温党(温体仁)、阉党的斗争与后期的抗清活动中。

当东林诸君子遭到迫害打击时,杨廷枢、徐汧、朱隗等人在苏州有组织地发动市民,领导了抗逮周顺昌事件。崇祯帝即位后,为了维护自己的统治、缓和社会矛盾,惩治了魏忠贤,大快人心。二十六岁的张溥,曾以苏州市民颜佩韦、杨念如、马杰、沈扬、周文元五人聚众反抗魏忠贤暴政而慷慨就义的史实,撰写了一篇著名的《五人墓碑记》,为后学士人传颂至今。

张溥与张采(史称娄东"二张")在家乡驱逐曾为首辅的顾秉谦,显示了他们的政治态度与号召力。进入京城政治中心的张溥在京师主导的活动是典型的、有明确倾向的政治活动。

据史料所记,浙东文社活动久远,在万泰、陆符的领导下,影响较大。明末浙东抗清活动中,钱肃乐成为抗清义军主帅。被称为复社五秀才之一的吴应箕在抗清斗争中转战于皖南山区,表现得最为辉煌和惨烈。苏南杨文聪、岭南陈邦彦等在后期也无比英勇。燕、赵、齐、鲁等地不少士人曾与张溥结交,并频繁参加社事与抗清活动。

特别是顾杲、吴应箕等发起的声讨阮大铖《留都防乱公揭》案,声势更为浩大。因马士英误国和阮大铖对东林余贤与复社人的迫害,南明军政人员被分裂离间,更加速了南明灭亡的步伐。为了挽救明朝,复社中多有志士用生命谱写了一曲曲惨烈的忠义悲歌。

复社的政治与学术思想

复社主张的经世致用,意味着促进现实社会的发展,克服宋明理学脱离现实社会需求的不足,强调古为今用,又要推陈出新。复社在政治上,注重举贤选能,关注维护社会稳定,体现民本思想。在倡导科举、引导民间优良风俗与惩治黑暗势力等层面上都有独特见解。在尹山大会上,张溥亮出了复社的社会目标:"致君泽民"的口号,具体方式是兴复优秀古学,使士子具备真才实学。

组织发起过"几社"的陈子龙,以"君子之学,贵于识时;时之所急,务之恐后"的紧迫感,与徐孚远、宋徵璧合编《皇明经世文编》,凡五百零八卷。内容包括政治、军事、赋役、财经、农田、水利、学校文化、典章制度等,动机和目的是为了"上以备一代之典则,下以资后学之师法”,是一部总结了明朝两百几十年统治经验,试图从中得出教训,用以改变当前现实的经世致用之书。

“天下兴亡,匹夫有责”是被称为“明末清初三大儒”之一的顾炎武在参加复社活动时留传于世的名言,出自顾炎武《日知录·正始》:“保天下者,匹夫之贱,与有责焉耳矣。”而八字成文的语型则出自梁启超。在社会发展史上,顾炎武是中国社会由古代向近代转变的特殊历史时期的一位杰出的思想家。他主张实行“藏富于民”的政策,希望能逐步改变百姓穷困的境遇,达到“五年而小康,十年而大富”(《日知录》卷二)。他不讳言“财、利”,认为问题不在于是否言财言利,而在于“民得其利”还是“官专其利”。

黄宗羲所著《明夷待访录》,早于西方卢梭《民约论》100 年左右,类似于法国大革命时的人权宣言。他肯定孟子“天下之治乱,不在一姓之兴亡,而在万民之忧乐”,把锋芒直接指向封建专制主义的统治者,对明清民主启蒙思想的兴起有很大的推动作用。他所著《明儒学案》是中国第一部系统的学术思想史专著,对研究明代近三百年的学术思想发展演变很有价值。

复社的一些成员在学术上提倡“实事求是”的“考古论今”,主张士人“忠信廉洁”,注重道德名望、人朴文美;其期望让古学推陈出新的言论振聋发聩,震撼了当时窒息已久的思想界。

复社悲歌与余响

复社的成立对当时与后世的政治、经济、思想、文化等方面影响深远,是明末清初文人社团组织的一座丰碑。

他们结社,以论学议政,诗酒唱酬,切磋经史,重义轻利,目的是为了入仕后,能着力共建强国富民的国家。清兵大举南下时,发生了“扬州十日”“嘉定三屠”等大屠杀。抗清义士中的许多复社人为复明壮烈牺牲。瞿式耜、杨廷枢、陈子龙、吴易、吴应箕、陈邦彦、徐汧、马世奇和夏允彝、夏完淳父子等,明知不可为而为之,不但从容就义,而且写下了一系列国亡家破、长歌当哭的诗篇,激发了当时和后世的爱国主义精神。《南明史》就是他们的英雄谱,当前的中国以史为鉴,匡正时风,顺应民心,提倡廉洁奉公,修身、齐家,治国、平天下,大步跨上世界之林……

参考文献:

[1]《日知录》卷二。
[2]《亭林文集》卷一、卷三。

《李超琼日记》及文献资源活力再生研究

王海鲁

地方文化,是一个区域的“根”和“魂”,是本区域发展壮大的丰厚滋养和本区域人民生生不息的精神家园。一个区域,要在文化激荡中站稳脚跟、坚定文化自信,就需要不断地传承和发扬地方文化。图书馆基于馆藏资源,通过发掘整理一批富含地方特色文化的地方文献,能不断创新“活化”优秀传统文化的模式,促进优秀传统文化创造性转化,达到地方文献活力再生。本文即通过《李超琼日记》发掘整理的实践,来探索新时代背景下地方文献活力再生。

一、李超琼与“李公堤”

李超琼(1846—1909),原名李朝昱,字紫璈,五十岁后更字惕夫,四川合江人。光绪五年(1879)举人。年轻时曾在东北边境担任过军务幕僚,中举后先后在苏南的溧阳、元和、阳湖、江阴、无锡、吴县、南汇、上海八个县做过九任知县。

李超琼先后两次担任元和(大致相当于现在的苏州工业园区)知县,时间长达近八年。他光绪十五年(1889)七月十八日接元和印,一年后的七月十七日,金鸡湖筑堤工程下桩开工,其间,他前后数十次亲赴现场查看堤工。光绪十八年(1892)六月三十日,筑堤完工,俞樾为文以记始末,名之曰“李公堤”。光绪二十年(1894)六月,李超琼调离元和。等到光绪二十二年(1896)八月他再次接任元和县事时,看到李公堤“三年之内未加补葺，坍圮颇多，败者及半”的现状后，次年正月二十八日即组织士绅商议“开工补筑事”。李公堤补筑工程二月六日开工，至三月二十九日，他“循堤周览，则工已蒇事”。从此，百年李公堤筑下了最初的坚实轮廓。

二、《李超琼日记》概况

《李超琼日记》共157万字，内容起自光绪七年(1881)四月，迄于宣统元年(1909)闰二月十一日他生命的最后一天，时间跨度长达28年，记录了李超琼9 963个日夜的深沉思考，是一部丰满的苏南地方文献。

苏州工业园区聘请专家整理李超琼后人捐赠的43册日记稿本，形成《李超琼日记》。对李超琼了解最多的，应该是他的直系后裔，他们对保存李超琼日记手稿有历史贡献，但手稿在长达100多年的时间里没有刻印出书，可以推断，其孙辈后人可能并未通读过这套手稿。李超琼老家在四川合江县，泸州的李洪云著有《合江走出的李超琼》，但其作品不全面、不系统。在泸州，还有一位地方史专家赵永康，他是李超琼侄孙李耀仙的学生，他的手上有李超琼的日记和诗集，但他并未通读过，因而感到“很惭愧”。在上海，浦东新区方志办副主任吴才珺先生也是专家，他对李超琼有所了解，但他也只对其在上海一地的官迹了解较深。在吉林，通化师范学院高句丽研究所老所长耿铁华教授在研究好太王碑潘祖荫拓本流传的过程中，提到过李超琼。而华东师范大学人文社会科学学院历史学系沈家耀的毕业论文为《晚清知县的仕途境遇与时务介入：以李超琼为个案》，该论文，是目前国内唯一一篇以李超琼为研究对象的学位论文，论文截取光绪二十四年(1898)四月之前的李超琼日记为研究素材，这部分日记仅占其所有日记的约60%。在资料不全面的情况下，得出的结论自然就有所偏颇。在苏州，对李超琼及其日记最有话语权的，是李巨川和章新明先生，他们二人主持参与了李超琼日记及诗集的整理出版工作,但并未对这部文献宝藏作进一步的发掘。

三、《李超琼日记》文献资源活力再生

以下基于全面整理发掘蕴含在《李超琼日记》中的地方文化元素,以多个笔者亲身主导并参与的文献资源活力再生实例,多角度、全方位地探讨揭示《李超琼日记》的丰富价值和文化意义。

(一) 廉政形象活力再生

2021年8月30日,李公堤廉勤文化馆开馆,场馆共分"清廉李公""非凡园区""廉政成果""畅想未来"四个板块,第一板块即主要展示李超琼为官的清廉事迹。事迹选取李公在勤政务实、廉洁自律、顾怜百姓、秉公任直、舍身忘己、赤诚忠孝、尊师重教、家风传承、择友谨严、移风易俗、思想开放等方面的典型故事,向市民和游客展示李超琼这位晚清知县的廉洁形象。

李超琼于1886年步入宦途,先后在江南的八个县做了九任知县,直至1909年去世。他每入一县,士绅、乡民无不香花夹道,以致欢迎之意;他每离一县,乡民、士绅无不攀辕卧辙,以表留恋之思。当时上至达官显贵,下至黎民庶士,对他均心折首肯、服膺膜拜。通过打造廉勤文化馆,让那位明干有为、尽心民事的"贤令老吏",定格在江南苏州美丽的李公堤上,春风吹柳,棠荫长留!

(二) 手迹资料活力再生

1.《朝鲜八道舆图》

2008年的《姑苏晚报》有一篇报道,说苏州的华老先生手上有一份李超琼亲笔绘制的《朝鲜八道舆图》。但这篇报道并未书明这位"华老先生"姓甚名谁。笔者据陆承曜《剑气化双虹——品读潘昌煦先生〈芯庐遗墨〉》所言《芯庐遗墨》一部分来源于亲故"华源生先生"所藏,大胆推断华源生即为晚报中的那位"华老先生"。笔者为此联系到陆承曜老师,又通过她询之华源生,果然与所料相符。因为潘昌煦是李超琼的门生,华源生是潘妻华夫人的侄子,李超琼去世后,这

幅图有可能传至潘老手中,故而有可能到华源生先生手上。另外,笔者还得知,陆承曜老师也与李超琼有渊源,除了她跟随潘昌煦学诗外,她的伯父陆鸿仪和父亲陆鸿吉也都是李超琼的门生。

华源生先生手上的这幅朝鲜地图,名为“朝鲜八道舆图”,含朝鲜八道舆图 8 张和朝鲜全图 1 张,共 9 张 12 页。是光绪八年(1882)李超琼在辽左凤凰厅陈本值幕时亲笔所画。当年春夏之交,朝鲜爆发“壬午兵变”。李超琼所在的东边道与朝鲜仅鸭绿一水之隔,防务颇重。出于敏感,揣其情势,借箸代筹,李超琼参考故籍,谘访往来通事商贾,画成此图,付之裱工,装订成帙,随时观览。该图后来辗转到了华老先生手上。前几年,华老先生考虑到身体原因,将此图复制了一件送至苏州市档案馆,将原件传给了儿子。时隔 140 多年,此图流传脉络重新清晰起来,不能不说是《李超琼日记》原始资料在新时代的活力再生。此图,恰能反映当时还未步入仕途的李超琼已时刻忧心国家边境安全和百姓切身利益。

2. 潘祖荫藏高句丽好太王碑早期拓本

好太王碑是高句丽的重要碑刻,在吉林省集安市东太王乡大碑街,其西为好太王陵。该碑是好太王的儿子长寿王于公元 414 年竖立的,碑文为方严厚重的隶书,也保留了部分篆书和楷书特征,是中国书法由隶入楷的重要例证之一,内容涉及高句丽建国传说、好太王功绩及当时东北、朝鲜半岛与日本列岛倭人之间的关系,故历来为中外学者所珍视。

作为早期双勾加墨拓本,潘祖荫所藏拓本自 2004 年在北京的一次文物拍卖中重新现世以来,其捶拓年代一直是学者争论的焦点问题之一。中国社会科学院世界历史研究所研究员徐建新认为其捶拓年代可以上溯到 1881 年以前,而通化师范学院高句丽研究所所长耿铁华则认为其摹拓时间应为光绪六年(1880)。该拓本还附有四篇题跋,分别来自李鸿裔(跋一)、叶昌炽(跋三)和李超琼(跋二、跋四)。四篇题跋外,还有一篇潘祖荫数百言的跋文,据李超琼跋二说,“甲午乃为人窃割以去”。因徐建新和耿铁华当时并未读到《李超琼日记》,故对该本的流传过程、捶拓年代和二李关系都知之不详,结论难免存在臆断。

其实,早在李超琼来苏前,李鸿裔就曾致信潘祖荫,说:"高句丽碑在凤凰城北,每岁五月开冻,九月封冰,此时已不能拓。夏日多暴风阵雨,旬日始拓一分,搭架亦费甚。恰好有一李孝廉在通沟,携一分至京,恰好以知县掣签江苏,年内可到,已遂许赠,此孝廉与信也。"李超琼于光绪九年(1883)八月二十九日来苏,九月初一在胥门内学道街聚星客栈安顿好后,初四日即乘肩舆诣各宪署拜见,但均未得见。这天,他拜访了一位重要人物——凌镜之大令(名焯,中江人)。凌与李鸿裔都是中江人,关系很好。可能此前几天他也去拜访过李鸿裔,但未被接见。初六日,他又来,仍未得见。初七日,他在一个饭局上见到了李鸿裔之子李远宸。一周后的九月十三日,他与李鸿裔终于相见,"坐谈最久,于乡人中独深许乔茂先比部树楠"。李鸿裔在另一封致潘祖荫的信中称赞:"李孝廉,蜀中人材也,乔范皆所深契。"此处的乔和范,指的是双流人乔茂先比部(树楠)和隆昌人范孝舆明府(运笃),他们都是四川人。从李超琼几次拜访李鸿裔均未被接见来看,李超琼从北京来苏前应该并未与李鸿裔通过书信,但李鸿裔又知道他会带着好太王碑来,那可能就是从乔树楠处得知的,李鸿裔可能也是通过乔树楠向李超琼索拓本的。在《李超琼日记》中,李超琼、李鸿裔、潘祖荫在苏州围绕好太王碑进行的相关活动有:

光绪九年(1883)九月二十六:案头有眉生廉访一函,因先日以高句丽碑送之,后代吴县潘大司寇来索。愧无以应也。

光绪十年(1884)十月十七日:眉老命价送来高丽碑底稿,并函及以后相见当免官场套礼为善。

光绪十一年(1885)四月二十三日:午后,以句丽碑已裱成帖者,呈之眉丈。闻吴县潘尚书有饥渴之好,便其转赠也。去函顺以茂先信告之。

光绪十一年(1885)四月二十四日:作致凌镜之、张金坡各一函。金坡函中附去眉老所撰高句丽王墓碑跋一篇。

光绪十一年(1885)五月二十四日: 远宸以《姚恭公碑》一部见赠。

而《李超琼日记》中对高句丽碑拓本的来源,记载为:

光绪八年(1882)正月二十日: 薄暮,杨进之、张程九先后来访。谈次,程九述及,此行北至怀仁,闻县东境之通沟口有古碑,高丈余,四面字迹模糊,约二千余字。章幼樵大令(樾)拟于春暖后当拓印,以便辨识。

光绪八年(1882)正月二十二日: 通沟古碑,拟即王颀所勒者……在兴京之东,佟佳江之西。佟佳江即今浑江是也……则句丽丸都,诚宜在通沟一带。惟所谓沸流水,不知即今浑瑷二江何流?

光绪八年(1882)四月二十四日: 得通沟口巡检张皓山少尉一函,并寄到高句丽墓碑,系自用纸捶拓者。字皆汉隶,规格甚古,惜拓不如法,且经俗手用笔钩勒,为之歉然。

光绪八年(1882)五月初五日: 灯下,复通沟巡检张皓山一函,并以棉连纸二刀寄之,求其再拓句丽古碑也。

光绪八年(1882)六月十五日: 薄暮,午桥遣价至通沟拓印句丽墓碑者初归。云,是碑高二丈余,二百步外望之,字迹了了可辨。比近其前,则无一可识者。以手摸索,仍模糊无定。盖碑石色黑而质粗,历年既久,其平面崩隤,凸凹与所凿字画不甚分别。因是捶拓者皆束手。以四五人之工,仅得一分而已。于其下拾有故砖数块,薄仅五六分,长八寸四分,宽四寸六分(皆今京尺)。边有文曰"愿大王陵安如山固如岳"十字。可宝也。余亦索得一,叩之铿然作声。携归,置之案头。惜质亦粗,聊以废砚。为计其寿当在建安以前,特非细致为之,不能傲铜雀台瓦耳。

综上即可判断,徐建新判定重新现世的潘祖荫藏本为 1884 年本,其实应为 1885 年本;徐建新和耿铁华认为其捶拓年代可以上溯到 1881 年以前甚至光绪六年(1880),其实应为光绪八年(1882)五六月间。

(三) 教育思想活力再生

1. 双甲子年味初心——关于《东吴大学堂记》的作者

2020 年是苏州大学建校 120 周年,是双甲子之年。东吴大学堂在苏州天赐庄"定居"后第三年,即光绪二十九年(1903),校长孙乐文主持编辑出版了一本杂志,刊名以花卉中享有"草中佳品"美称的"雁来红"命名。此刊之所以珍贵,一是只办了一期且不对外发行,二是印数极少,第三则是有限的篇幅内保存了许多东吴大学堂创办早期的重要史料。

就是这期《雁来红》杂志上,刊登了一篇介绍东吴大学堂创办经过与办学宗旨的《东吴大学堂记》。文章近 1 500 字,详细论述了该校从"中西书院"到博习书院以及在天赐庄逐渐壮大完善的过程。在孙乐文争取资金购买天赐庄地块时,时任江苏巡抚鹿传霖(文中称"苏抚鹿")和元和知县金元烺(文中称"元和金")发挥了重要作用。

这篇《东吴大学堂记》应该算是苏州大学历史上最重要的一篇文章了,但当年孙乐文登载此文时并没有署作者名,以至于一百多年来,后人均不知该文是谁所作。《李超琼日记》沉默百年,2017 年才正式以全貌与世人见面,其光绪二十七年(1901)五月二十六日记道:"早间,代昂儿作《东吴大学堂记》一首,命仆送往,以美教士孙乐文嘱之也。"原来当时李超琼从江阴任上丁忧,寄居苏州,他的两个儿子李廷昂和李廷侃正在这所学校读书。而他因之前曾担任过元和知县,故与孙乐文很熟悉,两人是很好的朋友。一次,他在孙乐文宿舍长谈后到了两个儿子的书舍,还兴致勃勃地观看了儿子班级的体操课,并用细腻的笔触记录下了珍贵的东吴大学堂早期教学的景象:"铎音琅琅,则体操时矣。出而视之,昂在前班。毕,第二班乃上,侃与焉,教之者亦美人柏君也。人各擎短木杵二,前后、左右、上下、缓急、轻重有法,以调血气、舒筋力,诚为有益之学。"

如果有人认为《李超琼日记》中记载他为东吴大学堂作记为孤证,那我们再来看看李超琼儿子李廷昂的同班同学丁福保同一天的日记。丁在日记中记道:“见李君慕驹所录之《东吴大学堂记》,确系古文好手,询之,乃伊尊人紫璈先生所作也。”两处相互印证,可证实《东吴大学堂记》的作者确为李超琼。

李超琼在《东吴大学堂记》中谈及学堂从宫巷迁至天赐庄后,1901 年由原来的偏重英文改良为国文、英文并重,并认为此次改良“不可谓非学堂之一大改良也”。因中西书院本来就是孙乐文应当时进步青年学习英文的迫切要求而设,故此次课程改良后,“来学者反不如昔日之多,名簿之上,不过五十人而已”。李超琼认为:“此不足患也,所可患者,不在来学者之不多,而在学堂之无进步耳。今进步若是之速,何患之有?”正是怀揣着对东吴大学堂如“雁来红”般火红热烈的期切之心,李超琼在文章的最后不由地感叹道:“噫! 学堂自创设以来,不及十年,而进步已若是,设再加以十年,我不知其进步又将若何。来日方长,吾等有厚望焉。”

2. 春风化雨不改初心——“乐育英才”匾

2018 年 10 月 2 日,无锡连元街小学全网直播校庆 120 周年庆典盛况。庆典现场颁发了“百廿连元杰出人物”奖,竢实学堂创始人杨模、国文教员钱基博、杰出校友顾毓琇的后人上台领受了奖杯。随后的文艺表演节目中,有一个小品还原了时任地方官为学堂颁发“乐育英才”匾额的盛况。

一所小学迎来了双甲子之年,这在整个中国也是屈指可数的。1898 年,无锡乡绅杨模(范夫)创办了连元街小学的前身竢实学堂。1902 年五月,丁忧期满的李超琼上任无锡令。他到任后的第一件事,就是考察并助推本地教育的发展。因此,他为杨范夫解决了诸如学堂筹款等诸多现实问题。

李超琼光绪二十八年(1902)八月二十五日的日记更是详细记录了督宪为学堂颁“乐育英才”匾额并由其本人送入的盛况:“辰间,同城寅僚咸集余署,以竢实学堂于夏间经制府奏请传旨嘉奖,并由督宪颁‘乐育英才’匾额,现经制成,应由地方官送入也。巳正,排仗而出,以黄亭舁匾于前,督匾以彩亭继之,学生作队以从,鸣金奏乐以为拥卫,文武皆随其后,所过士女如云,阗溢衢巷,以为向所未见也。既至堂中,余辈皆望阙行三跽九叩礼,并宣扬嘉奖德意,且循近日之俗制祝祠一首,略陈本日盛会原委,而勉诸生要有知耻之心、实事求是、不要为枉作人等语。杨范夫孝廉(模)实主持斯事,故与高、秦、薛、王诸君为是日之主,学生五十余人咸来叩谒余与玉泉,称弟子焉。礼成,留宴于堂后之北轩。日已加申,酒觞乃终,复就前厅合照一相,盖官绅、教习以逮学生数十人胥在,坐者、立者、蹲者、跌者,不一其状,则以地之隘为相让互见之形云尔。”

小品的演绎给人温暖美好的无限遐想,亲历者的笔录更令人有身临其境的丰满体验。尘封的《李超琼日记》中,就蕴藏着这样的无限活力!

(四)人物关系活力再生

娄门汪氏——汪树宝迷踪

娄门内北街汪氏在苏州甚至整个中国都很有影响,是一门出三拔贡(凤池、凤瀛、荣宝)、四知府(凤池、凤藻、凤瀛、凤梁)的外交官世家。除了以上,还有汪东、汪星伯、汪坦等大家。

娄门汪氏,发迹之人为做过镇江府训导的汪亮钧(1827—1910)。汪亮钧有四个儿子,男孙多达十七人。年龄稍长的三个孙子依次为汪森宝、汪树宝、汪荣宝。他们还是李超琼的学生。森宝、树宝、荣宝曾持一本《江苏诗徵》去拜访老师李超琼,被老师视为“皆隽异之士”。

对研读汪氏家谱的汪氏后人来说,汪树宝似乎一直是个谜,令人捉摸不透。汪荣宝在自己的日记中曾抄录过一份全家生日表,表里记录了一家子当时在世之人的生日和去世之人的忌日。在“二兄”一栏内,只有忌日(十月十三),而无生日。《李超琼日记》的两处记载为:

光绪二十一年(1895)十一月初三日:日中得汪生树宝讣,绮岁清才,竟尔不禄,可惜亦可诧已。

光绪二十五年(1899)六月初五:辰间,以絷彩匠来,将厅前所结白布、屏槛等拆卸而去,遂移太淑人灵柩至厅中偏西一室奉安,盖即所定之地也,以岁计租洋三十六元云云。偶步东廊,见漆人方漆一棺。视之,门人汪孟甫(树宝)之柩也,为之凄然。因燃香一告之。汪生为余辛卯县试所录前茅之士,与一兄、一弟曰森宝、荣宝者,皆年少英隽,文字斐然可观。乃年甫十九,独先摧折,良为可惜。荣宝字衮甫,丁酉与选拔,为龙侍郎所赏,朝考已得小京官,且尝与经济特科之荐,其大父龢卿先生方司铎镇江,乃父兄弟四人皆以科甲显,固吴中之望也。而孟甫命独不偶,何哉?

汪氏家谱中,老二树宝生卒日期均未见,从荣宝抄录的生日表和《李超琼日记》,即可考证出他的生卒年时间,卒年应为1895年10月13日,按在世十九年算,生年应在1876年。因树宝与森宝(?—1923)为亲兄弟,进而可以推断,森宝生年当在1875年或更前。《李超琼日记》可以断定很多历史人物的生卒日期,如黄彭年、王可庄、李鸿裔、魁文农、吴承潞、张屺堂、曾季硕等。让这些"静止"的文献资料"活化"而发挥出其应有的作用,这也是《李超琼日记》在研究人物史方面的价值。

结　语

《李超琼日记》内容丰富,是一部亟待发掘整理的资源宝库。如能妥善合理地利用其日记文献,不仅可以有效补证正史、侧证地方史、旁证人物史,对弘扬优秀传统文化、树立文化自信也具有重要的意义,甚至在文学史和文化史上都会有意想不到的收获。

参考文献:

[1] 朱琳:《现代工业园区的文化断裂与文化再生——基于中新苏州工业园区春节年俗的调研》,《苏州教育学院学报》2019年第

1 期。

[2] 刘强:《上海擦亮“江南文化”金字招牌》,《人民日报(海外版)》2018 年 12 月 10 日,第 8 版。

[3] 李志全、周建琳:《苏州工业园 25 周年:探路者再出发》,《中国新闻周刊》2019 年第 14 期。

[4] 孟旭:《产业高地崛起一支“文化苏军”》,《新华日报》2018 年 5 月 25 日,第 17 版。

[5] 李超琼:《李超琼日记:元和—阳湖—元和》,江苏人民出版社 2012 年版,第 311 页。

[6] 金毓黻:《辽东文献征略》,民国十六年铅印本。

[7] 程德全:《李紫璈大令年谱序》,清宣统三年手抄本。

[8] 沈莹莹:《李超琼亲笔绘制朝鲜国地图现身苏州》,《姑苏晚报》2008 年 2 月 14 日,第 8 版。

[9] 苏州市传统文化研究会:《传统文化研究》第 18 辑,群言出版社 2011 年版,第 177 页。

[10] 徐建新:《高句丽好太王碑早期墨本的新发现——对 1884 年潘祖荫藏本的初步调查》,《中国史研究》2005 年第 1 期。

[11] 耿铁华:《潘祖荫藏好太王碑早期拓本刍议》,《东北史地》2006 年第 4 期。

[12] 李鸿裔:《致潘祖荫“二苏仙馆”书札》,北京百衲 2018 年春季拍卖会“鱼雁音尘”——信札、诗稿专场,2018 年 6 月 11 日,拍品图录第 37 页。

[13] 李鸿裔:《致潘祖荫“二苏仙馆”书札》,北京百衲 2018 年春季拍卖会“鱼雁音尘”——信札、诗稿专场,2018 年 6 月 11 日,拍品图录第 46 页。

[14] 袁家刚:《丁福保〈辛丑日记〉注释(上)》,《上海档案史料研究》第 13 辑,上海三联书店 2012 年版。

[15] 王国平:《东吴大学史料选辑》,苏州大学出版社 2010 年版,第 102 页。

明清苏州洞泾吴氏的家族组织与家族观念

魏雅婷

著名哲学家黑格尔曾说过:“中国文化的特质是家族精神。”家族组织和家族活动是家培养家族精神的重要方式。每一次家族活动的举办都成为家族内部血缘关系再确认的一种方式,使家族内部成员对族人身份再认同,从而培养和加深家族成员的凝聚力和对宗族的向心力。不论是婚丧嫁娶,抑或是祭祖、扫墓等宗族活动,已经不是简单的行为仪式,而是带有为家族利益服务色彩的行为,这一系列行为的内涵在岁月的沉淀中逐渐转化为家族至上的观念。而族人本身所进行的一切行为也都将打上家族文化规训的烙印。但另一方面,家族组织内部亦存在着诸多并不和谐的现象,家族和谐理想与现实之间存在一定差距,尤其到近代社会,随着社会经济文化的大变革,“敬宗收族”的努力与成效之间的不相适应,[1]成为族长不愿面对的现实。

一、族谱编纂与敬宗收族

(一) 洞泾吴氏族谱编修

洞泾吴氏,是苏州吴氏的一个分支,[2]据光绪洞泾《吴氏支谱》

---

① 冯尔康:《18世纪以来中国家族的现代化转向》,上海人民出版社2005年版,第71页。

② 苏州吴氏共有三大支,一是洞庭吴氏,包括吴巷吴氏和明月湾吴氏;二是皋庑吴氏,这一支原是泰伯五十九世孙吴良的后裔,唐时居于安徽歙县,明成化年间(转下页)

中《吴氏姓源》载,吴氏“先本姬姓,自武王封泰伯曾孙周章于吴,始以国为姓”①。南宋淳祐年间,吴氏传至第八十七世吴镒,其家住苏州府日华里(在今景德路),长子富兴居西宅。又五世而下为吴庸,字秉常,为太伯九十三世孙,无子,于是外甥沈璇入嗣舅氏,改名吴璿(1435—1503),卒后葬吴县至德乡洞泾浜东虹桥北琵琶坟,后裔在洞泾茔旁建祠,故称洞泾吴氏。明、清两代,洞泾吴氏共出进士 8 人、举人 9 人,其中状元 2 人,十三世吴廷琛、十四世吴钟骏为“叔侄状元”,家族名声大噪,成为苏州赫赫有名的科举世家。自明中后期历经清朝至民国,洞泾吴氏绵延 500 余年。

族谱为家族历史以及祖先德行的总汇,编纂族谱则是记录家族历史以及彰显祖先德行的基本形式,因而对于家族来说,编纂族谱成为家族自立于世的基本标志。据文本资料来看,最早的洞泾吴氏族谱是编于崇祯戊辰年(1628)的“旧本”,也称“老本”,序文由六世吴好古(1574—1657)撰写,可以推测,吴好古参与了旧本的编纂。因资料限制,其他情况不明。《旧本作族谱原序》文曰:

> 我吴氏源开帝子仪采药之芳踪,派隶侯封,拜观风之旷节,眷彼鹡令,世怀兄弟,顾兹葛藟,代庇本根。然而流殊星宿,岂无睽隔之嗟,裔远云仍,未免盛衰之感。

“流殊星宿,岂无睽隔之嗟,裔远云仍,未免盛衰之感”,此句点明吴氏纂修家谱的主要目的在于联络家族子弟情感以及普及宗法观念,避免出现子孙不知先祖名讳,迁徙散居各地而音讯全无,或同居一地却对面不识同宗兄弟、不知先后辈分的情况。

顺治五年(1648),洞泾家祠落成,六世长康公吴迪(1595—1662)与侄子吴棫(1616—1660)根据旧本增辑近谱,言之“建祠辑谱,事

(接上页)迁到苏州;三是本文所论的洞泾吴氏。此外,还有桃花坞吴氏和世代奉祀至德庙的至德堂吴氏。参张学群《苏州名门望族》,广陵书社 2006 年版。

①《吴氏姓源》,光绪洞泾《吴氏支谱》卷一,1882 年石印本,第 8 页。

相表里”[①]。当时吴棫脂车四方，汇集散居各处的子孙信息，参互考订成一大谱，前后历时十余年，于康熙元年(1662)修成，是为“懋本”。“长康公后屡经修辑”[②]，但据目前家谱所载人物世系以及传记、墓志铭等信息来看，只有《慧生公传》即八世吴怿中载有“复葺家乘，疏泰伯之支流，录贤行，俾后人”[③]一语，因而家谱在长康公后增辑过几次尚不清楚，但至少有一次。

之后，便是吴鹏主持下耗费四代人心血的“景本”的编修。十一世梅溪公吴鹏(1724—1796)于乾隆癸丑春(1793)七十寿，手辑家谱，并对其子吴文焕言曰：“予以一身总理三房诸事，总期克振家声。上承祖训，居忧时检点旧籍，得先祖遗册云：‘存心兢业，作事公平，传诸子孙永保勿替。’前人手泽如新，后人当奉为至宝。”[④]在吴鹏的主持与带领下，家族人员先后加入编谱。参与此次辑谱的人包括九世吴廷柱(殿英)、吴廷机(竹轩)，十世吴亦发(景颜)，十一世吴元勋(景伯)、吴昌宗(文园)等人，[⑤]吴鹏还先后命其子吴焕(贮云)、吴爔(鹂桥)誊录校对，并与其侄子山(吴天佑)钞本对勘，整个文本内容的体例粗具。

嘉庆二十五年(1820)，族谱再次增辑，此次增添了系图、祠墓图及于丙舍祭田，十三世刊谱人吴廷琛言曰：“非欲多于功，以体例必如是，始备而已，然之迹凡可考而知者，均不敢听其泯没，而弗传于后也。”[⑥]此次增辑由十二世燮堂公(吴颐)、十三世鉴庵公(吴廷瓒)以及履斋公(吴臻福)主持，吴廷琛出资，于道光四年(1824)刊谱成册。

十四世吴廷琛子吴思树，曾命其子吴宝恕、吴韶生纂辑家谱，还未完成就遭遇太平天国运动，当时吴氏族人流离迁徙，因疾病死亡的人数量众多。苏州复城后，吴氏族人陆续归乡，但距离上一次修支谱

① 《原跋》，光绪洞泾《吴氏支谱》卷首，第3页。
② 《后记》，光绪洞泾《吴氏支谱》卷十二，第1页。
③ 《慧生公传》，光绪洞泾《吴氏支谱》卷六，第25页。
④ 《梅溪公行述》，光绪洞泾《吴氏支谱》卷九，第4页。
⑤ 《原序旧本作增辑世谱序》，光绪洞泾《吴氏支谱》卷一，第4页。
⑥ 《后记》，光绪洞泾《吴氏支谱》卷十二，第1页。

已经增加三世,最远一支已达到十八世。面对这样的情况,吴毓金之子、十五世吴艾生,与堂叔润之(吴毓滋)商量,申请使用予采公祭产历年来的余款作为修谱资本,着手编修。此次修谱工程前期由吴毓滋负责,后吴毓滋因病去世,残稿被转交至吴艾生之手。

吴艾生延请族弟吴麐生(十世海石公吴日孜后)协理,于光绪八年(1882)纂修完成。列系图、墓田以及五世中石公原立义田前续记一并付刊。此版本为太平天国运动后增辑,有很多支系的人物信息并不完备,仅七世祖予采公六房一支人口较多,对于较为全面地了解与研究家族面貌有一定的阻碍,但对比参照方志以及其他地方史料来看,此一支却为家族内子孙最为蕃庶的一支,因而对于研究家族整体情况的影响并不明显。

洞泾吴氏最后一次辑谱的时间为民国四年(1915),内容是两册世系表,且纂修者姓名不详(一说为吴郁生增辑),此次辑谱增添并补充了 1882 年后族人的信息,其他内容未再录。

修族谱是尊祖敬宗的一种手段,是宗族活动的一项重要内容。据目前所知的家谱版本信息来看,截至 1915 年,洞泾吴氏家谱前后至少续修、增辑或重修 7 次,约 41 年续修一次。本谱纂修、续修之人,都是拥有中、高功名的家族人才,在纂修过程中,参照旧本内容增辑新谱,及时更新家族子孙信息,丰富家谱内容。每一次家谱的纂修都是一次浩大的工程,少则几年,多则十余年。参与纂修的人员从横向上看,不同支系的人员皆在其中;从纵向来看,有时会出现上下四代齐心编谱的现象,对于联络家族情感、加强家族的凝聚力、培养家族归属感有着重要作用。

(二)族谱编纂与儒家伦理

儒家思想作为传统社会的统治思想,其伦理观念深深地嵌入家谱的字里行间。“就家谱的编纂而言,是儒学在俗世生活中的展现。族谱的编纂、流传都体现了儒学的影响。”[①]洞泾吴氏每一代族谱修

① 岳晗:《家国情怀——儒家与族谱》,中州古籍出版社 2014 年版,第 17 页。

纂者都是深受儒学熏陶的士子,因此在发掘先贤事迹的过程中,对于儒家伦理的宣扬不遗余力,其族谱中的儒家伦理思想主要体现在以下几个方面。

1. 敬老孝亲

孝道在每一位族人心中深深地扎了根,因而在家谱编纂者编写人物传志或亲友为族人撰写墓志铭时,对于孝事也是极尽笔墨,“孝文化”成为家族文化的重要成分。

《海石公墓志》中对吴日孜极尽孝事的描述极为细致、生动。十世海石公吴日孜,早年丧父,对母亲极为孝顺,人到中年以后,仍旧每日依母膝下,但凡遇事,必定向母亲禀明。母亲死后,哭天抢地,几不能生,“食忘饥饱,衣忘寒暖,每令节拊膺恸哭”。等到自己五十岁生辰的时候,他提前一天来到寺庙中,将母亲的排位放置在前,“深衣练冠”,宛如居丧时。儿子们来寺中劝慰他,希望他回家办五十寿诞,他大哭曰:“吾痛无以报母德,忍以母难日晏乐耶?”之后,他精神恍惚,仿若与先父母语,大呼“不能报本者”,子女们以为父亲大病;事后,他向子孙说明,是因当时魂魄出离,得以与母亲相见之故。

族谱中对孝子孝行详尽其事,一方面是宣扬祖先孝心德行的需要,另一方面也是因为行孝道是最符合宗族社会的生活方式,在大家庭中生活的族人,最重要的就是处理家族人员之间的人际关系,论资排辈、长幼有序,“孝”成为管摄人心的有效方式,也成为家谱的心理基础。

2. 兄弟友爱

兄友弟恭、妯娌相和是族谱宣扬的又一儒家伦理观念。兄弟关系在家庭人伦关系中占据着非常重要的地位。

在吴氏家谱中,对于此类事迹的宣扬也是屡见不鲜。比较典型的事例要属八世吴愉、吴一蜚这对同父异母的兄弟。他们的父亲吴临汉为秀才出身,但是不善治生,家境贫寒。吴一蜚出生仅 7 个月,父亲就去世了,当时吴愉年满二十岁,已成家室。崇祯末年连岁旱蝗,全家人以碎糠豆饼充饥,吴愉生母姚氏用绢袋储米入锅,煮熟后取出喂一蜚吃。隔不了几年,姚氏也去世了,长兄吴愉没有因此弃一蜚及其生母王氏于不顾,而是以教馆所得的微薄薪金扶养庶母弱弟,还供给吴一蜚读书,可以说成功地诠释了什么是"长兄如父,长嫂比母"。一蜚生母王氏则省吃俭用,日夜操劳,贴补家用。在这样清贫的家境和母兄的督教下,吴一蜚奋发读书,终成进士。由于他从小饱尝贫寒,故为官时能体贴下情,颇有政声,被康熙帝连连提拔,一直做到尚书职位。吴一蜚也成为洞泾吴氏八世以来官位最高的官员。

兄友弟恭,以义为根,是五伦之中最为珍贵的关系。可以看出,在一个家族中,兄弟关系的好坏直接影响家族的兴旺与否。

3. 移孝作忠

儒家伦理中,君臣关系也被比为父子关系,百善孝为先的同时,若与国家之事相矛盾,则鼓励人们"移孝作忠",以国家之事为先务。所以在儒家伦理看来,君臣关系仍属于家族关系。洞泾吴氏之中,情愿或不情愿的"移孝为忠"的案例时能见之,也成为影响家族文化观念的因子。

八世吴一蜚为官山阴知县期间,距离故乡千余里,其母王氏对他思念甚切,便不远千里来到山阴与之相见,后因水土不服身患重疾,一蜚便上书陈情乞求归乡尽孝奉养。批文以"移孝作忠为可",未予准许。虽然十分不情愿,但一蜚也只能听从其事。十三世吴廷瓒、吴廷琛等在为其母章太宜人书写行状时,提及母亲章氏恐耽误儿子廷琛为官之事,拒绝廷琛欲迎养之请,并曰:"女(汝)叠荷恩命,当恪矢公慎,一毫苟且即负恩,莅官不敬,亦非孝也。"从中可以看出章氏教育其子的理念,是将为国尽忠比作为母尽孝,主动教导其子"移孝作忠"。

家国同构是中国古代重要的治国理念,宗法上的孝就是政治上的忠,把对父母的孝顺之心转为效忠君主,既是报效国家,也是孝子扬名显亲的重要形式,因而在家族文化中颇受推崇。

4. 清正廉洁,忠君爱民

在为官族人的行政上,儒家思想主要体现在要求为官为宦要清正廉洁、忠君爱民。从洞泾吴氏族谱《诰命》部分可见,吴氏家族子弟因为官建功,前后共收到诰敕封文 53 次,足可见其家族在为官行政方面颇受帝王赏识与恩待，对于家族声望以及凝聚家族力量有着重要的作用。

洞泾吴氏十几代人在朝为官，清正廉洁之风代代相传。二世吴龙任职湖广耒阳令期间，适逢“徭寇”猖獗，民多流离，“侯竭力抚循之”。还为民减赋，“甲戌有诏免民间逋负，而有司征督如故，侯竟蠲与民如诏”①，“力言于上官德免如诏旨，民欢声载道，上官亦以此数加奖励，然君不敢自足也”②。为江西弋阳知县时，为民求雨，“人人戴德，卒之日父老小吏咸垂涕泣”③。八世吴一蜚，官至吏部尚书，为官清廉，卒于任上时，家产不足百金，赖公卿资助才得以买棺购墓地入葬。

十三世吴廷琛，被苏州人称为勤于理政的状元郎。他在任浙江金华知府期间，问民疾苦，锐志兴革，修葺文庙，创立育婴堂。城外双溪桥毁坏已久，因修建费用高，迟迟不修。吴廷琛多方筹措，带头捐钱，筹足了钱物，重新修建，并将新桥命名为“通济”。

通过列举洞泾吴氏族谱中体现的儒家思想可以看出，族谱重点在于向子孙后代宣扬和灌输儒家的伦理观念，将儒家的伦理道德思想融于先贤的事迹之中，本族后人读到这些，自然会激发起崇敬先人、缅怀幽德、决心继踵、不玷门风的感情，族谱也就起到了规训族人、统摄人心的作用。因而有人说：“族谱从浅层次上看是祖先崇拜，从深层次上看，是儒学思想的反映。”④

二、宗族组织与敦亲睦族

（一）祭祀先祖的组织与活动

编纂家谱的目的是为了汇集先祖德行，教化后人。与其相表里

①《明乡贡进士江西广信府弋阳令后川吴侯墓志铭》，光绪洞泾《吴氏支谱》卷六，第9页。

②《明乡贡进士江西广信府弋阳令后川吴公传》，光绪洞泾《吴氏支谱》卷六，第14页。

③《明乡贡进士江西广信府弋阳令后川吴侯墓志铭》，光绪洞泾《吴氏支谱》卷六，第10页。

④ 岳晗：《家国情怀——儒学与家谱》，第29页。

的家祠建设则是开展这一教化仪式的宣扬场所。洞泾吴氏先后共建设家祠、支祠多所。洞泾吴氏家祠于顺治五年（1648）建设完成，祠址位于洞泾吴氏祖茔旁，后因战乱迁到醋库巷，民国后迁到滚绣坊。十三世吴廷瓒、吴廷琛合力创有支祠，叔侄状元吴廷琛、吴钟骏后裔另建有分祠，在大王家巷和张公桥，至今仍存。

1. 洞泾祠堂的建设

明中后期，苏州家族修建家祠、家庙的风气日益浓厚，洞泾吴氏发展至五世，念亭公吴汝成开始筹划建祠之事，中石公一支六世吴好古及其子侄吴棫便承担起长房的责任，挑起构建的大梁，于清顺治五年（1648）完成洞泾吴氏家祠的建设工作。

据《洞泾家祠记》载，洞泾家祠建设之初，前、后共三进，由前厅、飨堂和后厅组成，三座主体建筑分布在一条中轴线上。第一进为前厅，临河而建，门楣悬有“延陵世祠”字样，堂内匾额书有“垂裕”二字，意为彰显祖德，垂裕后人。第二进为飨堂，即享堂，为安置祖先牌位以及举办祭祖仪式的堂所，是家祠中的主体建筑。洞泾吴氏家祠享堂中，“塐弋阳公、中石公像以祀”①，因个人功名以及对家族所作的贡献，吴氏族人将二世弋阳公吴龙以及五世中石公吴之良的泥人塑像放置于享堂中央，供族人祭祀。后厅为“聚族享馂之所”，是祭祀仪式完毕后宴享亲族之地。每个房厅各五间。此外，家祠大门旁建有四间，为守坟人寝息之所。顺治辛丑年（1661），又在后厅添设吴氏一支有名位及有功祖先的牌位以供祭祀，“颜曰世德”，并且将修祠之人六世水苍公吴好古及侄子吴棫的泥人塑像放置于东西配享，可谓规制宏备。

乾隆年间，洞泾家祠后层房梁将倾，十一世梅溪公吴鹏肩负族长之职，将族人召至祠堂内，动员族人修缮家祠。修缮后，合全族之人同拜先祖，凝聚家族情感。吴鹏之后、吴文焕之弟十二世鹂桥公吴文爆担任长房之事，与从侄十三世吴廷瓒管理祭产事宜，祭产收入盈余

① 《洞泾家祠记》，光绪洞泾《吴氏支谱》卷一，第 10 页。

部分皆用来修葺祠宇。吴文爊为人忠厚，与人为善，对于亲朋相邻有急难之人，皆倾力相助，敦本睦族，秩然有序。曾对其兄言曰："弟非自矜贤劳，特不敢不仰承先志。"①此处的先志，即其父遗言中的"报本追远，首重宗祠"之语。吴鹏一脉担负长房之重，从其子孙在家祠建设以及其对子女的教诲方面可以看出当时一族之长在家族建设上的努力与志愿。

十三世鉴庵公吴廷瓒与其弟棣华公吴廷琛，创设洞泾吴氏支祠，奉高曾祖祢四亲主。支祠位于何处，目前尚不知晓。之后，吴廷琛、吴钟骏的后人又分别在大王家巷和张家桥建设分祠，建筑物仍留存至今。

2. 报本田与庙祭

洞泾吴氏五世吴之良置田六百亩创设继志义庄，其中五十亩为报本田，称："人本乎祖，忘祖则忘本矣，故立报本田五十亩。"②报本田的收入主要用来供庙祭、墓祭时使用。庙祭时，五服子孙皆至祠堂，"可以行族食礼，行坐趋立俱照班行，以齿为序，族食酒不过醉，食毕尊行年长者，称子弟之勤学俭约者以为众劝，而斥其游惰侈靡者以为众戒。凡有悖于家法者，初次与众辱之庙中，二次与众量责之，三次拘禁于庙一月，五次不改不许与祭，若此则情意既洽，而渐靡亦至矣，何至终忝祖德哉"。并称通过这种方式不仅可以凝聚祖先精神，而且可以联络子孙意气。从中可以看出，与家谱的编纂相比，家祠中耳提面命的教化形式更为直接有效，因而祭祀礼仪以及礼法的制定也更为受到族中尊长的重视。

举办祭祀仪式时，洞泾吴氏对于进入祠堂参与祭祀的人员有明确的规定。族中十岁以上的男子都要参加家族祭祀活动，对于不能及时参与家族祭祀仪式的族人，设有相应的惩治条例："成童不至，薄罚；成人而不至，一次罚跪庙庭一刻，三次不至，凡恤典皆不得与，岂有不敬祖宗而可以为子孙者乎？"并称："惟有疾则不与可也，祭之日

① 《鹂桥公小传》，光绪洞泾《吴氏支谱》卷九，第36页。
② 《创设继志义庄记·报本田记》，光绪洞泾《吴氏支谱》卷十二，第5页。

已刻行事,午至者,罚跪半刻,一惩不恪。”礼法规制严明,对于族中子孙有着较强的威慑作用。对于参与祭祀的族中尊长而言,若有不得已的事情不能准时参加的,要提前三日告知主祭人,更期而祭。从洞泾吴氏就不能参与祭祀仪式对待尊长与子孙的不同处理方式,可以看出家族对于老人的崇拜与敬仰,但却有几分家族中“刑不上老人”的味道。

宗祠祭祀造就的家族凝聚力远远超过其他形式的祭祀,究其原因,除了祭祀对象是共同的祖先,参加祭祀的人都具有血缘关系等因素以外,还有一个重要原因,就是族田收入给参加祭礼的族人提供了物质利益。隆重的祭祖仪式是表现家族地位、家族影响力的重要活动形式。除了中石公设立的报本田外,洞泾吴氏族人还专门设立供家族祭祀开支的祭产。

3. 洞泾吴氏祭产

祭产的设置充当了家族祭祀时的经费来源,祭祀祖先的仪式、家族祭品、人员饭食以及其他开支皆从祭产中支出,因而祭产的设置是家族向祖先表达崇敬诚意的重要方式,保证了祭祖、扫墓仪式的正常举行,达到依礼祭祖的目标。

首先洞泾吴氏八世予采公吴岂专门为大石、雅宜、白豸山三处祖茔设祭产一百二十亩。后因祭产分析,产生诸多弊端,并出现祭祀费用赤字的状况;传至十一世子孙时,十世叔伯辈在洞泾家祠商议原本分析田产归公的决定。

家族祭产公有不可侵犯。明清时期,苏州家族置办的祭产的公有性质可与官田相比,子孙若私自出售祭产,可与盗卖官田罪同论。[①]乾隆年间,还出现了专门针对祀产、义田以及宗祠等三类家族公产制定的刑罚,且出现了专门保护家族公产的法条,邱澎生曾专门梳理了明清时期家族祭产、义田等“公产立案”制度的形成过程,并称江苏这种“地方性制度”在全国也具有适用的效力。[②]

---

① [日]井上彻:《中国的宗族与国家礼制》,钱杭译,上海书店出版社 2008 年版,第 203 页。

② 朱英、郑成林主编:《商会与近代中国》,华中师范大学出版社 2005 年版,第 66 页。

其次,洞泾吴氏明确了家族的祭扫费用。根据祭祖规模的不同,春、秋两祭时,各房交纳的费用也不相同,春、秋两祭共交银28两,其中春祭占用23两,剩余的5两于秋祭时使用。此条从制定之始一直沿用到光绪年间,光绪年间,待吴艾生重修家谱之时,针对春秋祭祖各房交纳的费用作出新规定,春秋祭祀总金额由原来的28两改为40千文,春祭每位600文,秋祭减半。

其三,针对大石、雅宜、白豸山三处祖茔,洞泾吴氏制定了不同的祭祀标准。大石山、雅宜山两处坟茔,因世系较远,血脉较疏,一年一祭,大石祖坟为予采公曾祖父吴之佐埋葬之地,雅宜为予采公旁系血亲埋葬之所,两处坟茔在祭祀品方面没有区别。

(二)继志义田的设立与管理

洞泾吴氏继志义庄由第五世中石公吴之良创于明万历二十八年(1600),因是继其祖、父两代未竟之志,故名。吴之良祖父三世讱亭公吴用,尽毕生之力,积金八百,“事未获就,金亦散去”。祖父死的时候,吴之良已经长大,曰:“余承重孙也,所承莫重乎志,志之大孰有大于此者乎?”①“苦诶诸生,家无余财,遂躬自节省,衣浣茹素,铢积寸累,如是者数十年,始遂厥志,买长洲县田六百亩分为七条,每条作记一篇,分类析款,详析周挚,而又总记之。”②他仿照同邑范氏义庄,创立吴氏义田。吴之良在撰写的《创立继志义田记》中详细说明了继志义庄的用途以及管理方式,文曰:

> 予承祖志,而力乃弗逮,先业远甚,将终以力阻吾志耶。姑就所能为者为之,以为子孙倡,特捐田六百亩立为义田,以公诸五服之亲,传子及孙,而各以五服为率,内以两百亩为奉公田,以资公役;以五十亩为报本田,以供粢盛,以会族食;以五十亩为敦睦田,以恤匮乏,以尊高年;以五十亩为嘉礼田,以时婚姻,以重人

① 《先曾祖光禄公传》,光绪洞泾《吴氏支谱》卷七,第3页。
② 《先曾祖光禄公传》,光绪洞泾《吴氏支谱》卷七,第4页。

伦之本;以五十亩为凶礼田,以谨丧葬,以厚人道之终;以百亩为勤学田,以教以掖以成后昆之美;以百亩为备荒田,以储以散以裕歉岁之需。凡吾五世咸得与焉。我子若孙不得而私焉,不得而擅废焉,吾行之吾身,自今万历壬寅始,是年即令长子正谊司其出纳行之三年,而令仲子存古司之,又行之三年,而次及正始、正邦、正纲,凡三年一轮,管有余各以修葺祖庙及先墓焉,毋得而私焉。①

由于族产是全宗族共同的财产,因此如何进行有效的管理是族长关心的问题,族田收入以五服亲疏远近为标准,制定有不同的施与规则。

中石公创办之初,共捐田 600 亩,规定以其中 200 亩为奉公田,资助族人缴纳赋税,称“吾人一日得安其生于天下者,皆赖有朝廷之法在也,亦赖有行法之官在也”。且苏州城历来赋税甲于天下,因而相同亩数的田粮收入与其他地区比较来看,能够收入族人手中的田粮较少,再加上赋役名目繁多,故在七类族田中,奉公田的比重最高。义庄还规定以 200 亩填粮的利息作为交纳赋税的来源。

报本田、敦睦田、嘉礼田、凶礼田各 50 亩。报本田主要供祭祖及祠祭后的全族会餐之用,前文对此部分族田已作解读,此不赘述。敦睦田以抚恤族中贫乏之人及敬老之用,以一本之心体恤五服之亲,“凡一本之亲,皆使有养、有终,老吾老,长吾长,幼吾幼,俾一家不失为一家”②。针对族中的贫苦年老者,六十岁以上贫者,每年肉米三石,七十岁以上加帛米一石,近支凡贫者每年一石,远支贫者五斗;延之教子弟及理家政者,束脩量给。嘉礼田主要是资助族人的婚嫁之用,对此制定有嫁娶条例两条:男子娶妇者,近支给予田粮四石,次三石,又次二石,若为续娶按照前例一半,行聘时不足者先给一半;若为女子出嫁,则所有田粮照例只给一半。凶礼田用以资助族人的丧葬之礼,使五服

① 《创立继志义田记》,光绪洞泾《吴氏支谱》卷十二,第 3 页。
② 《敦睦田记》,光绪洞泾《吴氏支谱》卷十二,第 6 页。

之内贫者得以终有所安，列有助丧条例三条，前两条为初丧、临丧之别。给予田粮多少不仅看支系远近，“亦论家业中下，人品何如，后嗣何如，不得以意为向背。其家事充足、力能自治者，止送奠米、丧葬各一石，支近而贤者二石，内以二斗备祭品，文轴期合族共哀之力，能协奠及情当致奠者，贴分金一钱，不必另备，期于一日使主者便易”①。

劝学田、备荒田各100亩，劝学田资助族中子弟读书，学田建设的出发点是培养家族人才，提高家族的社会地位，因而劝学田是七类族田中唯一一种不以五服远近而以学业勤懒为施与标准的族田，针对求学阶段的不同，施与不同田粮石数：“延举业师贴米十二石，句读师贴米十石，游庠赏米三石，每年纸笔米二石，应乡试米二石，中式五石，会试三石，发甲十石。初学成文每年纸笔米一石，院试一石，考遗才一石，放科一石。”②备荒田是以族田收入储存至义仓，以备荒年之需。

洞泾吴氏通过族产扶助、赡养族众，祭祀祖先，强化家族内部的“一本之谊”，加深了家族成员之间的相属感和统一感，“族产通过对族众的扶助与赡养起到了一个赡族、睦族、收族的作用，为宗族的存续与繁荣提供了坚实的基础，最终达到保族的目的”③。

继志义庄收租处原设在府城齐门小栈。清宣统三年（1911）因战乱影响，其裔孙将庄房移置滚绣巷。1949年解放初调查，继志义田尚存田2 600余亩，男女现丁400余人；土改后义庄祠堂不存，旧址一度改建沧浪区少年宫，现为台湾慈济慈善志业基金会在大陆创办的一家“静思书院”。

结　语

族谱、宗祠和族田是中国家族制度的三大支柱。族谱是家族历

① 《凶礼田记》，光绪洞泾《吴氏支谱》卷十二，第8页。
② 《求学田记》，光绪洞泾《吴氏支谱》卷十二，第9页。
③ 吴强华：《吴姓史话》，江西人民出版社2004年版，第214页。

史和祖先德行的总汇，宗祠是家族的象征，族田是维系家族组织的物质基础。有了这三大支柱，家族组织结构才算完备，是名门望族的标志，也是吸引和引导家族成员凝聚起来并对家族产生归属感和依托感的载体。洞泾吴氏家族在族谱编纂与续修、建立家祠、设置祭产与家族义田的过程中，无不在为凝聚家族力量而努力，但努力与成效之间存在一定差距。与族谱教化、祠堂教化等文化形式相比，家族义田这一带有经济利益的家族产业，在凝聚族人力量的过程中扮演着更为重要的角色。

由清宫苏宴看吴门医派食养之道*

余同元

清代由苏州厨师在宫廷御膳房中制作的宫廷“苏宴”称作“清宫苏宴”。“清宫苏宴”的前身是苏州织造府菜点，它由明清时期苏州织造署选聘苏州名厨，集江南官、民、商诸菜之长，精心烹制而成。苏州织造署作为宫廷重要的派出机构，网罗江南最优秀的厨师，制作最具江南风味的苏菜以供迎驾。由于苏州菜肴及其烹饪技术注重养生和美食结合，既有吴门医派药膳食疗的科学基础，又有文人学者、乡绅士大夫进行理论总结并参与研究探索，所以康熙、乾隆皇帝对苏州传统菜肴特别喜爱，不仅把苏州菜点带进宫廷，而且将苏州名厨也请进宫廷，最终形成宫廷“苏宴”。以下请允许我就“清宫苏宴内容范式及其形成途径”“清宫苏宴的功能特点”和“清宫苏宴的食养之道”三项内容作扼要报告。主要引用的资料均来自我和我的博士研究生何伟编著的《历史典籍中的苏州菜》一书。

一、“清宫苏宴”内容样式及形成途径

明代永乐之后，北京作为京师，在各衙门任职的江南人日益增多，逐渐形成一个以宫廷官吏为中心的社会群体。这个群体讲吃讲穿、讲宅第、讲园林、讲燕闲清赏、讲娱乐戏剧、讲岁时节令、看花饮

* 此为故宫博物院 2021 年开放课题“清宫苏宴及其食养之道研究”的成果，本项目得到中国青基会梅赛德斯-奔驰星愿基金、北京故宫文物保护基金会公益资助。

酒、品茗弈棋,这些吃喝玩乐的项目及其工艺服务产业,无一不以江南为时尚。因此,江南文士绅商的生活品味要素在北京就渐渐变成最高贵、最风雅、最时尚的效仿对象了。在社会上,人们食重南味,曲尚南曲(《江南风俗·帝都南风》)。明清时期,苏州是江南核心城市,其经济文化集江南之大成,领先全国;其生活习俗,特别是饮食文化引领宫廷时尚。“清宫苏宴”是在明代宫廷苏菜的基础上增损更益、继承发展而来,大约发端于康熙年间。曹雪芹的祖父曹寅于康熙二十九年担任苏州织造时就注意研究菜色,其后撰成《居常饮馔录》,不仅供曹家饮食备用,还呈奉皇上以承欢邀宠。“乾隆帝时时处处敬天法祖,尤以效法其祖父康熙帝言行为务,日常饮食嗜爱苏州菜色,即其一端。”①乾隆初年的《御膳底档》中已有正式的宫廷“苏宴”名称,如乾隆六年四月到五月十二日《各作成做活计清档》中,就有“奉旨将折钦改:大宴不必,着改‘苏宴’三日”(《清宫内务府造办处档案汇编》第10册,第287—288页)。为行文方便,我们将乾隆时期宫廷“苏宴”简称为“清宫苏宴”。

(一)清代宫廷档案中的苏宴及其菜品系列

《清宫内务府造办处档案汇编》中显示,乾隆六年五月就已经出现了“苏宴”。当时皇太后五十寿辰,谕旨“苏宴”三日。乾隆四十八年圆明园膳底档中,短短十八天时间,“苏宴”字眼出现七次,“苏造”出现八次,“苏脍”出现三次。“着紫檀木苏宴桌一张”,“传旨苏宴一桌”,“十四、十五、十六,此三日伺候上苏宴”,在“正大光明设摆上用苏宴一桌,用器皿库苏宴桌一张”。正大光明殿乃皇帝听政之处,在此摆上苏宴,显见苏宴地位极高。

乾隆皇帝饮食最喜欢模仿苏州大户人家。“正月二十八日未初三刻,九州清晏进晚膳,用填漆花膳桌,摆松鸡锅烧肘子热锅一品(张东官做)……苏造肉一品,共一桌,上进毕,赏用。记此。”(《圆明园·乾隆四十八年正月膳底档》)苏厨张东官在御膳单上挂头牌。乾

① 吴相湘:《乾隆帝的日常膳食》,氏著《三生有幸》,中华书局2007年版。

隆四十三年，皇帝巡幸盛京，张东官随营供膳。在两个多月时间里，张东官就受到五次重赏。

据故宫博物院苑洪琪研究，乾隆四十九年，皇帝第六次南巡，特赏张东官骑马随行。至苏州，乾隆帝让和珅、福隆安向苏州织造传旨："膳房做膳苏州厨役张东官，因他年迈，腰腿疼痛，不能随往应艺矣。万岁爷驾幸到苏州之日，就让张东官家去，不用随往杭州。回銮之日，亦不必叫张东官随往京去。""再着苏州织造四德，另选精壮苏州厨役一二名，给膳房做膳。"①

乾隆《苏造底档》所载宫廷苏宴菜点系列

《苏造底档》记录了乾隆苏州菜肴名录，数以百计，有荤菜系列、素菜系列、杂烩系列、燕窝系列、点心系列等多个系列群膳菜品。下面是乾隆二十一年十月初一《苏造底档》中宫廷所食的103品苏州菜肴名录，按所用主要原料分类如下。

鸭类：鸭子炖白菜热锅、鸭羹、鸭子秋梨炖白菜、鸭羹热锅、糟鸭子热锅、江米镶熏鸭子八吉祥、鸭子祭神肉炖白菜、攒丝鸭子、鸭子葱椒面、鸭子苏烩徽州肉、如意鸭羹、百果镶鸭子、鸭子糖醋蒜打卤、攒丝倭瓜泥酒炖鸭子、黄炖鸭子炖面筋、江米镶熏鸭子、鸭丝面片、燕窝秋梨鸭子热锅、燕窝苹果烩鸭子热锅、燕窝烩熏鸭子、燕窝冬笋烩糟鸭子热锅、燕窝什锦鸭子、燕窝鸭子葱椒面、红白鸭子燕窝八吉祥、燕窝鸭子炖面筋、燕窝鸭子徽州肉镟子、燕窝醋熘熏鸭子、燕窝芙蓉鸭子、燕窝鸭羹热锅、燕窝苹果炖鸭子、燕窝脆糟鸭子、燕窝莲子鸭子热锅、燕窝松子清蒸鸭子等33种。

鸡类：黄焖鸡炖面筋、肥鸡油煸白菜、肥鸡攒丝镶苹果、肥鸡云片豆腐、肥鸡爆炒银鱼、肥鸡热闹白菜、肥鸡烩精肋子、肥鸡口蘑炖白菜、肥鸡冬笋豆腐丸子、黄焖鸡炖酸茄子、王瓜拌五香鸡、肥鸡烩擁肝、王瓜卷拌熏鸡、肥鸡葱椒鱼、炒鸡炖镶白扁豆、青笋黄焖鸡炖黄豆卤、台蘑爆炒鸡、肥鸡酸王瓜炖罗结肉、肥鸡燕窝烩滑熘野鸡卷、燕窝

① 苑洪琪：《清朝皇帝的苏州情结》，《城市商报》2014年5月16日。

肥鸡烩糟小鸡、燕窝野丝滑熘野鸡丝、肥鸡燕窝黄焖鸡炖面筋、燕窝酸黄瓜烩锅烧鸡、燕窝攒丝鸡子、燕窝冬笋黄焖鸡、燕窝烩熏鸡、肥鸡燕窝炖面筋、燕窝肥鸡烩鹿尾、肥鸡黄焖野鸡燕窝炖面筋、燕窝肥鸡子豆腐等 30 种。

野味类：鹿筋鹿肉脯、馏野鸡炖面筋、野鸡丸子鸡蛋糕、葱椒鹿肠鹿肚热锅、野鸡炖馄、肥鸡燕窝炖野鸡、肥鸡燕窝烩野鸡丸子、燕窝肥鸡滑熘野鸡炖面筋、燕窝肥鸡烩滑溜野鸡丝、肥鸡野鸡炖面筋等 10 种。

猪牛羊肉类：台蘑葱椒肉、台菌冬笋葱椒肉、糟肘子、葱椒羊肉、羊肉炖倭瓜、肉镟子、葱椒羊肉炖冬瓜、祭神肉炖菜、百果肘子、羊肉炖冬瓜、五香羊肉、肉泥炖酸茄子、莪肉镶扁豆、葱椒肉炖冬瓜、冬笋冬菇烩糟肘子镟子、燕窝徽州肉镶蜜豆镟子等 16 种。

鱼类菜：以各种鱼类为主要原料的菜肴有酱汁石花鱼旋子、白鱼旋子、鱼旋子、葱椒鱼等 4 种。

杂烩系列：以各种原料杂烩而成的菜肴有八吉祥热锅、冬笋口蘑蝴蝶肠烩攒肝、大杂烩、荤素大杂烩、炖吊子、葱椒面、葱椒羊查古汤、东坡蹄镟子、鸡蛋糕、肥鸡油煸白菜、油煸山菜黄花菜等 11 种。①

(二) 清宫苏宴餐具器皿及陈设样式

关于清宫苏宴陈设样式,乾隆四十八年正月十四日《节次照常膳底档》有完整的记录：

> 乾隆四十八年正月十四日午正奉三无私殿,安着紫檀木苏宴桌一张,宝座扶手至两桌边一尺七寸,摆高头七品(青白玉碗上安灯笼花),两边花瓶一对。高头碗足至前桌边二寸二分,两边碗足至桌边六寸五分,高头碗足至怀里桌边二尺五寸。群膳热膳三十二品(内有外铺内六品,膳房四品),青白玉碗,碗足至两桌边六寸五分。摆四路,每路八品。两边干湿点心四品、奶子

① 乾隆《苏造底档》,中国第一历史档案馆藏。参见余同元、何伟编著《历史典籍中的苏州菜》第一章《苏州宫廷菜与清宫苏宴》,天津古籍出版社 2013 年版。

一品、敖尔布哈一品，青白玉盘；两边小菜四品，西边老腌菜一品、八宝菜一品，东边南小菜一品、清酱一品，青白玉碟。小菜碟至两桌边七寸，后桌边二寸。中匙、筯、叉子、手布、筷套。安毕。

由此可见，“清宫苏宴”的菜点、餐具、器皿摆放皆有固定范式，“清宫苏宴”是宫中节庆备宴之一，①也是皇帝、皇后、皇太后、皇贵妃、贵妃生辰节庆必备宴席之一。②

清宫苏宴餐具陈设样式

苏宴桌：紫檀木苏宴桌，平时在器皿库存放。

菜点：热膳32品，冷膳摆高头7品，干湿点心4品，老腌菜、八宝菜、清酱、南小菜、敖尔布哈各1品，共48品。

器皿餐具：摆高头7品用青白玉碗，上安灯笼花；热膳32品用青白玉碗，南小菜、清酱用青白玉碟。餐具有银匙、叉子、筯、手布、筷套、桌刷等。

苏宴桌装饰品：宴桌两边摆放花瓶1对。

苏宴桌菜品摆放：苏宴桌中心摆放热膳32品，摆4路，每路8品。苏宴桌两边摆放干湿点心4品、敖尔布哈1品。苏宴桌西边摆放老腌菜、八宝菜，东边摆清酱、南小菜等开胃小菜。宝座扶手至苏宴桌两边1尺7寸摆高头，碗足至前桌边2寸2分，至两桌边6寸；小菜碟碟足至两桌边7寸，后边2寸。

这与《节次照常膳底档》乾隆四十八年正月十五日苏宴格式相同：

乾隆四十六年正月十五日午正奉三无私殿，安着紫檀木苏宴桌一张。宝座扶手至桌边二尺二寸，摆高头七品，青玉碗上安灯笼花，两边花瓶一对；高头碗足至前桌边二寸二分，两边碗足至桌边七寸，高头碗足至怀里桌边二尺五寸。群膳三十二品（内

① 庄吉发：《清史拾遗》，台北：学生书局1992年版，第178页。
② 万依主编：《故宫辞典》，文汇出版社1996年版，第286页。

有外膳房四品,铺内伺候六品),俱青白玉碗,碗足至两桌边七寸六分。摆四路,每路八品。两边干湿点心四品、奶子一品、敖尔布哈一品,青白玉碗。西边清酱一品、水贝瓮菜一品,东边“南小菜”一品、糟小菜一品,青白玉碟;碟足至两桌边七寸、后边二寸,中匙、筯、叉子、手布、纸花、筷套,安毕。东边颖妃、惇妃头桌宴一桌,诚嫔、林贵人二桌宴一桌;西边容妃、顺妃头桌宴一桌,禄资人、明贵人、宁常在二桌宴一桌。

据苑洪琪先生研究,过了故宫神武门,左拐是一排商店,旧时叫“东连房”,是专给上朝官员吃早饭的地方;从乾隆到清末,这儿都有一个“苏造铺”,专卖苏州菜,诸如苏造肉、苏造肘子、苏造肠、苏造丸子等,用荷叶裹了卖。如“苏造酱”,它装在一个藤编小篓里,贴上红纸签,用一方铁印打上,印底刻着“苏造酱”。①

(三)清宫苏宴的形成途径及基础

苏州民谚:“三辈子做官,学会吃喝穿。”官衙讲究吃喝,官场酬酢纷繁,每个衙门几乎都从社会上搜求高厨。苏州织造署作为宫廷重要的派出机构,更是宴饮不断。特别是康熙、乾隆皇帝频频南巡,使苏州各级官员不得不网罗苏州最优秀的厨师,烹制最具江南特色的“苏州官宴”以供迎驾。最终,“苏宴”连同“苏造”“苏作”“苏式”一起走进了宫廷。“清宫苏宴”形成的主要标志是苏宴范式的完善,主要途径有三。

1. 苏州织造署官府菜及皇帝南巡苏州行宫宴

苏州菜肴主要由宫廷菜、官府菜、士绅菜、市民菜、乡村菜等部分组成。其中苏州官府菜是“清宫苏宴”的起点和基础。徐珂《清稗类钞》卷九载,苏人以讲求饮食闻于时,凡中流社会以上之人家,正餐、小食,无不力求精美。清人常辉《兰舫笔记》亦载:“天下饮食衣服之侈未有如苏州者,衣料出自苏城其值少低于他省犹不足异,至

① 苑洪琪:《清朝皇帝的苏州情结》,《城市商报》2014年5月16日。

食物则莫贵于此，而士民会客一席动值三四金，甚有至七八金者，官席无论也。”[①]苏州传统官府菜来源于官宦家菜及士绅家菜。历史时期，苏州官衙林立，据宋范成大《吴郡志》所载，宋代苏州官宇近50座；宋《平江图》中亦有近40处（府2、衙门1、县衙2、司5、厅25、局1、务3），可谓官宇栉比。以清代为例，苏州城内就先后设有江南（江苏）巡抚衙门、苏松太兵备道衙门、江苏按察使道台衙门、苏州织造府衙门、浒墅关钞关衙门、苏州府衙门、吴县衙门、长洲县衙门、元和县衙门等。这些衙门官府菜应官员需求而生，保留了士绅菜中的烹饪精华，即所谓“官宴”。从乾隆年间江苏巡抚庄有恭（年轻时曾任苏州府司阍）所记《官府管厨规范》[②]和昭文知县常辉《兰舫笔记》记载中，可见苏州县衙及道署“官席”皆有成文规格。[③]

2. 苏州地方进贡的苏州贡奉菜点

由于康熙、乾隆皇帝喜欢苏州菜肴，地方官为迎其所好，全力访觅苏州美食进奉宫廷。苏州织造府除负责制备御用赏用衣物之外，还要兼办皇帝的苏州菜肴差使。自康熙二年至二十三年，曹寅父曹玺担任江宁织造，至康熙五十一年曹寅去世，其子颙、頫先后袭职，再至雍正六年曹頫卸任，祖孙先后任织造近六十年。查李煦奏折，恭进苏州菜肴之例不一而足，如康熙四十五年十一月进冬笋糟茭白，十二月进冬笋燕小菜；四十六年六月进小菜糖果，八月进法制干膏饼小菜。[④] 曹寅于康熙二十九年担任苏州织造时，就专门研究苏式菜色，并撰写《居常饮馔录》一书，用心筹备御“食”。

3. 皇帝南巡时官绅进献苏州特色菜肴

在康熙、乾隆皇帝南巡苏州期间，苏州各级官员、乡绅纷纷进献苏州特色菜肴。进献菜品规模之大、品种之多令人咂舌，有菜盘百余种，且菜品以雅致的素菜为主，凸显了苏州菜的典雅特色。如康熙四

---

① 常辉：《兰舫笔记》，江苏省立苏州图书馆1939年版。
② 庄有恭：《偏途论》，《近代稗海》第11册，四川人民出版社1988年版。
③ 常辉：《兰舫笔记》。
④ 故宫博物院清档案部编：《李煦奏折》，中华书局1976年版。

十四年第五次南巡时,康熙皇帝于三月十七日抵苏,三月十八日,苏州士绅彭定求等即赴行在叩贺万寿,进献长生果山景、樱桃肉山景、彩亭、烛酒、荤菜、蜜饯、小菜、果典。苏、松、常、淮扬等地地方官吏均设黄幡恭祝万寿,各献荤菜、果点、食物各色百盘。十九日,"江抚宋进献馒头、馄饨各四盘,小菜一百瓶"。二十日,"江抚宋启朝皇上鱼酢、鸡羹、鸭脯等四色"。三月二十三日至四月十三日,皇帝离苏,由松至浙。四月十三日,返回苏州。四月十四日,"江提督进献御宴五十抬,原任詹事府徐秉义率子侄进献古董、小菜等色。又浙江都司缪进献纸、花木、鸭、鹅、五菜花、果盒"。十六日,"江抚宋进献苣苣菜、浦耳菜二色"。[①] 每次皇帝南巡,各级官绅亦是如此敬奉江南美味佳肴。据中国第一历史档案馆藏《江南节次照常膳底档》记载,乾隆三十年第四次南巡时,二月十五日,苏州织造普福在舟中进奉糯米鸭子、万年青炖肉、春笋糟鸡、燕窝鸡丝、鸭子火熏馅煎粘团;二月二十六日,在苏州府行宫,普福又进火熏加线肉、什锦豆腐、白面千层糕等。[②]

二、"清宫苏宴"的功能特点

(一) 融美食、保健和养生功能于一体

作为吴门医派的发祥地,苏州传统菜肴集美食、保健和养生功能于一身,讲究"食必稽于本草,饮必准乎法度",注重通过寻常食品发挥药膳食疗作用。如传统苏州菜中的重要原料——莼菜即是如此。莼菜不仅味道鲜美,而且具有很高的养生价值。《本草纲目》从医学养生角度分析,莼菜具有"消渴热痹""下气止呕""治热疸、厚肠胃、安下焦逐水,解百药毒并蛊气"等功效。现代医学证明,莼菜有药膳功能。

《苏造底档》中所载诸菜色大都具有食疗药膳之功用。如清宫苏

① 佚名:《圣祖五幸江南恭录》,《近代中国史料丛刊初编》第 55 辑,台北:文海出版社 1985 年版。

② 乾隆三十年二月《江南节次照常膳底档》,乾隆三十年二月十五日、十六日,中国第一历史档案馆藏。

宴多有以滋阴的燕窝与鸭子等原料配制的菜或汤。燕窝的主要成分有水溶性蛋白质，碳水化合物，微量元素钙、磷、铁、钠、钾，以及对促进人体活力起重要作用的氨基酸（赖氨酸、胱氨酸和精氨酸）。乾隆时期浙江嘉善人齐慈山《养生随笔》说："七品燕窝粥，煮粥淡食，养肺化痰止咳，补而不滞。"赵学敏《本草纲目拾遗》说："燕窝味甘淡平，大养肺阴，化痰止咳，补而能清，为调损劳瘵之圣药。"《本草求真》说燕窝是"药中至平至美之味者"。《本草逢原》中说燕窝是"食品中之最驯良者"。燕窝中含有表皮生长因子，同时又有一种可增强细胞分裂繁殖的激素，此种生长因子和激素对人体生长发育、补充元气体力及病后康复均有助长或滋补作用。另外，燕窝中含有活性蛋白质，具有促进组织再生、增强细胞诱发的免疫功能、增强机体对X光和放射线的抗御能力等多重保健功能。

所以，故宫博物院的学者周京南认为："苏州菜本身就是养生菜。古时苏州是南方的一个物流大通道，东西有长江，南北有运河，正好在交界处，四海来朝八方入贡的最新鲜的货物往往经过苏州。""作为苏州人你可能没有直观的感受，做一个横向比较，山西、山东、东北这些北京周边的地方，他们的饮食都是比较重口味的，十分明显的北方风格；而北京本土饮食，除去部分满族食物，很大一部分都和精致的苏州菜很像，不重咸辣。所以我个人认为，苏州菜的影响是十分深远的。"①

（二）拥有烹饪技术理论化的雄厚基础

明清时期江南学者与工匠结合，促使烹饪技术走向理论化，②印刷技术进步又促进了苏州饮食文献的大量生成。所谓烹饪技术理论化，是指苏州总结烹饪技术的饮食著作大量出现。明清时期，苏州代表性饮食专著有明初韩奕的《易牙遗意》、嘉靖吴禄的《食品集》、万历周履靖的《续易牙遗意》、宋诩的《宋氏养生部》，清代陈鉴的《江南

① 周京南：《苏州菜抓住了清朝皇帝的胃》，《城市商报》2014年6月29日。

② 参见余同元《江南产业技术理论化的差异性与关联性研究》，《明清论丛》第9辑，紫禁城出版社2009年版；余同元《传统工匠的现代转型》中编，天津古籍出版社2012年版。

鱼鲜品》、尤侗的《簋贰约》、毛荣的《食谱》,等等。这些专著为传统苏州菜点的研究和开发提供了详备的技术理论资料。苏州历代文人笔记文献数量庞大,其中的饮食文化资料数量众多、内容丰富。众多笔记文集中,如陆容《菽园杂记》、常辉《兰舫笔记》、顾元庆《云林遗事》、沈复《浮生六记》、周履靖《群物奇制》、佚名《圣驾五幸江南恭录》、顾禄《桐桥倚棹录》、袁景澜《吴郡岁华纪丽》,以及《盛泽竹枝词》《清异录》《清嘉录》《养小录》《吴门表隐》,等等,都包含着大量的烹饪技术理论化资料。

“三君易得,八厨难求。”优秀的厨师是如何产生的?各地有不同途径和模式。明清时期的苏州是一个士商互动的社会,饮食业空前发达,不仅集中了江南名厨,而且群集天下美食家。苏州传统文人士大夫多讲究美食,士绅美食家结合自家特点提出具体的烹饪规范,同时参与“家庖”烹饪实践,总结出系统的烹饪理论。如袁枚之所以写成《随园食单》,一个重要的原因就是培养有高超厨艺的家厨。这里简列江南士绅“家庖”的三大生成途径。

一是请其他厨师入园教艺。如张荷塘家的女厨善制花边月饼,袁枚就“常以轿迎其女厨来园制造”;“又一明府家善制馒头”,则“请其庖人来教”。

二是派厨师出外求教,清代学者赵翼有一位家厨名叫陆喜,以“蒸鸭子”著名。他做的“蒸鸭子”让赵翼好友兼美食家的袁枚赞叹不已,袁枚尝过后,甚至要求自己的家庖王小余向陆喜学习烹治“蒸鸭子”。①

三是亲身参与家厨的烹饪实践并培训厨师。如袁枚称:“余家寿筵婚席,动至五六桌者,传唤外厨,亦不免落套。然训练之,率范我驰驱者。”他自己四处访求烹制法,然后让家厨、家人试制。山东孔藩台家制薄饼甚妙,袁枚求其制法,“家人如其法为之,率不能及”。②

袁枚亲身参与家厨的烹饪实践并总结理论。“人之学问,惟有所

① 邓文诚:《清诗纪事》,中华书局 1970 年版,第 101 页。
② 袁枚:《随园食单》,中国商业出版社 1984 年版。

歉然也，而后知不足，知不足也，而后能有大功。枚于厨娘，亦以此术待之。”袁枚及其家厨将烹饪理论与实践很好地结合起来，令厨师有了理论性的指导，使得其烹饪技术得以更好地传承与发展。

为提高厨师的烹饪技术，苏州士人对家厨的烹饪规范都有具体技艺要求。士人要求家厨严格按照养生要求来安排菜肴先后顺序。钱泳《履园丛话》曰：“仆人上菜亦有法焉，要使浓淡相间，时候得宜。譬如盐菜，至贱之物也，上之于酒肴之前，有何意味；上之于酒肴之后，便是美品。此是文章关键，不可不知。”[①]他认为品尝各色菜肴必须要注重食用顺序，须浓淡相间，每道菜都要上得合乎时宜，不可盲目为之，且菜单不可单一，要每日变换，搭配而食。苏州士人还提出善待良厨的口号。如清末苏州士绅夏曾传说：“良厨不易得，得之亦有数。端用法方收其效。工食宜优，不可苛刻，一也；算账宜宽，不可克扣，二也；买物宜多，不可吝啬，三也。然后严其赏罚，专其责成，乃可以享口腹之奉也。往往有痛责庖人而己实未尝知味者，尤为可笑。”[②]良厨不易得，在待遇方面不可克扣，对于他们的买办事项也要给予自主权，这样才能买到时鲜食材，制作出美味佳肴。

“清宫苏宴”集中体现了江南传统养生理念，这主要归功于文人士大夫参与烹饪技艺的传承与创新。烹饪技术的优劣决定肴馔工艺水平的高低，除了烹饪技术本身的传习与培养以外，苏州士人还就如何管理家厨、如何善待良厨等具体问题进行了专门探讨，以保证烹饪技术得以被更好地传承和发展。

（三）富含吴门医派药膳食疗理念

吴门医派是中医学中的一个地域性流派，因为名医多、古籍多、是温病学派的发祥地，号称“吴中医学甲天下”。自明代中叶以降，吴中地区涌现了众多医学家及养生著作，正如当时人杨循吉（1456—1544）在《苏谈》中所说：“今吴中医称天下。”吴中医学涉及内经、伤

---

① 钱泳：《履园丛话》，《近代中国史料丛刊续编》第82辑第813册，台北：文海出版社1981年版，第328页。

② 夏曾传：《随园食单补证》，中国商业出版社1994年版。

寒、温病、本草等多个方面,有对传统医经理论的诠释与发挥,又有对养生、方药、医案以及临床各科的经验总结与论述。在众多著作中,嘉靖年间苏州吴江县医学训科吴禄所著《食品集》是一部本草食疗学专著,书中详细记录了日常食物的食性、功效与食物禁忌等内容,堪称食疗养生代表作,对江南吴中地区百姓来说,在日常生活饮食安全、健康保养、延年益寿方面具有指导作用。明末江苏吴县人吴有性著成《温疫论》,开传染病学研究之先河,大胆提出"疠气"致病之学说。他从表、里两大方面对温疫病的传变进行总结,归纳出九种传变方式,称为"九传",即但表不里、表而再表,但里不表、里而再里,表里分传,表里分传再分传,表胜于里,里胜于表,先表后里,先里后表,等等。在此基础上,叶天士著《温热论》,揭示了不同于《伤寒论》的"卫、气、营、血"辨证纲领。

据有关考察,明清时期江南本草文献中,属于吴中医家著述者最多,如吴县王鏊《本草单方》、沈宗学《本草发挥精华》,吴江盛寅明《脉药玄微》,太仓王育《本草辨名疏义》,常熟陆仲德《本草拔萃》,昆山郑之效《本草辨疑》,等等。明清苏州医书包括大量食疗和饮食宜忌的内容。据有关统计,明代苏州地区共有中医医家三百多人,中医医籍两百多部,其中本草、方书、养生类医籍数以百计。清代吴门医派的理论和实践水平日益提升,成为领先全国、享誉国际的中医学派。

吴禄正德末年为吴江县"训科候缺",①嘉靖时任苏州府吴江县医学训科,负责地方医学兼行政、教育,嘉靖二十四年卸任。《食品集》约成书于1537年,后由苏志皋、许应元刊印发行。该书正文分上、下两卷,另有附录一卷。正文采用自然属性分类法,按照"正名(别称)→性、味→主、治→宜忌→作法→功效"格式记录,多则百字,略则几字,一目了然。如条目"蒜"记载:"蒜,味辛,温,属火,有毒。(独子者佳。五月五日采,醋浸之。经年者佳。)主散臃肿,除风邪毒,健胃,善化肉,破冷气,烂痃癖,避瘴气、蛊毒、蛇虫溪毒。治中暑、霍

---

① 嘉靖《吴江县志·属官表》。

乱、转筋、腹痛,温水送之。鼻衄不止,捣涂脚心,止即拭去。”①全书无句读,注文采用双行小注形式。尽管书中有些食物禁忌不符合现代医学观念,但不能因此抹杀它的饮食养生与生态保健的科学价值。《食品集》的出现标志着本草食疗学在江南产生,具有近代养生学意义。

三、“清宫苏宴”食养之道

明代江南养生家高濂说:“饮食,活人之本也。……由饮食以资气,生气以益精,生精以养气。气足以生神,神足以全身,相需以为用者也,入于日用养生,务尚淡薄,勿令生我者害我,俾五味得为五内贼,是得养生之道矣。”

其中“道”的内涵,乃针对“术”的经验总结而言。《云笈七签》卷四十五《秘要诀法 · 序事第一》说:“道者,虚无之至真也。术者,变化之玄伎也。道无形,因术以济人。”“术”是“道”的途径,“道”是追求食养的最终目标和最高境界,是价值和意义的源泉,是文化;“术”是无数、无限、无穷的,“道”圆应万方,是唯一的,只此一家,别无分店;道与术既有差别,又可以相通,相通的中介是“学”。从“学”之活动内容来看,可上达于道;从“学”之要素次序来看,最终必然学道、用道、得道。“道”的发展刺激“术”提升其理论品位。这样,在“术”积累了足够经验的基础上,“道”与“术”交融,必然导致新学的产生。此新学就是“道”与“术”双向交融中凝聚而成的新知识体系。从逻辑上说,“术”“学”“道”这三者的关系,应该是先有“术”,后有“学”,进而概括抽象出“道”。在中国文化史上,往往是先有术,术中直接抽象出道,道与术相交融而出现学。学一旦形成,就把术内在地包含于其中,故在北宋之后多有“学术”之称。“学术”可以分为以下六个阶段:众术杂糅并竞阶段、援道入术阶段、道术结合阶段、道术汇聚阶段、道术圆融阶段、循道化术阶段。“清宫苏宴”所体现的食养之道,主要

① 参见《食品集 · 菜部》“蒜”条。

内容包含在“食物有性”“食品有方”和“食饮有节”三层含义之中。

(一) 食性之道——识食性,明药性,辨毒性

事物是由属性、功能、联系、结构、层次和过程组成的有机体,其中,“性”主要指结构功能性特征。识食性指研究食物的功能特性,认识食物的药性并辨别食物的毒性。“食性”指动物以何种食物、何种方式以及因场所不同进行摄食的习性(属于生态行为性范畴),或仅以食物内容和进食方式区分为寻食习性和取食习性。食物之性主要有天性、物性、药性和毒性之分。

1. 物性分四气五味(即气性和味性)

根据食物的本质属性和功能特征合理安排膳食,是最基本的食养之道。

古人认为,气是宇宙的基本能量,元气是生命的根本元素,万物含生的本质就是万物含气。食气,指寒、热、温、凉四种药性,又称“四气”。四气即食物四种属性,中医特指食物寒、热、温、凉四种食性。其中,寒、凉属阴,温、热属阳,本质上来说只有寒、热两性。不过,寒、热因程度不同又有凉、温、大热、微温、大寒、微寒等差别。气性学说“主要反映药物影响人体阴阳盛衰、寒热变化方面的作用性质和特征,是药物作用性质的重要概念之一”①。值得指出的是,在本草医籍中经常能够看到“气平”“平”等字眼,这里的“平”指食物性质平和,寒、热性质不明显。有关《食品集》中食物的食气分布情况,参见表1。

表1 《食品集》各部食物食气情况统计表

	寒(包括微寒、大寒)	热(包括微热、大热)	温(包括微温、大温)	凉(包括冷)	平
谷部	14	1	11	3	13
果部	11	3	19	1	15

① 郝丽莉、傅南琳:《中医药学概论》,科学出版社2009年版,第146—147页。

续 表

	寒(包括微寒、大寒)	热(包括微热、大热)	温(包括微温、大温)	凉(包括冷)	平
菜部	33	3	31	7	18
兽部	4	2	10	5	14
禽部	4	1	8	2	15
虫鱼部	10	0	9	6	22
水部	5	1	2	0	5
总计	81	11	90	24	102

五气之中,凉性和寒性、温性和热性在作用上有大小强弱差别,只有食性平和的平性能减轻或消除温热寒凉诸证。一般认为,寒凉性食物大都具有清热、泻火、解毒作用,常用于热性病证。温热性食物大多具有温中、助阳、散寒等作用,常用于寒性病证。平性食物则有健脾、开胃、补益身体的作用。

同时,食物含有天然味性,即酸、甜、苦、咸、辛五味,既是人类饮食的重要调味品,可以促进食欲,帮助消化,也是人体不可缺少的营养物质。传统养生理论认为五味与五脏有一一对应关系,每种味道有不同的功能。五味调和规律得到了中国历代食物研究者的认同,是最重要的食养之道。《黄帝内经》就认为饮食五味入于人体,内养于五脏,奠定了五味与五脏的密切关系。这种药食气味与五脏之间存在着某种特异性联系的观点,为中医药理学和食疗学奠定了深厚的理论基础。中国古代用五行概念说明人体脏腑的属性及其相互关系时,把肝归属于木,心归属于火,脾归属于土,肺归属于金,肾归属于水,并以五味配五脏,认为两者之间具有密切的关系。"心欲苦,肺欲辛,肝欲酸,脾欲甘,肾欲咸,此五味之所和也。"(《内经·素问》)食养之道重视食物的不同味性和作用,就是用食物性味的偏胜来调整人体气血阴阳,扶正祛邪,以期“阴平阳秘,精神乃治”。

2. 食物药性与药食同源

清代长洲(属苏州)人龙柏,是乾隆、嘉庆年间著名医家,著有《脉药联珠药性考》《脉药联珠食物考》《脉药联珠古方考》。《食物考》原书 1 卷,附刊在《脉经联珠》卷八,故又称《脉药联珠食物考》,主要以《本草纲目》为参考资料,总共记载了“生民常食之品”1 106 味,补遗 96 味。分诸水、诸火、五谷、造食、油、造酿、蔬菜、百果、茶、禽、畜、兽、鳞、介、盐 15 部,每种食物之下简述其性味、产地、制法、禁忌等。采用四言诀,或数物合撰,或一物单撰一长篇四言诀。通过眉批脚注,补充服用方法。如“菜油”条眉批:“吴人以菜油为正食,故妇女少血闭之症,而人不知也。”这是注意到地区日常饮食与某些疾病关系的例证。强调“联珠之法,先言脉理,因脉言症,因症治药。方药虽定,亦一阵图而已”。以阵图为喻,将脉症治疗结为一体,主张“悟脉理而辨识药性,去古方而合新法”,方能做到“灵机活泼,应变无差”。其中《药性考》对《本草纲目》删繁辑要,去误存实,并采访搜罗当时可治病之药,共计搜集药物 3 341 味,按浮、沉、迟、数四提纲编成歌诀,详明性味、功用、主治,并对一物数名及古今方土异称者,备载于目录之下,以供考识。①

明清时期,苏州药学与药业大盛,市民皆重食物药性之认识。七里山塘成为中药材的集散地,宁远堂、沐泰山堂、良宜堂、天益堂、颐年堂、同春堂等药材铺都开设在山塘街及邻近地段。乾嘉年间,苏州中药业逐渐分化出药材行与饮片店。据说药王庙就是当时药材业同行的议事之所,清末参加活动的药行有 43 家之多;而饮片行业则在养育巷、柳巷、三皇庙和公所活动。“同源药食草堂”开办于阊门外南浩街北首,以饮片经营为主,依《泰定养生主论》自制调养方剂,为冲泡形式,供长年饮用调养(即药茶),因简便廉验,畅销不已,以致苏州人至今仍保持着自制四季药茶(如枸杞茶、菊花茶、苦瓜茶等)饮用调养的习惯。

---

① 龙柏:《脉药联珠(食物考)》,中国医药出版社 2016 年版。

3. 食物毒性

中医食性学说主要包括气性、味性、归经、升降浮沉和毒性学说等方面。毒性,广义来说指食物或药物的偏性,狭义指具有一定的毒性和副作用,现多指药物对机体的损害性。在中医本草类著述中,每一味药物在属性、味性之后都要注明是否有毒。有些食物本身就具有毒性,如毒草、莽草、苦杏仁、河豚鱼、湟鱼、毒蚌等。有些食物被细菌污染产生毒素,真菌在谷物或其他食品中生长会产生有毒的代谢产物。人摄入含有生物性、化学性有毒有害物质,或把有毒有害物质当作食物摄入后,所出现的非传染性急性或亚急性疾病都属于食源性疾病范畴。有些食物配伍相克产生毒素,有些食物所含毒性在不同生态环境下会发生变化。如土豆没毒,但土豆发芽是有毒的。在强菌作用下,腐烂蔬菜中的硝酸盐还原成亚硝酸盐,这种物质进入人体后,可使血液失去携带氧气的功能,造成人体缺氧,引起头痛、头晕、恶心、呕吐、心跳加快、抽筋等症状。毒性也是一种异气和邪气,明末吴中名医吴有性潜心钻研,著作《温疫论》,提出温疫非风非寒,非暑非湿,非六淫之邪外侵,而是由于天地间存在一种异气,又称作厉气、疫疠之气,感人而至所致,与伤寒病决然不同。不论从病因、病机到诊断、治疗,两者均有区别,故与伤寒病分开另论,为温病学说的形成与发展作出了贡献。虽然《伤寒论》中提出时行之气有传染之说,但据实际情况,有时行之气未必有疫,故而时行之说不可使人信服。人是否得疫病,是由厉气决定。厉气是杂气中之一,每年都存在。疫气的存在、盛衰多少,与地区、四时及岁运有关。感受疫疠之气之后,可使老少俱病。这就从病因学方面将温疫与一般外感病区别开来,并与伤寒病加以区分。吴氏突破了六气致病的传统观点,提出了新的传染病病原论。到清代乾隆以后,研究温病学者以叶天士为首,总结前人经验并有所突破,开创了治疗温病的新途径。叶天士著的《温热论》提出"温邪上受,首先犯肺,逆传心包"的观点,概括了温病发展和传变的途径,成为认识外感温病的总纲,为中国温病学说的发展提供了理论和辨证的基础。

4. 阴阳二性是食物的天性

天性首别阴阳。阳性食物最大的特点是性热温,味辛气轻,药性向上,它们的主要功能是让身体内的阳气上升;当人体内的阴气太盛、内寒太大时,就用它来提升体内的阳气,温经散寒,从而达到阴阳平衡。阴性食物最大的特点是性寒凉,味道偏苦,药性向下;当人体内的阳气太盛、内热太大时,就用它来使体内的阳气下降,从而达到阴阳平衡。几乎所有的食物乃至营养成分都可分为阴性与阳性。通过阴阳平衡的膳食摄入来协调人体自身的阴阳水平是最简单、最有效的养生保健方法。被称为中国群经之首的《易经》,专论生命哲学,提出"生生之谓易""易道阴阳""一阴一阳之谓道"(《易传·系辞》)的核心命题,认为任何事物均可以用阴阳来划分:凡是运动着的、外向的、上升的、温热的、明亮的都属于阳;相对静止的、内守的、下降的、寒冷的、晦暗的都属于阴。引申开来,把对于人体具有推进、温煦、兴奋等作用的物质和功能统归于阳,对于人体具有凝聚、滋润、抑制等作用的物质和功能归于阴。"饮食平衡"是食养之根本,中医上面就是讲膳食的阴阳平衡,内容包括主食与副食、情绪与食欲、荤与素、杂与精、饥与饱、寒与热、干与稀、动与静、摄入与排出平衡等。

分阴阳的同时,再讲酸、碱性。凡是含氯、硫、磷元素较多的食物如大米、面粉、肉类、蛋、啤酒等属酸性(阳性)食物,凡含钾、钠、钙、镁元素较多的食物如蔬菜、水果、豆类等属碱性(阴性)食物。或者说,在体内代谢后最终物质属酸性的食物叫酸性食品,而在体内代谢后最终物质属碱性的食物就叫碱性食品。这里所说的酸碱性,不是食物本身的性质,而是指食物经过消化吸收后留在体内的元素的性质。常见的酸性元素有氮、碳、硫等,常见的碱性元素有钾、钠、钙、镁等。多食碱性食物可保持血液呈弱碱性,使得血液中乳酸、尿素等酸性物质减少,并能防止其在管壁上沉积,因而有软化血管的作用,故称碱性食物为血液和血管的清洁剂。

5. 食性体现在人体中为生命能量

食物的气性和味性都是生命能量的表现,人体内随意和不随意作用都需要能量,一般认为有三种营养素可提供补充,即碳水化合物、脂肪和蛋白质。营养学中把这三种营养素统称为生热营养素。碳水化合物是机体的主要能源,脂肪是贮备能源,蛋白质则是低效的临时性能源。机体需要足够的能量供应以保证作功和保持体温。如果缺少主要能量——碳水化合物,就不能确保机体所需的能量供应,机体就会消耗更多的脂肪,甚至动用蛋白质。如把人体的能量系统看作地球上整个能量系统的一部分,能量像物质一样不能被创造和生成,实际是指在整个系统中发生着形式的转化和循环。从这个意义上讲,供给人类生存的有两大能量系统:一个是周围环境,另一个是在体内。在外部环境中,地球上能量最根本的来源是太阳及其巨大的核反应,以水和二氧化碳为养料生长的植物将太阳辐射转化成化学能(主要是碳水化合物及脂肪)贮存起来。当动物食入植物后,食物链作用不断地将植物性食物能转化成动物性食物能。内环境能在摄入后形成循环,当摄入植物或动物性食物后,机体将这种贮备的能量转化成自己的燃料——葡萄糖和脂肪酸,又代谢形成供机体利用的各种其他形式的能量。机体的主要能量来源是食物,食物中的营养素维持着机体的能量供应。体内总的能量平衡依赖于与能量输出有关的摄取程度,当在短时间的睡眠、长时期的绝食或有极度的饥饿感而不能进食时,机体将动用贮存能量。这种总的能量系统的不断循环,维持着人类的生存。

人的体质有不同的属性,有的偏热,有的偏寒,食物也有温热性、寒凉性和平性等不同的天然属性。不同体质的人拥有的能量不同,应选择与其体质相宜的食物。如内热重的人应多选平性或寒凉性的食物制作家常菜肴,脾胃虚寒者应多选温热或平性食物。平性食品适应面宽。一日三餐食物的配合、制作,不一定要一律偏热或一律偏凉,要注意合理,保持食物属性的平衡。除了食物的本性以外,不同的烹调方法和烹调用料都可以不同程度地改变食物的性质。如采用炖、烤、烩、炸、烧、煨等方法,可使凉性食物变得温热;选用葱、姜、蒜、肉桂、花椒、料酒等调料,也可改变凉性食物的性质。一般情况下,宫廷御膳都是由御厨和御医共同完成,方能又生态又养生又美味,根据摄食对象、摄食幅度和摄食方式的不同,讲究和使用“三因制宜”原则。

(二) 食方之道——讲食方,求精细,清鲜淡雅

所谓食饮有“方”,包括食物选择与食物结构、公道配伍、五味调和、烹调得法等技术原则和方法。

1. 食物选择与结构配伍之方

首先在食物原料选取的问题上,讲究博严并重。“博”指可入烹的原料的多样性,“严”指对入烹原料的选用甚为讲究,并从而形成“选用之法”。

其次是切配,也是创制美味的重要条件。袁枚说:“烹调之法,何以异焉? 凡一物烹成,必需辅佐。要使清者配清,浓者配浓,柔者配柔,刚者配刚,方有和合之妙。”(《随园食单 · 须知单》)配搭既是一个技术问题,也是一个美学问题。还有刀工,既便于咀嚼,又便于食物加热和入味,更有利于美化菜肴造型。

烹调是创制美味的关键,它使菜肴原料发生形的变化并进而发生质的变化,是加热制熟食物,融合调和原料和调味品,使之具有丰富多彩的风味的过程。火候即火力大小,更是烹调技术的核心。调味技术,包括调味品的投放量和加热过程中的先后次序,作用是去腥解腻,减轻烈味,增生美味,确定菜肴主味,增加菜肴色彩,它直接关系到治办饮食的成败。

《黄帝内经》中记载:“五谷为养,五果为助。五畜为益,五菜为充。气味合而服之,以补益精气。”“气味合”便指出了正确的饮食搭配对健康的重要性。吴门医派强调“药疗不如食疗”,强调“三分治、七分养”和辨证食养,判断病症,针对病症提供相应的单方或复方食疗药膳,此即“致中和”之谓也。“和”既反映在一道菜肴的烹制上,又延伸到整个宴席的调配上。清宫苏宴并不是多种美味珍馐的堆砌,而是要做到海陆杂陈,荤素得当,五味调和,浓淡有致。即使在上菜的程序上,也要做到起伏错落、主次分明,时而奇峰突兀,时而小桥流水。这不但要在原材料、烹制方法方面精心安排,还要在色彩意识和美学意识上进行最佳平衡与和谐。

从结构论的观点看,饮食养生涉及三个结构模型,一是养充益助式食物结构,二是君臣佐使式食物结构,三是君臣佐使式药物结构。其中,前两种为食物结构,后两种可合称为药食结构。

中医治病有单味药,有多味药。多味药中,药方为复方则采取多种药物组合搭配。餐饮也是这样,不只是食用一种食物,而要多种食物组合搭配。中医食养理论中有君、臣、佐、使组合原则,有奇、偶、重、大、小、缓、急七方规范,有风、暑、湿、燥、寒五行制方生克方法,还有单行和相须、相使、相畏、相杀、相恶、相反七情辩证等。在药物、食物的组合搭配中,存在着药食等级之分,有药物与药物、食物与食物之间的主从关系,从而规定药物、食物组合方式或排列顺序,以保证药方或食谱具有相对稳定性。君、臣、佐、使历来被医家奉为药方配伍大法,是药食结构组合的基本原则。药食配伍理论中,君药是针对主病、主证起主要治疗作用的药物,一般用较大剂量,是方剂组成中不可缺少的药物。臣药起辅君药、兼治药的作用,辅君药是协助君药治疗主病和主证的药物,一般选用与君药性能功效相类似的药物,以增强其原有疗效;兼治药是针对独立于主证之外的次要病证或并发证起主要治疗作用的药物。佐药起佐助药、佐制药、反佐药的作用,佐助药是配合君、臣药以加强治疗作用,或直接治疗次要症状的药物;佐制药是用以消除或减弱君、臣药的毒性,或能制约君、臣药峻烈之性的药物;反佐药是病重邪甚可能拒药时,配用与君药性味相反而又能在治疗中起相成作用的药物,使药起调和药、引经药的作用;调和药是将多味多性调达和谐,常用甘草、姜枣;引经药俗称药引子,主要取其归经,以加强药方病位病势的针对性,从而加速提高疗效。

清宫苏宴的馔肴制作、菜肴配伍,讲究时令得当,体现在烹饪整体过程和具体烹调程序之中。食物有寒、热、温、凉之性和辛、酸、甘、苦、咸之味,食性是对食物性能功效的本质认识,因而,根据食性选择和搭配食物是饮食养生的根本。《素问·至真要大论》《灵枢·九针论》等集中论述了君臣佐使式食物结构,选择食物的依据就是食性。

君臣佐使配伍组合方式是后世历代医家的研究重点,形成了药物配伍理论,药物配伍的过程叫配方,药物配伍的结果为方剂,这是中医学的核心内容。这一理论运用到饮食养生上,则是食物配伍,食物配伍的过程叫配餐,食物配伍的结果为菜谱,这是饮食养生的关键环节。

2. 五味调和之方

五味调和是中国传统饮食生产的最高原则。它是一种"调"的过程和方法,以调致和,饮食养生说到底就是运用调的方法以求和的过程。"调合之事,必以甘、酸、苦、辛、咸。"《吕氏春秋》提出的至味标准是"久而不弊,熟而不烂,甘而不浓,酸而不酷,咸而不减,辛而不烈,澹而不薄,肥而不腴"。这一标准所追求的适度、中庸、淡泊、和谐,不仅构成中国烹饪观和饮食观的内涵,更是中国传统的中和审美观、道德观乃至人生观的体现。《礼记·内则》:"凡和,春多酸,夏多苦,秋多辛,冬多咸,调以滑甘。"在选择食物时,必须五味调和,这样才有利于健康,若五味过偏,会引起疾病的发生。《黄帝内经》就已明确指出:"谨和五味,骨正筋柔,气血以流,腠理以密,如是则骨气以精,谨道如法,长有天命。"说明五味调和得当是身体健康、延年益寿的重要条件。

《左传·昭公二十年》:"和如羹焉。水火醯醢盐梅以烹鱼肉,燀之以薪,宰夫和之,齐之以味,济其不及,以泄其过。君子食之,以平其心,君臣亦然。"这段话的意思就是说,"和"就像烹制羹汤一样,用水、火和各种佐料来烹制鱼肉,掌管膳食的人去调和,再努力去达到适口的味道。要做到五味调和,一要浓淡适宜;二要注意各种味道搭配,酸、苦、甘、辛、咸的辅佐,配伍得宜,则饮食具有各种不同特色;三是进食之味不可偏亢,偏亢太过容易伤及五脏,于健康不利。《黄帝内经》指出,咸味吃多了会使血淤滞甚至改变颜色;苦味吃多了会使皮肤枯槁、毛发脱落;辣味吃多了会引起筋脉拘挛、爪甲干枯;酸的吃多了会使肌肉失去光泽,变粗变硬;甜味过多会使骨骼疼痛、头发脱落。

"和"是中国哲学的精髓,也是中国烹饪艺术所追求的最高境界。"本味"含义一指烹饪原料的自然之味,二指烹饪调和而成的食性美味。"凡味之本,水最为始",经过"五味三材,九沸九变"的烹调之后,达到新的境地,即“至味”的境地。至味就是美味。而至味的精华,即所谓“久而不弊,熟而不烂,甘而不浓,酸而不酷,咸而不减,辛而不烈,澹而不薄,肥而不腴”。为使本味尽其所长,避其所短,袁枚指出在烹饪操作时,选料、切配、调和、火候等方面都应讲究,如荤食品原料中的鳗、鳖、蟹、鲥鱼、牛羊肉,本身有或腥或膻味,需用五味调和,方能取其长而去其弊。

3. 母方继承与子法创新

一道菜肴在视觉、嗅觉和味觉三个方面达到了“色、香、味”的最佳境界,就是“和”在多方面的运用,包括了选材、刀功、调味、火候等各个方面。《尚书·顾命》曾称巧匠为“和”,厨师也可以说是巧匠,“和”的实践即是技巧,而烹调艺术本身就是这种实践过程。

“以味为本,至味为上”的价值观是推动中国烹饪法创新和多样化的精神动力。

味的变调作用,指两种呈味物质相互影响而导致其味感发生改变的现象。中国古代烹饪法可分三大类型:直接用火熟食的方法,如烧、烤法;利用介质传热使食物成熟的方法,又分为水熟法(如蒸、煮、炖、氽、焖、扒、烹等)、油熟法(如爆、炒、炸、氽、煎、烙、淋等法)、物熟法(如盐焗、沙炒、泥裹等法);通过化学反应制作熟食的方法(如泡、渍、醉、酢、酱、糟、腌等法)。炒、滑、熘、爆、煸、炝、炸、煮、烫、糁、煎、焖、蒙、贴、酿、卷、蒸、烧、炖、粘、冻、烘、氽、糟、醉、冲、烤、焯、烩、煨,各地在江南交流,皆讲究母方子法。一般重视蒸、煮、炖,江南认为用水制作食物的烹饪方法更有益人体健康。每一种烹饪法下面还有许多“子法”。据有关统计,至清末,吴中烹饪“母法”已不下50种,“子法”则达数百种。以炒法为例,即有生炒、熟炒、生熟炒、炮炒、爆炒、小炒、少炒、烹炒、酱炒、葱炒、水炒、汤炒、干炒、单炒、拌炒、杂炒等10余种。

烹饪法的创新和多样化是创制丰富多彩的美味的基本条件。五味调和的技术原理和运作机理,就是通过味的组合(对比、相乘、消杀、变调等)以及味出、味入(加热、用汤、用芡、渗透、主辅调合等),

创造出至味、美味。五味调和所具有的可融性，是菜肴各种复合味的生理基础。味觉融合中，出现味的对比作用、味的相乘作用、味的消杀作用、味的变调作用等，可见五味调和包含以下几层意思：一是要重视本味，突出主味，使每一种菜肴有自己的独特风味，“使一物各献一性，一碗各成一味”；二是要善于掌握和合过程规律，使味的调和、变化达到预期的目标，实现和合之妙；三是不但要善于调制出适合消费者口味的滋味，还要重视养生健身对于调和的要求。在烹饪过程中，吴中烹饪特别强调水、火的运用。今天烹调中讲究的火候，就是对不同菜肴、不同原料做到适宜的处理，既不欠火，也不过火，追求一种最佳状态，这也是对和的追求。

（三）食节之道——重食节，因心情，顺时宜忌

食饮有“节”指食饮的节律节度，包括定时定量、食知所宜、食无所犯、五味禁忌、合食禁忌、清洁卫生等原则、制度和章法，根据道法自然的原则，提倡“敬天法祖”“法天则地”。

1. 食饮宜忌与五味禁忌

吴禄《食品集》强调“合食禁忌”，指古人依据经验得出不同食物之间不得同食。如枇杷不能和炙肉同食，否则“发热毒”；如果和面同食，“令人黄病”。① 兔肉不可与姜、橘同食，否则“令人卒患心痛”；若合白鸡食之，“面发黄”；若合獭肉食之，“病遁尸”。② 除了正文在介绍食物时涉及合食禁忌外，附录中还专列“食物相反”条目介绍食物的合食禁忌。一般来说，病人在患病、服药期间需要有所忌口，不然不仅药效无法充分发挥，严重者还会加重病情。吴禄在《食品集》附录中专门列有“服药忌食”一目，以供参考。病中“服药忌口”有一条基本原则：“服药不可食生胡荽及蒜、杂生菜。又不可食诸滑物、果实。又不可多食肥猪、犬肉、油腻、肥羹、鱼腥等物。”③

清初苏州尤乘著《食治秘方》《寿世青编》等。《寿世青编》又名

---

① 参见《食品集·果部》“枇杷”条。
② 参见《食品集·兽部》“兔肉”条。
③ 参见《食品集·附录》“服药忌食”条。

《寿世编》,康熙六年刊刻,从人体养生过程出发,论述食养、保健知识。在《食忌说》篇中,尤乘强调"美饮食,养胃气",着重阐述了养胃的重要性。《食饮以宜》篇中,尤乘提出:"当候已饥而进食,食不厌细嚼。"《寿世青编》下卷中,尤乘搜录了《服药须知》《服药忌食》《饮食禁忌节要》《真菊野菊》《服饵忌羊血》《药品制度法》等篇章,并在《病后调理服食法》中列举出十几种不同类型的疾病所适宜的调理药膳。①

2. 顺时食养与节欲慎口

以时间为对象的食禁是吴中食物禁忌中一个重要特征。时间不同,饮食也有讲究,在吴禄《食品集》的"菜部""禽部""兽部"和"虫鱼部",有专门的讨论。如书中有"六月勿食羊肉,伤神"②的记载。《论语》所录八个"不食"中,就有"不时不食"。苏州人讲究吃时鲜,不仅是为了美食,也是食养的灵魂所在。植物在生长时通过光合作用汲取"日月精华,天地灵气",吸收自然能量,人们通过饮食将自然能量转换为自身能量。时鲜是在植物蕴含自然能量最为丰富的时候进行烹饪,因而具有自然的甜味。食饮有节特别强调顺时食养,即根据十二时辰经络运行的不同来选择不同的食养宜忌。

表 2　十二时辰食养对照表

时辰	别名	对应生肖	当令器官	循行经脉	常见症状	时辰宜忌
子时	夜半、子夜、中夜	鼠	胆	胆经	头晕目眩、口苦、善太息	宜:睡觉 忌:熬夜、吃夜宵
丑时	鸡鸣,又名荒鸡	牛	肝	肝经	胸闷、疲倦、黑眼圈、易烦躁	宜:熟睡 忌:熬夜、生气、久视

① 尤乘:《寿世青编》,马济人主编"气功·养生丛书",上海古籍出版社 1991 年版,第 7 页。

② 参见《食品集·兽部》"羊肉"条。

续　表

时辰	别名	对应生肖	当令器官	循行经脉	常见症状	时辰宜忌
寅时	平旦、黎明、早晨	虎	肺	肺经	肺胀、咳嗽气喘、喉咙疼痛	宜：熟睡或导引吐纳，调理肺经 忌：熬夜
卯时	日出、破晓、旭日	兔	大肠	大肠经	牙齿疼痛、颈部肿大	宜：起床喝水，排便，调理大肠经 忌：饮酒
辰时	食时、早食	龙	胃	胃经	腹胀肠鸣、消化不良	宜：及时吃早餐调理胃经 忌：早餐质量不好
巳时	隅中、日禺	蛇	脾	脾经	舌根强直、呕吐、胃痛、腹胀、嗳气	宜：适量饮水，调理脾经 忌：思虑过度，久坐不动
午时	日中、日正、中午	马	心	心经	喉咙干燥、头痛、口渴难忍	宜：吃午餐，小憩，静养阴血，调心经 忌：午餐过多
未时	日昳、日跌、日央	羊	小肠	小肠经	喉咙痛、颔肿、肩痛、臂痛	宜：调理小肠经 忌：多食
申时	哺时、日哺、夕食	猴	膀胱	膀胱经	头痛、眼睛痛、颈项痛	宜：饮水、运动、工作，调理膀胱经 忌：憋小便
酉时	日入、日落、傍晚	鸡	肾	肾经	四肢冰冷、腰酸背痛、耳鸣	宜：休息，调理肾经 忌：过劳

续 表

时辰	别名	对应生肖	当令器官	循行经脉	常见症状	时辰宜忌
戌时	黄昏、日夕、日暮	狗	心包	心包经	胸痛、心律不齐、手部灼热	宜：晚餐、散步、调理心包经 忌：食肥腻,生气
亥时	入定、定昏	猪	三焦	三焦经	耳聋、听声模糊、咽喉痛	宜：心平气和,入睡,调理三焦经 忌：熬夜,生气、饮茶

清代苏州龙柏《食物考》曰:“能慎口铺,方称明哲,善养太和,饮食宜节。”这是明清时期江南食饮有节的通行原则。

3. 食饮调神与天人合一

忽思慧《饮膳正要》曰:“安乐之道在乎保养,保养之道莫若守中,守中则无过与不及之病。春秋冬夏四时阴阳,生病起于过与？盖不适其性而强。故养生者既无过耗之弊,又能保守真元,何患乎外邪所中也。故善服药者不若善保养,善保养不若善服药。世有不善保养又不能善服药,仓卒病生而归咎于神乎？善摄生者薄滋味,省思虑,节嗜欲,戒喜怒,惜元气,简言语,轻得失,破忧阻,除妄想,远好恶,收视听,勤内固,不劳神,不劳形,神形既安,病患何由而致也？故善养性者先饮而食,食勿令饱;先渴而饮,饮勿令过。食欲数而少,不欲顿而多,盖饱中饥,饥中饱,饱则伤肺,饥则伤气,若食饱,不得便卧,即生百病。”

这段话强调食饮有节是食养之道的核心,包括饮食有克制、节度和禁忌,如因时以食、因时调剂、饮食避忌、饮食所宜以及食后保养等。

“民以食为天”,“养生之道,莫先于食”。清宫苏宴所追求的食养之道并非只是口腹之乐,诸如对玉盘珍馐、色香味全的感官快感,更注重实实在在的养生健身和延年益寿价值。其文化内涵在于,经过饮食的调养来补益人体之精气神,调整人体内部的阴阳五行关系,使人体内部系统和器官功能协调平衡,从而达到健康长寿的目的。清代著名养生学家曹庭栋著《老老恒言》,又称《养生随笔》,是汇集清以前各家养生思想并结合作者自己切身体会,总结编纂而成的养生学专著。分别从饮食起居、精神调摄、运动导引、服药卫生、预防疾病等方面,阐述老年养生的指导思想和具体方法。

曹丕《典论》说:"一世长者知居处,三世长者知服食。"吃,首先是为了生存,其次可以上升到文化品味及艺术高度。饮食是生命体保持个体生存的本能,是转化成水谷精微和气血、维持生命活动的最基本条件。国际自然医学会会长森下敬博士曾对世界长寿地区居民的饮食进行了长期的调查。森下敬博士认为,以当地传统食饮为主食的地方,居民具有寿命更长的趋势。他还发现,受西方文明饮食(高热量、高蛋白食品)影响较大的一些长寿地区,人们的寿命正逐渐缩短,特别是在巴基斯坦的罕萨山谷地区及南美厄瓜多尔的比尔卡班巴等地区,这种变化趋势非常明显。对生活在现代社会中的长寿者进行调查分析,发现不同地区、不同民族中,长寿者的饮食习惯和饮食结构普遍具有保守性。也就是说,从儿童到老年,这些长寿者的饮食方式受现代工业文明的影响很小,基本保留了"传统"的饮食结构、习惯和饮食方式。从现代饮食安全与科学的角度分析看,越是保守的饮食结构,人体摄入有害成分的概率越小;同时,人体对营养的利用也越充分,越有利于持续维持人体正常的生理、代谢机能而延缓衰老,减少有害物质在体内的累积,从而能减少体内脏器的损害程度。因此,对兼具保健、养生、审美功能于一体的"清宫苏宴"的开发,有利于保障饮食安全和促进健康长寿。

2014 年 8 月 10 日初稿于姑苏古城南采莲巷 8 号
2021 年 9 月 15 日再稿于苏州园区高和路水云居
2023 年 10 月 1 日三稿于苏州吴中吴郡半岛花园

狮　子　林

——典型的中国早期禅宗园林

张橙华

苏州有9处古典园林被联合国教科文组织列入世界文化遗产。其中狮子林始建于元代,其中的大型太湖石假山以洞壑幽深、磴道曲折而闻名于世,该园林历代先后为多位私人园主所拥有。清代乾隆皇帝六次游览狮子林,并且在北京长春园和承德避暑山庄仿造了两处狮子林。但它最初是典型的禅宗寺庙园林。

苏州狮子林是著名的假山王国,始建于六百八十年前,原是寺庙兼园林。目前论及狮子林历史者往往说狮子林起初就是寺庙的后花园。其实自元末始建到明万历年间,狮子林是寺庙与园林融合在一起的共同体。狮子林就是寺庙的名称,其中不设寺庙殿阁,各主要景观建筑指柏轩、立雪堂、禅窝就是寺庙的法堂、禅堂和方丈,兼宗教功能。这些建筑散布在城市园林的环境之中。明代初期,狮子林被废,其地后为势家所占。万历十七年,明性和尚化缘于京师,获圣恩寺额,长洲县江盈科出面收复故地且南扩,明性重建狮子林圣恩寺,狮子林始建山门与佛殿/藏经阁等,元代所建部分才被认为是后花园。如要分析狮子林的早期园貌并深入理解,就应先了解禅寺的特点,考察惟则的生平和思想,特别要研究当时的绘画和有关诗文。

狮子林开山祖师惟则俗姓谭,庐陵永新人(现在为江西省莲花县),号称天如禅师,属临济宗虎丘派,是元末著名禅僧。他的生卒年份迄今尚未被完整地考证过,笔者从他与姚广孝的两首诗中推算,他应是生于1286年,卒于1354年。(《天如惟则禅师语录》载《水西原十首并引》称"至正丙戌,余年六十有一",作诗之时为至正六年,即公元 1346 年。又姚广孝《天如惟则禅师——净土善人咏第六十八》说他"春秋六十九"。)据《西天目祖山志》,惟则在十四岁时即与海印如禅师问答有契,二十岁入天目山参中峰明本禅师,习禅十八年。后遁迹松江九峰十余载。至正元年抵吴门,住在明本禅师在苏州城西所建的幻住庵。(幻住庵在阊门外雁荡村,元大德二年[1298]明本到此结庵。)

翌年他偶至城内东北隅,见有地数亩,"古树丛篁如山中,幽辟可爱",原为宋宦别业,弟子们就为他买地结屋号师子林,又称菩提正宗寺("师"可与"狮"通假,临济为禅宗的正宗)。

惟则在宣扬佛法时不故弄玄虚,而是以平实缜密的讲解启发听众悟解缘由。他强调顿悟的基础是渐修,说想要息苦轮、出火宅就必须了断生死,真参实修。他分析禅宗内各派的不同方法,指出虽"用有万殊"其实"体无二致",并提倡禅净兼修。著有《楞严会解》《天如语录》《净土或问》与《宗乘要义》等,均为元代重要佛教文献,编入《续藏经》。惟则曾获元顺帝敕赐"傍心普济文慧大辩禅师"封号,但不愿出去主持大寺院。

惟则工诗善书。他的诗集《师子林别录》传至清代,由顾嗣立收入《元诗选》。其中《吴松江观闸》生动地描写海潮与江水相搏击:"海浪发怒驱潮头,战退吴松水倒流。"接着就借此比兴抨击世间人情的凶恶:"人言水性险丘凶,不知水与人情同。情涛识浪怒且愤,不在江潮在方寸。水险尚可避,人险终难知。人争额额罔昼夜,水争尚有潮平时。"当然,在他看来,摆脱尘世苦海的途径唯有参禅悟道,去过"一钵香羹野蕨肥""汲泉自试雨前茶"的淡泊生活(《师子林即景》)。南京博物院编《中国书迹大观》第 3 卷中有惟则《慧庆寺普说册》四页(慧庆寺在阊门外白莲泾西),至正元年写于幻住庵,其工整俊美、挺拔鲜明的行楷饮誉古今。

狮子林当时并无大雄宝殿、藏经阁等寺庙殿堂,而士大夫来请师普说者踵相接;和他相善的诗人画家甚众,天如寂后仍不断有文人来访其法嗣如海，留下的著名诗文有欧阳玄《师子林菩提正宗寺记》(师子院为明本之师原妙所创，取此名是因为旁有狮子岩，岩如昂首狮子，昔有异僧指为西来师子座，因"佛为人中狮子"，师子座为佛之坐处，后泛指高僧坐席)、郑元祐《立雪堂记》、危素《狮子林记》和周伯崎、高启、姚广孝等人的诗篇，见《师子林纪胜集》(明释道恂、清徐立方编，原版藏苏州博物馆；2007年，广陵书社重印；2021年，苏州大学出版社出版校注本)。

朱德润、倪云林和徐贲先后绘写师子林园貌。朱图早已失传；倪图后由清廷收藏，乾隆帝把玩不释，《石渠宝笈》著录(现藏故宫博物院)。徐图作于洪武七年，为十二幅册页(现藏台北故宫博物院)，每幅描画高启等人两年前合作《师子林十二咏》中的一个景点。王彝《游师子林记》所记亦甚详。(下文中引及徐贲图册、王彝游记与高启等人的诗时分别简称为"《册》""《记》""《咏》"。)元明间第一流文人画家的作品确为狮子林之殊荣，今人阅读后自然要回想当年盛况。

始建时，狮子林面积约十亩，竹与石占地大半，屋宇不过二十楹。北部是洼地，植竹"多至数十万本"(《记》)，称为"竹谷"，因竹荫蔽日，虽盛夏而阴凉如秋。中部是大假山，其西麓北入竹谷，旁有跨涧西去的石桥称"小飞虹"，《册》中可见桥略呈拱形。假山东麓折向南，假山南麓有台地，其上五峰耸立。居中最高者为狮子峰，状如舞狮，胸部刻有题名。狮子峰之东有含晖峰与立玉峰，含晖峰状如巨人，腋下有穴，腹部也有四穴(《记》)，当"朝旭射峰顶"时可见到"嵌空结霞光"(《咏》)；含晖峰东有旧亭遗址，改称缁经台；台旁即是立玉峰，"其状嵌空，如刀剑划作四五叶"。狮子峰西是吐月峰与昂霄峰。吐月峰"颇峭且锐"(《记》)，夜间仰望"峰头起明月"，其西已到飞虹桥；昂霄峰未见具体描述，大约是高昂入云霄之意。假山南麓自踵到巅除这几座湖石峰外，"诸小峰又十数计，且丛列怪石、什佰为群，而所取道往往经纬其间"(《记》)。又据"洞口猿吟学梵音"(周伯琦)与"胜逾林屋洞"(姚广孝)，此假山可能有相当规模的山洞。惟则在这里感到"人道我居城市里，我疑身在万山中"。

又据危素《师子林记》,“师子峰后结茅为方丈,匾其楣曰禅窝,设禅座、上安七佛象”。从《册》中第五图看,“禅窝”是草庵,而徐贲第一图中狮子峰后却是砖房,有可能是先建草庵后改砖房,两幅图反映的是不同时期的建筑。假山南麓有两条道路,东通法堂“立雪堂”,堂南为禅堂“卧云室”,又南为“指柏轩”。轩南有柏树名腾蛟,循道向西到“问梅阁”,阁南有梅树名卧龙;卧龙梅、腾蛟柏均为宋代别业之遗存,皆状如虬龙。“指柏轩”和“问梅阁”遥遥相对。柏南有小方池,在《册》中第九图。玉鉴池水面较大,部分岸边有栏杆,一位僧人和一位书生在池边赏景闲谈(《册》中第十一图)。梅西边有“冰壶井”,《册》第十二图中可见井圈之上筑有茅亭。以上主要景点共计十二处。

狮子林十二景示意图

综合以上分析,笔者根据王彝《游师子林记》记载的景点的相互位置,按照徐贲的图并参照倪云林《狮子林图》,设计了狮子林原貌图,请人画出上图。《册》中竹谷边上有两处房屋,可能是栖凤亭,立雪堂后有攒尖顶房屋,虽《记》《咏》未提及,仍画入图中。狮子林南面的篱笆、梅树与东南角的大门均依照倪云林的《狮子林图》，大门的形式似民居门楼。另据惟则《师子林即景》中有“道人肩水灌畦蔬”句，狮子林中应有菜田，不妨设想菜田在本图中栏杆之南。如把此鸟瞰图的观察者位置下降、向西移动，看到的情况就会类似倪云林的图。因此倪图中各处房屋名称、卧龙梅和玉鉴池栏杆等景物就都可以加以辨认了。（倪云林《狮子林图》，到清代流入皇宫，乾隆帝命编入《石渠宝笈》。20 世纪初，北京延光阁曾影印珂罗版，后来只能在书籍中看到模糊图像。2000 年，一家古籍书店里出现延光阁版的《狮子林图》，我立即电告狮子林管理处，很快就来购并刻书条石置在真趣亭北长廊墙壁。请去那里细阅。）

此寺的正式名称是“菩提正宗寺”，又称师子林。称师子林是因为寺园内有狮子峰，同时也由于惟则之师明本在天目山狮子岩边的师子院受戒。（至正年间已改称师子正宗禅寺，为西天目佛教中心，屡经兴废后，现仅存清代所建山门与大殿，称开山老殿，现为杭州市文物保护单位。）欧阳玄称“以识授受之源也”。林是丛林的略称，丛林即禅寺，如九华山有旃檀林。禅宗僧侣起先多于岩处穴居，或于律寺中立别院寄居，至怀海禅师始拟定《百丈清规》，创丛林制度。称寺院为丛林，意为其中有规矩法度如草木生长有序，或谓众僧共住“如大树丛聚，是名为林”（《大智度论》）。当时禅僧以参禅、斗机锋为得道法门，不念佛、不崇拜，甚至有呵佛骂祖的，故怀海定的规矩是“不立佛殿，唯树法堂……僧堂……方丈”。殿为供奉佛祖、菩萨之处，堂为僧居之室；法堂内讲经说法，僧堂为众僧坐卧之室；方丈则由禅寺住持居之。后来禅净逐渐合流，禅僧也念佛，禅寺内亦建佛殿，就与净寺无多大差别了。师子林的情况正反映了元代苏州禅寺仍保留着早期禅寺的特征——其中并无金碧辉煌的梵宫琳宇，也没有争奇斗艳的鲜花异草，只是普通的房舍散布在古树竹林与假山之间，各建筑题名富禅宗特色，如卧云室、禅窝，有三处直接以公案题名，即慧可立雪——立雪堂，赵州指柏——指柏轩，马祖问梅——问梅阁（请参见拙文《立雪堂要从佛教的角度来理解》与《问梅与指柏都是禅宗公案》,分别载《苏州日报》1994 年 9 月 23 日与 10 月 12 日副刊;或参见拙作《狮子林》,古吴轩出版社 1998 年版);惟则创师子林时,见有宋柏、宋梅,随即以公案命名其旁建筑,正显示了禅师的风格。

以公案启发参禅者,是禅师传法的常用方法。禅师不仅在讲经论法时传授禅的真谛,也在游览园林、欣赏景色时解析禅理,道衍说"要适林中趣,应存物外情",如此即可"知清泉白石悉解谈禅"(高启)。在狮子峰前,他们或想到狮子应为佛座:"只堪负莲座,稳载法王身。"或以狮子比喻佛法所向无敌:"踞地似扬威,猛持势何雄。"(高启)禅窝前问道:"谁言寻丈宽,能容大千界?"(高启)危素认为玉鉴池与冰壶井都是以水喻法性,高启咏冰壶井诗云:"清似玉壶冰,湛然尘不留。"周稷咏玉鉴池云:"沈沈镜面平,淡淡清无底,山深风不起,波浪何曾起。"这两首诗简直就是神秀与慧能禅偈的翻版。在含晖峰前感到"禅境妙自人,淡然娱人心";吐月峰下的"山中学佛人"是"见月即长拜",体会到禅意如月光一般"散入大千界"。禅悦之趣与园林之乐融合在一起了。这种乐趣的融合是禅寺与园林结为一体的目的所在。借用黑格尔的话讲,就是园林艺术"替精神创造一种环境,一种第二自然"。这处城市山林是参禅的好环境。我国著名寺庙有不少是凭借奇特的自然景观(如峨眉佛光)或菩萨灵迹(如九华地藏、普陀观音)来吸引进香客;城市寺庙则有佛殿经阁,还设放生池,供信徒礼拜念经,还愿施善。与众多寺庙园林相比较,当年的狮子林确为别树一帜的禅宗寺庙园林。

惟则禅师像(明紫柏真可编《佛祖道影》)

到清代康熙年间,狮子林的山门、佛殿与后部园林(即元代所建的早期师子林）分开，西南为寺庙，后面园林不再属于佛寺。以后，狮子林（这里专指后花园）经历过园主考中状元（清代中期，狮子林的主人姓黄，乾隆三十六年，黄轩中状元）、乾隆帝南巡题诗与两次仿建于皇家苑圃的荣耀，也曾沦没为荒烟野草、碎瓦残垣。20世纪20年代贝氏拥有此园后，因园内旧有指柏轩、问梅阁、卧云室与立雪堂诸胜，就重建新楹，题名不改。虽然主观上“欲循故址”，其实已不符合原来的位置。建筑题名解释从那时起就有人不遵循原义而另外找诗句、寻出典，往往望文生义而误解原来的禅宗意义（如民国年间立雪堂的匾额跋言误会到程门立雪去了）。现在我们研究师子林的历史，不仅有助于为解释厅堂匾额正本清源，也为分析禅宗与中国园林的相互影响提供了一个详细的例证。

邓云乡与曲园

青　白

大约 1981 年早春时节的一个阳光灿烂的日子，我作为一名刚从大学走向社会的年轻的电台记者，和中文系学长王宗拭兄一起随王西野老先生陪同一批在全国很有影响的学者和艺术家去光福和东山观光，印象中除了邓云乡先生以及何满子、钱仲联、桂秉权诸老外，还有著名京剧表演艺术家赵燕侠等。一路上，无论是在车中，还是下车景点的行走中，留下最深刻印记的是邓云乡先生一路上滔滔不绝的谈吐，儒雅而风趣。风土人情，典故人物，谈古论今，无不生动而有趣。作为一个胸无几点墨水的年轻大学生，我暗自惊奇：一个人的学问可以如此渊博，该要读下多少的书啊！

后来在邓云乡先生的《诗词自话》一书中找到一首王西野先生的诗作和邓云乡的《奉和邓尉探梅诗》。王诗前有一段小序："辛酉二月初十，寒病乍疗，风日晴美，满子、仲华夫妇偕云乡、绳武，自上海来访，因邀仲联丈、承丙、秉权等诸子探梅邓尉。翌日满子等至松鹤楼赏饭，云乡索诗，赋此以记游事。"不知是否说的此行。

我从此知道邓云乡是位大学问家。景仰得很。

后来，大约 20 世纪 90 年代初期，王西野先生还专门为我写了条子和地址，让我到上海徐家汇附近邓老的家中去登门拜访了一次。我不仅面聆老先生的教诲，回苏州后还蒙老先生惠赐书法作品一幅，内容是关于红楼梦的一首诗，我曾经轴裱后在书房里挂过一段时间。

后来几年，我还一直惦着要去上海拜访他老人家，不料在王西野老先生仙逝一年多后，年龄要比王老小了十多岁的邓云乡先生也遽然离世,令我始料未及,遂成永憾。

从此,我只能在书中再晤邓老先生如面聆教诲矣!

而如今,我想来说说邓云乡与苏州及曲园的故事。

邓云乡是山西人,但从小就随父母迁居北京(当时叫北平),1947年结业于北京大学中文系。1949年后,先在燃料工业部工作;50年代初,先后在苏州和南京工作了一段时间;1956年,调入上海动力学校(上海电力学院前身)任教,直到80年代初退休。

从经历来看,邓云乡在苏州工作的时间并不长,大约两年,但他对苏州文化的重视,他长期与苏州的人事交往,以及他与苏州的故事,在他众多的著作中占了非常大的比重。可以看出,除了他长期生活工作的北京、上海,苏州也是他一生中非常看重的地方。

邓云乡与苏州的感情特别深,在他的诸多书中,关于苏州历史文化的文章有许多,比如在《云乡丛稿》中有《苏州“贵潘”四题》《俞曲园日记》《常熟才子杨云史》等;《云乡漫录》中有《苏州状元谱》《中国民居清话》《字轴与苏裱》等;《红楼梦忆》中关于苏州的文章就更多了,如《姑苏岁暮》《十里街　葫芦庙》《开机典礼》《记得祝愿词》《重到苏州》《香雪海落花流水》《艺圃传情》《万景山庄》《耦园落花》等十多篇;而在《云乡琐记》一书中,除《旧梦姑苏四十年》《吴越山水人物》《大儒巷潘家》《拙政园》《历史　文化　园林》《苏州刺绣研究所与徐绍青兄》等篇章外,单是关于的曲园的文章就有三篇——《今日曲园》《明日曲园》和《曲园修复小记》,另外还有一篇《曲园老人到上海》,可见邓老与曲园的关系和感情非同一般了。

大约20世纪70年代末一个6月“夏景初长”的一天,邓云乡像过去无数次一样,在苏州从阊门沿景德路由西往东朝观前街方向逛去,走到半路,陪同他一起逛马路的苏州老朋友叶承丙指着一条小巷说,这里进去一拐弯到马医科(巷)就是当年俞曲园先生的故宅“曲园”,问他要不要去看看。他当即动了访古之心,欣然前往。

他早就知道,在七十多年前,清末民初,苏州的许多名园中有四座小而精致的园子同负一时雅望,那就是顾子山的“怡园”、李眉生的

“蘧园”、沈秉成的“耦园”以及俞樾的“曲园”。其中曲园最小,而名气最大。不单纯是建筑的精美,更重要的是“园”以“人”名。因为俞曲园老先生的学术名望太大了,不只国内仰望,在国际上也很有名,所以,曲园最负一时盛名。

他们从景德路斑竹巷进去,往南不远,左手一转弯路北第一家就是曲园和春在堂旧址。

他说进去看看吧。当时西面的春在堂、乐知堂部分被一个供销社之类的单位占着,好像也没有人办公,只有一位看门的人,征得人家同意,进去看了看,什么也没有,乐知堂的房架已歪斜,十分破旧。出来又从东面小门进去,一条长弄,转到后面,都是住的人家,原来曲园西北角的十多间长廊,呈曲尺形,这时都装了门窗,住了人家。《曲园记》中的一亭一水池,因修人防工程已拆毁填没,并在上面盖了一座三层简易的居民楼,住进了十来户人家。原有的春在堂匾据说在一个粮店里垫了米包。

他参观后,难免有些感慨,就写了《今日曲园》一文,发表在香港《大公报》上。他还将剪报寄给了他的老师俞平伯。不想老夫子给了他一封长信:“读之如身历其境,不胜感慨……南向有玻璃窗者,盖昔年之春在堂,其后即曲园。”还指出了他文中说不清楚及错误的地方,讲得十分细致,如说远处那棵大银杏树,还有院子里那块大得像汉砖一样的东西是瓦制琴桌,等等。

此后,随着改革开放,百废待兴,修复曲园的工作也便开始了。

读了这几篇关于曲园的文章,我便知道了,邓云乡先生绝不仅仅是去破败的曲园看看,写了一篇文章说说便完了,而是从此开始和苏州园林文化学者王西野先生及中国园林专家陈从周先生两位好朋友一起,与苏州市的领导、园林局的领导多有沟通,关心曲园修复工程的进展,并一直与关心此事的北京老人叶圣陶和俞平伯师书信往来,报告曲园修复的进程。而这两位老人也多次手书给他,询问修复情况,关心修复细节,读来令人感动。

我专门为此查找了叶圣陶和俞平伯、邓云乡的书信,发现在短短的几年中竟有多封信函谈到了苏州曲园的修复话题。

叶老给邓公的信：

1. 1981 年 12 月："其文殆是主张修复几所园林，而曲园在内。平翁尝来书告知，曲园列入第一批，从周兄将于下月赴苏州参加园林会议。今日观来示所云，似曲园之修复大有希望矣。若能作成决定，则经营设计，还须请从周兄多费心思，指导施工者，务使不流于俗。我知从周兄乐于为此也。"

2. 1983 年 1 月："台从极关心曲园修复事，今请略言之。大概有不少人不知道俞曲园为如何人，故造成了几间厅堂，要问派什么用场。去秋我向苏州市委表示意见，主要意思为：'曲园不能无园，如何恢复小园可请从周教授斟酌之。'……故从周如拟写信，除曲园须有园一点外，尚须言曲园先生何以值得纪念，修复非为别用，唯为纪念曲园先生。"

叶圣陶给俞平伯的信中，提到曲园之话的就更多：

1. 1981 年 12 月 7 日："在江苏分组发言中，弟关于曲园一段话止在《简报》中记上一句：'最后，他还建议把苏州市的名胜古迹曲园修复旧观。'末了四字记得还得要。"

2. 1982 年 2 月 4 日："前日得从周书，又言曲园修复有望。其学生邹君近任苏州园林局副局长，定议与施工皆有方便。苏州列为旅游城市，曲园自宜早日修复也。"

3. 5 月 9 日："昨接赐书，至为心慰。苏州先修复春在堂，分几步走，良为善谋。"

4. 6 月 10 日："兄云曲园修复时拟悬一新年匾，命弟书之。弟今如是奉答，容试为之。"

5. 7 月 7 日："前接示知所嘱书者为'乐知堂'三字，以二目不舒，延而未复……曲园修复，明年五六月苟能开放，希能随兄同往一观。"

6. 8 月 20 日："曲园修复旧观，我二人苟尚健好，一定联袂到苏。如此约定，必蒙赞同。"

7. 9 月 11 日："邓（云乡）书五纸，看不甚清，略知其意。曲园修复后有一学术机构经管之，此意甚好，惜想不出苏州有何适当之机构。”

8. 9 月 26 日：“今且言前数日致书苏州事。至诚之友董昌达为苏州市委宣传部长，相当熟，弟因作一书令至诚寄与。全为个人意见，谓曲园须有园，地面虽窄，可请从周教授参考旧时布局斟酌之，必能幽雅宜人。请董君将此意见转告苏州市党政诸同志，并希审其是否有当。”

两位老人在短短一二年间竟有如此多次提及曲园修复之事，可见叶、俞二老对曲园之事的看重程度。特别是叶老对修复曲园所提出的核心要点“曲园须有园”，亦为俞平伯多次向邓云乡提及交待的。

再查阅俞平伯给邓云乡的信札，《俞平伯书信集》（河南教育出版社 1991 年版）共收入从 1980 年 11 月 24 日至 1987 年 6 月 20 日期间八十三通信札，其中提到苏州老宅曲园的信就有二十几通。内容从园子历史、形制至修复进展信息、拆迁甚至关于园中的一木一石、斋匾等无不涉及，特别是在 1982 年 7 月 16 日的一封信中，他对弟子说：“修复曲园应是我晚年最关心的事，我却表面上较冷静，且被动，依靠从周、圣翁等努力……”

书信集中，收入俞平伯从 20 世纪 70 年代至 1984 年给陈从周的二十六通书信，其中有十五封信谈到了曲园，其中内容丰富生动，此不再细引。

查俞平伯日记，也有多处记到曲园事，如 1982 年 2 月 27 日一条内，就有“苏州园林局副局长邹宫伍来，云将修复吴下曲园，为期尚远，恐河清验证待；又在外室钩摹‘春在堂’匾额，一时始毕”。其时，距相伴六十四年的俞夫人许宝钏去世仅二十天。3 月 18 日一则内有“下午林昭携来新裱苏州旧寓门匾，曰‘德清俞太史籍书之邑，同治壬申李鸿章书’，额甚长，迄今一百一十年矣，余儿时见匾悬大门”等语。

看到这里，我们一定可以想见，一个小小的曲园的修复工程，其中融入了这几位文化老人的多少心血和希望。

据有关记载：曲园为晚清国学大师俞樾于清同治十三年（1874）所建，占地 0.33 公顷。形如曲尺，又取“曲则全”之意，故名曲园。景观简约素雅。1982年修复,2006年被列为全国文物保护单位。

在最近由海天出版社出版的俞平伯外孙韦柰所著《布衣本色——俞平伯身边的人和事》一书中,收录了两幅俞平伯幼年与其曾祖父俞樾在曲园春在堂的合影,其年代都在20世纪初期。俞平伯出生于1900年,而他的曾祖父那年正好八十岁,一直到1907年曾祖父过世之前,他一直得到曾祖父的宠爱。1915年前,俞平伯与父母一家人一直住在苏州曲园,那年,他考入了国立北京大学文学部。他的父亲俞陛云为了照顾他上学,决定举家搬迁到北京去,从此他告别了这座承载了他幼年和少年时期无数梦想的故宅。而同时,随着年龄的增长,重返故乡也成为他魂牵梦绕的一个愿望。

可惜的是,曲园修复后,叶、俞两位从苏州走出去的世纪老人竟无缘回到少年时留下了无数欢乐和故事的故居,未能重温一回童年旧时梦。

参考文献:

[1]《邓云乡集》之《诗词自话》,河北教育出版社2004年版。

[2]《邓云乡集》之《云乡琐记》《云乡漫录》《云乡话书》《云乡丛稿》,中华书局2015年版。

[3]《俞平伯书信集》,河南教育出版社1991年版。

[4]《俞平伯全集》第8、9卷,花山文艺出版社1997年版。

[5]《叶圣陶集》第19卷《日记》,第24、25卷《书集》,江苏教育出版社2004年版。

叶恭绰对苏州文物古迹的保护和贡献

祝兆平

在民国史上，叶恭绰这个人物是不可被遗忘的。不可遗忘是因为这个人物太特别、太有趣了。其特别之处在于他在青年时期即进入政要之列，参与国是，并且先后在清政府、北洋政府、广州国民政府、南京国民政府与中华人民共和国中央政府历任要职。

光绪三十二年(1906)，二十六岁的叶恭绰就开始了仕宦生涯，在新成立的邮传部为一年之内四易尚书(张百熙、林绍年、岑春煊、陈璧)所器重，短短两年之内，从文案办事、帮稿、承政厅机要科长、路政司官办科长、铁路总局总科员、路政司主事、路政司员外郎、宪政研究所所长、路政司郎中、承政厅佥事，成为一个正五品的官员。宣统元年(1909)，叶恭绰又为继任尚书徐世昌所重，被任命为承政厅副厅长，不久又升任厅长。转年，又提任铁路总局提调，实绾九路督办职权，因徐世昌的保举，加三品衔，并戴花翎，此时他年仅三十岁。

辛亥革命后，叶恭绰又尽力促成共和。1912 年袁世凯在北京就任临时大总统的誓言就是由他草拟的。其词中有："世凯深愿竭其能力，发扬共和之精神，涤荡专制之瑕秽，谨守宪法，依国民之愿望，达国家于安全强固之域，俾五大民族同臻乐利。"从中可见叶恭绰对共和的拥护及追随袁世凯的初衷。后袁世凯背信弃义、背叛共和则是叶恭绰始料未及的，他也因反对袁世凯复辟帝制遭袁迫害。

叶恭绰十八岁时在广州应童子试，遇到的主考官是"倡导新学，负省内重望"的张百熙。他对叶恭绰所作《铁路赋》大为激赏，以第一名录取入府学。张百熙为第一任邮传部尚书,叶恭绰也因此而涉足交通事业,日后成为南京国民政府第一任铁道部部长。

孙中山 1912 年入京参加国民党组建会议,在北京第一次与叶恭绰会面晤谈后,即大喜曰:“吾之北也,喜得一同志焉。”十年后,孙中山读到当时正流亡日本的叶恭绰所撰《交通救国论》文章,大为激赏,说:“此吾之空谷足音也!”1923 年,孙中山在广州重设大元帅府,诚邀流亡日本的叶恭绰回国出任财政部部长,不久叶恭绰又被任命为交通总长(时年四十三岁)。

叶恭绰的另一个特别之处在于,他先后历任北洋政府袁世凯统治时期、皖系军阀统治时期、直系军阀统治时期、奉系军阀统治时期,广州国民政府,以及南京国民政府初期的交通领域要职:路政司长、路政局长、交通部次长、交通部部长兼任邮政总局局长、财政部部长、交通总长等。1931 年岁末,就任南京国民政府行政院长的孙科,邀请叶恭绰任铁道部部长,1932 年元旦,叶恭绰正式就职。一·二八事变前后,叶恭绰赶赴上海,再三严令京沪、沪杭甬铁路局局长郭某从速转移局内重要文件档案、机车和机件,但郭某不肯奉命,导致在一·二八事变中遭受了重大损失。叶恭绰目击惨案,眼见世事难为,遂引咎辞职。仅五十出头的他就此退出官场。

叶恭绰在民国二十一年从交通部部长任上辞职,从此退出官场,远离宦海,进入学术文化界且卓有建树,涉及宗教、哲学、音乐、书画、金石、建筑、语言文字等众多领域,集博学名士、爱国志士、文化卫士与佛教居士于一身。1927 年,参与改组北京大学国学研究馆,自任馆长,以私财维持馆务,聘当时鸿儒如陈寅恪、陈垣、徐炳昶、马衡、李四光、钱玄同、刘复、袁同礼、朱希祖等为导师,培养了董作宾、陆侃如、商承祚、魏建功、容庚等。1929 年,参与组织中国营造学社。1932 年,积极筹备柏林中国美术展览会,专门陈列我国近现代绘画作品。1933 年至 1936 年间,参与筹建上海博物馆,被推为第一任董事长。唐圭璋尊其为民国学术界影响力仅次于蔡元培的“民国第二导师”,饶宗颐推他为“民国阮元”。中华人民共和国成立后,他又成为文化建设和文学改革的先驱。1951 年,担任中央人民政府政务院文教委员会委员、中央文史研究馆副馆长,后又任代理馆长。1952 年,担任中国文字改革研究委员会委员。1953 年,当选为中国文学艺术界联合会第二届委员会委员,担任中国佛教协会理事。1954 年,被国务院任命为中国文字改革委员会常务委员,同年,又当选为中国人民政治协商会议第二届全国委员会常务委员。1957 年 5 月,北京中国画院成立,叶恭绰被国务院任命为第一任院长,国务院总理周恩来出席了画院的成立大会。

在叶恭绰众多的文化业绩中,他不仅精于鉴藏,曾经收藏了许多珍贵的古籍文物,其中不少是国宝级的文物,如西周毛公鼎,晋代王羲之《曹娥碑》、王献之《鸭头丸帖》,唐代释高闲《草书千字文》残卷、褚遂良(款)大字《阴符经》册,宋代米芾(款)《多景楼诗》册,元代赵孟𫖯《胆巴碑》卷,以及明代唐寅《楝亭夜话图》等;在保护文物和文化历史古迹方面更是不遗余力,比如对一度大量被盗的山西云冈石佛石刻的保护和修缮,对北京西四牌楼砖塔胡同下的元代万松老人(即万松行秀禅师)塔的修葺,他还主持重修摄山隋舍利石塔,等等,特别是 1929 年他与蔡元培等主持重修苏州甪直保圣寺唐代塑像并建古物馆保存的事,当时在社会上产生了很大的影响。

此事在叶恭绰文化艺术学术生涯中极受重视,单是专门文章就写过三篇:民国廿一年(1932)写了两篇——《重装甪直保圣寺唐代塑像记》《甪直保圣寺古物馆记》;民国三十七年(1948),他又在《杨惠之雕牙俑牛拓本跋》一文中以最大的篇幅谈到当年甪直保圣寺保护修葺罗汉及馆舍之事。还写过《十一月十二日甪直保圣寺唐塑工毕启幕,余自沪往参其事,旋赴摄山勘隋塔工,归车有述》长诗一首,这里仅引吟咏保圣寺佛像修复部分:"年来寡所营,万事付休莫。法门勤外护,矢志非有托。甫里唐塑像,神物九鼎若。历劫荡烟灰,随风譬枯箨。我来不自量,辛苦强营度。中遘万迍邅,危途轻岞崿。观成幸有日,茹苦乃成乐。涌视弹指间,华严几楼阁。因思塑造工,历朝颇彰灼。戴颙称圣手,惠之多杰作。元代得刘兰,功堪继疏凿。所惜兵火余，遗制久凋落。杨塑仅此堵，亦几归冥漠。愿力保区区，孤怀殊硌硌。有为固如幻，卫道宁自薄。”

根据万君超著《叶恭绰鉴藏编年事辑》转载，1932年11月12日《苏州明报》有一篇题为“保圣寺古物馆开幕”的新闻特稿中称，根据历史资料记载，该寺创立于萧梁武帝或创建于唐代，有唐代杨惠之手塑佛像，经日本东京美术学校教授大村西崖(著有《塑壁残影》)，誉之谓东亚瑰宝，后国人始有注意及之者。民国七年，顾颉刚始往一游。逮民国十一年，复偕陈万里往游拍照，并在《努力周刊》上发表《记杨惠之塑罗汉像》一文，唤起世人注意。复经邑人金家凤及高梦旦、任永叔向苏省当轴请求保存，迭经蔡元培、吴稚晖、叶恭绰诸先生专程往观，认为有保存必要。民国十八年，教育部聘请专家及名流组织委员会。

当时教育部所组之保存委员会，委员为叶恭绰、蔡元培、张继、金家凤、马叙伦、钮永健、陈去病、张仲仁、顾颉刚、黄涵之等十八人，设计专家为江小鹣、金宗城。经费来源，由教育部拨给一万元，江苏省政府三千元，上海唐塑保存会叶恭绰等分募约一万元。嗣乃聘由范文照建筑师担任建筑事宜，江小鹣担任补塑事宜，“越三年而有今日之洋洋大观”。

参照叶恭绰民国二十一年撰《重装甪直保圣寺唐代塑像记》中所记：

> 甪直保圣寺大殿传为宋代建筑。其内，唐代塑像及罗汉像十六尊，迭见邑、镇各志。近年，殿宇倾覆，壁、像均渐圮坏，仅余东壁一堵、罗汉像四尊，又先拆存之罗汉五尊，及塑壁碎片若干。民国十八年，教育部、江苏省政府及唐塑保存会同人醵资议修复，于大殿趾建古物馆以覆之。推蔡元培、陈去病、马叙伦、金家凤、陈万里、陈剑修及叶恭绰主其事。乃请江君新董司修理工作。以东壁年久不固，又所塑已毁失过半，不能复东、西两壁之旧，乃于古物馆北壁前，筑细棉土垣一堵，合东、西两壁所塑，及

布景之折入东北、西北两隅者,并移装于新垣。夫凡结构、形态、色泽,务不失其旧,无任增改。始任塑匠卫国庆及胡某与匠工十余人所作未善,改由监工滑君田友手自布置,务令塑壁主要部分得复旧观。罗汉像九尊之毁坏部分,则不加补缀。间有为稳固计须加功者,亦仅令足以支柱为止。其罗汉像原来位置已不可考,则以意为联属,期得俯仰呼应之意。凡像之附于壁上者,昔用木杙、沙土、麻捣为胶连具,今则塑壁主要木柱均附于细棉土垣上之铁筋,以期坚实。古物馆房舍则全体不用木材,借防水火。塑像以外,原建造之斗拱、柱础、石幢及碎甓、零砖,悉移置馆内外,以免毁失。

自民国十九年秋开始,至二十一年秋工成。共计用款凡二万零千元。主任工师为江新、滑田友,房屋建筑师为范文照、施嘉干。

以这样简练翔实的文笔将甪直保圣寺的历史及毁损之现况、古建筑修缮之原则、主要施工材料及具体工程实施者甚至所费资金都清楚无一遗漏地记录下来。特别是“夫凡结构、形态、色泽,务不失其旧,无任增改”之古建筑修葺之原则,实应为当今全国各地古迹名胜及古旧建筑修复修建之楷模。

在叶恭绰《十一月十二日甪直保圣寺唐塑工毕启幕,余自沪往参其事,旋赴摄山勘隋塔工,归车有述》五言长诗中,有其自注云:“甪直唐塑佛像仅余九尊,传为杨惠之手造。保圣寺已毁,今重建古物馆以覆唐代佛像及塑壁,计重装塑品,新建馆屋,阅时凡三载,乃成。期间龃龉乖迕,百出不已,余概不之计,卒乃告蒇。”从中不难看出叶恭绰为了保存文化国粹,根本不计个人得失,如此气度胸怀和格局,在现今令人钦佩之余也让人唏嘘不已。

《叶恭绰全集》中有一篇写于民国二十四年(1935)的《太湖西洞庭山显庆寺整理藏经并修经楼记》:

太湖西洞庭山显庆寺古刹,旧藏明“径山藏”正、续、又续全部，分度各房。民国二十四年夏，余来游兹寺，力劝住持闻达法师汇集尊藏，并任募款，修葺经楼。凡得款若干，庀材施工，数月而毕。因于夏历六月十九日，敬奉大藏悉贮楼中，缁白共瞻，同声赞叹。经闻达法师依原目检校，只正藏“场”字函内，缺《金光明最胜王经》二册；“墨”字函内，缺《大方便佛报恩经》二册；“兴”字函内，缺《大乘本生心地观经》二册；续藏第三十六函内，缺《金光明忏》《占察经忏》《礼地藏经忏》共一册；余均无缺。当设法搜补，以成完璧。

显庆肇始唐代。代有高人、大德，焜耀简编。闻达法师方将广搜经典，以为宏法之资，于此始基，乐为记载。其捐资姓氏，并列左方。以后，寺内藏经应永贮楼中，不得分散，以副众望焉。

查有关资料：包山寺始建于梁大同年间，又名显庆禅寺，而“显庆”为唐高宗李治的年号(656年正月—661年二月)。

万君超著《叶恭绰鉴藏编年事辑》“五月十四日”一条，叶恭绰致信碑帖鉴藏家陈邦福(墨迻)，谈及寄存苏州包山寺之龙门碑拓等事：

墨迻先生：奉书慰悉情况。弟前交包山寺各牛拓本中罕精品，惟龙门之二千余种，为外间所稀。缘廿年前有数友联合往拓，凡有字处，皆施毡蜡。故其数为向所未有。又高句骊《好大王碑》全拓亦不易致，望特注意。龙门碑拓本装两大布包，如拆散则无法辨其为龙门与否矣。又其中一部分为张伯英千唐志斋拓本，无大价值，如不全，则不值得费力也。细绎来函，似未详析，故再奉告，望示其概要为盼。属书联语及卷首，兹并附上。叶恭绰，五月十四日 一九五三年。

其自注：

闻达编目本不全，当时彼此在患难中，不及研索，故姑为作序,至“龙威经藏”四字亦弟所拟。龙威故其地,经藏则表明以释藏为主,又有其他藏者也。当时本有藏山复壁之图,闻达一死,此愿成虚。弟所收文物亦已散尽,一切如幻矣。

张中行老先生在 20 世纪 50 年代曾经与叶恭绰老前辈一起参与筹划出版期刊《现代佛学》,常常见面,非常熟识。在《叶恭绰》一文中,张中行写到叶老曾说过那些碑拓的事:“他同我说,他还辑过石刻拓片,数量很多,可以装满两麻袋,因为自己无力整理,都送给江南某寺的和尚了。”说的就是他放在显庆寺的那些碑拓。

关于那些碑拓的最后去处,叶恭绰在 1963 年曾给南京博物院院长曾昭燏写过一封信(此信原件现存南京博物院)专门谈了这件事情:

昭燏馆长:

前在抗战时期,我将所藏拓片约二千种寄存于苏州洞庭山包山寺,委托闻达和尚代为保管并编目。解放后,闻达已逝,该项拓片及编目既归苏州博物馆接管,后因省迁宁,遂由你馆接管保存。我因多次南北迁移,对于此项拓片不能自己掌管,且年岁已迈,早将积年所藏文物书画分批捐赠国家。今愿将此项拓片全部捐献你馆,俾得永久保存。但希望能将拓片目录,即闻达所编者,给我一份,以留纪念。为此涵达,祈惠复为幸。

据《文物天地》2009 年第 12 期《南博:名家名藏入史册》一文,此信中所提到的苏州博物馆应为时在苏州的江苏博物馆。此馆在 1962 年时被并给南京博物院。所以苏州博物馆实际上并未经手过此两千余种拓片。

后来随着反右派斗争等一系列政治运动的开始,叶恭绰和吴湖帆两人均自顾不暇,一对挚友几乎终止了往来。1968 年,叶恭绰读了《光明日报》发表的《中国官僚资产阶级的老祖宗——叶恭绰》一文后,忧愤惊惧交加,一病不起,8 月 6 日,病逝于北京灯草胡同 30 号寓所，享年八十八岁。五天之后，弥留之际的吴湖帆在医院中自己拔去插于喉头的导管（真实细节究竟如何，可以考索，但并不影响认知），拒绝治疗，也抱憾离世。

叶恭绰的骨灰在 1970 年 4 月遵照他的遗愿，在宋庆龄的嘱托与周恩来的指示下，安葬在南京中山陵仰止亭畔，如今墓碑上镌刻着“仰止亭捐建者叶恭绰先生之墓 1881—1968”。

参考文献：

[1]《叶恭绰全集》（全 3 册），凤凰出版社 2019 年版。

[2] 万君超：《叶恭绰鉴藏编年事辑》，浙江人民美术出版社 2022 年版。

[3]《历史文献》第 1—24 辑。

[4]《吴湖帆文稿》，中国美术学院出版社 2004 年版。

壮 志 情 怀

——颂寒山寺狮子林内岳飞、文天祥诗

方 仁

寒山寺里存元帅豪墨

2023 年初，随着张艺谋执导的电影《满江红》的热映，抗金英雄岳飞其人其事再度引起社会各界关注。

岳飞（1103—1142），字鹏举，相州汤阴（今河南省汤阴县）人。南宋时期抗金名将、军事家、战略家、书法家、诗人，位列南宋“中兴四将”之首。

岳飞从二十岁起，曾先后四次从军。自南宋建炎二年（1128）遇宗泽至绍兴十一年（1141）止，先后参与、指挥大小战斗数百次，先后收复大量失地，被封为“少保”。后来宋高宗赵构和宰相秦桧一意求和，以十二道“金字牌”催令岳飞班师。在宋金议和过程中，岳飞遭受秦桧、张俊等人诬陷入狱。1142 年 1 月，被冠以“莫须有”的罪名，与长子岳云、部将张宪一同遇害。宋孝宗时平反昭雪，追谥“武穆”，后又追谥“忠武”，封鄂王。

由于《宋史》《金史》《三朝北盟会编》《建炎以来系年要录》《金佗粹编》和各地方志书均未记载岳飞到过苏州，所以许多苏州人以为岳飞跟苏州没什么关系。其实不然——“上有天堂，下有苏杭”，在南宋定都杭州（临安）之前，苏州的实力和影响力均排在杭州之前，所以赵构一度想把都城设在苏州，并曾在苏州设置临时“行在”，时间长达

三年。只是后来金兀术率军南下,赵构意识到苏州离长江较近,安全性较低,才最终把都城定在了杭州。这段时间里,岳飞曾驻军于宜兴,到临时“行在”所在地苏州上朝或会友等也在情理之中。即使没有此类活动,之后他在北伐途中被召回杭州,也很可能经过苏州,所以岳飞跟苏州有所联系也是十分自然的事。宋末元初苏州人徐大焯《烬余录》“庆云亭”条就记载,位于桃花坞东荷池东面的庆云亭,亭额“出岳少保手笔”,意思是岳飞为苏州庆云亭书写了亭子的匾额。可惜此亭、此匾额已经无存。

但在枫桥寒山寺的碑廊里,还能见到岳飞的一组“手迹”。这些手迹刻在碑上,由三块碑组成:上面一块是横的,上书“文章华国,诗礼传家”,字体略偏行书,左侧有“岳飞题”落款并镌有印章;下面两块是竖的,右边写有“三声马蹀阏氏血”,左边写的是“五伐旗枭克汗头”,笔画、结构严谨,近乎楷体,再左边也有“岳飞”落款并镌有印章。总体来看,这些文字都十分刚劲有力。略感遗憾的是,这些“手迹”并没有落款时间(见本辑卷首彩插)。

寒山寺是佛教圣地,寺内怎么会有岳飞的手迹碑刻?寺院方称,当年岳飞被十二道金牌从前线召回杭州,路过枫桥时留宿寒山寺,为感谢寒山寺的热情接待,他就留下了这些墨宝,表现了他誓死抗金、重整山河的宏图大志,但也显露了他壮志难酬的无奈。后来,寺院方面请人将他的墨宝刻在碑上,于是就有了这一组碑刻。

出家人不打诳语,所以如果寺院方没有弄错,那所说应该是可信的。而且对照岳飞其他手迹,寒山寺的岳飞“手迹”无论力度还是结构、风格、落款,都十分相似,因此大概率是岳飞的真迹。

当然,据清末薛福成(1838—1894)《庸庵笔记》记载,清代道光年间(1821—1850)寒山寺曾发生过一起“灭门案”,寺院中的僧人连同过客140余人因食用毒蕈而全部死亡,寒山寺也因此一度废弃。后来的寒山寺僧人与之前的僧人并无交往,所以岳飞“手迹”的来历是否如寺院方所述,是否有人假借岳飞题字来振奋民族精神、激发大家抵御入侵之心,还有待进一步考证。

狮子林中展丞相心诗

无独有偶,被列入世界文化遗产名录的苏州狮子林里,有一块文天祥的狂草“手迹碑”,堪称寒山寺岳飞“手迹碑”的“姊妹碑”(见本辑卷首彩插)。

这块“手迹碑”位于狮子林花园南部围墙中段的一座半亭内。也正因为这块碑,这座半亭被称为“文天祥碑亭”,又名“正气亭”。“手迹碑”高 1.5 米,宽 0.7 米,所刻之诗是一首五绝,被称为“文天祥梅花诗”,具体文字是:

静虚群动息,身雅一心轻。
春色凭谁记,梅花插座瓶。

碑诗落款为“文天祥”。

文天祥(1236—1283),南宋著名政治家、文学家。江南西路吉州庐陵(今江西吉安)人。21 岁中进士第一,成为状元,累拜少保,封信国公。因抗元被俘,屡经威逼利诱,仍誓死不屈,最终英勇就义,终年 47 岁,被誉为中国历史上最有气节的状元。

南宋德祐元年(1275),元军南下攻宋,文天祥散尽家财,招募士卒勤王,被任命为浙西、江东制置使兼知平江府(今苏州)。文天祥在苏州实际只待了不到 2 个月,其间他指挥备战,深得百姓敬仰。但因为南宋内部失和,文天祥不久之后就被要求弃守苏州、退至余杭。随后,元军轻骑袭击独松关(今浙江余杭西),威胁杭州,朝廷派文天祥与元军议和。文天祥当面训斥元军主帅伯颜,伯颜大怒,扣押了文天祥。文天祥在被押解的途中逃跑,路过苏州时,写下了著名的《平江府》(一作《吴门》)诗:

楼台俯舟楫,城郭满干戈。故吏归心少,遗(一作“生”)民出涕多。鸠居无鹊在,鱼网有鸿过。遂使睢阳志,安危今若何?

明正德十年(1515),文天祥族裔文森(文徵明叔父)请巡按御史谢琛上奏朝廷,在阊门内永丰仓北建忠烈祠祭祀文天祥。后迁至旧学前,旧址改为文山寺,地名称文丞相弄。

文天祥的《梅花诗》碑,从内容上看,表达了文氏寄梅咏怀、洁身自守的节操;从书法角度看,《梅花诗》碑两行狂草大字洋洋洒洒,跌宕生姿,笔断意连如飞如舞,由此可以想象当时文天祥运笔疾速、一气呵成的场面,也可从中领略文天祥的英雄豪气。

亭中高悬当代书法家、复旦大学喻蘅教授(1922—2012)所书的"正气凛然"四个大字,对文天祥气节给予高度赞颂,时间为"癸亥中秋",即1983年中秋。

文天祥这块诗碑怎么来的?会不会是文天祥在苏州任职期间所写,然后被狮子林收藏勒石?

根据衣学领、周苏宁、沈亮等所著的《苏州园林魅力十谈》一书,它应该是狮子林所藏的《听雨楼帖》碑中的一块。

《听雨楼帖》为历代丛帖之一。清乾隆辛未(1751)进士、书法家周於礼将所藏唐、宋、元书法家的墨迹分为四卷:第一卷为褚遂良、颜真卿、蔡襄三家书法,第二卷为苏洵、苏轼、苏辙父子书法,第三卷为黄庭坚书法,第四卷为米芾、赵孟頫书法,以自己所住之处"听雨楼"之名为丛帖取名为《听雨楼法帖》,由当时的刻石高手穆文、刘宏智钩刻入石,从此成为艺林之宝。

清道光年间,苏州人、官员、学者顾莼(字南雅)曾购得这套法帖刻石。民国时期,狮子林新主贝仁元访知刻石为沈宝兼所有,花费重金购得,嵌置游廊间,并将拓本藏于园内指柏轩之二楼。

《听雨楼帖》碑现存70余方,从狮子林古五松园后廊开始,按书者年代先后顺序,沿长廊大致呈逆时针方向排列,成为狮子林一道靓丽的文化景观。篇首为吴昌硕所题"听雨楼藏帖",系吴昌硕在1921年专为此帖书写。在众多的碑刻中,文天祥的诗碑摆在突出位置,显示了园子对这块诗碑的重视,也为众多游人提供了接受气节教育的理想载体。

民国时期苏州小学教育回眸

郑凤鸣

1905 年,科举考试结束了它的历史使命,新式教育开始推行。五四运动后,在政治革新和新思潮“民主与科学”的影响下,苏州出现了公立小学,与私塾教育并存,直至解放。1949 年后,私塾小学先后被人民政府接管,苏州小学教育步入正轨。

新式小学的发端

中国的传统教育方式是私塾,20 世纪,尤其是五四运动以后,思想文化的变革异常迅猛。作为“五四”文化的主流,主张向西方学习的自由知识分子引进了欧美国家的意识形态,用以对抗和更新中国的传统文化。它在中国的传播,以“科学”和“民主”为主要价值。虽然民国时期私塾曾经过多次改良,但是由于新式教育的费用比旧式教育昂贵,增加了教育普及的困难,被面向民众的教育家陶行知激烈抨击为是培养小姐、少爷、“高级废物”的教育。因此,在整个民国时期,私塾、义塾、义学等旧式教育与新式教育是同时并存的,直到解放后的 1952 年,才真正结束了私塾等旧式教育。

民国时期苏州小学教学

民国元年(1912)9 月,国民政府教育部公布《小学校令》,强调小学以“留意儿童身心之发育,培养国民道德之基础,并授以生活所必需之知识技能"为宗旨,增加新知识,淡化以往旧教育的影响,逐步加深欧美教育思想影响。读经讲经科被取消,各科教材的内容和排列,以儿童兴趣为主,增加了音乐、自然、卫生、英文等新科目。

据1995年1月《苏州市志》(江苏人民出版社)载,1912年,学堂一律改称学校。学校分为公立和私立两类。公立由政府开办,私立由私人集资、同乡会集资、同业公会捐款、社会团体拨款、慈善机构募金、外资津贴、寺庙出钱等开办。苏州共有学校162所,其中省立1所,县立134所,私立27所,学生8 475人;学龄儿童入学率11.1%。同年9月,苏州初等教育实行九年制。女子小学堂比男子小学堂缩短1年。一些私立小学不按政府规定,如私立景海女子师范附属小学校实行六年制。民国十一年(1922)秋,新学制颁布后,小学一律实行"四二制",即初级小学4年,高级小学2年。新式教育的私立小学大多为复式班,即一个班级中同时存在2个或2个以上年级学生上课。

虽然民国初年,教育部整顿私塾,强调私塾课程必须按照小学课程设置,规定不合学校组织的私塾应向政府注册登记,经政府核准后方可试办。然而由于政局不稳,改良仍不易贯彻实施。

民国时期苏州几所有名的小学校

创办于民国二年(1913)的私立钱业小学,由钱业同业公会捐款开办,校址在阊门内东中市90号钱业公所后进。公所的大部分房屋为学校所用,学校占地面积1.1亩,校舍20间。开办初,只设初级班,之后逐步扩大,至民国二十三年(1934),学校设高级班2个,初级班4个,学生236名,教师19位。民国三十三年(1944),伪吴县教育局实施"刷新教育",接收私立钱业小学,改为县立,并改校名为"东中市中心小学"。抗战胜利后,国民政府接办,恢复私立钱业小学。中华人民共和国成立后,1956年,学校由国家接办,更名为东中市小学。"文革"期间,学校一度改名"井冈山路小学",划归街道管理。1980

年,复名“东中市小学”。2000 年,与原中街路小学合并成立苏州市东中市实验小学校。

苏纶职工子弟小学校是由厂主严裕棠于民国十六年(1927)创办的,由其子严欣淇任董事长兼校长。初办时,校址在盘门大街,后来在苏纶纺织厂后门沿河空地水曲头另建新校舍,校舍布局呈“回”字形,除大办公室上面有楼作会议室外,其他都是平房。教室宽敞,操场平广,宽大的礼堂还设有电影放映室。其教学设施在当时堪称一流。学校于 20 世纪 40 年代末迁入办学,设 14 个班级。

太仓市实验小学的前身是江苏省立第四中学师范科实习小学校,创办于民国十一年(1922)。在贯彻陶行知“教学做合一”思想、实施整体教育方面颇有影响,但是在抗战时期被迫停办。民国三十五年(1946)复校,直至解放。

私立崇道小学创办于民国十三年(1924),地址在齐门外大街 138 号,因为隶属于美国中华基督教会崇道堂得名。创办人刘道生是齐溪崇道中华基督教会牧师。初办时,学校只有中式平房 2 间,学生 20 余名,教师 4 位。民国二十一年(1932),兴建西式平房 2 间,添置了教具。抗战时期,学校被伪吴县教育局接管,改称“共荣小学”。抗战胜利后复校,成立董事会,由岳素娥担任校长。

私立青光义务小学是民国三十八年(1949)2 月,阊门宝莲寺主持松万等在寺内创办的。解放后,1950 年,改名为苏州市三乐湾代用国民学校,也就是现在的苏州市金阊区实验小学。

抗战前后苏州小学校的命运

抗日战争期间,很多学校停办,部分学校内迁。民国三十三年(1944),伪吴县教育局实施“刷新教育”,接收全部私立小学,改为县立,并更改校名。

日军侵占期间,小学课程设置有所变动。日语成为这个时期各小学高年级学生的主课之一。各科教学内容以介绍日本文化为主,大量删除或篡改有关中国历史文化的内容。伪政权为配合围剿新四军、抗日游击队的“清乡”运动，于民国二十九年（1940）强制各学校进行“清乡大单元教育”。民国三十一年（1942），又规定各校必须进行“新国民运动大单元教学”，教育儿童“奉行大亚洲主义”，“排斥共产主义”，“爱中华、爱日本、爱东亚”。各校使用的教材，除日语、算术、劳作等为伪江苏省教育厅统编外，其余均由伪县教育局教材编选委员会自行编印。

抗战胜利后，国民政府接办所有县立小学，恢复私立小学；迁徙外地的小学陆续返回故地，招生上课，开始实行“国民教育”。停办的小学先后复校，省立第一实验小学被取缔。公立小学按照保甲编制，设置中心国民小学（完全小学，由乡、镇设立）。到民国三十七年（1948），苏州辖区范围内大多以镇为中心设立国民学校，例如金阊镇中心国民学校、虎丘镇中心国民学校、枫桥镇中心国民学校等。

同时，抗战胜利后，遵照国民政府教育部指令，小学普遍实施训育制度。各校按保甲编制，设镇公所为最高机关，下分若干保，采取中心训练、学校训练、集团训练、个别训练、自治指导等5种形式训育学生。国民政府教育部还设置了课程《部颁标准》，要求各校统一使用部编教材。但是许多小学校在执行《部颁标准》的同时，往往根据杜威的教育思想——儿童中心主义，打破科目界限，取消教材的逻辑体系，采取“设计教学法”，根据学生实际生活制定“单元”，让学生通过确定“目的”“计划”“实行”“批评”四个步骤进行学习。

从民国时期苏州小学校走出的院士

院士是科学金字塔上点缀的一颗颗耀眼的明珠，是现代教育和科学孕育出的杰出英才。中国科学院和中国工程院院士，是中华人民共和国设立的科学和工程技术方面的最高学术称号，也是个人的终生荣誉。截至2021年，苏州籍院士有114位，其中在苏州学习过的两院院士至少有50位。核物理学家丁大钊和黄胜年曾经分别在苏州纱缎小学和太仓城厢小学就读,物理学家冯端和计算数学家冯康曾经分别在苏州实验小学和草桥小学学习,力学家程耿东曾经在苏州善耕小学读书,医学家宋鸿钊曾经就读于海红坊小学。他们就读的都是民国时期苏州的小学校,在苏州接受了完整的小学教育,为进军学界进而成为院士打下了良好的基础。

苏州小学教育新的一页

苏州历来是经济文化中心,教育事业比较发达,但是在民国时期,由于兵荒马乱,民不聊生,到1949年初,苏州的文盲率竟然高达81.17%(据《苏州文化手册》载)。

1949年4月27日,苏州解放,市军管会接办了各类学校,由市文教局统一领导和管理,对原来的私立小学暂时保留,对国民党政府办的学校接办为公立小学。同时不断调整和充实各学校的领导力量,加强教师的政治业务学习,对其进行了很有成效的改造。1951年,各区人民政府成立;1952年9月,市文教局将小学的领导关系交给各区政府管理。从此,苏州市的小学教育翻开了新的一页。

参考文献:

[1] 陈晖主编:《苏州市志》,江苏人民出版社1995年版。

[2] 岳俊杰等主编:《苏州文化手册》,上海人民出版社1993年版。

[3] 曹允源等纂:《〔民国〕吴县志》,广陵书社2016年版。

[4] 邓邦述编纂:《吴县志》。

[5] 吴县地方志编委会编:《吴县志》,上海古籍出版社1994年版。

[6]《金阊区志》编纂委员会编:《金阊区志》,东南大学出版社2005年版。

[7]《平江区志》,上海社会科学院出版社2006年版。

[8] 唐小祥主编:《苏州近代建筑考》,苏州大学出版社2016年版。

[9] 苏州市住房和城乡建设局编:《苏州民国建筑典藏》,古吴轩出版社2023年版。

“越绮吴绫最擅场，年年估船走重洋”
——吴江绫丝的历史考察

王来刚

绫原为斜纹或斜纹变化组织作底的花素织物，始产于汉代以前，盛于唐、宋。其特征是织物表面具有斜线纹路，光滑柔软，质地轻薄，用于书画装裱，制作衬衫、睡衣等。绫类织物作为吴江地区有记载的最早的丝绸产品，在历史上曾经一度辉煌。

一、吴绫的文化记录

绫较早出现在文学作品里，是白居易的《卖炭翁》。其中的名句“半匹红绡一丈绫，系向牛头充炭直”，描写了一个烧木炭的老人谋生的困苦，通过卖炭翁的遭遇，深刻地揭露了“宫市”的腐败本质。在唐代商务交易中，绢帛等丝织品可以代货币使用。当时钱贵绢贱，半匹纱和一丈绫与一车炭的价值相差很远。名为“宫市”，实际是一种公开的掠夺。白居易对宫市十分了解，对人民又深切同情，所以才能写出这首感人至深的《卖炭翁》来。

自唐以后，历代关于丝绸的记载所在多有，其中描写绫的诗句也可以举出很多。唐白居易《杭州春望》诗：“红袖织绫夸柿蒂，青旗酤酒趁梨花。”明代柳如是《江城子·忆梦》：“梦中本是伤心路。芙蓉泪，樱桃语。满帘花片，都受人心误。遮莫今宵风雨话。要他来，来得么。安排无限销魂事。砑红笺，青绫被。留他无计。去便随他去。

算来还有许多时，人近也，愁回处。”清道光年间诗人史在柱《黄溪竹枝词》：“阿蛮小小已多姿，十岁能牵机上丝。漫揭轻裙上楼去，试看侬撷好花枝。郎起金梭妾起花，丝丝朵朵著人夸。无端北客嫌轻去，贱煞吴绫等苎麻。”清人唐佩金《新杭里》：“剩有新杭市，吴绫满夕阳。青红几儿女，消得好春光。”清人宋景和《新杭市》：“锦绫织就费千丝，花样新鲜是折枝。估客不辞千里远，新杭桥外卸帆迟。”清人沈云《盛湖竹枝词》两首：“吴绫自古夙称良，荡北浜南最擅场。云锦翻新名目夥，梯航远输达遐方。”“舶来纱品赛罗绫，男妇风行价日增。争似阿侬机织好，香云衫子宝光腾。”近代文学家范烟桥《盛湖竹枝词》：“越绮吴绫最擅场，年年估船走重洋。香山卷倘鸡林购，纸贵何曾限洛阳。”

这些诗句所描述的情景都与吴江有关，可见当时，绫作为丝绸的代称，已经渗入吴江百姓的家居生活。

二、吴绫的发展历程

吴江有绫织物的记载，最早始于唐代。唐代，我国绫织物进入全盛时期，唐代的官员们都用绫作官服，因此绫成为地方进献朝廷的贡品。据明正德《姑苏志》卷十五“贡役”记载：“绫，诸县皆有之，而吴江为盛，唐时充贡，谓之吴绫。《旧唐书》载天宝中吴郡贡方纹绫，大历六年禁织龙凤、麒麟、天马、辟邪等纹。其薄而鸾鹊纹者，充装饰书画之用。”而乾隆《震泽县志》卷四“物产”也有“吴绫见称往昔，在唐充贡。邑为郡属，故至今有之，其名品不一，往往以其所产地为称”的记载。

宋代，吴江的绫丝织作继续在全国领先。特别是宋室南迁定都临安后，北方丝绸生产区域遭到严重破坏，全国丝绸中心移到江南。此时，吴江成为南宋帝都的后花园，绫丝作为贡品供皇室和达官贵人使用。元代时，吴江丝绸继续作为贡品，据乾隆《吴江县志》卷五“物产”载：“丝在元初充贡。”至元年间，意大利旅行家马可·波罗在中国游历,曾经过吴江,在他的游记中记载,吴江出产大量蚕丝,称这里生产的绸缎质量最好,并记述了将绸缎运至省中出卖的情况。

明代成化弘治年间,盛泽及附近地区农村家庭织绸手工业形成,至嘉靖年间,盛泽丝绸集散中心初步形成。据乾隆《震泽县志》卷二十五“生业”载:“绫绸之业,宋元以前惟郡人(注: 苏州城区人)为之,至明熙宣间,邑民始渐事机丝,犹往往雇郡人织挽。成弘以后,土人亦有精其业者,相沿成俗,于是震泽镇及近镇各村居民,乃尽逐绫绸之利。有力者雇人织挽,贫者皆自织,而令其童稚挽花女红。不事纺绩,日夕治丝,故儿女自十岁以外,皆蚤暮拮据以糊其口。而丝之丰欠,绫绸价之低昂,即小民有岁无岁之分也。”清代乾隆年间,丝织作业“今邑中盛有之。土人用以织绫绸,俗称绸丝,又有同宫丝及二蚕丝,皆可为绫绸纬”。在当时,绫织更成为吴江的专属,在苏州境内只有吴江独擅胜场。这在乾隆《盛湖志》卷三“物产”中有所记载:“吴绫,见称往昔,在唐充贡。今郡属惟吴江有之,邑西南境多业此。”

清末民初,绫成为盛泽地区手工织造业的大宗品种。民国二年(1913),盛泽南郊重建的登云桥的桥联上曾刻有“遥听隔岸绫梭弥思物力”之句。民国初,据《江苏省实业视察报告》记载,盛泽地区“以丝织为业者,殆不下万户,男女工作人数,殆在五万以上,所织之绸,如绫、罗、绉、纱、纺等类,岁可出数十万匹”。

在 20 世纪 40 年代以后,由于用途的限制和需求的减少,绫类产量已趋缩减。苏花绫在 1963 年以后停产,《新华日报》1962 年 8 月 8 日报道的苏花绫应该是吴江最后一个提花绫类品种,用 20/22 及 30/35 厂丝电机织成,幅宽 72 厘米,用于裱画。报道称它“具有软、薄、平整、光滑的特点”。1963 年以后仅产素绫织物——真丝斜纹绸及真丝绫,该织物 60 年代成为桑蚕丝产品中的大类。

三、吴绫的品种

绸原为平纹或平纹作地组织提花织成。清以来,绸与绫已混为一谈。如道光《黄溪志》卷一“土产”称:“绫绸所织不一种,或花或素,或长或短,或重或轻,各有定式,而价之低昂随之。其擅名如西机、真西、徐绫、惠绫、四串之类,经纬必皆精选,故厚而且重。若南浜、荡北、长绢、秋罗、脚踏小花等稍轻。”光绪《盛湖志》卷三“物产”亦称:“绸,即绫也。花之重者曰庄院、线绫,次曰西机、脚踏;素之重者曰串绸、惠绫,次曰荡北、扁织。今则花纹叠翻新样。”

关于织绫的原料丝,在乾隆《震泽县志》卷四“物产”中有记载:“丝,邑中盛有,西南境所缫丝光白而细,可为纱缎经,俗名经丝。其东境所缫丝稍粗,多以织绫绌,俗称绌丝。又有同宫丝、二蚕丝,皆可为细绫纬。”道光《震泽镇志》卷二“物产”也有所记载:“丝,有头蚕、二蚕,较他处色更光白。其细者,多为缎经,经以二丝纺为一,谓之经丝。粗者,曰肥丝,织绸绫用之。”

关于绫的品种,各地也有不同。乾隆《震泽县志》卷四“物产”载:“名品不一,往往以其所产地为称,如西绫、黄庄之类。其纹之擅名于古,而至今相沿者,方纹及龙凤纹,至所称天马、辟邪之纹,今未之见。”据道光《震泽镇志》卷二“物产”:“西绫。出黄庄者,名黄绫,质厚而文。后,有庄绫、徐绫,并以姓著。”清同治年间,盛泽产杏黄板绫等素织物 5 种,元色牡丹线绫等花样织物 2 种;民国年间又新增市绫、会绫、屏绫及一中素绫等素织物,庄绫、线绫、云绫、兴绫等提花织物。

表 1　民国七年盛泽绸类简明表

类别	品　质	幅　广	匹　长
会绫	素地生织练染踹光	一尺二五	一丈六尺
字绫	素地生织练染踹光	一尺二五	二丈九尺
屏绫	素地生织练染踹光	一尺六寸	三丈二尺
云绫	花地生织练染踹光	一尺二五	一丈五尺

续　表

类别	品　质	幅　广	匹　长
庄绫	花地生织练染踹光	一尺三五	五丈
线绫	花地生织练染踹光	一尺三五	三丈八尺、四丈九尺

据《吴江丝绸志》,江苏古籍出版社 1992 年版,第 237 页。资料来源:沈云《盛湖杂录》,民国七年本,第 23 页,原表共收录 55 种,其中绫类 6 种。

表 2　民国十三年盛泽绸绫品种表

名目	幅　度	备　注
市绫	阔一尺一寸,长二丈六尺或三丈二尺	重六两至十两,花素均有
会绫	阔一尺一寸,长一丈六尺或三丈二尺	重六两至十两,花素均有

据《吴江丝绸志》,第 240 页。资料来源:李静纯《盛泽绸绫产销及名目一览》,《新盛泽周年纪念册》,1924 年,原表共收录绫、濮、罗、元、界、纱、纺、布等 8 类 58 个品种。

表 3　1936 年“曾经盛行之盛绸一览表”

类别	品　质	阔　度	匹　长	备注
庄绫	品质花地生织练染踹光	一尺三五	三丈八尺、四丈九尺	
线绫	花地生织练染轴	一尺三五	一丈五尺	
提绫		一尺二寸	四丈	

资料来源:吴江区档案馆档案,案卷号 8.1.1668。原表共有绫、纱、纺、罗、绢、濮、界、院等大类,绫类产品主要有以上 3 种。

关于绫类织物的用途,绫须经踹轴始可上市,多用于刺绣面料裱制书画账本及制作寿衣。同治《苏州府志》对吴江所产之绫有如下描述:“脂发光润,故俗称油缎子,吴绫为裳,暗室中力持曳,以手摩之,良久火星直出。”

在民国前期,盛泽绫类织物还曾经获得奖项。民国十八年(1929)在杭州举行的西湖博览会上,盛泽勤丰送展的市绫获得特等奖,盛泽成泰源送展的素市绫获优等奖。

据《吴江丝绸志》记载,截至2012年,真丝绫仍为吴江出产的纯桑蚕丝织物品种之一。1988年,吴江盛泽丝绸炼染厂的水榭牌15685炼白真丝绫被评为苏州市优质产品。1990年,吴江新联丝织厂、吴江丝绸印花厂生产的剑杆真丝绫获得江苏省优质产品称号。1991年,吴江新联丝织厂、吴江丝绸印花厂的水榭牌115/113.5炼白真丝绫被评为纺织工业部优质奖。这是笔者能够查到的最后的获奖记载。

四、吴绫的价格和外销

盛泽丝绸外销的记载最早见于顺治《盛湖志》卷下“风俗”:“绫罗纱绢,不一其名,京省外国,悉来市易。”近年来,在盛泽老庄面所在的旧宅基内出土了日本、朝鲜、安南(越南)等国的钱币。据考,其铸造年代相当于我国明中期至清初,可与《盛湖志》印证。清中叶,黄溪产绸以流向北方为主。道光《黄溪志》云:“花样轻重必合北客意,否则上庄辄退。”《黄溪竹枝词》中也有“无端北客嫌轻去,贱煞吴绫等苎麻”之句可作为印证。从顺治年间开始,江宁府、山东兖州府济宁州、山西、安徽徽州宁国、山东济南府等地商人在盛泽从事贸易,将绫绸销往北方。他们还在盛泽建立了会馆。

关于绫的价格,随着历代经济发展情况的变化,时有起落。据乾隆《吴江县志》卷三十八“生业”引述《黄溪志》:“明嘉靖中,绫绸价每两银八九分,丝每两二分。康熙中,绫绸价每两一钱,丝价尚止三四分。”至乾隆年间,“今绸价视康熙间增三分之一,而丝价乃倍之”。据道光《黄溪志》“风俗”卷记载,道光年间改用洋钱,“近年丝价每两制钱一百七八十文,绸价每两二百一二十文”。从中可以看出,以每两绫绸计,嘉靖中为八九分,康熙中为一钱,乾隆中增加三分之一达到一钱三四分,道光年间又降为八九分,这当然与当时社会财力和民众的消费水平有关。

清末民国时期的绫类织物的品种和价格在档案中也可以看到相关记载,如以下两表。

表4　清光绪六年盛泽地区产品一览表

品　名	匹长(厘米)	重量(克)	价格(海关两)
杏黄板绫	1 120	234	3.40
色板绫	1 120	195	2.50
大红板绫	1 120	253	3.50
杏黄西绫	1 120	214	3.00
湖色西绫	1 120	214	3.00
元色牡丹线绫	1 610	585	5.20
三蓝球蝶线绫	1 610	585	5.20

参见《吴江丝绸志》,第234页。资料来源:周德华译《19世纪80年代江南丝绸品种》,《丝绸史研究》1990年第2期。海关两为晚清时期海关用于计价、征税及统计所用之专用币值单位,相当于常规银两之1.114倍。

表5　1935年6月"近年来盛行之盛绸一览表"

名称	长度	阔度	重量	原料	价格	质地	用途	行政区域
会绫	一丈八	一尺二	二两六	天然丝	一至四元	素	寿衣	各省
市绫	二丈七	一尺二	五两八	天然丝	二至五元	素	绣花	各省
兴绫	一丈五	一尺二	三两	天然丝	二元	花	裱书画	各省

续　表

名称	长度	阔度	重量	原料	价格	质地	用途	行政区域
屏绫	三尺二	一尺六	六两	天然丝	二元五	素	裱书画	各省
云绫	一丈五	一尺二五	三两	天然丝	一元五	花	裱书画	各省

资料来源:吴江区档案馆档案,案卷号5,《吴江县政》第3卷第3期。原共收录47种,其中绫5种。

五、绫绸专业市镇的兴起

明清时期,绫绸织作的兴起和绸市贸易的兴盛带动了市镇的崛起,绫绸文化也深入社会各阶层。

黄溪市,自唐至宋称合路村,明以前都以村名,居民仅数百家。自明中期发展,至清康熙中已达两千余家,货物贸易颇盛,遂称为市,民国以后改为乡。道光《黄溪志》"凡例"中记载有黄溪市人民以织绫绸丝线为生的资料:"绫绸丝线,邑中所产亦不少,而黄溪人家务此者什有八九,志之以重生业。"

明成化年间,盛泽"居民附集,商贾渐通"。至嘉靖时,"居民百家,以锦绫为市"(嘉靖《吴江县志》卷一"疆域")。明末诗人周灿形容其时的盛泽是"水乡成一市,罗绮走中原"。冯梦龙在《醒世恒言》中描绘盛泽为:"市上两岸绸丝牙行,约千百余家,远近村坊织成绸匹,俱到此上市。四方商贾来收买的蜂攒蚁集,挨挤不开,路途无伫足之隙,乃出产锦绣之乡,积聚绫罗之地。""自入有清,丝绸之利日扩,南北商贾咸萃焉,遂成巨镇。"(同治《盛湖志》陶葆廉序)至乾隆年间,"绫绸之聚亦且十倍,四方大贾辇金至者无虚日,每日中为市,舟楫塞港,街道肩摩"(乾隆《吴江县志》)。其时,"区区之一镇,入市交易,日逾万金"(乾隆《盛湖志》仲周霈序)。"凡邑中所产,皆聚于盛泽镇,天下衣被多赖之。富商大贾辇万金来买者,摩肩连袂,如一都会焉。”(乾隆《盛湖志》卷三“物产”)

特别是清朝嘉庆道光后,浙江濮院“绸市渐移于盛泽,而濮市乃稍稍衰息”(光绪《桐乡县志》)。濮绸经盛泽转销各处已见于乾隆十八年(1753)褚凤翔所作的《禾事杂吟》:“濮绸新样似西绫,染作宫衫见未曾。一夜北镳来盛泽,机中富贵价频增。”咸丰年间,因受战争影响,王江泾、湖州、双林、嘉兴等地绸商迁至盛泽者为数甚众,使苏浙商贾云集于盛泽。其时,英国退役海军军官呤唎途经盛泽,在其所撰的《太平天国亲历记》中说道:“盛泽是一个巨大的商务中心……居房达五千户以上,商店鳞次栉比。”《盛川稗乘》记载太平军在盛泽设局抽厘,两年零一月获银数十万,足见当时绸市之盛。

苏州传统民居中的备弄

李芳远

引　言

苏州地区的弄堂可以分为明弄和暗弄两种形式。明弄,即建筑之间的小巷,上面没有顶篷,露天敞开,分隔开不同人家,供往来居民行走。暗弄,即备弄,也称为避弄,是江南传统民居中纵向的一条狭长通道,其上有顶篷遮盖,内里黑暗无光,侧面会开设边门,通过边门可以进入两侧建筑内部。后者最早见于文震亨《长物志》,有"忌旁无避弄"的记载,后为吴地称为"备弄"。① 姚承祖《营造法原》中注解"备弄"为"更道、过道,即次要之交通道"②。

备弄一般有50—100米,最长的备弄可达200米,最短的也有三四十米,宽度基本为1米左右,最狭窄的地方只可供一人通行。如周庄赵家弄,有200米长,最狭处0.6米。③ 最宽的一般也不超过2米,供一轿进出,如黎里镇东蔡家弄宽1.6米,是主人为方便轿子进出所设。④

备弄普遍出现于苏州地区的大、中型民居中,部分苏州周边江南水乡民居内也发现有备弄这一建筑结构的出现,但以苏州地区的备

---

① 文震亨:《长物志校注》,江苏科学技术出版社1984年版,第38页。

② 姚承祖:《营造法原》,中国建筑工业出版社1986年版,第104页。

③ 江苏省昆山市周庄镇志编纂委员会编:《周庄镇志》,江苏人民出版社2013年版,第256页。

④ 江苏省苏州市吴江区黎里镇志编纂委员会编:《黎里镇志》,江苏教育出版社1991年版,第122页。

弄数量最多、最普及,也最为典型、最具有代表性,因此本文以苏州地区作为调查的地域范围。

图 0－1　弄堂(明弄)
(摄于苏州黎里镇)

图 0－2　备弄(暗弄)
(摄于苏州周庄镇)

一、备弄的构造

备弄的基本构成可以分成地面、立面、顶篷三个部分,加之外门、内门、边门的设置,还包括内部采光的处理,以下将分别阐述。

(一) 顶、地、立面

江南水位高,地面湿气重,传统民居会抬高宅基,以土垫高数尺,夯打结实,直到铺砖而不下沉。[①] 备弄的入口地势较低,往后渐次抬高,长备弄的地基则呈现两头低,中间高的趋势。当地称这种情况为

① 姚承祖:《营造法原》,第 3 页。

“步步高升”，作为口彩，祈求家庭一代更比一代好。从实用角度说，苏州地区民居往往靠河而建，前后皆有河道，每当暴雨，民居院落内的雨水汇聚天井，排水沟多数安排在备弄之下或紧靠备弄处，通过地下的排水阴沟将雨水排入河道，备弄地基逐步走高，地下的排水沟也随之前低后高，便于快速泄水。

1. 人字式　　2. 席纹式　　3. 间方式

图 1－1　铺地形式①

苏州传统民居的外墙基本不设窗，部分会在楼房高处的墙上开一个小洞作为窗户，并放置方砖，用以移动关闭。传统观念以封闭式院落为理想，认为院墙要四方围合，可以起到藏风聚气的效果，而在外墙开窗会破坏风水。由于备弄的外墙面基本不设窗，备弄内部常年阴暗，采光极为有限，故而被称为暗弄，当地俗谚有“明厅奉客，暗弄藏财”“银不露白，暗可藏财”。

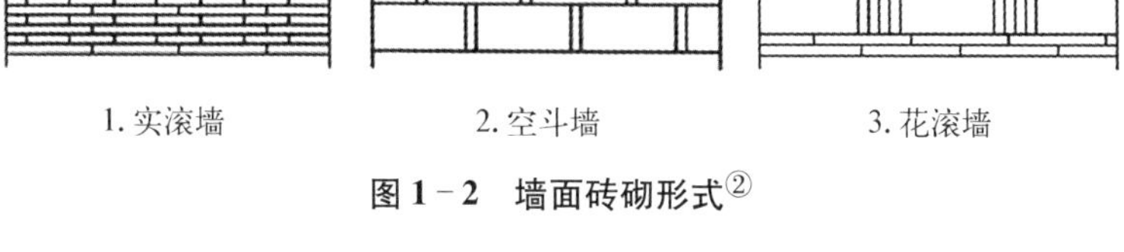

1. 实滚墙　　2. 空斗墙　　3. 花滚墙

图 1－2　墙面砖砌形式②

① 刘托、马全宝、冯晓东：《苏州香山帮建筑营造技艺》，安徽科学技术出版社 2013 年版，第 213 页。
② 同上，第 147 页。

图 1－3　备弄墙面
(摄于苏州黎里镇)

图 1－4　备弄墙面
(摄于苏州芦墟镇)

苏州民居每一进院落由房屋建筑和天井庭院组成,位于住宅主落旁侧的备弄,纵向贴着一进进的院落。位于建筑一侧的备弄,其顶棚是建筑屋面的延伸,是与房屋共用的屋顶。如果是两层的楼房,则直接划成两层,下层为备弄,上层可作为二楼的厢房或是走廊,此时的备弄顶就是二楼的楼面。少数情况下,备弄上层直接挑空,形成气楼,开设天窗以通风和采光。天井旁侧的备弄段,屋顶有单披和双披两种做法,以单披为多。备弄顶篷加上前后房屋屋顶的侧披,让雨水可从四面流入天井,形成江南民居特有的"四水归堂"。双披多数是备弄位于两落之中的情况,左右皆为天井。

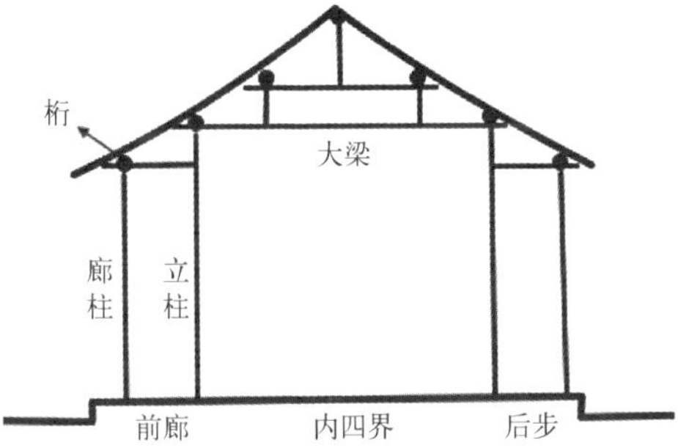

图1-5　六界屋架内四界①

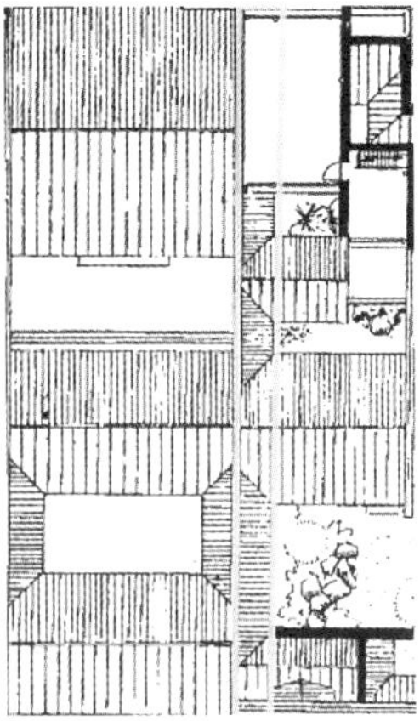

图1-6　备弄屋顶示意②

图1-7　备弄顶·单披（摄于苏州甪直镇）

图1-8　备弄顶·楼面（摄于苏州甪直镇）

① 姚承祖:《营造法原》,第4页。
② 同济大学建筑工程系建筑研究室:《苏州旧住宅参考图录》,同济大学教材科1958年版,第102页。

(二) 门的设置

备弄狭窄、阴暗,隐私性强,前后的出入口往往较为隐蔽,多用单开门,使用最简单的木板门,用柏木之类的实木制作,少数备弄门会使用竹门,一般都没有多余装饰。

备弄中间会设置石库门作隔断,通常分别在前后段的一进与两进处设石库门,用坚固的条石制作门框,故称为石库门。门后两边各有一个门闩洞,门闩平时放在一侧的洞内,使用时可以拉出来塞在另一侧的墙洞里,横架在门背后以固定,部分石库门还要加一个竖直向的斜撑。这是为安全考虑,若有强盗入户杀伤抢劫,备弄除了前后门防御之外,中段设的几道石库门也可以阻止强盗破门而入。

图1-9　备弄入口
(摄于苏州黎里镇)

图1-10　备弄入口
(摄于苏州黎里镇)

备弄两侧会开边门,形制较为简单低调,普通民居以单扇的木板门居多,大宅中会使用双扇的门,这种门也被称为“对子门”。边门通常不可直达厅堂内部,或与每一进房屋前的檐廊相通,或与厅堂后的后退堂相通,另一种边门进入堂屋两侧的厢房,再经由厢房进入堂屋内部。

图 1－11　备弄内石库门
（摄于苏州黎里镇）

图 1－12　备弄内石库门
（摄于苏州黎里镇）

图 1－13　备弄内门闩洞
（摄于苏州震泽镇）

图 1－14　备弄内门闩
（摄于苏州黎里镇）

(三) 采光设置

备弄采光极为有限,常处于昏暗无光的状态,这是它被称为暗弄的缘由,据此,苏州匠师采取了多种方法来解决备弄的采光问题。

首先,是在备弄内部开窗,如果备弄是单层屋面,匠师们可在屋顶处开设天窗,在白天用于采光。更常见的是在内院一侧的墙上设置花窗、漏窗,透过内部的天井和庭院采光。也有直接在备弄旁开辟狭长的天井,如苏州的富郎中巷陈宅和东北街李宅中都有平行于备弄的狭长天井;或是在备弄转角处形成的多余空间设一狭小天井,在天井中放置一二绿植和山石,这样的狭小天井被称为“蟹眼天井”或“眉毛天井”。利用备弄旁侧的庭院或天井空间,既可以通风和采光,又采用了漏景、借景的方法。

除利用自然光线照明外,还可进行人工照明。备弄的墙壁上每隔一段距离会设置一个壁龛,用以放置油灯或点上蜡烛,特别是在夜间,可以提供稳定的照明。

图1-15　备弄天窗
(摄于苏州黎里镇)

图1-16　备弄天窗
(摄于苏州甪直镇)

图 1－17　备弄花窗
（摄于苏州甪直镇）

图 1－18　备弄花窗
（摄于苏州甪直镇）

图 1－19　备弄灯龛
（摄于苏州黎里镇）

图 1－20　备弄灯龛
（摄于苏州黎里镇）

二、备弄的作用

苏州民居多坐北朝南，以多“进”封闭式庭院纵深串联形成一组院落，称为“一落”，形成庭院深深的传统民居格局。苏州大宅可以纵向建造六七进乃至八九进,横向发展增加落数至两三落。备弄在民居中紧靠主落建筑的旁侧,故备弄常位于主落东侧,少数规模较大的民居拥有两条及以上的备弄。

(一) 交通动线

苏州民居的主路线,是从正门进入,依次进入各进院落;当建筑规模较大时,特别是多进多落的情况下,这样的交通动线极其不便。在接待贵宾、丧葬嫁娶以及举办大型庆典时,更要将中轴线上正落各进的大门和落地长窗都打开,由正门进入,通过门厅、轿厅,一路沿中轴线进入厅堂,婚礼时的喜轿和葬礼时的棺椁皆要严格依照这条中轴线通行。因为繁琐不便,这条线路在平常很少使用。

而以备弄为核心的副线路,作为辅助性的交通动线,不但可以连接建筑前后的纵向空间,也可沟通建筑左右的横向空间,更方便日常行走。备弄穿过每一进院落,作为主要纵向交通,又与横向交通的檐廊沟通,两者形成网格状的内廊形式的交通路线,联系全宅各个部分,又不直接进入房屋内部,因此行走不会打扰到屋内。内廊与备弄结合,作为房屋内的过渡空间,一为防止雨水侵入室内,保护内部的木质构件,二是为住户的进出形成或避雨或防晒的空间。

俞绳方在《论苏州民居》中认为,中轴线的交通线路是礼仪性的,而由备弄组成的交通路线是服务型、经常性的,后者更为科学合理,也更为常用。①

在古代社会中,备弄的主要使用者是女眷、仆从,文震亨《长物志》称它为"避弄","避"字即体现了这一特点,是女眷、仆人进出宅第时避主人、男宾所用的通道,是封建礼制的体现。② 备弄也可作为日常生活的通道,顾氏子孙顾来祺记录:"第五进……东者为我之一房,则由备弄进出焉。"③可见当内院各部分分属族内不同人家之后,可以通过备弄直接进出自家房屋,这样不会进入别家的区

① 俞绳方:《论苏州民居》,《建筑学报》1990 年第 1 期,第 42 页。
② 文震亨:《长物志校注》,江苏科学技术出版社 1984 年版,第 38 页。
③ 顾抑如纂修:《重修唯亭顾氏家谱》园亭卷第十一,清光绪二十九年刻本,第 1589 页。

域,此时备弄又可作为大家庭内各房进出的交通通道。此外,陈从周在对苏州民居的调查中发现,有少数住宅把通往二楼的扶梯设于备弄中。①

(二)通风

苏州地区属北亚热带湿润季风气候,夏季湿热,全年湿润多雨。故苏州传统民居以解决夏季炎热为核心,兼顾冬季的保温,其次要防止建筑的受潮,因此建筑的通风问题极为重要。

备弄狭长进深,没有充足的光照,两侧的砖墙也起到了隔热保温的作用,因此备弄内部常年黑暗阴冷,空气温度往往较外界更低。备弄两端出入口可与街巷、河道相连,作为水平风道;内部风压加强,两头产生风压差,形成所谓的"狭管效应"。因此狭窄的备弄内,空气流动速度快,形成穿堂风。②

《遵生八笺》中就认为弄堂中风速过大,人不可在弄堂中久待:"檐下、过廊、弄堂、破窗,皆不可纳凉,此等所在虽凉,贼风中人最暴。""故云:避风如避箭,盛暑所居,两头通屋,弄堂夹道,风回凉爽,其为害尤甚,养生者当更慎之。"③

备弄与各进院落的边门相通,开口处两边的温差交大,热压作用下,空气流通加速,可以增强各院落的通风效果。在夏季,对相邻的房屋也具有降温隔热的作用。同样,苏州民居中的天井窄且高,夏日温度较低,天井形成竖井,产生向上的拔风,备弄通过漏窗与天井相连,可以引风与天井的气流相通。备弄作为水平的通风道,而天井是垂直的通风口,两者共同形成整个建筑的通风体系。④

① 陈从周:《苏州旧住宅》,同济大学出版社 2018 年版,第 172 页。

② 当气流由开阔地带流入地形构成的峡谷时,由于空气质量不能大量堆积,于是加速流过峡谷,风速增大。当流出峡谷时,空气流速又会减缓。这种地形峡谷对气流的影响称为"狭管效应"或"峡谷效应"。由狭管效应而增大的风,称为峡谷风或穿堂风。

③ 高濂:《遵生八笺》,浙江古籍出版社 2019 年版,第 151、330 页。

④ 鲍莉:《适应气候的江南传统建筑营造策略初探》,《建筑师》2008 年第 2 期,第 8 页。

(三) 防火

苏州地区传统民居都为木结构,且明清以来的江南地区人口众多,人地关系紧张,民居建筑密度较大,易发生火灾,火势容易蔓延、牵连邻近的房屋。备弄在其中可起到防火的作用,因此又称为"火弄"。明时文人就有记录:"谓小巷曰弄,又城市中民居稠密处空一路通行曰'火弄'。"①

苏州传统民居的外墙都以砖瓦砌成封火墙,并做成不同形式的山墙。备弄两侧墙体都是这样的封火墙,砖的热惰性较强,导热慢,不像木材容易燃烧,因此火灾之时,备弄俨然成为一条防火带,将建筑分割成不同区域,防止火势朝其他房屋蔓延。纵向的院落之间可以高耸的封火墙为界,而横向的建筑之间则是由贯穿前后的备弄作为阻隔。备弄若两侧皆有边门,则边门通常会错位布置,以避免直接相对而形成对流风,助长火势的蔓延。

此外,《可斋府君年谱》中有记载:

> 金阊南壕,商货云集,时婴火患禄,民居稠密,街道窄狭,一有告警,取水不便,器具难施。府君劝谕民间购地辟衢,建设火弄。苏城绅士商民踊跃捐输得六千五百余金,委员勘地建设并将救火器具悉行增补。②

可见在民居稠密的苏州地区,备弄作为建筑间的分界空间,既可作为隔离带,又因常连通后河,在火灾时方便居民通过备弄取水救火、搬运救火器具等,同时也可以作为疏散通道在紧急时期使用。

三、备弄的类型

调查中发现,在不同的民居空间中,备弄呈现出不同的形式特

① 戴冠:《濯缨亭笔记》,齐鲁书社1995年版,第45页。
② 陈辉祖等编:《可斋府君年谱》,清乾隆十七年刻本,第63页。

征，分别有封闭式、半开放式、开放式。

（一）封闭式

封闭式备弄指整条备弄位于民居的内部，不与外界直接相连，需要先进入建筑内部，才能进入备弄通道。

典型民居如苏州留园东宅，最初为刘恕于嘉庆时期所建，后被常州人盛康于同治十二年（1873）购得，盛康于光绪十四年至十七年（1888—1891）对其进行改建，增辟东部和西部，临街建祠堂及正宅，后又建大宅四进。[①] 留园东宅共三落四进，坐北朝南，东侧有一条备弄位于两落之间。备弄较短，呈一直线，从第三进开始至第五进结束，入口在二进轿厅后，出口直通后院花园。整条备弄在民居建筑的内部，不与外界相连，结构简单，是最为基础的备弄形态。备弄主要连接主落的正厅和内院，以及边落的书厅、书楼、女眷楼厅等，两侧边门联通每一进院落的檐廊，不直接进入房间内部。

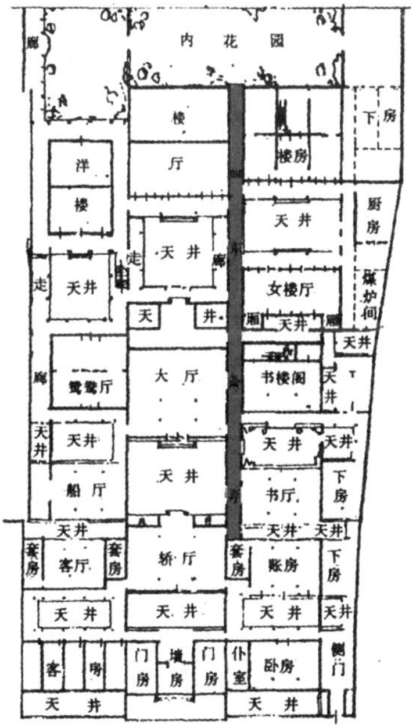

图 3－1　留园东宅[②]

苏州马大箓巷邱宅，原为邱氏住宅“慎修堂”，始建于明代。清咸丰十年（1860），太平军进攻苏州，邱氏一族为避难而弃宅逃生，此宅遂为太平天国占领作为军械所，战后邱家又返回此宅，并于同治年间重修住宅。[③] 邱宅坐

① 王国平、唐力行主编：《苏州通史》清代卷，苏州大学出版社 2019 年版，第 395 页。
② 徐民苏等编：《苏州民居》，中国建筑工业出版社 1991 年版，第 55 页。
③ 江洪等主编：《苏州词典》，苏州大学出版社 1999 年版，第 1017 页。

北朝南,三落,主落有六进,每两落之间各有一条备弄,两条备弄基本对称,从门厅之后起至下房,每条备弄各有两个转角,根据每进院落的规模大小有所改变。

苏州铁瓶巷任宅,位于苏州人民路乐桥西干将西路北侧,为清光绪年间河道总督任道镕(1822—1906)故居。任道镕于光绪二十七年(1901)退居苏州,营造大宅。[①] 该宅坐北朝南,两落六进,东西两侧又各置一落辅房,主备弄位于两落之间,从门厅旁侧门进入厢房,再进入备弄,出口通往下房。

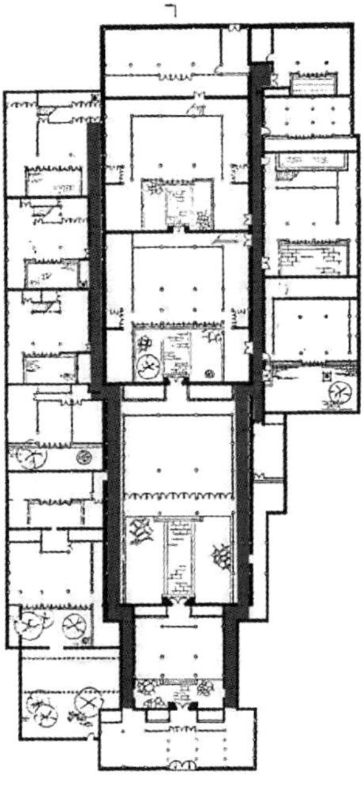

图3-2　马大箓巷邱宅[②]

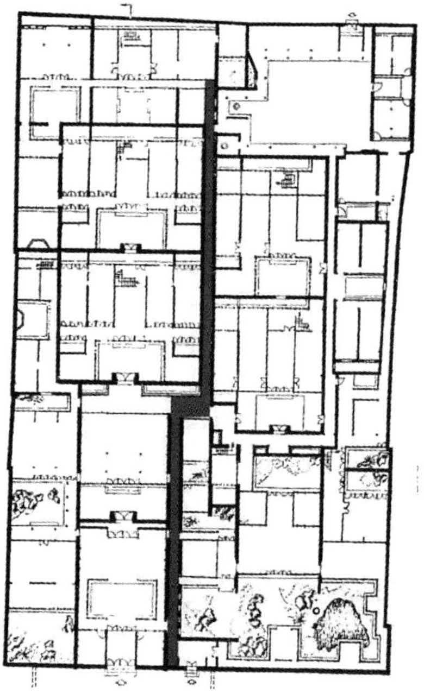

图3-3　铁瓶巷任宅[③]

① 清史编纂委员会编纂:《清史》卷四百五十一列传二百三十七《任道镕》,1961年版,第6册,第4957页。

② 同济大学建筑工程系建筑研究室:《苏州旧住宅参考图录》,第118页。

③ 同济大学建筑工程系建筑研究室:《苏州旧住宅参考图录》,第102页。

以上提到的备弄出入口皆在民居建筑内部,不与外界直接相连,从平面图中可见基本需要通过两侧边门进入,属于内部封闭通道,保证了通道的私密性,可见仅供民居内部人员使用。

(二) 开放式

备弄前后都与外界相连,贯穿全宅,联通前后的街巷河道,这种类型的备弄为开放式备弄。这类备弄在大宅中较为少见,在规模相对较小的普通民居中较为常见,民居形制往往不甚规整,因此备弄的形态也较为灵活。

黎里镇中心街王宅,位于黎里镇中心街 25 号,由黎里秀才王燮卿翻建于清道光年间。[①] 该宅坐北朝南,现存四进,结构简单,东侧为备弄,前后皆有出入门联通外界,总体呈直线,略有弯曲,贯穿全宅。二、三进之间有一个隔断门,三、四进之间又设两个隔断门,以保证安全性。从平面图上可见共有三个侧门进入民居内部,其中两个进入天井旁的厢房,另一个进入第三进楼厅的前廊。

黎里镇丁宅,位于南新街南丁家弄 7 号,坐北朝南,共五进,画家丁志英于民国年间对第五进建筑进行过改造,一至四进建筑仍保留为清代建筑。[②] 西侧备弄,前后都与外界街道直接相连,通过前后门进出,中段横向连接各院落。

开放式备弄贯穿整个建筑,既连接各进院落,又与前街后河相连,更方便住户进出。此类备弄可作为日常的主要通道使用,也可在白天开放给其他居民行走通过,因此更日常、更便利,具有公共性。此类型民居与相应的备弄最常出现于苏州下属市镇中由于商业繁荣、人口稠密、用地紧张、民居鳞次栉比而以类似格局的民居建筑形成的成片的街区。

① 江苏省苏州市吴江区黎里镇志编纂委员会编:《黎里镇志》,“中国名镇志丛书”,方志出版社 2017 年版,第 109 页。

②《黎里镇志》编纂委员会编:《黎里镇志》,上海社会科学院出版社 2014 年版,第 123 页。

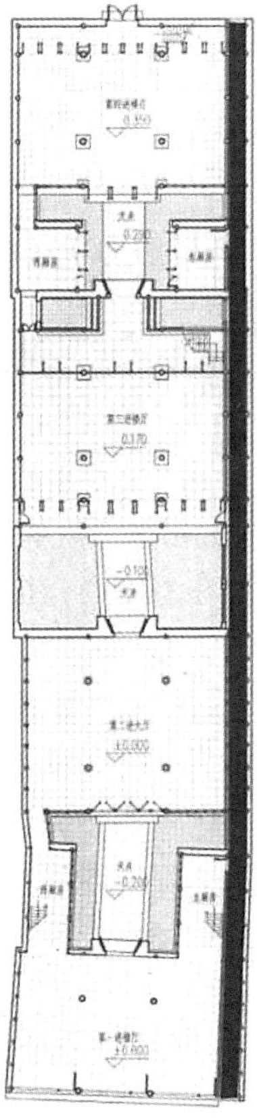

图 3 - 4　黎里镇中心街王宅①

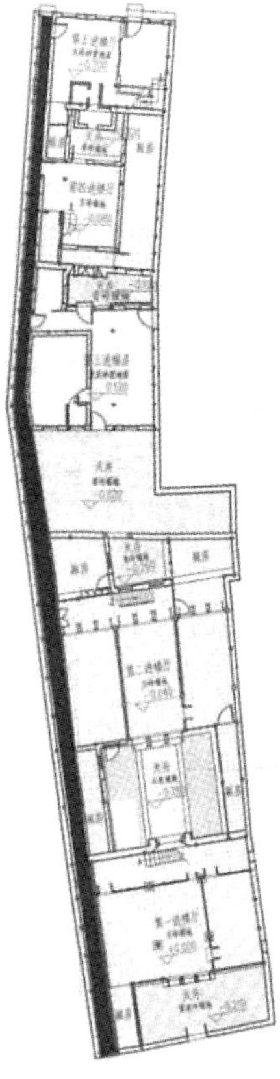

图 3 - 5　黎里镇丁宅②

(三) 半开放式

当封闭式备弄的一端与外界相接,可以通过一端的侧门直接进入备弄内部,而另一端在民居内部,即为半开放式备弄。这类备弄介于封闭式与开放式之间。

① 苏州市吴江区文化广电新闻出版局编:《吴江古建筑测绘图集》,科学出版社 2018 年版,第 217 页。

② 同上,第 248 页。

备弄前端开放的如苏州滚绣坊26号顾宅,建于清代早期,后为画家顾仲华故居。[①] 顾宅的正门旁另有一个侧门,通过侧门可以直接进入备弄,备弄经过门厅、轿厅、正厅、内厅,出口通往下房。由于备弄较长,在三进正厅后还设置了一个较小的直角转折。

备弄后端开放的情况有苏州大石头巷吴宅,宅内有两座门楼,推测建于乾隆年间。[②] 特殊的是其宅坐南朝北,共三落,其中主落五进,东落三进,西落四进,在正厅后有一个向外的直角转弯。宅中备弄位于东侧,前门位于门厅之后,处于建筑内部,后门则直通后街仓米巷;主落最后一进堂楼为南向,故在南侧开门,为方便从后门直接进入堂楼。

半开放式相较于封闭式备弄,减弱了一部分私密性,备弄仍为民居的内部使用通道,供住宅内部人员日常使用,备弄门作为侧门,平时可以直接进出建筑,而不用经过正门,因此较为方便。

大型建筑往往有一条以上的备弄,也因此有建筑兼有各种形式的备弄。典型如苏州富郎中巷陈宅,作为前街后河三落五进式大宅,共有两条备弄,分别位于两落之间。[③] 从平面图(图3-8)可以看出,西侧备弄贯穿整个建筑,前后都有门可以通往前街后河,东侧备弄入口在门厅之后,不直通街道。两条备弄平行开设数个狭长天井,以解决采光通风问题,皆可通过边门进入两边的院落。两者对比可见,东落多为女眷的住所,主要使用者是家中女眷,东侧备弄入口在建筑内部,更为私密;而西侧备弄直接与外界相连,加之西落建有花园,可能为方便主人、宾客或是仆役的行走,是更为开放的通道。

如此设置半开放式和开放式两条备弄可谓各司其职:一条私密,方便内眷在内院行走;一条相对公开,方便主人宾客或是仆人的行走。

---

① 江洪等主编:《苏州词典》,第273页。
② 谢勤国、王家伦、陈建红:《姑苏名宅》,东南大学出版社2015年版,第61页。
③ 徐民苏等编:《苏州民居》,第54页。

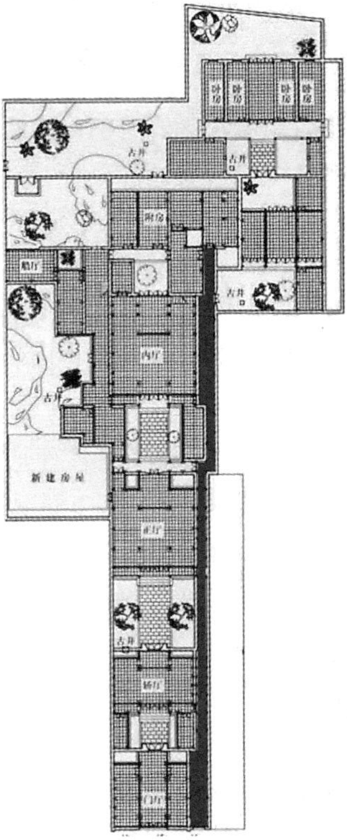

图 3-6　滚绣坊顾宅[1]

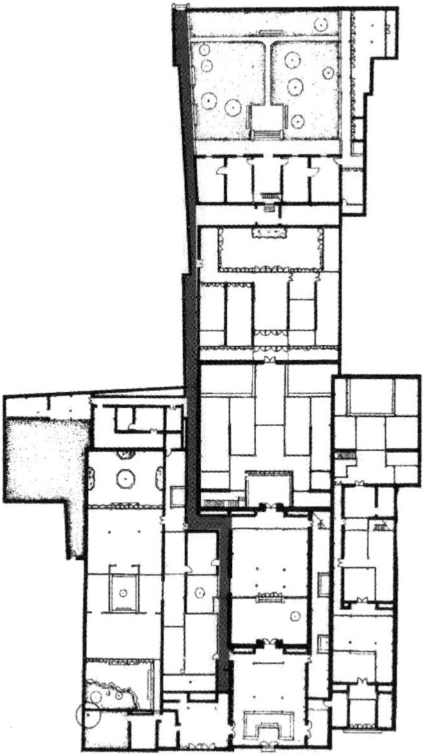

图 3-7　大石头巷吴宅[2]

① 苏州市房产管理局:《苏州古民居》,同济大学出版社 2004 年版,第 84 页。
② 同济大学建筑工程系建筑研究室:《苏州旧住宅参考图录》,第 147 页。

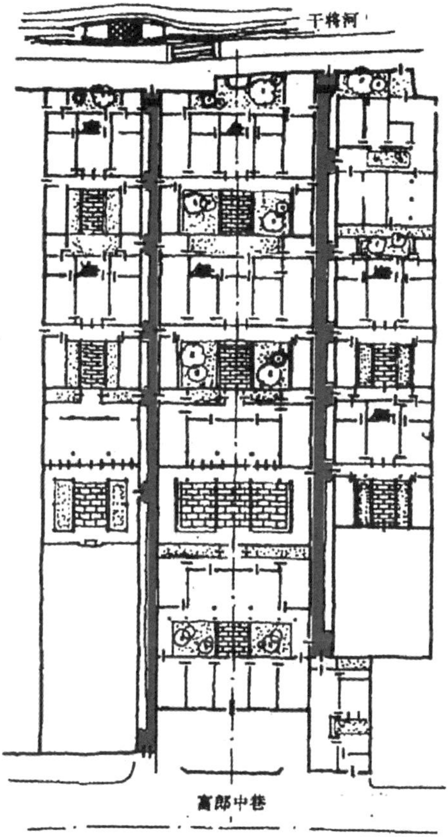

图 3－8　富郎中巷陈宅①

四、从“封闭”到“开放”

从目前留存的明代建筑来看，基本可以推测最初的备弄形态为封闭式。周庄张厅为明正统年间中山王徐达之弟徐逵的后裔所建，

① 徐民苏等编：《苏州民居》，第 54 页。

为典型的明代建筑,《周庄镇志》中记载张厅备弄成弄于明代。[①] 平面复原图(图 4－1)中可见其备弄为典型的封闭式,经过第三进正厅至第六进内厅,出入口皆在建筑内部。同样,前文提到的黎里镇毛家弄毛宅,由明代进士毛衢(约 1495—1544)翻建于明代。[②] 该宅坐北朝南,原有七进,现存六进,每进面阔三间,东侧附备弄,虽经过几次改建,但最初备弄的形态基本保留,从第二进后开始至第六进下房结束,为封闭式。

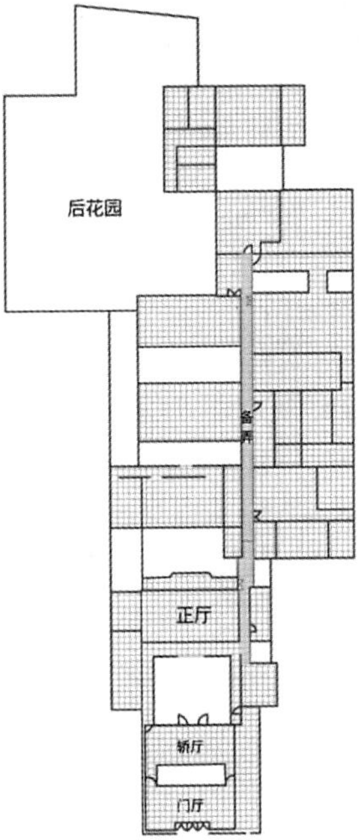

图 4－1 周庄张厅备弄
(作者自绘)

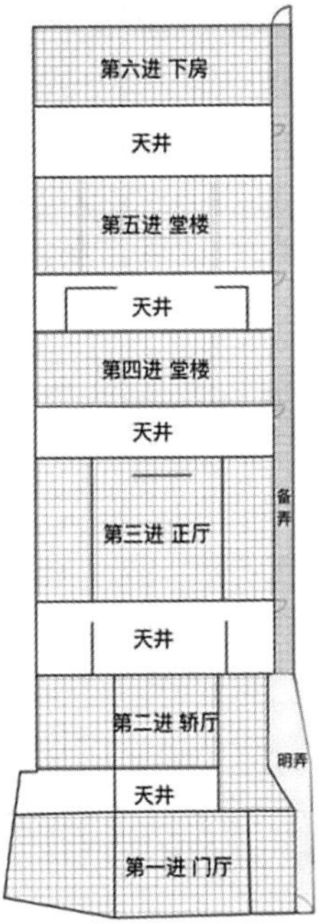

图 4－2 黎里柳亚子故居备弄
(作者自绘)

① 江苏省昆山市周庄镇志编纂委员会编:《周庄镇志》,江苏人民出版社 2013 年版,第 255—257 页。
② 江苏省苏州市吴江区黎里镇志编纂委员会编:《黎里镇志》,“中国名镇志丛书”,第 111 页。

可知明代时期的备弄一般从第三进正厅开始，贯通正厅与堂楼各进，主要连接内院各进，第一进门厅与第二进轿厅旁不设备弄，为封闭式备弄。结构也较为简单，居住者要外出，必须要通过轿厅和门厅大门。

而清代时期部分开放式备弄是由封闭式改建而来的，存在改建的痕迹。最典型的有黎里镇柳亚子故居，乾隆时为直隶总督工部尚书周元理（1705—1782）私宅，后为柳亚子（1887—1958）居住。[①] 现存一落六进，东备弄南通街道，北连后花园"五亩园"，前一、二进处的备弄为明弄，二进后有一石库门，之后转为暗弄。这样的备弄存在后期改建的痕迹，可能是先为封闭式，作为建筑内部通道，从第三进开始；而后改建，在一、二进旁开辟空间，延伸到街道，成为开放式备弄。锦溪的丁家弄也存在类似的情况，丁家弄皆为暗弄，前一、二进为望砖平铺铺地，二进后有一转角，之后皆为小青砖铺地。前、后两个部分的铺地不同，可能也存在改建的情况。

图 4-3 柳亚子故居备弄
（摄于苏州黎里镇）

备弄在产生初期为封闭式，后逐渐演变成半开放式或开放式，本来位于民居内部的备弄出口延伸至外墙，使备弄与街道相接。这种改建的具体年份已不可考，但或许与民居的租赁现象息息相关。清朝顺治年间，黎里大姓汝家汝钦恭（1608—1671）于顺治二年（1645）"和硕端亲王统

① 张明观：《柳亚子史料札记二集》，上海人民出版社 2014 年版，第 63 页。

师南下”时,由“监军周荃荐之授参将”,五十岁后从总兵任上告老回乡。[①] 当时汝家住宅瑞文堂内有两家住户租赁居住,住户为小商户,需要起早出摊叫卖,汝钦恭为了方便租户的出入,在翻建住房时于第一、二两进东侧辟出一个空间作为弄堂,同原有的住宅内的备弄相接,并设侧门进出。这是黎里镇内第一家“通头”的备弄。[②]

苏州作为太湖地区商业贸易的枢纽,其周边市镇更是商品的集散地,拥有大量外来人员和流动人口,这些人员多数会租房居住或租赁店铺,这时的民居往往一落建筑中有几户居民租住,因此,越来越多的备弄开始进行改建,成为开放式的备弄,以方便内部住户进出,这种演变更多体现在市镇民居中。苏州府城内的民居大多仍旧保留封闭式的格局,而市镇备弄绝大部分呈现开放式。

小　　结

备弄是苏州地区明清及民国时期的建筑遗存,更是珍贵的历史文化遗产,作为特定地域与历史的产物,它是江南水乡人民成功的生活实践。备弄幽深狭窄、能见度低、行走不便,部分狭窄备弄只可供一人通行,已不适合现代人的生活,在城镇建设中,大量备弄被拆除和改造。本文对苏州地区留存的备弄进行实地调查,旨在研究备弄对苏州民居形态与社会文化的重要意义,希望促进当地对备弄的重视、保护和开发。

---

① 嘉庆《黎里志》,广陵书社 2011 年版,第 163 页。

② 据黎里汝氏第二十一世孙汝振华(1937—　)口述。

· 江南书香 ·

波光夕照中的渔洋山

杜国玲

首次路过渔洋山，是因为人们在山脚紧靠太湖的地方开了一条路，以便从西山这边也能沿湖直接抵达光福境内的玄墓山。原先没修这条路时，渔洋山濒湖的这一面，很少有外面的人走进去。

直到明末，有个叫董其昌的人葬在渔洋山下的渔洋湾，这座山才被人经常提起，当然主要是在书画界。有人说，在整个中国绘画史上，还找不出哪位书画家像董其昌那样，被人们广泛关注和探讨、研究和解读。

可以说，从清朝到民国到现今，渔洋山因董其昌而一直被海内外关注，而孤陋寡闻如我，对此的了解则很偶然。先是故宫博物院来过几位文博方面的知名专家学者，当面对我时，他们很激动地说起苏州太湖之滨的乡村和山野人文底蕴非常深厚，应该妥善保护与合理利用："比如，董其昌的墓就在太湖边上的渔洋湾里，单这一条，就够海内外文人和学者慕名而来了！"

这让我对渔洋山开始留意起来。一次在途经渔阳湾时，我便特意下车沿渔阳山西麓的乡间小路一直走到藏在山坞深处的昙花庵。返回时，同行者说，董其昌的墓就在这座山坞里。

我当时便抬头放眼向坞内望，只见此坞宽阔平广，已为田畴与桑园。当时是初夏，烟青蒙蒙的山围之下，是广阔的绿色田园，杂以苍翠的树丛与灌木。

唔，这地方不错。我暗暗点了点头，很喜欢那一片原始和宁静。

然后在夜读乡史时,不经意间,这里那里,读到了前人去渔洋山寻访董墓的文字,十分形象具体,我看得津津有味。但一晃,又有两年过去了。

终于,在冬日的某个周末,我打电话约当地的一位朋友陪我去渔阳山,因这位朋友曾告诉我,他于上世纪 90 年代陪一位华侨专程去那里寻访过董墓。

那天我们约好下午出发。

先经过藏书镇。路过越溪境内时,见路旁有宝华寺的指示牌,便顺便进去看一看。宝华寺在旺山的山坞里,坞平而广,遍植苗木,中有村庄。谷底群山连绵,正中一座山端庄如金字塔形状,已被辟为公墓。宝华寺就在山谷东侧,黄色寺墙一直伸向山脚,墙外有一长渠,渠上架桥,桥前竖一新的石牌楼,经牌楼过石桥,便见寺门掩映在一片修篁之中。

寺新建没几年,里面还没完工。和看门的一位老奶奶聊了几句,她说庙虽是新的,但宝华寺的历史很古老,这一大片地本来都是庙产。

离开宝华寺继续前行,越溪已被规划和建设为工业开发区,原先的自然村落都被搬迁,田野中修起大路,盖起成片水泥厂房。越溪后就是胥口,那里也新辟了一个胥江工业开发区,准备招商引资,基础设施的框架已经搭好。

这意味着,原先尽显江南田园风光的太湖之滨,也将工厂林立了。

从胥口沿太湖岸线一路往西。车外,右边是田野、村落和山影,左边濒湖,冬季芦根枯黄,下午日头西斜,照得湖水闪亮。

在进入渔阳山前,先看到被采石所劈的山口露出大片的嶙峋峭壁。有几座吊车正在黄裸一片的残山峭石间整理山体,为复绿做准备,山脚的采石宕口也成了基建工地,大约要在上面盖房子。

公路在湖山间蜿蜒。愈往里走,山野自然的风味愈纯。在渔阳湾的西入口处停车,那里竖了一块有关昙花庵的大广告牌,一条土路穿过靠山的小村庄,继续向坞内延伸,并顺山势拐了个弯,昙花庵就深藏在渔阳湾西侧最底部的山根下。到庵前才见那里正在大兴土木兴建新的房子,原先玲珑精致的小庵恐怕很快就将膨胀为显山露水的大庙了。

从昙花庵原路返回,由路口至谷底庵前的路还是原始的泥土路,前两天刚下过雨,路面凹凸不平,满是车轴压陷的印痕,有的深痕里还有积水。针叶脱光的水杉在路两边断断续续地排列成散兵状的队形,在冬天里,它们是深棕色的,但仍十分修长秀气。

途中询问乡人,董其昌的墓在这坞里吗?答是。又问在坞的什么地方,那人就用手往坞内一指,在那里面。

渔洋湾的山坞很宽阔,渔洋山呈"门"字形,如两边有长长扶手的大太师椅一般。在东、西两侧的"扶手"处,各有一个小村落倚山而建,坞的中间是广阔而平缓的山坡地,被村人辟作桑园和苗圃。

"从哪里走进去近些呢?"

"从对面路口进去。"农人遥指山坞的东侧。

于是回到湖边大路,改从渔洋湾东山脚进去。从一条原始乡间小路往里走,绕过一棵古树下的池塘,走向中间大片桑田里,寻寻觅觅,哪有什么坟?

突然,听朋友在一边叫起来:"会不会是那里?"

忙转头去看,见其手指附近桑园里一处枯藤绕树处。

趋前一看,果然!一丘土坟。从坟前石碑可见为吴荫培所立,这是一狭石条碑,碑前又有一方石碑,也说明此为董墓,并定为吴县文保单位。

坟在低矮的桑树株间,仅为一座隆起的荒丘而已,简陋得令人难以置信,这就是董其昌的墓?可能吗?

一棵一米多高的裸树(冬天落光了叶子)紧贴着坟边孤零零地站着,褐色枝干上缠挂杂乱的黑色枯藤。

和友人在这空旷的桑田中站了一会儿。他前后左右四处张望,说这坟地选了一块风水极佳的位置,然后指点给我看。坟位于三围皆山的坞中心,正面对太湖,视线极畅亮宽阔。不光后有靠,前有照,两侧青龙白虎,而且湖上如蓬莱仙岛般浮现几波淡青色的山影,如笔架一般。

“这是案山,而且是笔架山,风水极佳。”他说。在整个苏州只有两座这样的笔架山,一在光福,一在渔洋山这里。

渔洋山三面皆临太湖,当年未筑湖边公路时,从附近玄墓山望去,俨然如漂浮湖中,其中峰坞幽阒,游者鲜至。民国时,李根源专程来寻董墓,只能翻山越岭,且土人云渔洋多湖盗,掳人勒赎,不可轻往。舆夫有戒心,也不敢行。李根源仍一意前往,由邓尉山东麓走梓里,又南行经桑园、吕浦口、保华庵、蒋墩,沿渔洋西麓行约五里,逾岭入坞,至背山面湖的渔洋里。当时由董姓者引至香光墓前,墓石刻“明董文敏公墓,民国己未吴中保墓会建,吴荫培书”。这块墓石至今尚在,就是我今天看到的这块。但当时李根源看到的董墓,仅乱坟中一土堆,现在则虽仍是一土堆,但乱坟已易为桑园。

当时,李根源终不能相信乱冢之坟为香光父子之冢,便在村人中寻根问底,又遍寻全山未得踪迹。折至村中,于董姓桑园边得一碑,乃香光曾孙为山兴讼之刻石,字半模糊,大意谓康熙间香光另一曾孙不肖,盗卖山地与沈某,诉吴县,批准治其曾孙及居中人潘某罪,永远保护坟山之意。李根源正于意犹未尽之时,舆夫附耳来言,惧湖盗来,求速走,这才罢休。

上个世纪的事情,六七十年过去了,如今土堆依然,心中产生的疑问也和李根源当初一模一样。

李根源那天离开董墓后又去了昙云庵(疑即今昙花庵),最终登法华岭眺望湖山形胜,见长沙、叶山诸岛陟入湖中,风景绝佳。是时东南风飙起,湖涛汹涌高数丈,迎面扑人而来。当时慨叹:“海宁观潮亦不是过”,“光福诸山当以此为最胜,石壁次之,余则逊此远矣!”

可惜我未能亲眼一睹那场“海宁观潮亦不是过”的太湖潮涌。这天下午在渔洋山麓看到的太湖,是波光夕照中宁静的白玉盘。

归来夜读清人沈德潜的《游渔洋山记》,十分有趣有味,特录全文如下:

渔洋山，王阮亭尚书取以为号者也。山在太湖滨，从元墓山（即玄墓山）还元阁望之，如履舄在几案下，可俯而拾。余爱山之名，欲往游焉。取道米堆山，经钱家礀上阳村，一路在梅花园中。花光湖影，弥漫相接，烟云往来其间，欲动欲定。沿湖滨行，弯环回折，始疑甚近，久而逾远。过十余里，入渔洋湾，董文敏元宰归骨于此。居人如鹿豕状，见余至，以游人不到处，甚骇。绕湾而行，又三五里，渐入渐深，窅然无人。登山之巅，全见太湖。湖中群峰罗列，近而最大者为西洞庭，相望者为东洞庭，远而最大者为马迹，其余若沉若浮，倏见倏隐，不可名状，三州依约在目前。从巅顶别径而下，树木丛杂，侧身低首，始免絓罥。入昙花庵，庵有老僧，长眉卷发，若身毒国人，见客无酬接礼。问以王阮亭尚书曾至此间，曾留遗迹与否？僧言幼即挂瓢于此，垂七十年，不见有官人至此，亦不知王为何人也。因思阮亭为风雅总持，语妙天下，而手版匆忙，未及亲赴林壑而领略其胜者；又无诗笔通灵，足以发挥湖山之胜。古往今来如此者可胜数耶！怅然久之。山相接为法华，为钵盂，以日晚不及更游，仍从渔洋湾觅故道归。于时，村落中炊烟浮动，白云欲还，遥望梅花林，如残雪满山，而斜阳一抹滉漾其际，倍觉冷艳可爱。久之，返还元阁，将昏黄矣。灯下濡笔作记，如东坡所云“清景一失后难摹”也。

我那天由渔洋湾返回时也是黄昏，太湖正红日西坠，芦花如画。而渔洋山谷则薄暮初升，山野一分分融解，渐隐入一层轻烟淡雾之中。夜将降临，湖山蒙上了一抹冷色，山坞旷野里浸满了从湖面溢漫而来的水一般的清凉。

想起从北京、从台北、从海内外、从四面八方来的人们，一次次提议修复董墓，表达建造董其昌纪念馆的热望，禁不住在临行前又一次回望渔洋湾，那广阔宁静、在暮霭中葱茏一片的山坞。不由觉得，若真的在这山坞中出现大片新建的巨冢和神道，岂不大煞风景？倒不如像现在回归自然、隐于深坞之中来得惬意呢！

隐隐有些担心,波光夕照中的渔洋湾,你还能安静多久呢?

三个多月过去了。

次年 4 月末,又是一个周六的上午,我想看看春天的渔洋湾是什么样子,就去了。

那天上午整整两个小时,我独自在渔洋湾的大坞里走来走去。淡淡的阳光,凉爽而无丝毫寒意的野风,满坞鲜嫩的新叶和黄黄的菜花、红的杜鹃、白的不知名的草花,像无数盛装的佳宾,不期然在瞬间挤满了原本空旷寂寥的大客厅,让人目不暇接。

伸开双臂将一湾绿潮拥在宽阔胸怀里的渔洋山,也早换上了青翠的新装,一眼望去,这时候的渔洋山和渔洋湾,真的是新鲜欲滴啊。

到处是新鲜的小银杏树林,叶片从新绿里透着乳黄。在有些山坳里,还有成片的菜花仍在开放,黄澄澄地亮在青黛色的山影和清水般漫溢的绿野之中。在一座小山坡上,芳草茂密的背景突出了两株小红枫的娇艳。

当山川和大地被植物的春潮所涨满,结果是除了绿意撩眼,其余什么都被淹没了。我从东到西,又从西到东,拉网般地在坞里来回走了两遍,却始终无法重见上次找到的由吴荫培立碑的董墓,触目之处皆是密密丛丛的绿潮,高些的是银杏幼苗,低伏的是茶树,那桑林竟一时找不到了,到处是伸枝展叶的新绿遮眼啊。

好在我每次走入山野,都并无很强的目的性,全凭感觉自由游走。这次也是,除在坞内走了两遍,又从渔洋东脉的山间小路一直往山里走,沿途树吐新绿,草竞芳茂,十分怡人。这条小路的尽头便是坞底正在兴工的昙花庵,黄墙在青绿一片的山围里十分鲜亮。

中午时分,我又顺山路逶迤上山。登山巅则湖景毕现,果真群峰罗列,如青龙浮起于水面,曲折有致。近处的渔洋山脉如屏如螺,皆伏脚下,苍翠可爱。山上有诸条小路,任择一路而行,途中碧树耸翠,杜鹃吐红,虽无古木巨株,却也青翠一片,山巅路尽处又现一角黄色寺墙,近前见门楣上书“四面观音”四字,里面是个小四合院,仅一主殿,一群农妇在佛像前进香诵经。只在殿前向里张望了一下,即悄悄退出,不想惊扰任何人。

又走在平缓的山头之上。双眼总舍不得离开这满山满坞的葱翠,至于与之相连之诸山,哪是法华山,哪是钵盂山,已经不重要了。重要的是,这舒缓起伏的连绵青山,其自然生态都保持了完整性,意趣天然,气韵连贯而充沛。于山环水抱之中,有如此美丽的山岭和幽谷,我将之视为上天遗落在姑苏太湖之滨的一块翠玉。

难怪清初有位叫王阮亭的山东人游历至此为渔洋湾所陶醉,索性就号渔洋山人了。

据记载,阮亭为王士禛号。王士禛,顺治进士。此人虽官至刑部尚书,却一腔诗人情怀,钟情山水,撰有《带经堂集》《渔洋诗集》《渔洋山人集外诗》《池北偶谈》《香祖笔记》等。论诗创"神韵说",他在晚年编选《唐贤三昧集》时,十分推崇王维、孟浩然、韦应物等将格调与性灵融为一体的诗作,正如他在序文中所说:

> 严沧浪论诗云:"盛唐诸人唯在兴趣,羚羊挂角,无迹可求,透彻玲珑,不可凑泊,如空中之音,相中之色,水中之月,镜中之像,言有尽而意无穷。"司空表圣论诗亦云,味在酸咸之外。

如后人所言,王阮亭本人的诗也体现了对一切美好的东西都不能在时光中驻留而注定要被毁灭的伤感,但这种伤感不是用尖锐和刺激性的语言显示出来,而是通过美丽的文辞和意象,转化为一种优美的忧伤。一如眼前这座无言的山谷。

此刻,站在春色满坞、幽静自然的渔洋山,我似乎颇能体会王阮亭当时的心境,但只可意会不可言传。仍然感觉驱之不去的担忧:渔洋山,你还能安静多久?

戴逸和《清史》的不了情

江胜信

编 前 的 话

2024 年 1 月 24 日上午 8 时 12 分，历史学家戴逸的百岁人生画上了句号。

中国社会的发展在近代何以落在西方国家后面？中国近代化的道路何以如此坎坷曲折？中国在近几个世纪内达到了怎样的历史伟绩，又错失了哪些历史机遇？中国有没有走一条更加便捷、畅通道路的可能？……这些并无一致定论、曾困扰着历史学家们的“斯芬克司之谜”，戴老会不会在俯瞰中豁然得解？

2019 年，文汇报驻京记者江胜信曾专程采访戴逸先生，专访发表于当年 7 月 14 日的《文汇报》。经本人同意，《传统文化研究》特节选专访文章中戴老的治学经历，以纪念这位史学家的史心史德。

人 物 档 案

戴逸，1926 年 9 月出生于江苏常熟，1946 年考入北京大学史学系。曾任中国人民大学历史系主任、图书馆馆长、清史研究所所长，北京市文史研究馆馆长，中国史学会会长。现任国家《清史》编纂委员会主任、中央文史研究馆馆员、中国人民大学清史研究所名誉所长。

戴逸是中国清史学界的领军人物，著有《中国近代史稿》《一六八九年的中俄尼布楚条约》《简明清史》《乾隆帝及其时代》《十八世纪的中国与世界》《清通鉴》等 40 多部著作。

2002 年,我国《清史》纂修工程正式启动,戴逸任《清史》编纂委员会主任。2013 年,戴逸获得吴玉章人文社会科学终身成就奖。

戴逸将治学的四个境界概括为勤、苦、乐、迷。专骛清史,几乎摒弃其他书籍于不观,他如今的这一治学情状,是难以为外人道的超越了勤与苦之后的乐与迷。读他笔下的那句:“清史是我的专业,我将毕生的精力贡献给它,可说是寝于斯,食于斯,学于斯,行于斯。清史是我理念之归宿,精神之依托,生命之安宅。”仿佛他诉之衷肠的不只是纸上的学问,而是那高山流水、碧海青天,是莫逆之交、灵魂之侣、生死之托。

在戴逸主持之下,2002 年启动的 1949 年以来我国最大的国家级文化工程——《清史》纂修工程目前已进入最后审阅阶段。工程终会画上句号,而他与清史的缘分,将愈久弥醇。

改专业改名字

1936 年,铁蹄未至,常熟市古里镇如古画般静美。“画”中有一座名楼——位居清代四大私家藏书楼之首的铁琴铜剑楼。楼主人是第四代传人瞿启甲,他年过花甲,有一个非血亲的 10 岁“孙儿”。

“孙儿”便是小戴逸,那会儿他的名字叫戴秉衡。人丁兴旺的戴家一掷千“银”(一千银元),刚以十年租期将铁琴铜剑楼斜对门的荣木楼租下,此楼是清初文学宗师钱谦益的故居。戴、瞿有世交之好。瞿启甲发现,“孙儿”对书有着天然的亲近,别家孩子拿零花钱买吃的,他却把铜板塞给走街串巷的租书人,租下《东周列国志》《三国演义》《说唐》《杨家将》《西游记》《水浒传》等连环画。隔代的同气相求令瞿老爷子欢喜而慷慨,允“孙儿”翻阅藏书楼内珍贵的宋元善本。

藏书楼最怕火,日军的炮火偏偏就来了。1938 年,小戴逸随家人避难上海。喜爱历史的他,却在 1944 年高中毕业时“一狠心”报考了上海交通大学的铁路管理专业,原因是,“抗战期间上海很多学校都迁往内地,没有一所像样的文科学校,而且当时读文科毫无出路,毕业就失业”。

1946 年暑假，20 岁的戴逸即将升入大三，从昆明回迁的北京大学途经上海时开设了考场。戴逸试着报考史学系，被录取了。这反倒让他为难起来，若上北大，他得重新从一年级读起。犹豫一番后，他决定听从内心，离家北上。

这年深秋，戴逸走进北大沙滩图书馆的大阅览室，“心境豁然开朗，如入山阴道上，应接不暇”。胡适、郑天挺、沈从文、朱光潜等很多名教授给他们低年级学生开基础课。北大的学术氛围让戴逸如饮甘霖。

然而，对心系国家民族命运的北大学子们来说，读书、听课并不是全部的追求。1947 年夏初，日见衰颓的民国政权风雨飘摇，爱国民主运动高潮迭起。崇尚正义、渴求光明的北大学生通过募献筹办了以曾任北大校长的蔡元培字号为名的“孑民图书室”，戴逸被举荐为常务总干事兼编目股长。同学们口口相传：想看解放区出版的革命书籍，就去“孑民图书室”！

1948 年 8 月，戴逸因参加进步学生运动而遭通缉。时任校长胡适赶忙给庭长写了一封信，说这是一个很优秀的学生，“我可以保证他跟共产党没有关系，我保释他”。由于胡适的声望，戴逸被审了两个多小时就给放出来了。他在党组织的安排下逃离北京，奔赴解放区。

为防止国民党发现自己投奔共产党而连累家人，他得改个名字。“我是‘逃’出来的，那就叫戴逸吧。”不熟悉他这段历史的人，不会把“逸”和“逃逸”相联系；可能会感慨人如其名，他身上恰有一种“超逸”之气——超脱俗流，翱逸史海，修史亦修心，立功先立德。

三起三落修《清史》

北大学业被迫中断之后，戴逸走进了河北正定的华北大学课堂。他将这里视作个人学术生涯的起点。

戴逸的治学沿着“逆向回溯”的路径进行，即由近及远，由今至古——最初从事党史和革命史研究，稍后研究中国近代史，最后研究清史,一步步往前推移回溯。

当时,华北大学集聚了范文澜、成仿吾、钱俊瑞、田汉、艾思奇等文化名人,校长是吴玉章。戴逸在华北大学一部系统学习了马列主义和中国革命史。毕业留校,他先后在华北大学及后来以该校为基础成立的中国人民大学担任党史专家胡华的助手。

戴逸协助胡华撰编了《中国新民主主义革命史》和《中国新民主主义革命史参考资料》。他用丰厚的版税参与购得一架飞机,捐给了抗美援朝的志愿军战士。

1955 年,中国人民大学决定增设中国近代史学科,但一时没有合适的老师。戴逸回忆道:"那时的中国史学界'厚古薄今',专家名流群集于上古先秦史;秦汉以后的历史,研究者已少;鸦片战争以后的近代史,研究者更是寥寥无几。"学校将戴逸调过去补缺。将届而立之年的他被评定为新中国第一批副教授,开启了在高校系统讲授中国近代史的先河。

两年之后,以授课讲义为基础,他开始撰写《中国近代史稿》。1958 年出版第一卷,这是戴逸的第一部代表作,也是当时以马克思主义理论为指导写成的最详细的中国近代史著作,被国家教育部指定为大学教材。其后因风云突变,第二、第三卷未能如期完成。不过,此时戴逸的学术建树已足以引起时任北京市副市长、明史专家吴晗的注意。

应吴晗之邀,32 岁的戴逸成为"中国历史小丛书"最年轻的编委。有一次开会,主编吴晗专叫戴逸"会后留一留",戴逸自此与清史结缘。中华人民共和国成立初期,董必武同志曾向中央建议编纂两部大型的历史书,一部是《中国共产党党史》,一部是《清史》。这一建议受到毛泽东主席、周恩来总理的重视。1958 年,周总理和吴晗谈过相关事宜。吴晗在考虑初步设想之后,便来征询戴逸的意见。可叹这一设想因随后遭遇"三年困难"而搁浅。此为《清史》纂修的第一起、第一落。

《清史》纂修第二次被提上日程是1965 年秋:受周总理委托,中宣部副部长周扬召集会议,决定在中国人民大学成立清史研究所,由戴逸等 7 人担任《清史》编纂委员会委员。因“文革”,修史计划又一次夭折。教授戴逸变成了江西“五七干校”养猪的猪倌,长达八九年时间与书本绝缘。

1978 年,人民大学复校,清史研究所正式成立,戴逸被任命为所长。举国上下百废待兴,千头万绪,一时难以将《清史》纂修列入议事日程。

怎么办? 干等吗? 不!

历史学家的责任感和紧迫感令戴逸备粮备草,练兵热身,枕戈待旦。

为了梳理清代历史大致脉络,戴逸用 7 年时间主编了《简明清史》,这是新中国第一部系统完整论述清朝历史的专著。此时的戴逸已年届六旬,却思敏笔健,厚积薄发,《乾隆帝及其时代》《十八世纪的中国与世界》等著作相继推出。

拿《乾隆帝及其时代》举例,此书宏观、微观交替切换,既嵌入中国历史的纵轴,又观照世界发展的横轴,史实可信,评价公允,文采斐然,情节入胜,逻辑严密,给读者带来恍若亲历的沉浸感。乾隆皇帝的面貌不再是以往二维的脸谱,而是矛盾的综合体,“先进与落后、英明与庸碌、聪睿与愚昧、理智与荒唐、仁慈与残酷、光辉与黑暗,错综复杂地交集于一身”。

这种如见其人、如闻其声的呈现,固然得益于戴逸独特的禀赋,但在对文字调遣驾驭的背后,是他对史料的熟稔、融汇与领悟,是十年如一日青灯黄卷的清苦与“书中自有千钟粟”的富足。苦乐交融最是情深,情深之至看似平淡,所以戴逸只轻轻揭开“一角”:“乾隆档案有 40 函,还有 4 万多首诗,我花 2 年多时间全部看完了。”

《清史》: 接续“二十四史”的第二十五史

2018 年,中国人民大学出版社将戴逸先生的部分著作、文章结集为 12 卷《戴逸文集》,总计约 700 万字。捧读这些穿过几十年风雨而依然鲜活的文字，读者很难发现：进入21世纪之后，戴逸不写了。不用问——随着本世纪初《清史》纂修工程的正式启动，他把“小我”舍掉了，历史把修史的重担交给了他，他肩负的是老一辈无产阶级革命家和几代史学家的郑重托付。

2002年8月，党中央、国务院作出决定——启动《清史》纂修工程。2018年2月，在中国人民大学清史研究所名誉所长、《清史》编纂委员会主任戴逸的领衔苦耕下，这部由国内2 000多名清史学者共同参与完成的100卷3 000万字的《清史》进入最后的审阅阶段。

与过去著作上显眼的“戴逸著”不同，在《清史》样书的封面和书脊上，你是看不到他的名字的，仅在翻开后的内页上，才有“戴逸主编”的字样。但这样的“编”与那样的“著”，在戴逸心里自有泰山鸿毛之别。

人们常用“清史泰斗”尊称戴逸，他摆摆手：“不敢当不敢当，我只是个修史的。”

修史者秉笔直书的传统令中华文明延绵不绝，他们虽自甘隐身于历史的帷幕之后，却因为与璀璨文明的同行和他们本身的史心剔透、史德温润，必能够散发令后人敬仰的亮光。所以，修史者戴逸是幸运的，而修史也是超越个人之幸的国之盛事。“如果说清朝的功绩，总要提《四库全书》《明史》；说明朝时又总要提《永乐大典》《元史》；说宋朝总要提《文苑英华》《太平广记》，修《五代史》《唐史》。我们子孙后代看21世纪最大的文化工程是什么呢？我认为编纂《清史》可以算一项！”戴逸的这番自信正是来自他的鉴古知今。

《清史稿》已属易代修史，为什么现在还要隔代重修《清史》呢？戴逸的回答是：“《清史稿》由清代遗老们编写，往往站在清朝的立场说话：如对辛亥革命贬抑殊甚，以致国民政府将它列为禁书；对丧权辱国的条约轻描淡写，语焉不详，如《南京条约》只提到五口通商，而对于关系重大的割让香港、协定关税、赔偿军费烟费等均未提及。由于仓促杀青，《清史稿》中众多人名、地名、时间均有讹误。”需要一部立场公正、内容翔实、史实准确的《清史》，是历史交给当代的命题。

《清史》是接续传统"二十四史"的第二十五史。清代后期已从封建社会跨进近代社会,时代面貌的迥异对修史的体例、史观等提出了创新性要求。《清史》纂修的创新之处或可概括为六个方面:

(一) 具有世界眼光。《清史》纂修团队很重视搜集外国史料,以此作为清代社会的参照,比如结合英国议院的讨论来研究鸦片战争。

(二) 在主体工程之外,前所未有地搞了一个体量浩大的基础工程——整理出版了清代档案和各种文献 18 亿字,相当于 2 部半《四库全书》! 很多人不理解为什么这样做,戴逸解释道:"整理档案文献和纂修《清史》相辅相成: 要撰写一部高质量的'信史',必须对原始资料作一番认真、切实、细密的清理和研究,力争言必有据,而纂修《清史》又可以带动文献档案的抢救、整理,功在当代,利在千秋。"

(三) 编纂体例的创新。《清史》将以往的《本纪》变成了《通纪》,在《传记》中增辟了"类传",在《史表》中添加了"事表",《典志》的数量和涵盖面也大大提高。《清史》又从 20 万件图片档案中选出《康熙南巡图》《耕织图》等 8 000 张画作和照片,汇成新设的《图录》,再现当时的生活场景和人物肖像。

(四) 史观的创新。以往史书按统治阶级的标准书写,《清史》则去掉了许多事迹、言行不彰的文武官员和贞女烈妇,在"类传"中挖掘出大量有才能、有贡献的下层人民,比较全面地反映了清代社会结构。戴逸介绍道:"建造了故宫、颐和园、承德避暑山庄、清东陵等世界历史文化遗产的'样式雷',说书艺人柳敬亭,相声艺人朱绍文,拳师霍元甲,大刀王五,京剧名家程长庚、谭鑫培,等等,《清史》都为他们立了传。"

(五) 修史用语的创新。"二十四史"用文言文写成,而《清史》采用的是简洁典雅的白话文。

(六) 以往修史的基本全是官员,而《清史》编纂委员会的 25 名成员全都是学者。《清史》还注意吸纳别的学科的成果,以助力历史真相的还原。比如,光绪皇帝是怎么死的? 光绪帝比慈禧早去世仅一天,这是巧合吗? 光看档案永远得不出结论。考古工作者打开了光绪帝崇陵的地宫,取出光绪帝的衣服和头发进行检测,结果发现光绪帝体内砷的含量惊人地高,可确定死因是砒霜中毒。究竟是谁下的毒呢?清史专家戴逸先生认为:只可能是慈禧,因为别人没有这样的胆量,更没有这样的权力。隔代修史、新时代修史在带给《清史》诸多创新性优势的同时,修史者也会因其个体生命的不在场和对漫长历史、遥远未来的视程所限,而注定在解开历史谜团的同时也留下谜团:中国社会的发展在近代何以落在西方国家后面?中国近代化的道路何以如此坎坷曲折?中国在近几个世纪内达到了怎样的历史伟绩,又错失了哪些历史机遇?中国有没有走一条更加便捷、畅通道路的可能?……戴逸感叹道:"历史学家寻遍资料,搜索枯肠,但尚没有得出一致、令人满意的结论。岁月流逝,历史学家将探索下去,探索这一'斯芬克司之谜'。"

天一阁的建筑、藏书及其对江南藏书文化的影响

金怡洁

宁波天一阁创建于嘉靖四十年(1561)至四十五年(1566)之间，是亚洲唯一从未中断重建，至今仍保持原貌原样的家族图书馆。

天一阁的创建人范钦(1506—1585)，字尧卿，又字安卿，号东明，浙江鄞县人。嘉靖十一年(1532)考取进士，初任湖广随州知府，嘉靖十五年(1536)任工部员外郎，嘉靖十九年(1540)出为江西袁州府知府，嘉靖三十三年(1554)，因父母相继去世回家。嘉靖三十七(1558)起补河南，升副都御史，巡抚南安、赣州、汀州、漳州诸郡，嘉靖三十九年(1560)升兵部右侍郎，同年十月，去官归里。范钦病故后，他的长子范大冲和同乡沈一贯等人为他奏请恤典，巡抚浙江都御史温纯称其“历藩臬俱有声称，任巡抚尤多勋绩，行谊允孚于乡曲，著述见重于士林，致仕奉有钦依”①。范钦一生践行了士大夫理想的处世之道，无论在外为官，还是居乡为绅，皆能有所作为，他所创建的天一阁藏书更是泽被后世。

一、天一阁主人范钦的藏书事业

范钦曾说：“夫君子应世而兴，鼎峙三才，囊括万汇，岂徒与俗浮

① 温纯：《温恭毅公集》，《景印文渊阁四库全书》第1288册，台北：台湾商务印书馆1986年版，第461页。

沉,晻没终年已哉?将必抗志人代,茂树名行。进则佐人主,遵皇王之略,起仆苴漏,康济元元。否则,奉身而退,闭关却扫,举圣人之道而阐明之,成一家言,以诏人人。斯能矫世振俗,列于儒者之林,前之千古,后之来今,何莫不由斯!”①

藏书是范钦的终身嗜好,自嘉靖十一年(1532)中进士以后,范钦浮沉宦海近三十年,出于为官的职务便利和实际需要,他搜集了许多当代的奏议、政书、传记、地方志、科举文献等。故此,范钦的藏书以当代文献为重点,这一鲜明特色与其官场经历和经世、实用的藏书理念是分不开的。

范钦去官归里后,仍然活跃于地方事务,并与同道之人交往,继续藏书、刻书,惠人良多,成为德高望重的乡贤。明代著名学者王世贞和范钦的交往一直被视为藏书史上的一段佳话。王世贞(1526—1590),字元美,号凤洲,又号弇州山人,嘉靖二十六年(1547)进士,授刑部主事,迁浙江参政、山西按察使、广西布政使、都察院右副都御史巡抚郧阳、南京大理寺卿等职。大约隆庆末年,范钦向王世贞提出互通藏书,以补阙失,王世贞作《答范司马》云:

> 所喻欲彼此各出书目,互补其阙失,甚盛心也。家旧无藏书,自不佞之嗜之,颇有所著蓄,二藏外,亦不下三万卷。而戊辰后,薄宦南北,旋置旋失,未暇经理。今春构一书楼于弇山园度之,长夏小闲,当如命也。闻古碑及抄本毋隃于邺架者,若家所有宋梓及书画名迹,庶足供游目耳。何翁健骨天与,至欲得一二外,护遂成道,恐亦是江湖间语。
>
> ……
>
> 诸刻已再领贶,其《商子》却是新属梓者。种种精好,每羡邺侯架头三万卷,牙签玉轴,思欲效服子慎共扫除之役而不可得。②

① 范钦:《天一阁集》,《续修四库全书》第1341册,上海古籍出版社2002年版,第599页。

② 王世贞:《弇州续稿》,《景印文渊阁四库全书》第1282—1284册,第519—520页。

两者的藏书来往主要集中于范钦所藏的碑刻、抄本和王世贞所藏的宋刻本、书画名迹。范钦所作《酬王凤洲中丞》中写道:"交臂论文上国秋,别来梦想满沧洲。远书缱绻高怀见,往事侵寻短发愁。肯向乾坤论瓠落,直惊词赋擅风流。平原旧约依然在,安得乘槎十日留。"①王世贞的所有著作如《纲鉴会纂》,《弇州史料前集》《后集》,《伏阙稿》,《昙阳大师传》,《弇州山人四部稿》,《弇州山人续稿》,《入魏稿》《入浙稿》《入晋稿》《入楚稿》,《阳羡诸游稿》,《拟古诗》,《凤洲笔记》,《四六雕龙》,《艺苑卮言》,《南北二鸣编》,等等,包括其弟王世懋的《白门稿略》《纪游稿》和《西征集》等,天一阁均有所收藏。

范钦结识的大部分朋友或多或少与他的藏书爱好和藏书事业相关。② 他所结交的同乡或同官都有较高的文学素养,且有不少朋友同样有藏书的志趣,他们交往时或是诗文唱和,或是赠书抄书,这些都成为天一阁藏书的广阔来源。骆兆平总结天一阁藏书来源有四:一是范钦足迹所到之处留心收集;二是向藏书之家借抄;三是购入丰坊万卷楼、袁忠彻静思斋等故家散出之书;四是得自友朋所赠。③ 若是更进一步分析,得友朋者为最主要的来源,购买是最次要的来源。范钦积极又有效地利用了社会交往中的人际资源,为藏书事业创造独特条件,保留了大量地方志书、奏议政书、当代文集。范钦与好友之间互相传抄、馈赠、购买图书的活动,发挥了藏书的流通性和互动性。

范钦把自己四处搜集而来的图书寄回宁波存放,最初"东明草堂"是他的藏书处,因范钦号东明,故题其书室为"东明草堂"。随着范钦的藏书数量越来越丰富,规模越来越大,终于在明嘉靖四十年(1561)前后修建了天一阁。天一阁藏书楼是两层砖木结构的硬山顶

---

① 范钦:《天一阁集》,《续修四库全书》第 1341 册,第 514 页。

② 柯亚莉的《天一阁藏明代文献研究》一文中,根据同年、同官、同人、同乡和宁波地方官五种分类对《天一阁集》中涉及的范钦好友展开了详细的梳理。柯亚莉:《天一阁藏明代文献研究》,浙江大学博士学位论文,2009 年。

③ 骆兆平:《天一阁丛谈》,宁波出版社 2012 年版,第 26 页。

重楼式建筑，坐北朝南，通高8.5米，斜坡屋顶，青瓦覆上。一层面阔、进深各六间，二层除楼梯间外为一大通间，以书橱间隔。阁前凿“天一池”通月湖，园林以“福、禄、寿”作总体造型，用山石堆成“九狮一象”等景点。

天一阁所藏书目中，以明代科举文献和地方志最有价值，两者的质量和数量都独步天下，同时兼及明代政书、文集等，部分藏书已成为海内孤本。赵万里判断：“我想范氏搜辑这许多当代的史料，必有深意在内。”[①]据统计，在鼎盛时期，天一阁藏书达七万余卷，从研究明代政治、经济资料角度来说，天一阁的藏书有独一无二的意义。

二、天一阁对四库七阁的影响

天一阁经范氏家族几代人的苦心经营，藏书之业始终绵延不断，至清乾隆三十七年(1772)更焕发新生。当时清政府决意集中大量人力、物力编纂《四库全书》。乾隆三十八年(1773)三月颁布上谕：“遗籍珍藏，固随地均有，而江浙人文渊薮，其流传较别省更多，果能切实搜寻，自无不渐臻美备。闻东南从前藏书最富之家，如昆山徐氏之传是楼，常熟钱氏之述古堂，嘉兴项氏之天籁阁，朱氏之曝书亭，杭州赵氏之小山堂，宁波范氏之天一阁，皆其著名者，余亦指不胜屈。”[②]范钦八世孙范懋柱应诏呈书600多种，被著录入《四库全书总目》的进呈本477种，其中96种抄入《四库全书》，381种入《存目》。[③]

不论是在进呈的藏书质量还是数量上，天一阁都在一众藏书楼中名列前茅，乾隆三十九年(1774)五月的上谕中说：“今阅进到各家书目，其最多者，如浙江之鲍士恭、范懋柱、汪启淑，两淮之马裕四家，为数至五六七百种，皆其累世弆藏，子孙克守其业，甚可嘉尚。因思

① 赵万里：《重整范氏天一阁藏书纪略》，《国立北平图书馆馆刊》1934年第8期。
② 中国第一历史档案馆编：《纂修四库全书档案》，上海古籍出版社1997年版，第79页。
③ 王静：《天一阁与〈四库全书〉关系谫论》，《中国国家博物馆馆刊》2012年第10期。

内府所有《古今图书集成》,为书城巨观,人间罕观,此等世守陈编之家,宜俾尊藏勿失,以永留贻。鲍士恭、范懋柱、汪启淑、马裕四家,着赏《古今图书集成》各一部,以为好古之功。”[①]天一阁进呈图书总计 640 种,虽然比扬州马裕家略少,名列第二,但是天一阁进呈本质量实属上乘。收入《四库全书》的 96 种书,占全部 3 461 种书籍的 2.7%,其中经部 12 种,史部 28 种,子部 39 种,集部 17 种,不乏精本、善本。[②]

天一阁此次应诏进书在其整个历史脉络中可以视为里程碑式的事件,如果说天一阁之前因“书不出阁”的阁规,其影响力尚且局限在一定范围内,此次进书则真正让它名声大噪,获得“誉满九州惠四库”的美名。乾隆帝除嘉奖范懋柱进书之举外,还派遣杭州织造寅著去考察天一阁书楼建筑,欲仿其藏书之法,以垂久远。寅著详细报告了天一阁书楼的构造、书架的排列等情况,据称:“天一阁在范氏宅东,坐北向南。左右砖甃为垣。前后檐,上下俱设门窗。其梁柱俱用松杉等木。共六间:西偏一间,安设楼梯;东偏一间,以近墙壁,恐受湿气,并不贮书……阁前凿池。其东北隅又为曲池。传闻凿池之始,土中隐有字形,如‘天一’两字,因悟‘天一生水’之义,即以名阁。阁用六间,取‘地六成之’之义。是以高下、深广及书橱数目、尺寸,俱含六数。特绘图具奏。”

天一阁的这种设计得到了乾隆帝的高度认可,认为“天一阁之制最为善:阁凡六楹,前临水池,盖取‘天一生水,地六成之’之意,而梁栋宽深尺寸,悉有精义……于是四阁之式,一仿其制为之,而规制经营,实始于是”[③]。后来,文渊、文源、文溯、文津、文汇、文澜、文宗七阁就在仿造天一阁设计的基础上建造起来。江南三阁中以文津阁对天一阁的仿写程度最高,乾隆题《趣亭》诗中具体地介绍了文津阁的

① 中国第一历史档案馆编:《纂修四库全书档案》,第 221 页。

② 崔富章:《天一阁与〈四库全书〉——论天一阁进呈本文献的价值》,《浙江大学学报》2008 年第 1 期。

③《题文津阁》,转引自张艺凡、杨菁《中国传统阅览空间特点浅析——以天一阁影响下的四库七阁为例》,《遗产视野》2019 年第 1 期。

布局：

> 天一阁前原有池，池南更列假山峙。
> 文津之阁率仿为，故亦叠石成嵔崊。
> 有峰有壑有溪涧，涧水琴音泻池泚。
> 东则月台西西山，又如宝晋斋传米。
> 山亭因以趣为名，林泉引兴诚佳矣。
> 贮书四库其趣多，餍饫优游意在此。①

文津阁与天一阁同样采用了楼前凿池塘、池南布假山的格局，充分体现了文津阁在空间布局和营造方法上沿用与天一阁相似的模式。天一阁的建筑形制将防火、防潮的实用性和园林风格的艺术性结合起来，被四库七阁乃至天下藏书楼奉为圭臬。

除了在建筑特色上深受天一阁影响，天一阁之名在更广阔的文化层面得到延续。“天一阁”的藏书楼号凝结着范钦的藏书智慧，既体现藏书楼空间布局又蕴含以水制火的祈盼，命名巧妙而富有深意。

“天一生水”之说，出自《周易》郑玄注，该书《系辞》注云：“天一生水于北，地二生火于南，天三生木于东，地四生金于西，天五生土于中。阳无耦，阴无配，未得相成。地六成水于北，与天一并；天七成火于南，与地二并；地八成木于东，与天三并；天九成金于西，与地四并；地十成土于中，与天五并也。”②弘历《文源阁记》认为天一阁的建筑上通为一，下分六间，皆有精义，盖取“天一生水，地六成之”之意，这种“以水制火”的隐喻得到乾隆帝的认同，故此《四库全书》内廷四阁：文渊阁、文源阁、文津阁、文溯阁的命名皆与水有关。后建的南三阁，除文宗阁外，文汇阁、文澜阁的名字也从水而立。

天一阁在《四库全书》的编纂中作出了重要贡献，可惜的是，这些

---

①《御制诗集》四集卷三十，转引自张艺凡、杨菁《中国传统阅览空间特点浅析——以天一阁影响下的四库七阁为例》，《遗产视野》2019年第1期。

② 郑玄：《周易郑注》，王应麟辑，中华书局1985年版，第89页。

进献的藏书最后并未归还至天一阁,从而造成天一阁阁藏损失,但也成就了天一阁一跃成为当时最著名、最受关注的藏书楼。

三、天一阁对清代浙江民间藏书楼的影响

天一阁因其极具价值的丰富藏书、经典性的建筑形制和阁主范钦显赫的社会地位,在建成时便受到文人士子的关注,但由于交通和信息所限,在当时的影响毕竟是区域性的、地方性的。通过应诏为《四库全书》编纂工程进呈图书,天一阁受到了当时最高统治者的青睐,进而被树立为藏书阁的典范,因此不止皇家的四库七阁效仿天一阁,民间藏书家在建造藏书楼时更是以此为例。

卢址,字丹陛,又字青崖,宁波鄞县人。出身书香世家,从小酷爱藏书,曾任中书舍人官职,收集珍本,借抄异书,"以故叶氏篆竹堂、丰氏万卷楼、毛氏汲古阁、祁氏淡生堂、汪氏古香楼、金氏文瑞楼诸旧本,如水归壑"①。《鄞县志》形容他的藏书规模"几出天一阁之上",乾隆四十二年(1777),他修建"抱经楼",其名取自韩愈《寄卢仝诗》"春秋三传束高阁,独抱遗经救始终"之句。黄家鼎描写抱经楼设计:"历三十年,得书之富与范氏天一阁埒,乃于居旁隙地构楼,修广间架,悉仿范氏,惟厨稍高,若取最上层,须驾短梯。四面有圃,圃外环以垣墙,略植花木,以障风日。其保守之法,亦祖述天一阁,平日封锁,禁私开,禁烟火,禁出借。每岁伏日检曝,非云礽毕集不上楼。其所以无中堕,无偏废,良有以也。"②姚椿在登抱经楼后形容:"其族人在者五六人,诸规制皆仿天一阁。"③我们可以知道不只是书楼设计,抱经楼在藏书管理事务上也能看到天一阁的影子,卢址抱经楼无疑是模仿范氏天一阁的典型案例。

---

① 黄家鼎:《抱经楼藏书颠末记》,转引自徐雁《论天一阁的文化影响力》,《江苏图书馆学报》1998 年第 4 期。

② 同上。

③ 徐雁:《论天一阁的文化影响力》,《江苏图书馆学报》1998 年第 4 期。

比仿照天一阁建设样式更进一步的，还有对其藏书方式制度性的研究和推广。清代著名学者阮元曾在嘉庆年间三次登上天一阁观藏书，在嘉庆十三年(1808)形成了一部《天一阁书目》，其中书目十卷、补遗一卷、范氏著作一卷，作为天一阁藏书目录中编辑最早、流传较广的一部书目，具有很高的学术价值。阮元还在《宁波范氏天一阁书目序》中较为全面地分析了天一阁“藏之久而不散”的缘故：一为“不使持烟火者入其中，其能久一也”。二为“司马殁后，封闭甚严，继乃子孙各方相约为例，凡阁厨锁钥，分房掌之。禁以书下阁梯，非各房子孙齐，不开锁”，“子孙无故开门入阁者，罚不与祭三次；私领亲友入阁及擅开厨者，罚不与祭一年；擅将书借出者，罚不与祭三年；因而典鬻者，永摈逐、不与祭。其例严密如此，所以能久二也”。三为“范氏以书为教，自明至今，子孙繁衍，其读书在科目学校者，彬彬然以不与祭为辱，以天一阁后人为荣，每学使者按部，必求其后人优待之。自奉诏旨之褒，而阁乃永垂不朽矣。其所以能久者三也”。[①] 大体包括了禁火防火、严格管理、受政府优待这三方面，后人对于天一阁藏书始终延续的原因分析大多无出此三点。这些经验一边被总结，一边也在被推广，正如近代学者陈登原在其《天一阁藏书考》一书中感慨的：“天一阁之禁遏政策，在藏书史中，又不得谓之无影响也。”[②]到嘉庆十四年(1809)和十八年(1813)，阮元自己在杭州立灵隐书藏，在扬州置焦山书藏，也设置了“但在阁中，毋出阁门”此类的条例，明显是沿袭天一阁的管理的一部分。

自范钦长子范大冲继承天一阁之后，范氏后人不再分配天一阁，而将之作为范氏家族共同所有，继续实行“书不出阁”的规定，最大程度保证天一阁所藏不致流散。但同在宁波的五桂楼的创始人黄澄量明确表达了和范氏天一阁不同的藏书理念。黄澄量有志于藏书，聚得图书在五万卷以上，在其宅南建立藏书楼，共三间二层楼。五桂楼

① 阮元：《宁波范氏天一阁书序目》，李希泌、张椒华《中国古代藏书与近代图书馆史料》，中华书局1982年版。

② 陈登原：《天一阁藏书考》，金陵大学中国文化研究院1932年版。

于清嘉庆十二年(1807)落成,因纪念祖上五人同中科举,故此命名。黄澄量在《五桂楼藏书目识》中写道:“今世藏书之家,惟宁波天一阁为最久其制:橱门楼钥,子孙分房掌之;非齐至不得开,禁书下楼梯及私引亲友擅开,皆罚不与祭。故历久而书不零落。余既构楼三间,以藏此书,盖欲子孙守之后世能读楹书,可登楼展视或海内好事,愿窥秘册者,听偕登焉。”①黄澄量突破了天一阁的“书不出阁”,选择适当开放私家藏书,这种认知在私有制条件下有促进文化流通的积极意义,一定程度可以视为对天一阁以“典藏”为首务的藏书规制的“革命”。但要指出,阮元对天一阁藏书制度的研究和模仿固然是天一阁在藏书事业中地位的体现,而黄澄量的藏书规则虽然是对天一阁制度的变革,但这本身仍然属于讨论天一阁藏书制度是否合理的范畴,亦是天一阁对民间藏书楼广泛影响的体现。

在天一阁建阁三百年后,晚清藏书家陆心源在湖州建起皕宋楼,此楼以收藏宋刻本得名,被誉为清代“四大藏书楼”之一。陆氏同乡李宗莲曾为《皕宋楼藏书志》作序:“天下藏书家为人人推服无异辞者,莫如四明天一阁,然视先生所藏,其不如也有五:天一书目,卷只五万,皕宋则两倍之,一也;天一宋刊不过十数种,元刊仅百余种,皕宋后三四百年,宋刊至二百余种,元刊四百余种,二也;天一所藏,丹经道策,阴阳卜筮,不经之书,著录甚多,皕宋则非圣之书,不敢滥储,三也;范氏封扃甚严,非子孙齐至不开锁,皕宋则守先别储,读者不禁,私诸子孙,何如公诸士林,四也;范氏所藏,本之丰学士万卷楼,承平时举而有之犹易,若皕宋则掇拾于兵火幸存,搜罗于蟫断炱朽,精粗既别,难易悬殊,五也。”②李宗莲大力赞扬了皕宋楼特色鲜明的藏书风格,更重要的是,他是通过和天一阁的对比来表现皕宋楼的可贵之处。范氏天一阁与陆氏皕宋楼的藏书各有千秋,在此并非是要刻意将两者一分高下,我们可以明确的是,天一阁已确立了明清时期私

① 黄澄量:《五桂楼藏书目识》,《清代私家藏书目录题跋丛刊》,国家图书馆出版社 2010 年版。

② 陆心源:《皕宋楼藏书志》,浙江古籍出版社 2016 年版,第 5 页。

家藏书界典范性的地位，不论是对它的效仿还是超越，或是变革、对照，都体现了两浙地区藏书家一种以天一阁为参照的心理归附。

结　语

吴晗曾在《江浙藏书家史略》序言中说："藏书之风气盛，读书之风气亦因之而兴。好学敏求之士往往跋涉千里，登门借读。"①宁波藏书之风历史悠久，丰氏家族是时间跨度大、影响力也大的书香家庭，根据民国《鄞县通志·文献志》记载："丰氏家族藏书肇自北宋。"有学者认为，开江浙私人藏书先声的当是丰稷。丰稷，鄞县人，北宋嘉祐四年(1059)进士，官至御史中丞。丰稷第十六代孙丰坊，明嘉靖二年(1523)进士，官至礼部主事。丰坊文采斐然，亦通书法，还在经学、易学、篆刻等领域有不俗成就。《鄞县志》形容他"性介僻而少容，寡谐于俗，以是积尤于人"②。范钦是他的挚友，曾赋诗记录两人往来。范钦由袁州知府升任九江兵备副使时，丰坊写了长诗《底柱行赠宪伯东明先生之江西》为他送行。丰坊殁后，范钦将之刻石，并跋云："先生研精书学，神诣力追，为吴人所掩，迨殁而名大起。断缣敝楮，被以重购，斯亦罕矣。"③丰坊万卷楼的藏书则由范钦全数买下，如全祖望所说："而阁中之书不自嘉靖始，固城西丰氏万卷楼旧物也。"④

丰氏是江南望族，范钦又与丰坊为邻，可以说丰坊是范钦藏书之路上的引路人，范钦那首《对月怀丰南禺》："独抱韦编希孔氏，共推词赋薄扬云。"⑤言辞间正是对二人曾共同研讨书籍版本、搜求古籍、推词赋诗的怀念。万卷楼和天一阁两座书楼传承连接起宁波的藏书风气，托举起绵延不绝的藏书文化。

① 吴晗：《浙江藏书家史略》，中华书局1982年版，第118页。

② 汪源泽、闻性道：康熙《鄞县志》，清康熙五十二年刻本，《北京图书馆古籍珍本丛刊》第31册，书目文献出版社2000年版，第560页。

③ 范钦：《天一阁集》，《续修四库全书》第1341册，第504页。

④ 全祖望：《全祖望集汇校集注》，上海古籍出版社1986年版，第1062页。

⑤ 范钦：《天一阁集》，《续修四库全书》第1341册，第504页。

黄宗羲曾在康熙十二年(1673)作为外姓人首次破例登阁后写下《天一阁藏书记》,感叹“尝叹读书难,藏书尤难,藏之久而不散,则难之难矣!”使天一阁开始进入更多学者的视野,更具有学术意义的是黄宗羲“取其流通未广者抄为书目”,这对天一阁藏书的流传意义深远。可以说从那时起,梨洲老人推开的这扇门再也没有关上,天一阁在几百年间迎来了万斯同、全祖望、袁枚、钱大昕、赵万里……这批学识深厚的大家和天一阁互相滋养。

以四明范氏天一阁为代表的历代藏书楼,陈编世守,墨香衍芬,是中华典籍最忠实的保护者,凝结着民族文化最珍贵的记忆。天一阁深刻影响了数百年来官私藏书楼的发展,以“天一阁范式”为核心的传统藏书楼,成为中华文化与民族记忆的永久见证。在私家藏书兴盛之势下,藏书楼“嘉惠士林”的功能得到发挥,这对促进学术研究具有重要意义,两浙藏书之风在浙东地区孕育了浙东学派,范氏天一阁的藏书成为他们进行学术活动所必需的文献资料,以天一阁为中心的藏书家之间的交流和天一阁与学术界的交互,在历史文化长河中不断传承发扬。

刍议黄宗羲民主启蒙思想及其传承

陆承曜

引　言

黄宗羲,浙江余姚人,字太冲,别号梨洲,同道尊称他为梨洲先生。因为他常讲学于梨洲村,所以有此尊称。

有人问梨洲先生思想的不平凡在哪里？我们不妨先从三代以上(夏商周)说起。打开《吕氏春秋·贵公》一文:“圣王之治天下也,必先公。公则天下平矣。平得于公。”“天下非一人之天下,天下之天下也。”

又如在《吕氏春秋·去私》篇中:“天无私覆也,地无私载也,日月无私烛也,四时无私行也。”这一切都是遵循着大自然的无私规律而在行转。

再如《吕氏春秋·贵公》篇中:“阴阳之和,不长(助长)一类。甘露时雨,不私一物。”“万民之主,不阿(亲)一人。”

太空的日月星辰最是大公无私,为大地万物生长普洒阳光与雨露,应是后世君主的楷模。

儒家谈治天下,有一鲜明的故事可以说明:周公儿子“伯禽将行治鲁”,向周公请教,周公答复,其中主要一句是“利而勿利”,这就是说“治鲁要有利于天下人民,不为私人谋利”。

孟子的“民贵君轻”更是深入人心,千古传承。这一系列的箴言,正是中华优秀传统文化土壤基因的产物。想来梨洲先生就从上述思想中获得了真智。

一

梨洲先生,他生活在明末清初,国亡家破、天崩地裂的时期,他却在优秀传统文化基因的土壤中,栽植了民主的萌芽,逐渐形成了民主的启蒙动想。在他的著作《明夷待访录》中,梨洲先生的《原君》《原臣》二文就推论了君、臣、民三者的关系。

梨洲先生的《明夷待访录》,被蔡元培先生认为是中国最早的"人权宣言",是中国思想史上一部划时代的名著。梨洲先生开始写稿于明朝存亡之际,完稿于清康熙元年(1662),共计《原君》《原臣》《原法》等13卷21篇。《明夷待访录》完稿的日期要比法国思想家卢梭写《民约论》早100年左右。

我们且看《原君》一文,梨洲先生道破了:"有生之初,人各自私也,人各自利也;天下有公利而莫或兴之,有公害而莫或除之。"

但也未必尽然,因为梨洲先生认为:"有人者出,不以一己之利为利,而使天下受其利;不以一己之害为害,而使天下释其害。"例如有的上古君主的自我量力不足以担当如此重任,但又不想尸位素餐、无所成就,所以不愿为君,那是许由、务光;尧勉为其难,穿犊鼻裤与民一起晨夕耕作,披星戴月,年复一年,胫毛尽脱。"尧、舜禅让",尧有子十人,不传位与子,而授位与舜:"尧知子丹朱之不肖,不足授天下,于是乃权授尧。"天下得其利。而"丹朱病",但他的父亲尧却认为"不以天下之病而利一人",也就是说,不以天下人有病,而使一人有利。

同样,舜有子九人,不传位与子,而授位与禹。这种选优的"禅让精神""公平精神"为后世点赞不已。

禹治洪水,三过家门而不入。新婚佳期,洪水暴涨,大禹立即赶赴水患现场,拯救芸芸众生。为后世代代所钦敬!或许其中有神话因素,但也不会影响其传承的优秀精神。

由尧舜禹禅让精神延伸,夏有君主夏桀、殷有(商)殷纣,都是暴虐无道、骄奢淫逸,不顾人民生活于水火之中,汤(商)、武(周)奋起,吊民伐罪，为民除去暴君，赢得了民心，人们追随汤、武，影遂而形从。梨洲先生称道为："武王圣人也。"

梨洲先生以此论述了三代上下是以天下为主，君为客。

光阴流速，时代嬗递，其后社会生产力有所发展，人民也积聚了一些财富。后世君主就像梨洲先生所说："以为天下利害之权皆出于我，我以天下之利尽归于己，以天下之害尽归于人，亦无不可……"

所以后世自秦汉唐宋，一反尧、舜、禹的大公无私的精神，而视天下为自己莫大的产业，是为子孙万代所创建的基业。

后世君主都未明确为"君"的职责所在。例如汉高祖，当他打下天下后，照理首先应该考虑的是如何让天下人民摆脱贫困，如何为天下人民谋取福利。可是他却回家问他父亲："今某之业所就，孰与仲（仲，指他的二哥）多?"就是说，他的产业和二哥比，谁多？他自我暴露，只不过是和他二哥比拼财富和显耀自己而已。他这样一个在历史上排得上号的开国君主，尚且不明确为君的职责，何况他人。即使唐宗宋祖，还是把天下纳入自己一家一姓的私囊之中，只希望子孙代代享之不尽。然而历数历代王朝的延续与衰落，据梨洲先生论述，只不过是"远者数世，近者及身"而已。

因而梨洲先生在《原君》一文中论述与批判后世是以君主为主，天下为客。

二

《原臣》一文，主要是推论何谓"臣道"。

梨洲先生论"臣道"："有人焉，视于无形，听于无声，以事其君，可谓之臣乎？曰：否！"

梨洲先生认为：那是指君主对天下事件无形无声，不作为，而宫中宦官、姬妾、宫外佞臣却刻意揣摩君主意图，想博得君主给他们以提升，这是属于臣不臣的一类，谈不上称"臣道"。

"杀其身以事其君，可谓之臣乎？曰：否！"

因“杀其身者,无私之极则也。而犹不足以当之”。梨洲先生认为这是一种君臣间私密的感情,可说是到了极点,这是一种愚忠而已,但还不能作为“臣道”。

那么什么是“臣道”? 他又举一比喻事例来说明:

> 夫治天下犹曳大木然,如前者唱“邪”,后者唱“许”,君与臣,共曳木之人也。若手不执绋,足不履地,曳木者唯娱笑于曳木者之前,从曳木者以为良,而曳木之职荒矣。

梨洲先生将治天下比喻为抬大木,将君与臣比喻为抬大木者。如前者呼“邪”,后者应“许”,方向相同,步调一致,那必然国强民富。如若君主手不拉大绳,足不着地,只是嬉笑在其他属下的抬木者前,他们当然认为很轻松,但君臣之间,方向不明,步调不一,治天下之责就松懈下来,必然天下将亡。

因而梨洲先生说“世之为臣者昧于此义,以为臣为君而设者也。”即世人不明确设臣的含义,认为是为君主而设臣子。梨洲先生认为,臣子是为天下、为万民而设,不是为君主,不是为一家一姓而设。所以他认为“盖天下之治乱,不在一姓之兴亡,而在万民之忧乐”。

又《孟子·梁惠王下》“齐人伐燕,胜之”:仗虽打胜了,但齐宣王问孟子曰:“或谓寡人勿取(灭亡),或谓寡人取之。……不取必有天殃(上天降祸),取之如何?”孟子对曰:“取之燕民悦,则取之……燕民不悦,则勿取。”灭燕与否,孟子甚至还要征询交战国燕的民众的意见,可见孟子对民意、民主的重视。这正是孟子精神对梨洲先生的影响。由于这样,笔者也有所感,读《论语·卫灵公第十五》:“志士仁人无求生以害仁,有杀身以成仁。”所谓仁,就是仁义、仁爱、仁信等,这就是儒家之“道”。其中也含有为臣之道。如南宋文天祥,状元宰相,由于元军入侵,国家危在旦夕,人民惨遭杀戮。文天祥奔走救国,餐风饮露,生死旦夕。他在他的《指南录后序》一文中表示:“国事至此,予不得爱身。”“国事”当时指天下事。仅此一言,已体现他的臣道精神。

当南宋亡后，文天祥在元军兵马司监狱中，仍是坚持大宋立场，以他浑身的精气神写下了一首歌行体的长诗《正气歌》，震撼了整座都城（即大都，今北京），传颂不绝到今天。最后，文天祥从容就义，还在他的衣带上写下了永不绝响的心语："孔曰成仁，孟云取义，惟其义尽，所以仁至。读圣贤书，所学何事，而今而后，庶几无愧。"这是文天祥有心留给后人，有关"杀身成仁"的真谛。文天祥是为"仁"而牺牲，也就是为"道"而牺牲。爱国爱民，主要不是为君主，不是为一家一姓。这正是古代传承给后世的臣道精神。当然文天祥身处君主时代，也不免含有君臣因素。这是时代的局限。当今应以历史唯物论和唯物辩证法来论述才最公允。

梨洲先生在此已明确地指出君臣关系与职责："君臣之名，从天下而有之者也。吾无天下之责，则吾在君为路人；出而仕于君也，不以天下为事，则君之仆妾也；以天下为事，则君之师友也。"这是梨洲先生的再次强调。

从梨洲先生《原君》《原臣》二文中看，有论、有据、有情。明末清初，梨洲先生已具有了民主的启蒙思想，真可说是不平凡的了。

黄宗羲的学术与浙江天一阁还有着一定的渊源关系。天一阁本是私家藏书楼，规定外人不得登楼阅读，但却邀请梨洲先生登楼批阅。他就为天一阁整理书目，还为天一阁写了一篇《天一阁藏书记》。由此，天一阁的主人范氏才有选择地让有些学者登楼查阅图书，如全祖望、钱大昕、顾亭林、袁子才等。梨洲先生为天一阁开启了一扇传承与交流优秀传统文化的学术大门，并且从此没有再关上。

三

金声玉振孔孟之音，唯物辩证马列是论。有关"民主"意识，三代就有，但还处于萌芽之中，待到明末清初时期，梨洲先生培育的民主启蒙思想也还没有完全脱离启蒙阶段，因为当时君主和君主制度仍然存在。直至在孙中山先生领导下,民主革命推翻几千年君主王朝的封建统治,才废除君主制,建立民国,倡导民主,“天下为公”。若与梨洲先生所提的民主相比,确已又向上提升了一大层次。这一切,也正是基于中华优秀传统文化传承,才能有这样的转变。然而中山先生仍在忧心忡忡,那是由于袁世凯妄想复辟帝制,以及各路军阀混战,只恐国家再度陷入一盘散沙。

1949 年中华人民共和国成立后,毛主席一声“为人民服务”响彻全中国。在 1954 年所订立的第一部《中华人民共和国宪法》的“总纲”第二条中,早就明确规定“民主集中”原则,之后又明确了公民的权利及义务。因此我国在任何重大的天灾人祸或意外事件发生时,只要党中央运筹帷幄,发出指示,总能起到全国总动员的作用。这就是民主集中制的权威。

“民主集中制”就是民主基础上的集中和集中指导下的民主的辩证结合。

关于我国的民主集中制,是以人民为中心的民主。从 1954 年第一部宪法到 1982 年第四部宪法,我国宪法几经修订,但都明确规定:“一切权力属于人民。”凝聚了人民的力量,但还必须要在党的英明正确的领导下执行。因此要持续坚持人民代表大会的制度,以发展党所领导的多党合作和政治协商制度。

我国的民主源头本是在中华优秀传统文化的土壤中培育出来的,她与中华优秀传统文化同根同脉而生,是优秀传统文化的一个组成部分,她们之间有着不可分割旳关系。习近平总书记 2023 年 6 月 2 日在“文化传承发展”座谈会上发表重要讲话,指出:“在五千多年中华文明深厚基础上开辟和发展中国特色社会主义,把马克思主义基本原理同中国具体实际、同中华优秀传统文化相结合是必由之路。”

马克思早就指出:“人们自己创造自己的历史,但是他们并不是随心所欲地创造,并不是在他们自己选定的条件下创造,而是在直接碰到的、既定的、从过去承继下来的条件下创造。”由此可知,这条几千年的中华优秀传统文化链,也并不是人们随心所欲创造的,而是经长年凝练而成,再融入"两个结合",这正是我们探索新时代中国特色社会主义,进一步加强民主集中制的政治性和优越性。同时体现了历史自信、文化自信的新高度。所以她与西方国家的民主是有所不同的。

让我国民主光芒照耀引领人们持续共建新时代的民主里程碑。

参考文献:

[1] 黄宗羲:《明夷待访录》,中华书局 1981 年版。

[2] 陈奇猷校释:《吕氏春秋新校释 · 贵公》,上海古籍出版社 2002 年版。

[3] 陈奇猷校释:《吕氏春秋新校释 · 去私》。

[4] 司马迁:《史记 · 高祖本纪》,岳麓书社 2001 年版。

[5]《孟子》十四卷,赵岐注,缩本《四部丛刊初编》,商务印书馆 1936 年版。

[6]《论语集解》十卷,何晏等集解,缩本《四部丛刊初编》。

方孝孺姓名字号之精神品格

——写在方孝孺殉道620周年之际

李金坤

姓名字号，是一个人的家族血脉、思想修养、文化气象、精神品格的具体表征与折射，故而，人们对之都是郑重其事、决不随意的。常言道：字如其人，文如其人，画如其人。而一个人的名、字、号，则同样是“如其人”的。“应当说，名实相符是大多数人的追求。据《明季北略》云，闯王李自成是米脂人，原名鸿基。少时孔武有力，好习刀棒骑射，自谓大丈夫当自成自力，横行天下，故改名曰自成。他的名和实是相符的。”①明朝遭受“株连十族”及惨绝人寰凌迟酷刑的大臣、学者、文学家、散文家、思想家方孝孺，更是名与实相符的典型人物。读懂、了解、弄通了方孝孺的姓名字号，其精神品格便一目了然，令人油然而生崇敬、钦仰之情焉。方孝孺（1357—1402），字希直，一字希古，号逊志，曾以“逊志”名其书斋。因其故里旧属缑城里，故称他为“缑城先生”，又因在汉中府任教授时，蜀献王赐名其读书处为“正学”，亦称“正学先生”，浙江台州府宁海县人。后因拒绝为发动“靖难之役”的燕王朱棣草拟即位诏书，方孝孺被凌迟于南京聚宝门外，时年46岁。后来，南明弘光帝时追谥号为“文正”。2022年是方孝孺于南京殉道620周年，有鉴于此，本文拟就方孝孺之姓、名、字、号等作一较为全面而系统的探论，以窥其精神品格之一斑。

---

① 尹黎云：《中国人的姓名与命名艺术》，中央民族大学出版社1998年版，第308页。

一、方孝孺姓名之意蕴——正直仁孝誓报国

先看“方”之姓。方氏,汉族姓氏。方姓,在新百家姓中排第67位,旧百家姓中排名第56位。相传出自方雷氏,至今已有近4 700年的历史。黄帝伐蚩尤时,雷因功被封于方山(今为河南省禹州市),称方雷氏,子孙以地为氏。周宣王时,方氏的始祖方雷的63世孙方叔先后奉命征伐淮夷,击退北方少数民族猃狁的侵扰,又率兵车三千讨伐不听号令的楚国,平定过荆蛮的叛乱,为周室的中兴立下了大功。《诗经·小雅·采芑》云:“显允方叔,征伐玁狁,蛮荆来威。”郑玄笺云:“方叔先与吉甫征伐玁狁,今特往伐蛮荆,皆使来服于宣王之威,美其功之多也。”①后人遂多以“望隆方叔”的恭贺用语,希望对方有如方叔一般的崇高的名望与声誉。因此,后世不少方姓宗谱即采用了“周大夫方叔之后”之说。方孝孺之姓亦属周大夫方叔之脉承。方者,端也,正也。正直刚贞、心正志宏的端庄品格,为国立功、以德服人的家国情怀,这些无疑是对方姓意蕴的最佳诠释。

次看“孝孺”之名。孝,是中国优秀传统文化的核心思想之一,历来为人们高度重视。“‘孝’是最具中国特色的传统文化,是中国社会长期稳定的黏合剂,中华文明的深层底蕴,也是东方文明的突出标识。它是维系中华民族团结稳定的文化纽带,对中华文明的长期赓续发挥了巨大的作用。”②孔门后学还专门撰著了一部百世流芳的经典著作《孝经》,成为后世人们积善行孝、报恩家国的行为指南与不二法门。所谓“百善孝为首”,正体现了孝道的必要性、重要性、永恒性及其无可替代的思想价值与社会意义。

方孝孺姓名中的“孝”字,由其行事经历观之,主要包含以下三个

① 《毛诗传笺》,孔祥军点校,中华书局2018年版,第128页。
② 李银安、李明等:《中华孝文化传承与创新研究》,人民出版社2017年版,第8页。

方面的内涵：一是传承父志，好学上进。其父方克勤 5 岁能读书，10 岁即能将“五经”烂熟于心，长成之后，读书益勤，涉及面亦更广。如此苦读好学的良好家风，自然使得年幼的方孝孺耳濡目染、潜移默化，自觉传承着方家好学上进的良好家风。孝孺虚岁 3 岁时，即能识数，5 岁时即能读书作诗，6 岁时即能作出用语老到而识见高远的《题山水隐者》七绝。诗云：“栋宇参差逼翠微，路通犹恐世人知。等闲识得东风面，卧看白云初起时。”孝孺幼时读书时，“见典册所载圣贤名字，或良将相形貌，辄默记，欣然有愿慕之志”。① 9 岁时，孝孺已能将“五经”全部背诵，日积月累，读书甚广。而所作文则雄迈醇厚，他下笔千言，乡人对他有“小韩子”(小韩愈)之称。孝孺传承其父好学家风，无疑是孝道的真切体现。

二是感念恩师，不负厚望。孝孺拜致仕回浦江家乡的 68 岁的宋濂为师。宋濂博学鸿才，气质豪旷，秉性刚正，元朝廷征其出任翰林院编修，固辞不受，带领弟子入龙山潜心著书立说。其文集为刘基推为“当今文章第一”。朱元璋甚重其才，明朝建立后，宋濂即任《元史》总修，历官至翰林学士承旨，知制诰，名重一时，威扬八方。朱元璋曾评价说：“事朕十九年口无毁言，身无饰行，宠辱不惊，始终若一，抑可谓贤矣。”(《罪惟录》列传卷八《启运诸臣列传》之《宋濂》)对孝孺而言，他能够拜学于如此鼎鼎大名的老师，委实是三生有幸的美事。因此，在浦江太史门四个寒暑，他如饥似渴，如鱼得水，废寝忘食，尽心问学，焚膏继晷，情高万丈。故而文章日佳，见识日精。传说有一次，明太祖令宋濂作《灵芝甘露颂》并赐酒，宋濂不胜杯杓，结果大醉，忘记了作颂大事。这还了得，违背皇旨必死无疑。宋濂惊恐万状，惶惶不可终日。谁知孝孺已替老师写好了。师命无碍，皆大欢喜。平素，宋濂非常喜欢孝孺这位得意门生，将他喻为百鸟之凤凰。师生情深，难以言表。后来，宋濂因胡惟庸案全家被发配，当孝孺听闻恩师在发配途中自缢而亡的噩耗时，肝肠寸断，恸哭泪飞。在祭文

① 焦竑《玉堂丛话》卷七，中华书局 1981 年版，第 247 页。

中,他以万分悲愤与沉痛的心情,抒发了对专制政权的愤懑与不满之意绪,为恩师大鸣冤屈。其云:"公之量可以包天下,而天下不能容公一身;公之识可以鉴一世,而举世不能知公之为人。道可以陶冶造化而不获终于正寝,德可以涵濡万物而不获益其后昆!"①从这段义愤填膺的慷慨陈词中,我们不难感受到孝孺对恩师的刻骨铭心的崇仰与钦敬之情。感恩师德,恒念师情,亦是孝的一种行为与美德。

三是誓死忠道,以身殉道。如果说承继父志、感念师恩是孝心的直接体现的话,那么忠君则是孝心的境界。"孝的义务方都是'子民'——在家为子女,在国为'子民'、'臣子',在家国同构的传统社会政治体制中,尊长、忠君与孝老是一致的,所以,以孝修身、以孝齐家、以孝治国、以孝平天下不仅不矛盾,而且是步步递进的,孝无逃于天地间。"②方孝孺正是一位将孝父德、报师恩的孝道自然扩大到忠于国家层面的忠孝和谐统一的完美践行者。洪武三十一年(1398),明太祖死,惠帝即位后,即遵照太祖遗训,召方孝孺入京,委以重任,先后让他出任翰林侍讲及翰林学士。燕王朱棣誓师"靖难",挥军南下京师。惠帝亦派兵北伐,当时讨伐燕王的诏书檄文都出自方孝孺之手。建文四年(1402)五月,燕王进京后,文武百官多见风转舵,投降燕王。方孝孺拒不投降,结果被捕下狱。当初,朱棣率军从北平出发时,朱棣最主要的谋士僧道衍(俗名姚广孝)把方孝孺托付给朱棣云:"方孝孺者,素有学行,武成之日,必不降附,请勿杀之。杀之则天下读书种子绝矣!"③朱棣点头应承。燕师进入京城,燕王四次派人召方孝孺,可他坚决不从;逼他去见,他则干脆穿上丧服而去,昼夜号哭,如丧考妣。朱棣想要方孝孺起草即位诏书。方孝孺被召至朝廷,仍然身着丧服,恸哭不止。当朱棣示意左右侍者授予方孝孺文房四宝,并告之:"诏天下,非先生草不可。"孝孺则大批数字:"燕贼篡

---

① 方孝孺:《逊志斋集》,《四部丛刊初编》本。本文未注出处者,皆出自此集,不另作注。

② 李银安、李明等:《中华孝文化传承与创新研究》,第4页。

③ 谷应泰:《明史纪事本末》第2册,中华书局2018年版,第68页。

位。”遂掷笔于地,边哭边骂道:“死即死耳,诏不可草。”朱棣提高嗓门吼道:“汝安能遽死。即死,独不顾九族乎?”孝孺回敬道:“便十族奈我何!”①朱棣勃然大怒,命卫士将孝孺的嘴割裂至两耳,孝孺挣扎着犹将鲜血飞溅到御座之上,骂声喃喃不绝。建文四年六月二十五日(1402 年 7 月 25 日),方孝孺慷慨赴死,作《绝命词》云:“天降乱离兮孰知其由?三纲易位兮四维不修。骨肉相残兮至亲为仇,奸臣得计兮谋国用猷。忠臣发愤兮血泪交流,以此殉君兮抑又何求?呜呼哀哉庶不我尤。”又见樵夫携斧砍松,孝孺又口占七律一首:“樵夫携斧入山巅,斫倒苍龙撼九天。老骨劈开鳞剥落,赤心剖出血腥鲜。精魂化作三更火,正气翻成半壁烟。只恐鹤归无立处,长空依旧月娟娟。”一代大儒、“程朱复出”的“读书种子”方孝孺在聚宝门(今南京中华门)就这样极其悲壮地结束了短暂的一生,时年 46 岁。就在方孝孺遭戮的次日,其先人墓全部被掘开焚尸灭迹。凡与孝孺关联的九族,皆受刑于聚宝门外,共残杀七日才毕。行刑之际,恸哭之声遍地,观者无不为之潸然泪下。连同被诛杀的门生朋友,共计十族八百七十三人,开中国历史上残酷株连之最。可是,他的惨死很多时候却未能得到公正评论。许多人都认为方孝孺的行为乃是“愚忠”的表现,有的还批评他言辞过激才导致诛灭十族,又说此结局是他不识时务、死读书所致,他是“腐儒”“书呆子”。更有人指责“方孝孺是没有心肝、极端自私地漠视他人生命的十足的自私之人”,“是冷血、泯灭人性之人”。当代许多思想史、文学史、学术史著作等也对此人避而不谈。其实,这些都带有偏颇之见,未能切合孝孺的思想实际与道义境界。当然,也有主持正义、深中肯綮的公道评价者。如黄宗羲在《明儒学案》的《师说》一文中,对方孝孺的殉难作了充分的辩解,严正指出:“以九死成就一个是,完天下万世之责。其扶持世教,信乎不愧千秋正学者也。”②黄宗羲所言之“是”与“责”二字,指的就是“扶

① 谷应泰:《明史纪事本末》第 2 册,第 68—70 页。
② 黄宗羲:《明儒学案》上册,中华书局 1985 年版,第 46 页。

持世教”的政治主张和不与谋王篡位之乱臣贼子同流合污的担当与责任。用今语论之,就是出于信仰与主张。据《胡适之先生年谱长编初稿》记载,胡适对方孝孺之死的评价亦甚为中肯公允。他说:“方正学就是方孝孺,是明初一个了不起的人。有人常说中国很少殉道的人,或说为了信仰杀身殉道的很少;但仔细想想,这是不正确的。我们的圣人孔夫子在二千五百年前,就提倡有杀身以成仁,毋求生以害仁,这是我们的传统。在中国历史上有独立的思想、独立的人格而殉道的人不少。方孝孺就是为主张、为信仰、为他的思想而杀身成仁的一个人。”[①]言之凿凿,令人信服。赵映林先生对方孝孺之死的看法亦颇为圆融而切实公正。他指出:“方孝孺之以死抗争而不屈,除……君臣思想契合,犹如榫卯投合,以及报答建文帝的知遇之恩外,更为重要的深厚思想基础乃是他秉承儒家的一贯道统,恪守儒家‘正统’观念,注重理气修养,承袭固有文化传统。理学强调的君臣大义,是孝孺矢志不渝的追求,‘事莫重于纲常,忠莫大于报主’,决定了孝孺为维护传统文化精神而愿为之殉道,杀身成仁。”[②]由中国君臣关系史角度观之,历代大臣们于改朝换代之际,一般都是秉承忠于本朝君主而不愿委身新朝君王的正统观念的。因此,乾隆皇帝命国史馆编写《贰臣传》,专收那些侍奉过两朝的臣子们,忠奸荣辱,泾渭分明。其宗旨就是告诫当朝官员们,要忠于本朝,决不能做新朝之官。方孝孺之所以甘愿遭受如此残酷的死亡悲剧,甚至付出诛灭十族的巨大代价,其关键就在于坚守正义道统与主张信仰。恪守爱国诗人屈原以来所形成的报国、守正之优秀道统,彰显士人君子的可贵精神与人格魅力的渊源也正在于此。

孝孺之“孝”意内蕴,以上所论三点已基本包举无遗。至于孝孺之“孺”意内蕴,依然丰厚而诱人。孺,本意指小孩子,尤指幼儿。又当亲属讲。作形容词,则可释为幼稚、年少、亲睦。也可当动词讲,通

---

① 胡颂平编著:《胡适之先生年谱长编初稿》,台北:联经出版公司 1984 年版,第 92 页。

② 王春南、赵映林:《宋濂　方孝孺评传》,南京大学出版社 1998 年版,第 381 页。

“乳”,作生育讲。若再延伸阐释,孺即孺子牛也。孺子牛出自《左传·哀公六年》所载的一个典故,原意是表示父母对子女的过分疼爱。后来现代伟大文学家鲁迅《自嘲》“横眉冷对千夫指,俯首甘为孺子牛”名句一出,便使孺子牛精神得以升华,人们用孺子牛来比喻心甘情愿为人民大众服务、无私奉献的人。方孝孺殉道爱国、甘愿奉献的无私行为以孺子牛精神来衡量,实在是有过之而无不及的。

二、方孝孺字“希直”“希古”之寓意:崇尚刚直慕古贤

这里的两个“希”,都是仰慕、希望的意思。因此,“希直”“希古”之字,表达了孝孺崇尚刚直坚贞的品格、仰慕古代先贤的心志。燕王朱棣进京后曾四次派人召孝孺,他坚持不从;在威逼下,他即穿一身孝服去见,且昼夜号哭。朱棣要他草拟诏书,他仍然身着孝服,恸哭不止。直至面临诛灭十族之极酷之时,孝孺仍毅然不草拟诏书。其“咬定青山不放松”的刚直坚贞意志,忠于当朝国君、决不做贰臣的正直气骨,正可谓“惊天地、泣鬼神”!孝孺一生尚古好学,崇尚圣贤,以为立身行事之楷模。他回顾自己童年勤奋苦学的经历时说过:“自少唯嗜读书,年十余岁,辄日坐一室,不出门户,当理趣会心,神融意畅,虽户外钟鼓鸣而风雨作,不复觉也。”他认为:“(唯有)圣贤之学,可以自立,外至者不足为吾轻重也,遂有慕乎道德之心。”及稍长,便以“伊尹、周公自望,以辅明王,树勋业自期,视管、萧以下蔑如也”。坚信:“周公、孔子与吾同也,可取而师也。颜子、孟子与吾同也,可取而友也。”孝孺以圣贤为师为友,正是其“希直”“希古”之字的最真最佳注脚。

三、孝孺“逊志”之号之内蕴:谦虚谨慎情志高

孝孺一贯勤奋好学,谦虚上进,曾以“逊志”作为自己的书斋名,

激励鞭策，自立自强。正如其幼年作《言箴》所云："发乎口，为臧为否；加乎人，为喜为嗔；用乎世，为成为败；传乎书，为贤为愚。呜呼，其发也可不慎乎?"这段话强调了"三思而后行"的"慎于言"(《论语·学而》)的重要性，继而强调了谨慎行事美德之重要性。《席铭》云："燕安溺人，甚于洪波。身溺可济，心溺奈何?"又如《门铭》云："非礼之事勿行，非义之货勿入。""礼仪所出是为清门，悖傲所出是为祸门，货财所出是为幸门，仁(圣)所出是为德门。"以上所列诸条关于谨慎为人、智慧处世的名言警句，竟然出自一个小小少年之口，实在让人惊叹孝孺修身养性、韬光养晦的超凡脱俗的思想水平与精神境界。"世事洞明皆学问，人情练达即文章。"(《红楼梦》宁府上房对联)幼年时的孝孺身怀谦逊好学的美德、慎言谨行的品性，早已臻至学问洞明、文章练达的进退自如、从容淡定的人生理想境界。何以至此，逊志好学、虚怀若谷者也。

四、称誉孝孺两"先生"之韵味：博学厚德为治国

孝孺故里旧属缑城里，故称孝孺"缑城先生"。又因在汉中府任教授时，蜀献王赐名其读书处为"正学"，亦称他为"正学先生"。先生，一般是对文人雅士、读书或教书者的一种雅称、美称或尊称。缑城先生，是孝孺故乡对这位勤奋好学、聪慧超凡的优秀少年的美称。换言之，即勤学上进的楷模与典范。正学先生，是人们对其端庄儒雅与正派切用学问之教书人身份的赞誉。缑城先生与正学先生两个称呼合而论之，就是勤读苦学，报效国家，做一个切实有用、雅正诚实的栋梁之材。所谓"读书种子"，正是缑城先生与正学先生两个称呼的形象比喻。孝孺这种读书勤苦、学品端正的可贵精神与美德，在今天仍然具有积极的激励、鼓舞与鞭策作用。

五、孝孺谥号“文正”之美意：才茂品正百世芳

孝孺“文正”之谥号，乃南明弘光帝所追赐。谥号是对一个人生平事迹的最简洁、最准确、最权威的概括。谥号很多，如“文忠”“文襄”“文恭”“文成”等，而“文正”谥号规格可以说是最高的。根据《逸周书·谥法解》载：“经纬天地曰文；道德博闻曰文……勤学好问曰文；博闻多见曰文；忠信接礼曰文……敬直慈惠曰文；与贤同升曰文；绍修圣绪曰文；声教四讫曰文。”关于“正”则云：“……清白守洁曰正；图国忘死曰正；内外无怀曰正；直道不挠曰正；靖恭其位曰正……淑慎持躬曰正；端型式化曰正；心无偏曲曰正；守道不移曰正。”[①]可见，“文正”谥号，庶几接近完美矣。从北宋始，“文正”谥号之地位正式被提高。司马光首先提出：“文正是谥之极美，无以复加。”显然，“文正”谥号成为对于人臣的最高评价了。“文正”谥号，明朝仅有 5 人获得，而中国历史上获得“文正”谥号者，也仅 30 余人。可以这样说，方孝孺受赐“文正”谥号，是对他学品与人品的最高评价。这对方孝孺而言，是何等不易，何等荣耀！孝孺是中国历史上最早被誉为“读书种子”的大儒。谈到方孝孺，古往今来的志士仁人都会唏嘘不已、感慨万端而心情沉重，唯有“读书种子”这一美誉，为人们所喜闻乐见、津津乐道。书籍乃人类进步阶梯，知识可改变人生命运。不论沧海桑田，朝代更迭，读书求知永远是人间真理、生活指南、幸福灯塔。

以上就方孝孺的姓名、字、号、称誉等词语符号，结合其生平事迹进行探究阐析，从中可以窥见一代大儒、名臣的非凡精神与可贵品质。其刚正不阿的意志、爱民报国的孝心、威武不屈的气概、视死如归的淡定、勤奋好学的品行、崇尚圣贤的美德、德才双美的形象等，无

① 黄怀信：《逸周书汇校集注》，上海古籍出版社 1995 年版，第 97 页。

一不是留给后人的一笔十分丰厚的精神财富。我们从中汲取思想元素、精神营养,滋养灵魂,砥砺意志,丰富精神,提高境界,家国富情怀,铁肩担道义,为振兴中华、繁荣祖国作出自己应有的贡献! 末了,特别值得一提的是,被诛灭十族之后,方孝孺在宁海卧(跃)龙山下的幼子方中宪则被魏泽、余学夔、俞允、任勉等忠烈侠义之士冒死保护起来,使得方氏一族的血脉在极其险恶的环境下得以延续并发扬光大。

方中宪从宁海逃脱后,为了躲避朝廷的残酷追杀,遂改方姓为余姓,改中宪为德宗,新姓名即为余德宗。他生活在华亭白沙乡。德宗生三子: 友直、友谅皆俞氏出,后继娶许氏生友竹。友直、友谅、友竹(俗称"三友")子孙繁衍二百余丁,散居华亭之十四保白沙乡、金汇塘二处。后"三友"子孙继用余姓开枝散叶。友直后七世,余广(环),字文博,被推举为郡里学生,在学宫学习。1514 年,余广携子余采从金汇塘白沙里迁居大凫泾建两宅(南、北方家宅),因避难迁居至松江泖港,后转辗复迁居大凫泾老宅。余广生子三: 长采(南村),次果,幼塾(北村),为孝孺八世孙。正德九年(1514),余广(环)时年31 岁,携子余采从泖港复迁至航头大凫泾,先建居南方家宅,后建北宅,为航头始迁祖。余采,字元亮,号竹臞,生两子两女,长子道东(早卒),次道南;两女,长女婿是通许知县唐志范,次女婿是石阡太守陆郯;余采有孙名继儒。余采弟塾之子有光,传忠震、忠技、忠奕,为孝孺十世孙。虽经艰辛和曲折,但航头方氏一族诗书传家,后继有人,更在此处代代相传,经历了明、清两朝后延续至今。现有航头支脉及其散居南汇地区成员 2 000 余人。值得庆贺的是,方孝孺 25 世孙、上海浦东新区航头镇著名企业家方庆平先生,以举家之力集巨资在航头镇丰桥村建立方孝孺纪念馆,总面积 1 400 平方米。主要展现方孝孺一生"勤奋好学""刚正不阿""威武不屈""赤诚爱国"的正气精神。纪念馆分设"万世忠魂""千秋正学""天佑遗孤"和"衍传航头"等内容,简要解读"天下读书种子"方孝孺成长、从政、以身殉道的全过程,重点讲述方孝孺后裔在航头衍传、复姓、明万历松江府建"方正学祠暨求忠书院”以及近现代后裔如何继承方孝孺精神的动人故事。馆名由吴邦国题写。这是全国规模最大、内容最全、馆藏最丰的方孝孺纪念馆，此馆之建，旨在通过弘扬、传播方孝孺正学精神，传扬中华优秀传统文化，使之成为激励后人，尤其是青少年继承优秀传统文化、不忘祖先美德、深具家国情怀的教育基地。纪念一馆，流芳千古，永载史册！

从“震泽学派”到《了凡四训》

——吴江人对“心学”传承的贡献

俞 前

震泽学派是北宋末南宋初的思想家王蘋所创立的学派。王蘋随父迁至吴江震泽镇，在震泽讲学，学者称其“震泽先生”，故称所创学派为“震泽学派”。王蘋是北宋理学家程颐的弟子，又是南宋哲学家、“陆王心学”的代表人物陆九渊的老师。王蘋对程颢“心”“性”学说的发展，又经过如下的传承：陆九渊—吴与弼—陈献章—娄谅—王阳明—王畿—袁了凡。从“震泽学派”到《了凡四训》，对中国的“心学”发展作出了重大的贡献。宋代的王蘋和明代的袁了凡的最后归宿都在吴江，是历史上的“新吴江人”。由此可见吴江这块风水宝地上国学的源远流长。

程颐弟子王蘋

王蘋（1082—1153），字信伯，老家是福建福清，父亲王仲举，在他幼时将他过继给伯父王伯起。

王伯起年轻的时候曾游历京师。向政治家、文学家王安石学过经学，向文学家曾巩学过文学，与曾公亮父子交游。枢密曾孝宽闻其贤，就请他去教书，奏授将仕郎，试国子监簿。后以假承务郎授严州教授，王伯起力辞不就。解除了官职，自号西室先生。与江公望（字民表，宋建德人，熙宁六年[1073]中进士，建中靖国元年[1101]拜左司谏）等人交为朋友。

王蘋从小在王伯起身边耳濡目染，学业多受名人点拨。后来王伯起又将王蘋推荐到洛阳，向哲学名流程颐求学。

北宋时有著名的“五子”：周敦颐、邵雍、张载、程颢、程颐，他们对北宋哲学思想的发展起了重要作用。王蘋是周敦颐的再传弟子。

周敦颐（1017—1073），又名周元皓，原名周敦实，字茂叔，谥号元公，是宋朝儒家理学思想的开山鼻祖。程颐（1033—1107），字正叔，北宋理学家和教育家。程颐与其胞兄程颢同学于周敦颐，共创“洛学”，为理学奠定了基础，世称“二程”。程颐是大学问家，名师出高徒，他的学生中不乏大学问家。

与王蘋一起学习的杨时（1053—1135），字中立，号龟山，学者称龟山先生，就是北宋有名的哲学家。王蘋又以同门后辈的身份，向杨时学习，直接得到杨时的教诲。王蘋的诗文、理学大有长进，一时与杨时相提并论，他深得前辈师长们的赞许，他的朋友尹焞、张绎、吕本中、李子勉等都不是泛泛之辈。有这么一段评价：“师门后来成就者，惟信伯（王蘋）也。”王安石变法后，王蘋未能求取功名，但他日积渐深的学问传闻于官宦名流。

绍兴四年（1134）时，南宋高宗驻跸平江（今苏州），王蘋的父亲王仲举迁到了平江。当时王伯起已过世，王蘋就跟着父亲到了平江。

平江守臣孙佑向丞相赵升推荐王蘋，赵升爱才，即向高宗保奏了王蘋。高宗闻奏，便召王蘋进见，并询问其有何治国之道。王蘋即直言治国有三策，一为正心诚意，二为能辨君子小人，三要除朋党。他当着文武大臣，侃侃而谈，述国家兴亡之原因，明君臣之大义，针砭时弊，直抒己见。高宗喜其直率且满腹经纶，当着左右大臣，夸王蘋“出生平民，谈吐自如”，又称读书人就应当通时务，明世理，方算有用之才。随即封王蘋为右迪功郎，并赐进士出身。授右迪功郎，加秘书省正字兼史馆校勘。王蘋累官至著作左郎、常州通判，主管台州崇道观。任上，多次因直言不讳而得罪秦桧，屡遭报复，但他不畏不惧。后来，因他年仅 14 岁的侄子王谊在书斋中作《罢相论》，并拈纸作御批“可斩秦桧，以谢天下”，被仆人告闻于朝，王谊被逮入狱，王蘋也被连坐罢官,成为一介平民。

王蘋罢官后,曾在福清海口的龙江书院讲学。当时著名理学家程颐在洛阳、涪陵一带讲学,好学不倦的王蘋就跟他钻研理学,成为程颐的门生。后来,王蘋又以同门后辈的身份,师事曾在“程门立雪”的杨时,得到杨时的教诲。

当时有陈长方、杨邦弼两个学生紧跟着他。

陈长方(1108—1148),字齐之,侯官(今福建福州长乐)人。宋高宗绍兴八年(1138)进士,授江阴教授,不久奉母居吴,依其外祖父太仆寺卿林旦家于步里,终日闭户,研究经史。从王蘋游学,以程氏为宗,朱熹也非常看重他。

杨邦弼(生卒不详),字良佐,建宁浦城人,宋高宗绍兴十二年(1142)进士。为太学博士,调通判信州,寻以大理卿改湖南漕,迁秘书丞、著作佐郎。两迁礼部,官至起居郎、中书舍人。也从王蘋游,探研理学。

在南宋年间,为避战乱,王蘋的父亲举家迁到吴江震泽镇,王蘋随父亲到了震泽。陈长方、杨邦弼也跟着王蘋到了震泽镇。

王蘋创立“震泽学派”

王蘋到了震泽镇,居通儒堂,道光《震泽镇志》载:

> 通儒堂,在通泰桥东,左朝奉郎王蘋所居,以(宋)高宗目为通儒故名。

王蘋在震泽传“洛学”于吴中,学者纷纷前来求教,因而形成“震泽学派”。

震泽学派主要传播二程学说,对程颢“心”“性”学说有所发展,观点与和靖学派尹焞相近。把学问分为“帝王之学”和“世儒之学”,认为“帝王之学当与世儒之学异,世儒之学往往于经世大法,莫之察也;帝王之学在措诸事业。此其所以异也”。认为“人心广大无垠。万美皆备”。还说“万物皆备于我”,提倡“尽心知性以知天”,“存心养性以容天”,“欲传尧舜以来之道”,需“扩充是心”就可以了。王蘋论“心”道:“人心大无垠,万善皆备,盛德大业皆从此出,欲行尧舜文武之道,扩此心焉耳。”

王蘋弟子不少,著名者有:陈长方、陈少方、杨邦弼、章宪、周宪、范如圭、曾幾、陆景端、施庭先、宋宜之、曾逮、方翥、林光朝、陆九渊等。

震泽学派主要著作有王蘋《论语集解》(未成而卒)、《易传》、《王著作集》,陈长方《步里客谈》《尚书传》《春秋传》,章宪《复轩集》,曾逮《刁庵集》等。

洛学自二程缔造以后,虽屡遭学禁,甚至一度几近断绝,幸亏有门人积极卫道,使得洛学薪火相传,终成显学。王蘋就在其中作了这种努力与尝试,作了贡献。王蘋作为程颐及杨时的高足,就哲学史地位而言,全祖望《宋元学案 · 震泽学案》论道:

> 洛学之入秦也以三吕,其入楚也以上蔡司教荆南,其入蜀也以谢湜、马涓,其入浙也以永嘉周、刘、许、鲍数君,而其入吴也以王信伯。信伯极为龟山所许,而晦翁最贬之,其后阳明又最称之。予读信伯集颇启象山之萌芽。其贬之者以此,其称之者亦以此。象山之学,本无所承,东发以为遥出于上蔡,予以为兼出于信伯。盖程门已有此一种矣。

王蘋的弟子中,以陆九渊最为有名。陆九渊(1139—1193),字子静,号存斋,抚州金溪(今江西省金溪县)人,南宋大臣、哲学家。

清代史学家全祖望在《宋元学案 · 象山学案》中认为:

> 程门自谢上蔡以后,王信伯、林竹轩、张无垢至于林艾轩,皆其前茅,及象山而大成,而其宗传亦最广。

这就是说，陆九渊思想乃继程门谢良佐之后，经由王蘋、张九成、林季仲发展而来。

王蘋、陈长方、杨邦弼成了当时的名儒，他们也成了震泽人的骄傲。

后来曾为南康军白鹿洞书院山长的沈义甫，称王蘋、陈长方、杨邦弼为“三贤”，并在震泽建“三贤祠”以纪念。道光《震泽镇志》记载：

> 三贤祠，祀宋王蘋、陈长方、杨邦弼。在普济寺东，旧在镇西，宋宝祐元年里人沈义甫建，元世祖至元中设教谕以主祠事。

震泽旧八景之一“康庄别墅”中原有范蠡、陆龟蒙、王蘋、陈长方、杨邦弼、陆十七、沈义甫、杨绍云、张源等九贤遗像。

柳亚子先生为震泽育英中学撰写的校歌中有两句歌词：“王蘋而后王晓庵，讲学持躬两卓绝。”王晓庵即王锡阐，震泽镇人，民间天文学家，曾与吕留良、张履祥等在江苏讲授濂洛之学。

柳亚子的校歌揭示了震泽历来重视教育的社会风尚，也让我们看到了王蘋等人当年在震泽百姓教化中发挥的巨大作用。

宋、明两代“心学”的传承

陆九渊为宋、明两代“心学”的开山之祖，与朱熹齐名。作为宋代程朱理学的重要学者，程颐对孟子也是崇拜有加，认为他是当之无愧的圣贤。

陆九渊认为孟子是传承孔子思想并将之发扬光大之人。孟子在心学史上最大的贡献就在于，他第一次比较系统地阐述了心性学说，堪称心学理论第一人。对于自己的学问，陆九渊觉得自己的思想是直接从孟子那里得来的：“或问象山学从何受，象山曰：‘因读孟子而自得之。’”

陆九渊主张“心即理”说、“发明本心”、“尊德性”、“大做一个人”、“践履工夫”等,言“宇宙便是吾心,吾心即是宇宙”,“学苟知本,六经皆我注脚”。他上承孔孟,下启王守仁(阳明),形成“陆王学派”。

从陆九渊到王阳明,其中还有几个传承人:吴与弼、陈献章、娄谅。

吴与弼(1391—1469),初名梦祥、长弼,字子傅(一作子传),号康斋,是崇仁学派的创立者。吴与弼是明代理学之开山,吴与弼的学问有一部分得自朱子理学的观念,还有一部分则是得自陆九渊的心学。吴与弼的心说更接近于陆九渊的观念,学术观应当是遵奉陆九渊的思想,这也正是后世将其认定为王阳明学说的源头的理论依据。侯外庐等主编的《宋明理学史》写道:

> 刘宗周称吴与弼之学,“多从五更枕上汗流泪下得来”。正是这种“静观”、“夜思”的为学修道的功夫,成为其理学思想的最大特色。其后,他的门人陈献章、胡居仁,正是从这里衍变而为王守仁心学的“发端”。

吴与弼的门人弟子中,最被人称道的就是陈献章(实斋)、胡居仁(敬斋)与娄谅三人。

吴与弼的学问传给了陈献章。陈献章,世称白沙先生,是与王阳明并称明代心学两大代表人物的思想家。他主动找到那位弃官不做、宁愿在家讲学的吴与弼并拜他为师。学术界习惯把陈白沙定位为明代心学的开端,他是陆九渊和王阳明之间承前启后式的心学宗师。陈献章(白沙子)在哲学史上是位举足轻重的哲学家,在心学的发展中的作用非同小可。后世学者一般认为,心学“成之于陆九渊,兴之于陈献章,盛之于王阳明,而真正的明代心学则始于陈献章”。陆九渊与陈献章、陈献章与王阳明之间虽不存在直接的关联,但在学术上,他们却都基于同样的思想根基。

陈献章的学说传到王阳明这里,其中有两个中间人物:一个是娄谅，他是陈献章的同学、王阳明的老师；另一个是湛若水，他是陈献章的学生、王阳明的好友。

娄谅（1422—1491），字克贞，别号一斋，江西广信上饶人，明代著名理学家。娄谅的学生当中，成就最高的是王阳明。王阳明曾亲自登门拜访娄谅，向他求教，并得到"圣人可学而致之"的启迪。

湛若水（1466—1560），字元明，号甘泉，明代著名的思想家、哲学家、大儒。在王阳明学说形成的过程中，湛若水及其师陈献章的学说无疑为之作出了不可小觑的贡献。

明代心学的集大成者王阳明

明代王阳明赞赏陆九渊的学说，使得"心学"得以发扬，世称"陆王学派"。

王阳明（1472—1529），名守仁，字伯安，别号阳明。浙江绍兴府余姚县（今属宁波余姚）人，因曾筑室于会稽山阳明洞，自号阳明子，学者称之为阳明先生，亦称王阳明。

在王阳明一生求学和思想变迁之中，他曾经拜访娄谅，然后又学习佛、道两家思想，到后来认识了心学正宗传人湛若水，之后才归正于圣学。王阳明推崇陆九渊，认为他传承了孟子之学。他潜心于陆九渊的心学并将其发扬光大。终于成为心学之集大成者。陆九渊生活于南宋时代，是心学的创始人；王阳明生活于明朝中期，成了心学的发展人。

王阳明是明代第一名士，他的弟子和追随者无数。最有影响的入室弟子有王畿、冀元亨、钱德洪、徐爱等。王畿后来成了袁黄（了凡）的老师。

王畿（1498—1583），明代思想家。字汝中，号龙溪，学者称他为龙溪先生。绍兴府山阴（今浙江绍兴）人。为王门七派中"浙中派"创始人。

王畿弱冠举于乡，跌宕自喜。明世宗嘉靖二年（1523），试礼部不

第,闻王阳明回绍兴稽山书院讲学,就返乡受业。嘉靖五年(1526),会试中式,未参加廷试,回乡与钱德洪共同协助王阳明指导后学,当时有“教授师”之称,为王阳明最赏识的弟子之一。嘉靖七年(1528),赴京殿试,途中听到王阳明去世的消息,就奔广信料理丧事,并服心丧三年。嘉靖十一年(1532),中进士,授南京兵部主事,进郎中。给事中戚贤等推荐王畿,但首辅夏言斥畿伪学,乃谢病归。来往江、浙、闽、越等地讲学四十余年,所到之处,听者云集,年过八十仍周游不倦。

王畿继承王守仁心学,又加以改造、发挥。其学以“四无”为核心,认为心、意、知、物四者只是一事,若悟得心是无善无恶之心,则意、知、物皆无善无恶。主张从先天心体上立根,不注重“致良知”功夫,谓任心之自然流行,即可脱离生死,将王阳明良知之说引向禅学。神宗万历二年(1574)在南京讲学,与李贽相识,李贽深受其影响,为之翻刻《文录抄》,王畿去世后,又为《王龙溪先生告文》以祭之。生平著述、谈话被后人合辑为《王龙溪先生全集》。

明朝重要思想家、迄今所知中国第一位具名的善书作者袁黄(了凡)是王畿的学生。

王畿的弟子袁了凡

袁了凡(1533—1606),初名表,后改名黄,字庆远,又字坤仪、仪甫,初号学海,后改了凡,后人常以其号“了凡”称之。

袁氏与吴江有一段非凡的渊源。袁黄的高祖袁顺(杞山)定居于吴江,袁黄曾祖袁颢(菊泉)做了吴江县徐氏的女婿并入了吴江籍。祖父袁祥到魏塘镇殳家为婿,居魏墉。袁了凡于嘉靖十二年(1533)出生于嘉善县魏塘镇。万历二十一年(1593)后,袁了凡认祖归宗,举家搬迁到吴江赵田村,在赵田完成了《了凡四训》。

袁了凡的父亲袁仁,家有藏书两万余卷,号称文献世家。他“博极群书”,对儒学具有很高的造诣,与大学者王阳明、王艮、王畿等在学问上有交往。王畿为袁仁撰写了《袁参坡小传》。

明嘉靖四十五年(1566),34岁的袁了凡游绍兴,拜王畿为师。

袁了凡在《了凡四训》中写道:“何谓从心而改?过有千端,惟心所造;吾心不动,过安从生?学者于好色、好名、好货、好怒,种种诸过,不必逐类寻求;但当一心为善,正念现前,邪念自然污染不上。如太阳当空,魍魉潜消,此精一之真传也。过由心造,亦由心改,如斩毒树,直断其根,奚必枝枝而伐,叶叶而摘哉?”学术界评价这段话的风格很有王阳明《传习录》的韵味,可以看出袁了凡深谙心学之道。袁了凡作为王畿的及门弟子,在思想上也是阳明后学的一分子。有人认为袁了凡是继王阳明之后的又一位心学大师。

袁了凡身上有心学大师王阳明的影子,在《了凡四训》里,袁了凡以其毕生的学问与修养,融通儒、道、佛三家思想,用自己的亲身经历,结合大量真实生动的事例,告诫世人不要被“命”字束缚手脚,要自强不息,改造命运。《了凡四训》蕴涵着中国文化的深邃和智慧,此书融会道教哲学与儒家理学,劝人积善改过,强调从治心入手的自我修养,提倡记功过格,这在社会上流行一时。该书被誉为“东方第一励志奇书”。

袁了凡影响了一大批中国名士,就以中国近代政治家、理学家曾国藩为例,在道光十一年(1831),曾国藩改号“涤生”。自己说道:“涤者,取涤其旧染之污也;生者,取袁了凡之言:从前种种,譬如昨日死;从后种种,譬如今日生也。”可见袁了凡对他的影响。

袁了凡是个全才,因而四方从游的人很多,《刻了凡杂著序》《禹贡图说叙》分别为他的门人杨士范和项德祯所撰。

顾曾璘,字玉甫,万历元年(1583)亚魁(乡试第六名)。尝从袁了凡游,以致知力行为务。周祖(《垂虹识小录》作“周祝”)字秀华,游袁了凡之门,闻性命之学;后入太学,授太常寺典簿。

袁了凡的《了凡四训》对吴江的后学有一定的影响。柳亚子亲自撰写的《新黎里》报的创刊词,借用了袁了凡的话:“从前种种,譬如昨日死;以后种种,譬如今日生。”这句话也点出了《新黎里》报的新意。

“震泽学派”的创始人王蘋及其几位弟子,以及《了凡四训》的著作者袁了凡,虽原籍都不是吴江,但落户吴江,在吴江著书立说,最后在吴江渡过了晚年,也留下了一定的影响。

本文就王蘋的“震泽学派”至《了凡四训》的师承脉落作了些探索。从“震泽学派”到《了凡四训》,我们可以看出一个完整的心学学派的传承脉络,看到“震泽学派”王蘋学术思想对后世的影响。

王阳明心学从“知易行难”到“知行合一”,也有他的发展图新之处,但这仅是我的一孔之见,其中的不当之处,还请方家指点。

参考文献:

[1] 黄宗羲原著、全祖望补修:《宋元学案·震泽学案》,中华书局 1986 年版。

[2] 袁了凡:《了凡四训》,清光绪十五年湖北官书处刊本。

[3]《〔道光〕震泽镇志》,清道光二十四年刻本。

[4] 侯外庐等主编:《宋明理学史》,人民出版社 1997 年版。

[5] 何静:《论王阳明对陆九渊心学的扬弃和超越》,《中共宁波市委党校学报》2007 年第 2 期。

[6] 方国根:《王畿心学思想的走向和发展——兼论王畿与王阳明及王门后学的异同》,《中国文化研究》1999 年第 2 期。

[7] 林志鹏:《从“良知之教”到“立命之学”——由袁了凡其人其学看儒学转向及阳明心学的世俗化、民间化》,《云南大学学报(社会科学版)》2021 年第 6 期。

江浙真的有龙吗？

陈其弟

郭琇修、叶燮等纂康熙《吴江县志》在其《杂志》卷有一则记载称："蠡泽湖，以范蠡养鱼于此，故名。一名斩龙潭，相传禹治水，斩黑龙于此。居民往往于滩间得龙骨。"并且引用了史鉴《龙坟志》作为依据称：

> 成化间，有巡抚广东李某，谒庙毕，问于诸生曰："昔大禹治水至震泽，斩黑龙以祭天。永乐间，此土尝获龙骨，有诸乎？"诸生不能对，以问鉴。鉴按：龙坟在今秀水县复礼乡小律原北，距太湖可六七十里。初，村人耕田往往得龙骨而不识。永乐间，一渔者始识之，因持以售于苏州徐氏药肆中，岁以为常。一日，徐问："有龙角否？"其人以一枝遗徐。有朱永年者，过肆，见之，惊问所来，曰："适有人来售。"朱问其人，急追及之。是时有左珰号李黄子者，方受命采珍异，朱以买办户出入珰所，遂告于珰。珰檄郡县，躬往掘之。初入，见有状如浮屠氏所云金刚神者数辈，俨然如生，见风随化，惟余骨，随得龙骨、角、齿牙凡数十舰，献于朝。窃取者，不与焉。时方贵龙骨带，自非诸王勋戚莫能得。一銙直十余金，及是，价为之顿贱。其后耕者犹时时得龙骨田中，意当时已尽取，不应有遗，岂其地为龙窟而蜕其中者欤？至"禹至震泽，斩龙祭天"之文不知出于何书？无所经见也。

在这段文字之后，有一个出处"《史鉴集》"。并加按语："鉴言其地在秀水县,似与吴江无涉,然斩龙潭即蠡泽湖,云即古震泽也,存之以待考。"

秀水县就是今浙江嘉兴,与吴江相邻,龙坟就在该县的复礼乡,出土的龙骨、龙角被出售给苏州徐氏中药铺,后被为朝廷采办珍异的朱某发现了,朱某让郡县官吏陪同,亲自去挖掘,挖得数十件"献于朝"。此事说得头头是道,应该是确有其事的。

龙骨到底是什么东西?

史鉴《龙坟志》中提到了挖掘龙骨的见闻,称:"见有状如浮屠氏所云金刚神者数辈,俨然如生,见风随化,惟余骨,随得龙骨、角、齿牙凡数十舰,献于朝。"

所谓的"金刚神","百度百科"称是"在佛寺门两胁所立之金刚夜叉"。也就是说体型比较大,造型比较恐怖,是某种生物的遗体,刚出土的时候还"俨然如生",后来"见风随化",仅剩下它的骨架,就是"龙骨"。这些龙骨,还被用来制作成"龙骨带",即上文提到的"銙"。銙是古代附于腰带上的装饰品,用金、银、铁、犀角等制成。用龙骨制成,档次要更高一点吧。

那么,作为中药的龙骨到底是什么东西呢?"百度百科"所给的答案是古代哺乳动物如大象类、犀牛类、三趾马等动物的骨骼化石。通过煅制以后具有镇静安神、敛汗固精、止血涩肠、生肌敛疮的作用。

照此说来,江浙一带在古代曾经存在过大型的哺乳动物,它们的骨骼化石就是史鉴《龙坟志》里提到的龙骨。在 120 年前,这味被称为"龙骨"的中药被王懿荣关注,并顺着线索,在河南小屯村发现了甲骨文。

解码龙骨上的"龙"字

甲骨文的发现,将中国的汉字史推进到了三千多年前的殷商时期。解读和考释甲骨文曾经一度成为"显学",其中最著名的要数

“甲骨四堂”：罗振玉（号雪堂）、王国维（号观堂）、郭沫若（字鼎堂）、董作宾（字彦堂）。

在这种“长”在“龙骨”上的古老文字里，居然已经有了“龙”字。苏州大学徐山对此字进行了考释，认为：甲骨文中“龙”的字形与“电”“雷”两字比较近似，可视为“电”“雷”的变形。龙字保留了闪电的弯曲状，又将表示雷声的符号“口”状移至弯曲处的终端，表示龙的口部。龙字中的口开口朝下，表示雨从龙口中倾泻而下。

龙观念，是原始先民对产生雷电的原因的一种生物化解释。“龙”字的异体，字形是在龙的形体上方加上“辛”。辛，甲骨文字形为斧劈树木状。从这个意义中又引申出刑具。在“龙”字中，“辛”位于龙形的上方，从辛的语义和造字的上下结构中可以看出，这个“龙”字反映了原始先民恐惧龙（雷神）而又企图征服、控制它的心理状态。

《集韵》在“龙”字下收录了“竜”这个异体字。该字的上方和“龙”字左上方一样，即甲骨文“辛”的隶定形式。“竜”的形义正是对雷电的征服状。此字形有力地证实了龙的原型是雷电。从龙字的发音来看，“lóng”正是记录了雷的隆隆之声。

龙形溯源

现在多数专家认为龙是以蛇为主体的图腾综合物。蛇的身、猪的头、鹿的角、牛的耳、羊的须、鹰的爪、鱼的鳞组合成龙图腾。

远古神话最早的神不是人，而是动物。原始人分不清人与动物的界限，认为某种动物是自己的祖先和保护神，这就是图腾。图腾作为氏族、部落的祖先和标志，一般是单一的某种动物，氏族部落发生兼并战争，胜利者在俘虏对方之后，往往同时消灭其图腾，新产生的部族拥有的还是单一的图腾。

龙作为一种图腾和一般的图腾不同，不是单一的动物，而是多种动物的集合，这突出地反映了中华民族伟大的民族精神和思想之一就是兼容并蓄。也许我们现在所见龙身上的各个不同部位所代表的正是原来某个部落的图腾,在不断的部落征战中,被消灭或失败的一方就成为其中的组成部分,因此,这条龙正是我们中华民族多民族的象征,也是中国人的精神图腾。我们自称"龙的传人"的原因也许就在这儿。

但是"龙"形象的出现,远比"中华民族"这一文化共同体的形成要早。

同样是考古发现,1987 年,在河南濮阳西水坡仰韶文化遗址中发现了六千多年前用蚌壳摆的龙,此龙昂首、曲颈、弓身、长尾,前爪扒、后爪蹬,状似腾飞,这是目前我们见到的最早的龙。说明龙形的诞生至少可以上溯到新石器时代。

地球上是否存在真的龙?

大概是因为属龙的关系,我自小就对龙很感兴趣。稍微长大一点,才知道龙是传说中的东西,现实中根本不存在。倒是有的孩子不小心尿床了,常会被大人取笑为"画龙"。此外,我们乡下还把夏天出现在野外的由龙卷风"直立空管状旋转气流"导致的地面河水旋转而上的天气现象称为"龙吸水",如此说来,似乎龙与水很有关系。

许多文艺作品总是将龙王、龙宫说得"活灵活现",特别是孩子们喜欢的《西游记》里,孙悟空更是大闹过龙宫。我们在日常生活中,还将闹误会称为"大水冲了龙王庙",把自来水的出水部位称为"水龙头"。苏州还有两处柳毅井(一处在城内五峰园,一处在东山启园),据说是柳毅为龙女到龙宫去传书的出入口。我们还将事物的前因后果称为来龙去脉。修筑堤坝或桥梁是从两端开始施工,最后在中间接合,称"合龙",亦称"合龙门"。

全国许多地方都有龙王庙,与龙有关的地名也相当普遍,比如最有名的当属河南洛阳的龙门石窟。苏州城里有卧龙街(今人民路),吴中区有五龙桥,高新区有龙池,吴江黎里有藏龙乡、黑龙潭……

每当碰上喜庆活动,各地还会有各种各样的舞龙队,舞动长长的

“龙”,有板凳龙、草龙、火龙、灯龙……似乎龙的影子无处不在,我们中华儿女将自己称为“龙的传人”,如果此龙真是虚幻的东西,还真有点说不过去。

后来得知,四川省自贡出土了恐龙化石,而且数量不在少数。有位美国人曾写了一部叫《侏罗纪公园》的科幻小说,后来被拍成了同名电影。常州还创办了一个中华恐龙园。如此种种,恐龙的形象似乎深入人心了,尽管它来自遥远的时代,但是似乎证实了它们曾经存在。

随着对恐龙研究的深入,恐龙形象逐渐清晰,恐龙的种类很多,其形象似乎与我们经常见到的舞龙灯所用的龙、北京故宫九龙壁上的龙不一样,但还是为我们“龙”文化增添了不同凡响的一笔。

参考文献:

[1] 郭琇修、叶燮等纂:《〔康熙〕吴江县志》,《江苏历代方志全书》本。

[2] 宋丁度:《集韵》,上海古籍出版社2017年版。

医理与《周易》八卦

华润德

我们的祖国之所以伟大是因为有优秀的中华民族及其创造的悠久的历史和文明,有着丰富多彩的文化遗产。那浩如烟海的历史典籍为我们构筑了一个个扑朔迷离的神秘殿堂,同时也为我们提供了源源不断的养分。祖国的中医文化绵延千年,多少年来,人们为揭开医易之谜,苦心孤诣、探赜索隐。中国医学宝库中现存成书最早的一部医学典籍《黄帝内经》就记载了十分有价值的资料,不仅包括哲学、天文、数学、历法、物候,还以很大篇幅论述了《周易》的灵魂——阴阳学说在医学上的运用。可以说,中医学是我们祖国无数文化遗产中间的一朵奇葩,她根植于中华文化的沃土,饱尝《周易》的雨露滋润。

我国古代诸多医家强调"医道于易"。近代中西医汇通派代表恽铁樵在《群经见智录》里提出"易理不明,《内经》总不了了"的看法,号召医界探求医易精理,以挖掘其中奥秘来发扬中华医学。明代著名医学家张景岳说:"不知《易》,不足以言太医。"自古以来,诸名家从实践所得普遍认为《周易》对中医起到了理论指导作用。中医学的经典《黄帝内经》分《灵枢》《素问》两部分,论述了经络学说、脏腑学说、阴阳学说、五行学说,这些都是从整体观念出发来研究人体和疾病的,并且总结了前人和疾病作斗争的丰富经验,从而奠定了中医学的理论基础。阴阳学说又是独特而系统的中医学理论体系的核心。《周易·系辞上传》提出了"一阴一阳之谓道",这就是说,阴阳是贯穿于一切事物的两个对立面。意味着由阴阳即正负两极对立冲突矛盾,互相变化,产生宇宙万物,这是含有原始辩证法的观点。然而一阴一阳、一静一动,恰与电脑二进制的原理不谋而合。现代吴门医家华幸若在其大作《内经阴阳平衡学说的数学探讨》中提及:阴阳平衡、调和就是维持人体的正常生理状态,这样,机体就处于健康状态;有疾病就是阴阳失去平衡。

《黄帝内经》的五行就是木、火、土、金、水,在医学上主要是以五行配五脏为中心,即肝木、心火、脾土、肺金、肾水,用以说明人体的整体性、人与自然界的统一性。中医五脏五行相生相克的关系,就是肝木生心火,心火生脾土,脾土生肺金,肺金生肾水,肾水生肝木;肝木克脾土,脾土克肾水,肾水克心火,心火克肺金,肺金克肝木。例如:脾胃健康,营养良好,肺结核病就易于好转,这便是土生金的现象;又如肝脏有病,那么一定对于脾脏有坏的影响,这便是木克土的现象。中医学的阴阳五行学说,在战国后期才成为医学上的理论体系之一部门,用以解释医学上的一些问题。我国古人邹衍著有《重道延命方》一书,他是将阴阳和五行联系起来建立理论体系的第一人。古今中外,校勘、注证、研究《黄帝内经》者不乏其人。苏州已故中医学者华幸若先生生前对易学、内经研究颇深,著有《内经阴阳平衡学说的数学探讨》,他所做的一些基础工作为我们后人进一步研究探讨,进而揭示中医学术独特理论体系的奥秘和《周易》之谜走出了新的路子,开拓了新视野。

《周易》中说:太极生两仪,两仪生四象,四象生八卦,八卦生六十四卦。这是中国生命科学产生发展的过程。太极是生命的初认识,用先天八卦,生命学才有了完整的框架。六十四卦又在先天八卦的基础上更深了一层。六十四卦时代,先天生命学产生了三大科目:一为《周易》六十四卦,二为阴阳五行,三为阴阳日历。

我们说“医易相通”就是指《黄帝内经》和《周易》在原理上相通。

人之生成,涉及阴阳。“男女构精,万物化生”(《系辞传》),“有子之道,必阴阳合而后胎成……所以万物之生,未有不因阴阳相感而能成其形者,此一阴一阳之谓道也”(《类经·藏象类》)。人不但生于阴阳,合乎易理,一旦生下来,其整个身心结构也无处不展示着阴阳的合成和易理的玄妙:“六十四卦列于外,昭阴阳交变之理也。太极独运于其中,象心为一身之主也。乾南坤北者,象首腹之上下也。离东坎西者,象耳目之左右也。”(《类经 · 附翼 · 医易义》)然而不管是先天阴阳,还是后天之阴阳,在人体中都必须相互融合,且处于平衡状态,方保肌体之健康。

辨证施治,不离易理。明代大医张介宾精于易医研究,他认为疾病的根本在于阴阳的失衡,其具体表现又在于表里、寒热、虚实之间的不平衡。“阴阳既明,则表与里对,虚与实对,寒与热对,明此六度,明此阴阳,则天下之病固不能出此八者。”(《传忠录 · 明理》)这就是说,虽然人体之病表现出千姿百态,切不可为其表面现象所迷惑,它们均不能逃脱表里、寒热、虚实等六度的范围。万变不离其宗,均可归结为阴阳之间的不平衡:“医道虽繁,而可以一言蔽之,曰阴阳而已”,“阴阳无误,治焉有差”(《传忠录 · 阴阳篇》)。所以病理变化,均可类比为阴阳之消长。他还用卦象比喻说:“泰为上下交通,否为乾坤之隔绝,既济为心肾相谐,未济为阴阳各别。”

总而言之,医易研究直接关系到中国传统科学文化现代价值的重新确认,与中华民族文化自信亦息息相关。

刍议华幸若先生学术

元　子

一、吴门医派谁杰出

明代杨循吉《苏谈》称“吴中医称天下”，清代唐大烈《吴医汇讲》广传于世，吴门医派驰名四方；民国后，吴门医派随中医衰落而渐销声。明清吴门医派主要特征是名医御医众多，诊治疗效显赫，学术著作丰硕，生命哲学和生命科学理论与时俱进。从明末清初到清末民初，吴门医派对传统中医药理论进行发挥，并结合明清之际开始传入的西方生命科学，追寻生命本源，提出了“先后天本原论”“温热论（温病论）”“血气互本论”“元质元神论”“卫气营血论”及“人体体质论”诸学说，将传统气化生命观和血气心知论由生命哲学的理论思考发展为生命科学的临床辨证，形成了一个会通古今中西的近代生命本体论、生成论及生命发展论的学术体系，在中医生命科学和生命哲学学术传承史上成就卓著。①

传统时代人们的最高追求是生命不朽，中国历史最大的特点是人丁兴旺。据有关统计，1820 年，中国人口约 3.8 亿，世界人口约 10 亿，中国占世界人口的 36%以上。这一人口记录中，有着中医医疗保健养生的巨大功劳，特别是中医生命理论的完善和应用，是人们生命力长久旺盛的根本保障。17—18 世纪，各种瘟疫在世界流行。

① 参见余同元《重构中医生命观——来自 17—18 世纪吴门医派的努力》，《明清论丛》第 20 辑，故宫出版社 2021 年版，第 241—260 页。

英国瘟疫不断,死亡挥之不去。仅 1665 年至 1666 年间的伦敦大瘟疫,伦敦人口就有四分之一死亡。天花是一种烈性传染病,据说 17 世纪欧洲有 4 000 万人被天花夺去生命。整个 18 世纪,天花在沿大西洋海岸和圣劳伦斯河地区肆掠,破坏程度远比 17 世纪严重。1702 年至 1703 年,美洲魁北克、波士顿以及纽约城无一幸免,死亡人口成千上万。1729 年至 1732 年间,这三个城市再次流行天花。直到 18 世纪末,英国医生琴纳才创造出用牛痘接种预防天花的办法。而同一时期的中国,不仅科学使用牛痘接种预防天花的办法,而且出现了医疗理论和技术都很先进的吴门医派之温病学派。吴门医派吴有性《温疫论》成书于 1642 年,分列 80 多个论题,全面阐发瘟疫的发生、发展、演变规律,及辨证论治的原则方法。吴门医派叶天士(1667—1746)创立"卫气营血"辨证论治纲领,奠定了温病学说的技术体系,其所述《温热论治》等医学文献,至今仍有重要的指导意义和实用价值。

西医遵循"原子论"传统,中医遵循"元气论"传统,这从根本上决定了中西医生命观和医药技术的历史差异性,现代中西医必须由彼此排斥走向各美其美、美美与共的相互观照。中西医结合之追求和尝试是近现代吴门医派的发展趋势。近现代吴门医派殿军人物在学术传承上坚持传承与创新并重,返本开新、温故知新与推陈出新结合,亦新亦旧,亦中亦西,古为今用,洋为中用,循经守数,道技互进。70 年前,以"神医""药王""经师"著称的苏州儒医华幸若(1912—1963),就是吴门医派人物的杰出代表。华幸若先生多才多艺,于书画、音乐皆有专长,早在苏州美术专科学校读书期间,就担任校学生会主席、国乐会主席,享有"琵琶王"等美称。后来师从著名国医大师吴子深,成为吴门御医曹沧洲的再传弟子,擅长中医理论研究和内、妇、儿科疑难病症的诊治,曾于上海、苏州、北京等地挂牌行医,并先后执教于苏州中医专科学校和北京中医院(现北京中医药大学),讲授医经、医古文课程。其遗著二百余万言,医学著作众多,整理发表的主要有《内经阴阳平衡学说的数学研究》《周易六十四卦新解表》《山海经药物考》《中药学提要》《验方汇编》《医学三字经白话解》

《中药四言歌》《治愈脑蜘蛛膜下腔出血症病例介绍》等。其于医学理论与实践多有发明，曾被学界名流沈飚民先生和同行文怀沙先生誉为“神医”和“药王”，①堪列吴门医派殿军人物。

二、循经守数号“神医”

《素问·疏五过论》说：“循经守数，按循医事，为万民副。”循，遵循，遵生；守，保持、遵照；循经，就是遵循经典模式，发明经典公式，运用公式进行医学实践；守数，就是要遵守术数和气数原则，按照数量、数理原理，符合气数与数学规律。

首先，神医“循经”即“易医融通”。华幸若先生应用《易经》之易医原理，发明《周易六十四卦新解表》(见表1)，诊治疑难病症。原来《周易》八卦一至八分为“先天定数”与“后天易数”，根据“先天为体，后天为用”原则，构成分宫卦象次序：乾、坎、艮、震为阳四宫，巽、离、坤、兑为阴四宫，形成传统分宫中的阴阳及八个卦象排列方式。《周易六十四卦新解表》对此全面调整，根据天、地、人三才学原理，重新编排定阳四宫、阴四宫次第，以四阴四阳八大卦象派生六十四卦，象征宇宙人生万事万物之生命玄机奥妙，从后天八卦图西北乾位起始，向下向左圆转次第排列，数往者顺，知来者逆。华幸若先生哲嗣华润德与苏州周易研究会陈根荣合撰《〈周易六十四卦新解表〉浅识》，认为《周易六十四卦新解表》奠定了一门科学预测学产生的基础——所谓易者，阴阳之道；卦者，阴阳之物；爻者，阴阳之动；宫为天(天干八宫)、卦为地(地支六十四爻)、爻为人(念感信息)，凸显了先天、后天相融和天人合一的“三才变易”之理：一是八个宫的卦象为先天卦象，谓之先天；二是八宫六十四卦爻辞按后天八卦顺序排列，谓之后天；三是预测得出六爻中的动爻指称具体人、事、物之能量动向。

此即华幸若先生揭示出来的医道于易与易医相通之定理公式：

① 详见俞志高《医画兼擅、德才兼备华幸若》，《苏州杂志》2006年第2期。

发阴阳能量,阐三才信息,统玄空象数,远在六合之外,近在一身之中,微于动静,暂于瞬息。《易 · 系辞》说:“天一地二,天三地四,天五地六。”天是单数一,地是复数二,一、三、五、七、九这五个单数代表天,二、四、六、八、十这五个复数在单数之下,代表地,五个单数加起来为天数二十五,五个复数加起来为地数三十,二十五与三十合计五十五。这些数字构成纷繁多变的现象,从中可以窥视生命造化之理。五运六气说以五六为万物化生规律,是对《易经》变易学说的逻辑发挥。归宗于《易》、精通《周易》辩证法的华幸若先生,正是借助中国哲学中经权、常变的辩证关系来诠释中医学辩证思想的。他将《周易六十四卦新解表》与中医“五运六气”等“八纲辩证”理论方法结合,诊断病理病机,简便实用,累用累验。

表 1　周易六十四卦新解表

四(震)								三(艮)								二(坎)								一(乾)							
八	七	六	五	四	三	二	一	八	七	六	五	四	三	二	一	八	七	六	五	四	三	二	一	八	七	六	五	四	三	二	一
雷泽归妹	雷地豫	雷火丰	雷风恒	震为雷	雷山小过	雷水解	雷天大壮	山泽损	山地剥	山火贲	山风蛊	山雷益	艮为山	山水蒙	山天大畜	水泽节	水地比	水火既济	水风并	水电屯	水山蹇	坎为水	水天需	天泽覆	天地否	天火同人	天风姤	天雷无妄	天山逐	天水讼	乾为天
归妹	豫	丰	恒	震	小过	解	大壮	损	剥	贲	蛊	颐	艮	蒙	大畜	节	比	既济	并	屯	蹇	坎	需	覆	否	同人	姤	无妄	逐	讼	乾
八(兑)								本(坤)								六(离)								五(巽)							
八	七	六	五	四	三	二	一	八	七	六	五	四	三	二	一	八	七	六	五	四	三	二	一	八	七	六	五	四	三	二	一
兑为泽	泽地萃	泽火革	泽风大过	泽雷隋	泽山咸	泽水困	泽天夬	地泽临	坤为地	地火明夷	地风升	地雷复	地山谦	地水师	地天泰	火泽睽	火地晋	离为火	火风鼎	火雷噬嗑	火山旅	火水未济	火天大有	风泽中孚	风地观	风火家人	巽为风	风雷益	风山渐	风水涣	风天小畜
兑	萃	革	大过	隋	咸	困	夬	临	坤	明夷	升	复	谦	师	泰	睽	晋	离	鼎	噬嗑	旅	未济	大有	中孚	观	家人	巽	益	渐	涣	小畜

能够把握数、利用数,从而作出准确的判断和治疗者为“神医”。毕达哥拉斯说“数”支配着宇宙,培根说数学是打开科学大门的钥匙。中国古代学问也讲“数”,特别是中医学,重视“数”的运用。司马迁

《史记·太史公自序》称扁鹊“守数精明”。《素问·疏五过论》说：“守数据治，无失俞理，能行此术，终身不殆。”“法于阴阳，和于术数”是《黄帝内经》的养生原则、方法、技术。术数，术，技术、方法、技巧；数，理数、气数、数字。如马莳《素问注证发微》曰：“术数，所该甚广，如呼吸按跷及《四气调神论》养生、养长、养收、养藏之道，《生气通天论》阴平阳秘，《阴阳应象大论》七损八益，《灵枢·本神》长生久视。”“和于术数”最重要的还是一个“和”字，即采用任何一种方法，都要做到适中，无太过、无不及。可见，不但中医药学方法和技术可以用数字来表示，而且还要和之于数。华幸若先生所言所用之数，不仅指古代“气数”与“术数”，还包括现代数学中数量与数理之“数”，详见其《内经阴阳平衡学说的数学探讨》。①其中所论证的内经阴阳平衡学说的数理概念范畴，其哲嗣华润德归纳为十大方面：

(1) 岁气360度(圆周360度的生成)和60甲子的生成。

(2) 60甲子是5行、10天干、12地支的最小公倍数。

(3) 岁气之数360度是3元、5行、8方、9野的最小公倍数。

(4)《内经》岁气数之360上下、左右、升降、阴阳、动静等理论和现代三角数学(直角坐标单位圆周正弦函数的正负变化原理)相符合。

(5)《内经》论平旦、日中、黄昏、鸡鸣、阴阳变化和现代三角函数的正负变化相符。

(6)《内经》5行相生是补(轻刺激)，五行相克是泻(重刺激)其治疗方法和作用。

(7)《内经》四时五气主旨是指升(春)、浮(夏)、降(秋)、沉(冬)。而升浮属阳，相同于病理生理的兴奋过程；沉降属阴，相同于病理生理的抑制过程。

(8) 五行生制，是指中医阴阳升降(兴奋抑制)、补泻平衡理

① 华润德等整理，苏州印刷厂1991年印行，第52页。

论和法则：甲、以右治左，以左治右。乙、阴盛阳虚先补其阳后泻其阴而和之。

(9) 脉象(3 部)2+(4 时)2=(5 藏)2 合于勾股定理。

(10) 脉象 3 部 4 时 5 藏的阴阳相乘之积相加之和合于大衍之数(32+42+52=50)……合于《难经》一脉十变之说。①

早在 20 世纪三四十年代，华幸若先生便将中国古代勾股玄定理与现代数学三角函数结合，用于研究易医阴阳、五行、八卦学说，制表列式绘图，阐释河图洛书、卦象爻辞与人体脏腑经络的升降浮沉、表里虚实之对应关系，探讨天人合一阴阳平衡的内在运行规律，揭示其穷理、尽性、至命、致真之途径。这些不仅论证了《内经》系列论点，而且应用于指导中医临床实践，是尝试结合易理象数与现代数学来研究中医病理药理的先例。

三、返本开新称“药王”

有药才有医。药学主要研究药品的药理、药剂、生产过程、生产加工技术与使用方法等。根据疾病研制药物，注重的是药物研制；医学则是使用药物治疗疾病，注重的是怎样用药治病达到最佳效果。有了中医药，然后才有方剂和方书。有了反复验证和代代相传的丹方、方剂、方书，才使中药炮制技术被不断实验、总结、创新、提高，“以利天下后世”，才使人们健康长寿成为可能。高濂《遵生八笺 · 灵秘丹药笺》曰：“羲皇嚅药制医，治人百疾，自华、扁诸家，复遗方书，以利天下后世，好生之德，何无量哉！今人天真散失，幻体空虚，不思补髓填精，斡旋造化，长年将无日矣。”“嚅药”，即对药物加以钻研和体味。如元好问《答弋唐佐》诗曰：“信默余天粹，咀嚅有道真。”此处

① 参见华润德《〈内经阴阳平衡学说的数学探讨〉略说》，《传统文化研究》第 18 辑，群言出版社 2011 年版。

"嚅"即品尝研究之意。"返本开新",意在返回文化与学术的本源处,从本源处开发新用。中医药学现代创新必须从本源处开发新用,在根柢上发端启导,否则就是无源之水、无本之木。

"天下所有,无非是药。"《山海经》是一部什么性质的书?是巫术之书、祭祀礼书、方士之书,还是地理之书?清代《四库全书》把《山海经》归入"子部小说类异闻之属",鲁迅《中国小说史略》称《山海经》"盖古之巫书也"。华幸若先生著《山海经药物考》,首先在序言中确认"《山海经》一书与《神农本草经》相同",是"祖国医药文化遗产"。食必稽于本草,饮必准乎法度。所谓"诸药以草为本",由于中药以植物性药材居多,所以古人把药材称为"本草"。中医养生,无不强调以本草滋补生命和祛病延年。虽然各派医家对人的机体认识不同,养生之法各异,但以本草为药材,以调养、滋补"五脏"为本,固五脏而强身,是中华本草养生学之大宗。《神农本草经》又称《本草经》或《本经》,是现存最早的中医本草学著作,起源于神农氏,代代相传,经不断搜集、总结、整理,于汉代结集成书,是中医药第一次系统总结。研究《本草经》必须研究其源头《山海经》,"是以勤求古训,兼采新说,以相发明"。在《山海经药物考》中,华幸若先生讲求文献、考查、考古、访问、实验等多重证据研究法,"以各药物之产地、名称、形态、主治等四类为考证之标准",强调每项考证之五大宗旨:"考明药物之真伪变迁,讨论诸说之异同疑似,辩证后世本草之谬误,补充诸家本草之遗漏为目的,与谈怪炫奇以异其趣焉。"这里仅以书中"祝馀"考证为例,略窥其中医药经典研究的"古训新言"之道。

关于"考明药物之真伪变迁",这是古药物经典考证研究的学术基础。华幸若先生列举历代药物文献,一一排比搜理,最后确定以李时珍《本草纲目》为本,以沈飚民《山海经集释》及《读山海经肊断》经文注解为参照,"兼参己意,加以剪裁"。"祝馀",作为《南山经》开篇第一种神奇植物,其关键词有长得像韭菜、开青色花、吃了不觉得饿。它到底是什么东西呢?

《山海经药物考》"经释"曰:

《南山经》招摇之山,有草焉,其状如韭。郭璞《注》:"璨(即东汉王璨)曰:'韭,音九。'《尔雅》云:'霍山亦多之。'"毕沅《新校正》(亦名《山海经新校注》):"《尔雅》:'藿,山韭。'韭字作藿。详郭彼义,以为山韭名藿,此之霍山,以为山名,非也。"幸若按:招摇之山,据高诱注《吕氏春秋》云,山在桂阳。郭氏云在蜀伏山,山南之西头滨西海也。毕氏云蜀伏山未详,或当为蜀汶山。又郝(即清代学者郝懿行,著《山海经笺疏》)云,《大荒东经》曰有招摇山,融水出焉,非此。……食之不饥,吾师沈祖绵(即沈瓞民)先生《读山海经肊断》:"经言各物,曰食,曰佩,曰为,曰已。读者当注意,食,谓可食之物。"

华幸若先生考证"郝说非"与"沈说是",确认"祝馀,山韭也"。

关于"讨论诸说之异同疑似",华幸若先生强调古训新言期发明,这是古药物考证的重点所在。他于"群书之有辨证药物者咸举之,而近人发明为古人所未言者,与夫报章杂志所载,足资参考者,亦附入焉";还积极吸收国外有关研究成果,如日本石户谷勉的《中国北部之药草》、小川琢治的《中国历史地理研究》和冈元凤的《毛诗品物图考》等,亦加以采用。如"祝馀"注解,异说众多。《尔雅》谓之"桂茌",郭璞注作"桂荼",郝懿行笺作"杜荼";近现代亦有三说:一曰小麦,符合"如韭""不饥"之特征;二曰黑花韭,符合"如韭""青华"之特征;三曰麦冬,符合"不饥""青华"之特征。近现代持麦冬说者居多,如覃保霖《壮医源流综论》云:"或以为指今之天门冬。检《本草纲目》卷十八,天门冬条,其叶形,花色都十分相似。梁陶弘景,唐慎征,宋掌禹锡诸医家,都赞其有辟谷不饥的功能,道家则称颂为'仙人粮'云云。此说可供参考。"

面对对诸说之异同疑似,华幸若先生一览无余,其"药考"引历代记述考证:

《北山经》:边春之山,多韭。又,视山,其上多韭。《尔雅·

释草》：萑，山韭。邢疏：韭生山中者名萑。《韩诗》云：六月食郁及藿（萑）是也。《说文》：韭，菜名。一种（穜）而久者，故谓之韭。象形，在一之上。一，地也。又韱，山韭也。从韭，𢦏声。徐锴按《尔雅》注：山中有之如人家种者，瀸鑯纖韱从此息盐反。又萑，艸也。从艸，隹声。诗曰：食郁及萑。段玉裁《尔雅》：萑，山韭。郭注谓山中多有此菜，如人家所一种者，故许不谓之菜与。

关于“辩证后世本草之谬误”，华幸若先生以文字学与古药物学结合，对文献中的错误加以校勘纠谬。如“祝馀”之“韭华”注解：

《说文》：菁，韭华也。段注《周礼》：菁菹。先郑曰：菁菹，韭华，菹也。今各本脱“华”字，则何以别于上文之韭菹乎？《广雅》曰：韭其华，谓之菁。若《南都赋》曰：秋韭冬菁，则是二物。史游所云，老菁冬日藏也。《广雅》：韭其华，谓之菁。《王氏疏证》曰：菁，韭华也。《众经音义》引三仓云：韭之英，曰菁。《周官·醢人》：朝事之豆，其实菁菹。郑众注云：菁菹，韭菹。《齐民要术》引崔寔《四民月令》云：七月藏韭菁。（幸若）案：韭菜华，今人多以盐水浸之可案酒。《蔬谱》茎名，韭白；根名，韭黄；花名，韭菁。丛生，山韭与家韭相类。

关于“补充诸家本草之遗漏”，华幸若先生以“个人观察访问所得，以客观态度斟酌而考定之”；强调“药贵经验”，“老农、老圃、老渔、中药店员等劳动人民之经验，本书尤加珍视，均与采用，以资考询”。如萑、韱与山野韭、水野韭，考证曰：

《释名》萑（音育），韱（音纤），并未详。《集解》颂曰：萑，山韭也。山中往往有之，而人多不识形性。亦与家韭相类。但根白，叶如灯芯苗耳。《韩诗》云：六月食郁及薁，谓此也。时珍曰:案《尔雅》云藿,山韭也。许慎《说文》云:韱,山韭也。金幼孜《北征录》云:北边云台戎地,多野韭、沙葱,人皆采而食之,即此也。苏颂以诗之郁即此,未知是否。又吕忱《字林》云:莶(音严),水韭也。野生水涯,叶如韭而细长,可食,观此,则知野韭又有山、水二种,气味或不相远也。

最后结论是:

山韭,《尔雅》曰藿,《说文》曰韱,野生,叶如家韭而细长。无论家韭、山韭,韭叶、韭花皆可为菜。或煮或菹,可生可熟,乃菜中之最有益者,而山韭尤宜于肾病与老人也。故陈直以藿作羹,佐以鲫鱼肉,奉亲养老,假饮食之滋养,健脾益肾,进饮食去烦热,深合食疗之旨,人可常食尔。

(气味)咸寒涩无毒。(主治)宜肾,主大小便数,去烦热,治毛发。(发明)时珍曰:藿字多讹作藿字,藿乃豆叶也。陈直《奉亲养老书》有藿菜羹,即此也。其方治老人脾胃气弱,饮食不强。用藿菜四两,鲫鱼肉五两,煮羹下五味,并少面食,每三五日一作之,云极补益。

四、道技互进为"经师"

清代吴医医经学派致力于医经研究,代表人物有顾靖远、薛雪、徐大椿等人。如顾靖远,康熙时曾入太医院,著《医镜》十六卷,包括《灵素摘要》二卷、《内景图解》一卷、《脉法删繁》一卷、《本草必用》二卷、《症方发明》八卷、《格言汇纂》二卷。《内景图解》将脏腑形态、解剖位置、十二经脉循行部位及络属脏腑等内容进行绘图,并予以注释。其注文简要通俗,将《内经》条文分为摄生、阴阳、脏象、气味、治则、病机、运气七大类。华幸若先生是近现代医经研究的主要代表。

其以《内经》为本，引入《易经》《山海经》和《本草经》等，形成现代意义上的医经学，内容凸显于中医基础理论和临证治疗两个方面。在研究方向上有考证、校订、注释、分类研究、专题发挥等方面，《山海经药物考证》是其中的光辉典范。华幸若先生对于医经研究，虽然在思想继承上有出于私淑者，但在研究方法上皆有学术传承脉络，还运用现代医学及自然科学理论方法，最后将其研究发明运用于疑难病症诊治之医疗实践。

关于华幸若先生诸多疑难病症诊治案例资料，目前还缺乏全面搜集整理。这里仅据俞志高《医画兼擅、德才兼备华幸若》一文略述一二，以知其“神医”“药王”之名不虚传。

一是著名画家沈彬如夫人钱凤英女士和吴子深前妻洪氏夫人洪颐年女士等患重症伤寒，经华幸若先生力拔沉疴，化险为夷，妙手回春。

二是中国电影事业拓荒者张石川先生在20世纪40年代身患重症糖尿病，经幸若先生悉心治疗，嗣后结为知交。

三是上海三大导演之一吴仞之的爱侣金羽女士，患上当时被称为不治之症的“白血球增加症”，白血球高达近50 000单位，其时沪、苏诸多名医均感棘手，延请华幸若先生施展绝技，经一周治疗，白血球即降至8 300，其他指标基本正常，经过1个月的疗养，病体基本恢复康健，病患家属为表示感谢，竟登报鸣谢半月之久（见《苏报》1947年10月15日）。

四是为恩师沈飚民之夫人顾女士治愈了多年延请沪苏名家诊疗未愈的妇科病，沈老感动地说：“真是神医。”

五是1955年曾治愈一位当时在苏州市第三人民医院住院部治疗的12岁病孩，其患脑蜘蛛膜下腔出血症，经华幸若先生“以《内经》阴阳五行、五运六气理论为指导，运用中医辨证施治，完全应用中医药诊断治疗，终于彻底地转危为安。此病例曾在北京中医学院1960年第一期学报上发表，得到了学院与卫生部的高度重视”。

六是在京期间为中华书局总编辑金兆梓嫡孙治愈了得病近十年

的耳聋顽症，此事在北京中医学院引起震动（病孩父亲系知名海归人士、陶瓷专家金永祚）。

中医文化研究主要研究传统中医现代转型史，研究对象主要是医学实践、理论研究中的中医药技术的理论化（“技进乎道”）与中医药理论的技术化（“道进乎技”）问题。所谓传统中医药技术理论化，特指经验技术上升到医学理论（“技进乎道”），医学理论再指导技术实践（“道进乎技”），再表现为“技术→科学化”与“科学→技术化”互动（“道技互进”）创新过程。主要内容体现为中医药技术的文本化（文档化+文献化）、数学化（数量化+数理化）、标准化（法式化+则例化）、学科化（课本化+课程化）几大过程。华幸若先生能以“神医”“药王”兼“经师”，在于他既有长期临床实践和医经教学实践，并将医疗实践经验详加总结，形成理论——“技进乎道”；同时又有长期的经典理论研究，并将研究理论运用于疑难病症诊治过程中，取得了良好的治疗效果——“道进乎技”，最后在此基础上达到“道技互进”的上乘境界。

参考文献：

[1] 华幸若：《山海经药物考》，手稿本。

[2] 华幸若：《内经阴阳平衡学说的数字探讨》，华润德等整理，苏州印刷厂 1991 年版。

[3] 华润德：《〈内经阴阳平衡学说的数字探讨〉略说》，《传统文化研究》第 18 辑，群言出版社 2011 年版。

[4] 俞志高：《吴中名医录》，江苏科学技术出版社 1993 年版。

[5] 俞志高：《医画兼擅德才兼备华幸若》，《苏州杂志》2006 年第 2 期。

[6] 华润龄：《吴门医派》，苏州大学出版社 2004 年版。

[7] 陈仁寿：《吴门医派之本草发展述略》，第十九届全国药学史本草学术研讨会暨 2017 年江苏省药学会药学史专业委员会年会论文集，2017 年版。

[8] 陈仁寿:《江苏中医历史与流派传承》,上海科学技术出版社 2014 年版。

[9] 冯丽梅:《医学地域化——明清关中医家与新安医家比较研究》,北京中医药大学 2007 年博士学位论文。

“陵”字有“水”义

戈春源

“陵”的本义是“小土山”，引申为坟墓、帝丘等义。“陵”字又一义作“水道”或“水”解，却无人论及。“陵”字含有“水”意，在古文中屡有所见，今后有必要收入辞书中。今作如下解读。

《越绝书》卷二《越绝外传记 · 吴地传第三》：“通江南陵，摇越所凿，以伐上舍君。去县五十里。”[①]文中的“通江南陵”，是通吴淞江的水道，且在《越绝书》成书年代的东汉吴县城（又叫姑苏城、阖闾大城，今苏州）之南五十里，所以称“通江南陵”。这条水道是战国时越摇王所开凿，用来运兵送粮，讨伐越国另一贵族上舍君。既是“通江”，又称“凿”，这个“陵”字无疑作“河道”解。越摇王所居地，至今尚存，在苏州东南，今称大姚村。

又如，李白著名的《忆秦娥》词中，有“年年柳色，灞陵伤别”一句，这里，“陵”也应作“水道”解，灞陵就是灞“水”。

灞水，在今西安东，原称滋水。春秋时，秦穆公（前659—前620在位）为表扬自己的霸业之功，把滋水改成霸水。后逐步加一水旁，写成“灞”。这条水道亦可称“灞陵”。三国王粲年轻时逢“长安之乱”，他南奔荆州，欲依刘表，沿灞水南下途中，写《七哀诗》三首，有“南登灞陵岸，回首望长安”[②]句，是说他徘徊在灞陵岸边，回望长安城，发出无限的感慨。这说明灞陵即灞水，故而有岸。

---

① 袁康、吴平：《越绝书》卷二《越绝外传记 · 吴地传第三》，上海古籍出版社1985年版，第44页。

② 王粲：《七哀诗》，逯钦立《先秦汉魏晋南北朝诗》，中华书局1983年版，第365页。

一些注释者对“灞陵”两字多有曲解。华侨出版社2013年出版的《古典诗词》称李白词中的“灞陵”为汉文帝刘恒的陵墓。汉文帝公元前179年至公元前157年在位，距灞水（灞陵）之名的命名时间已晚了几百年。汉文帝死后在灞水近旁的山上起坟，“就其水名以为陵号”（《史记·文帝纪》）。是讲先有灞水，后有帝坟“霸陵”。又，李白词中的灞陵是折柳相别的地方，而皇帝陵墓当植松柏，不能植柳树，因此这里的“灞陵”，不能释成文帝“霸陵”。

又清舒梦兰《白香词谱》二注此句时说：“灞陵即指灞桥。《三辅黄图》：‘灞桥在长安东。’汉人送客至此桥，折柳赠别。”①著名词论家、近人胡云翼在《唐宋词一百首》中对“灞陵”两字注云：“在西安市东南，附近有一座灞桥（架在灞水上），桥边柳树很多。唐朝京城长安（西安市）的人们送别到这里，折下柳枝表示惜别的情意。”②但“陵”与“桥”意毫无关联，此说明显不顺。可能桥边柳树是多一些，但“陵”是“水”的本义却不能否定。

更有人把文帝“霸陵”与“灞桥”硬凑在一起。如人民文学出版社1979年出版的《唐宋词选释》，在李白《忆秦娥》词的注释中说：“灞陵，汉文帝陵，在长安东，附近有灞桥，唐人折柳送别的所在。”③后来的注释者多有循此意的。已分不清“陵”是指帝丘还是指桥。其实两者皆非，灞“陵”就是灞“水”，灞陵相别就是在灞水相别。

今苏州市吴中区的中心城镇松陵，其起源也应是水道名。松陵，最早见于《吴越春秋》卷十《勾践伐吴外传》，在周敬王四十二年（勾践十九年，前478），越王勾践经“十年生聚，十年教训”，于国力大增后讨伐吴国；越兵进入吴境，由于伍子胥显灵阻挡，据说“即日夜半，暴风疾雨，雷奔电激，飞石扬砂，疾于弓弩。越军坏败松陵，却退”④。其中“松陵”两字应作松河或松水解。唐陆广微《吴地记》：“松江，一

① 舒梦兰：《白香词谱》二，世界书局1938年版，第2页。

② 胡云翼：《唐宋词一百首·忆秦娥》，中华书局1961年版，第5页。

③《唐宋词选释》“李白《忆秦娥》”注释，人民文学出版社1979年版，第9页。

④ 赵晔：《吴越春秋》卷十《勾践伐吴外传》，江苏古籍出版社1986年版，第142页。

名松陵,又名笠泽。"[①]其中"陵"与带有水旁的"江""泽"相对,可见"陵"有水意,"陵"就是江河、流泽。

众所周知,松江,即吴淞江,是至今仍存的一条水道,其下游就是今天贯穿上海的苏州河。"笠泽"也应是一条河道。此次吴越之战中,越军从吴越分界的御儿出发,进至"笠泽";吴王闻之,亦起师至"笠泽"抵御。吴军"军于江北,越军军于江南",吴、越两军"夹水而陈(阵)"。[②]据《左传》《国语》等记载,战争开始,越王把军队分成三路,左军上行五里,右军下行五里,中军隐蔽不动。夜半时分越军左、右两军敲鼓水行前进。吴王以为越师前来夹击,即分左、右两军前去防守,而越国的中军却在中间偷偷渡江,突袭吴军营垒,结果"吴师大北"。从以上记载来看,"笠泽"应是一条较宽的河道。研究《左传》的权威,原中华书局总编杨伯峻先生亦认为此处"笠泽"不是太湖旧称,因"太湖周 680 余里,跨江苏浙江两省,不得夹水而陈(阵)也",故认为笠泽为一条河道。[③] 可见,松江、松陵、笠泽都是指同一条河流,一江而三名。

而历代学人对"松陵"两字多有强解之处。元代徐天祐替《吴越春秋》作注,引文说:"松陵,在松江,松陌流溢至此,故名。"[④]松树之路不可能"流溢",且"路"与"陵"的概念完全不同,故此说不通。《吴江县志》引《旧经》云:"松陌险隘,故曰松陵。"[⑤]是说"松陵"之名来源于松树之路的险要、狭隘。但路的"险隘"与"陵"义不相通,且松林之路在江南平原不能称"险",故此说亦非。

今松陵镇为吴江区的中心城镇。松陵镇自古至今均跨吴淞江两岸,有南、北两城夹江而立,其镇域应包括水面在内。疑这里先有"松陵",即两岸种植松树的水道(此水又名松江、笠泽),后两岸聚集居民而成镇,与今松江、吴江一样,用水名作地域名。曹林娣教授在《吴

---

① 陆广微:《吴地记》"松江"条,江苏古籍出版社 1986 年版,第 81 页。
② 《左传·哀公十七年》,《十三经注疏》本,中华书局 1977 年影印本,第 477 页。
③ 杨伯峻:《春秋左传注》,中华书局 1981 年版,第 1707 页。
④ 《吴越春秋》卷十《勾践伐吴外传》徐天祐注,第 142 页。
⑤ 乾隆《吴江县志》引《旧经》,江苏古籍出版社 1991 年版,第 365 页。

地记》的注释中否定了徐天祐与《吴江县志》所引《旧经》的说法,并根据《乾隆县志》说:松陵之名是"地在吴淞江上,此江颇高,有若丘陵然耳"①。认定这里有一块丘陵样的陆地,所以称"松陵"。此说近似。但吴江区是一片平原,并没有像山丘样的高地。松陵应是两岸多松的水道,即今通向上海的吴淞江。

那么,江河为什么能称"陵"?灞水与吴淞江都经过多次治理,古人在开挖运河或修治、加固运河时,把河中的泥土取出,堆成河道两边的堤岸,近望如绵长的丘垅,因此两岸较高的河道可称"陵",如灞陵、松陵。

进一步,可把"水"称"陵"。

《越绝书》卷六《越绝外传记·策考第七》:越攻吴的复仇之战,由于"大风发狂,日夜不止",使吴军"车败马失,骑士堕死;大船陵居,小船没水"。② 结果吴军大败。估计这次碰上了迎头狂风,因而大船被水阻滞,小船被水淹没。这里"陵居"两字作"水中滞留"解。"陵"是"水","居"作停留、止息之意。《左传·僖公二十八年》:"不有居者,谁守社稷?不有行者,谁扞牧圉?"③居字与"行"相对,有"停留"之义。

"陵",原义是土地的隆起,但有一义与之截然相反,有"水道"或"水"意。这在汉语中常有所表现。如"皋",就有高、低两义。《诗经·小雅·鹤鸣》:"鹤鸣于九皋。"毛传:"皋,泽也。"④皋,就是低下的沼泽。《文选》潘岳《秋兴赋》:"耕东皋之沃壤兮,输黍稷之余税。"李善注云:"水田曰皋。"⑤是说作者去隐耕肥沃的水田,收获后上交农业税收,以便安定度日。一般水田应在低平的地方。

但同时,"皋"又有高处之含义。屈原《离骚》:"步余马于兰皋兮,驰椒丘且焉止息。"⑥这里的"兰皋"是指植兰的河岸,或近水的高

① 陆广微:《吴地记》"松江条"曹林娣注释,第82页。
② 袁康、吴平:《越绝书》,第44页。
③《诗经·小雅·鹤鸣》,《十三经注疏》本,中华书局1977年影印本,第433页。
④ 同上。
⑤ 萧统:《文选·秋兴赋》注,岳麓书社1995年版,第483页。
⑥ 屈原:《离骚》,世界书局1936年版,第10页。

地;“椒丘”,高而尖削的土丘。又,陶潜《归去来兮辞》:“登东皋以舒啸,临清流而赋诗。”①既称“登”,这里的“皋”是高处无疑。

又如“离”字,既有“离开”,又有“来附”之意。《楚辞·九章·哀郢》:“民离散而相失兮。”②诸葛亮《出师表》:“今当远离,临表涕零,不知所云。”③此两句的“离”字都是分离、离散之意。

而《诗经·小雅·渐渐之石》:“月离于毕,俾滂沱矣。”④毕,星名二十八宿之一。《韩非子·解老》,“众人离于患,陷于祸,犹未知退。”⑤其中的“离”字都有“靠近”“遭遇”之义。

总之,汉语中有些名词与动词可以从相反的两方面去理解。这种现象是如何产生的,其变化过程又如何?这在词义学上是值得探讨的问题。

① 陶渊明:《归去来兮辞》,逯钦立辑校《先秦汉魏晋南北朝诗》,第 988 页。
② 屈原:《楚辞·九章·哀郢》,世界书局 1936 年版,第 76 页。
③ 诸葛亮:《出师表》,严可均编《全上古三代秦汉三国六朝文》,中华书局 1958 年版,第 1370 页。
④ 王先谦:《诗三家义集疏》,中华书局 1987 年版,第 817 页。
⑤《韩非子·解老》,陈奇猷校注《韩非子集释》,上海人民出版社 1974 年版,第 350 页。

苏州古城更新中数字经济导入的路径与建议①

单　强　廖晨竹

20世纪以来，以伦敦、纽约、东京、巴黎等一批世界著名都市为代表的新一轮城市更新，逐步从物质更新为主走向了多元有机更新的阶段。在发展模式上，从“经济型”改造向“社会型”更新变迁，从“宏图式”改造向“微更新”转变，其核心就是数字科技的广泛应用与数字经济的迅速崛起。苏州古城更新过程中，要有效借鉴发达国家的成功经验，充分利用现代科学技术，通过产业迭代实现城市更新。

一、数字经济在古城更新中的国际经验

（一）强化产业规划与产业引导，以产业更新推进城市更新

产业是一个城市的显著特征，产业更新会使得一个城市在价值取向、生活方式、景观环境等方面发生改变。产业发展到一定形态形成的产业集群，带来个性化生活方式和生活理念的变化，会重塑城市的精神特质与环境形象，提升城市的识别度，形成新的社会认同。因此，产业更新是城市更新的重要推手。纵观伦敦、纽约、巴塞罗那等

---

① 本文曾发表于中共苏州市委党校、中共苏州市委市情研究基地《市情研究》第41期，2021年9月19日。本文系苏州市社科基金项目“苏州提升数字经济核心产业创新策源能力对策研究”（编号Y2022LX099）的阶段性成果。

城市更新,内生动力都是产业的转型升级,其关键点都是围绕特定产业,政府搭建对接平台,通过空间保障以及低税率等措施,合理引导产业发展方向。在存量用地使用方面,优先满足新产业用地和科创人员的居住用地,优化古城区的职住平衡。对于一些短期无法实现效益的产业,政府则向这些产业优先配置空间资源,用空间支持产业的转型升级。

(二) 把握数字经济机遇,集聚创新要素驱动城市更新

随着新一代信息技术的发展,数字经济在城市更新中发挥了重要作用。伦敦“硅环”地区数字经济产业的大发展是一典型代表,智库机构伦敦研究中心(Center for London)的统计报告显示,伦敦东区 2010 年城市更新后,总共有 3 289 家数字科技创新企业,数字经济就业岗位占全伦敦的 12%,较 1997 年增长了 1/3。根据仲量联行发布的报告预测,伦敦东区 2030 年将成为英国重要的经济发展极,财政贡献将高达 54 亿英镑。此外,纽约“硅巷”地区的互联网与数字媒体产业,巴塞罗那普布诺的新兴知识技术密集型产业,都是用数字经济塑造“创新区”的典型案例。

(三) 夯实现代数字化基础,构建包容型社区

更新方式与更新手段发生了变化,城市更新不再一味地以拆为主,转而以“留、改”的方式补充单纯的“拆”;以人文和数字化设施补充古城的内容与基础;以文创街区营造、文化创新孵化培育、历史街区保护开发替代单纯的商业地产开发。从实施成效上看,这种包容型社区打造取得了较好的效果。比如全球第一个创新城区巴塞罗那普布诺,通过老工业区改造塑造“创新区”,其城市更新理念被誉为“城市针灸疗法”。通过梳理现有的商业网点,推行微更新项目,本地区形成了充满活力的商业及服务片区。增加绿色空间,拆除年久失修、无产权归属的建筑物来塑造绿色开放空间;对原有网络系统进行改善,有效解决科创产业发展需要的信息化条件,提供充足的物质和社会支持基础设施,包括社区、艺术和文化设施。良好的现代生活设施和人文环境,提供了现代街区发展所需要的网络环境和氛围,使城市生活充满活力与张力。

二、苏州城市更新中数字经济导入的路径

作为国家历史文化名城的苏州古城有着丰富的历史文化资源，古城区至今仍保留着旧时“水路并行、河街相邻”双棋盘格局，拥有2条历史文化街区，各级文物保护单位174处，控保建筑155处，古建筑790处，“中华老字号”30家，非物质文化遗产代表性项目106项，可开发文化资源丰富。近年来，姑苏区依托苏州数字经济发展的优势，集聚要素资源，积极推动数字经济发展建设，形成了以信息安全、工业互联网服务、5G示范应用为特色的信创产业集群，给古城保护区注入了新的活力与发展驱动力，也为古城更新打开了新视野。但是，苏州古城由于空间受限、人口老龄化、房屋设施老旧等原因，新一轮的城市更新也面临着功能转换与产业转型的双重挑战。结合苏州古城自身特色、空间区位、生态环境等各方面的发展潜能，古城更新中应围绕数字街区、数字平台、数字产业、数字城市四个方面走出一条数字融合更新发展的道路。

（一）完善古城成片保护区数字化设施，打造数字创新街区

准确的区位选择，不仅关系到城市空间结构的改变，同时也关系到产业的发展前景。古城中心便利的生活与公共服务，是其他区域无法比拟的优势，可选择护城河以内古城核心区，在山塘河、上塘河两线以及虎丘、枫桥、西园、留园等保护区域，根据现有的资源禀赋和现实基础，确立数字产业功能片区。引导数字产业按功能区定位实行差异化定向集聚，加快加大区域内周边数字设施综合配套投入力度。促进公建配套、市政设施、人文关怀方面的资源倾斜集聚，在数字商贸、数字文旅、数字金融等领域打造具有引领性的街区场景。建设数字文化产业集聚区和引领区，打造功能融合街区，推进新业态、新模式运用发展，用数字产业对服务业的高度需求推进文化、科技与金融等高端服务业融合发展，推动古城产业结构的高端化与合理化。

(二) 加快信息技术创新应用,建设产业集群服务平台

围绕信创产业集群建设综合性服务平台,集合政府服务、品牌活动、宣传交流、创意孵化、知识产权、投融资、研发推广等服务功能,协同城市规划、交通、市政、建筑、网络安全各领域,构建全面的服务联动反馈机制,形成数字企业和服务管理的良性互动机制,探索形成一套标准化服务体系,让园内企业"足不出户"便能够享受到优质、便捷的服务。

(三) 助推传统产业数字化转型,大力发展数字文旅产业集群

产业园等载体空间是优质企业落地生根、成长壮大、形成集聚的重要支撑。一是以产业园、楼宇为载体提效增能,完善商务配套设施,推动传统产业园、楼宇低端业态、老载体、老空间转型发展现代数字商贸、数字文旅高端业态,重点引进数字科技企业、数字设计企业、互联网文化应用企业。二是积极促进优秀文化资源数字化,用精品内容推动数字文化与新经济的融合,加强非遗文化的数字化转型,有序推进非遗项目数字化记录、利用工作,把资源优势转化为发展优势、产业优势。三是用数字赋能文化旅游产业,积极引入互联网平台,让线上线下真正联动起来,加强与数字平台密切合作,推动更多老字号行销全国、走向世界,完善旅游"新基建"和服务体系,持续升级旅游环境。

(四) 构建城市信息模型,打造数字孪生城市

以建筑信息模型(BIM)、地理信息系统(GIS)和物联网(IoT)等技术为基础,整合城市地上地下、室内室外、现状未来、多维多尺度的信息数据和城市感知数据,构建三维数字空间的城市信息有机综合体,建设全覆盖、相互联通的城市智能感知系统,将传统静态的数字城市升级为可感知、动态在线、虚实交互的数字孪生城市。打造智慧城市基础操作平台,构建"地毯式采集、大数据研判、全程可追溯、网格化管控"的数字化治理模式。支持城市建设、安全、住房、管线、交通、水务、规划、自然资源、工地管理、绿色建筑、社区管理、医疗卫生、应急指挥等领域的应用,对接在线政务服务平台等系统,提供丰富的开发接口或开发工具包，推进 CIM 平台在城市体检、智慧市政、智慧社区、智慧交通等领域的广泛应用。

三、苏州城市更新中数字经济导入的建议

产业转型不仅要突破原有的发展路径，更要做好各类资源的融合与协同，完善相关政策和法律法规。为此，提出以下六条具体建议。

（一）合理调整空间与产业规划，突破空间资源约束

以数字经济对空间发展的诉求为引导，调整土地资源利用方式以释放土地空间。第一，从土地利用规划方面着手，改变土地用途单一模式，强调功能的混合利用开发，增加土地利用的兼容性，注重提高土地利用效率，构建兼具研发、办公与综合服务功能的社区化产业空间形态；第二，加快规划古城区域及周边的建设定位和配套设施，统筹确定数字产业的布局、类型、规模，加快构建复合多元化空间；第三，秉承 TOD 发展模式的理念，制定交通基础设施规划方案，利用便捷的公共交通网络，引导古城街区空间紧凑型发展，提高古城物理空间布局的可达性与便捷性，减少创新要素流动的交易成本。

（二）建立城市更新数字“试验田”，实现在创新政策上的突破

针对古城数字产业发展，以古城成片保护区为重点区域，以优质项目为切入点，出台古城数字产业专项政策体系，推广以企业业态分布为定价依据的 M0 地块价格评估体系，①设立古城成片保护数字“试验田”，围绕“数字产业+保护区区域”给予实验区在城市管理、消防、土地等城市管理方面更大权限，对实验区数字产业发展的政策进行系统集成和创新，更好地适应产业灵活多样化的需求。推动数字音乐、网络游戏、电子竞技、网络视听、新媒体等相关产业在古城成片

① M0 用地是在工业用地（M 类）中增加的新型产业用地，主要为了满足产业转型升级需求，具有开发强度更大、形式更加丰富、成本更低的特点。

保护区积极布局,推进文旅、商贸、金融与数字经济的融合发展。

(三) 建立完善政企协同机制,激发企业创新活力

坚持以政府为主导,依托产业部门和市场主体,按照商业化逻辑,吸引行业领军企业和吸附企业聚集,系统推动提升区域产业能力、资源整合能力、经营管理能力和服务保障能力。聚焦企业主责主业,围绕业务布局、职能定位、盈利模式等方面,提升企业专业化、市场化运营管理水平。坚定不移推动区属国有企业转变观念、深化改革、转型发展,鼓励国有企业参与集群区建设和园区运营。为企业筹资、融资提供金融支持或税收优惠,支持社会企业和资本参与城市更新、公共服务等领域。

(四) 围绕新业态招引项目,打造数字产业集群

产业集群发展是经济建设的主流,创新企业是创新生态系统的核心要素。围绕数字产业新业态,通过以“大”带“小”、以“小”引“大”的方式招引项目,从补链、延链、强链的角度出发,引进相应创新团队,增强数字产业的吸附力与支撑力,形成地方经济发展与古城保护相得益彰、文化与商业共同繁荣的局面。充分挖掘古城独特的文化优势,吸引更多相关跨国公司和大型企业集团总部入驻,重点扶持和培育一批数字科技型、创新型、成长型的“瞪羚”企业和“独角兽”企业,加快构建具有全球竞争力的数字产业群和产业链。

(五) 加快文旅新业态培育,吸引数字产业人才集聚

产业竞争发展核心是人才,古城的人才集聚优势明显,应抓住“网红经济”“眼球经济”的新时尚,积极打造文化街区、举行艺术展示,举办一些有水准的、青年人喜欢的文化设计展会,开展网络直播培训、非遗手工艺数字展示等,以较低的改造运行成本撬动出良好的宣传效应、经济收益。吸引更多有活力的人群在古城工作、在古城创业、在古城生活,吸引高素质人才就业与创新型企业集聚,重构古城人口结构。

(六) 有序引导企业跨区迁移,税收收入基数原地核算

针对新冠肺炎疫情后姑苏区企业在本市跨区迁移现象,严格执行市政府《苏州市区企业搬迁税收问题暂行规定》,对于姑苏区外迁企业税收收入的基数,三年内继续留在姑苏区,超出基数部分核算给迁入区,消除市周边板块凭借高端产业集聚、人才集中优势对古城区产业的虹吸效应和“挖墙脚”现象,构建和谐统一的产业发展环境。

军事家范仲淹

李　直

范仲淹(989—1052),不仅是政治家、文学家、教育家,还是军事家。说他是军事家,因为他在军事方面有许多建树。他从政40年,特别是他在担任军职期间,面临西夏的严重军事威胁。为维护北宋统治,赢得战争胜利,他呕心沥血,治边安邦,抗敌保国。他在富国强兵、巩固边防、持久作战的军事斗争实践中,形成了丰富的军事辩证法思想,给后人留下了十分宝贵的文化遗产。

一、强调“富国强兵”为“制胜之本”

范仲淹的军事思想有个显著特点,就是强调“富国强兵”。北宋王朝从真宗开始,至仁宗时期,国防急剧衰弱,武备全无;军队的数量虽不少,但已被北宋的最高统治者搅得“兵不识将,将不识兵”。范仲淹根据这样的情况,为适应这样的要求,提出了对战争的独特看法。他认为,战争的目的是为了维护北宋王朝的统治,改变其长期以来积贫积弱的局面,以稳定政权。这就是范仲淹的战争观。为此,他强调必须富国强兵,保卫边境,团结少数民族人民。这些主张在与西北党项族(羌族的一支)建立的政权——西夏的战争中表现得最为明显。

(一) 要富国,必须强兵。范仲淹认为,北宋王朝与自称西夏皇帝的李元昊的关系原来就比较紧张,到北宋仁宗时更为紧张。李元昊不断向延州(今陕西延安)、环庆(今环县、庆县一带)进攻。因此,加强对西夏的防务显得更加重要,更为迫切。范仲淹对此早就有所认识。仁宗天圣五年(1027),时值范母去世不久,他“冒哀上书”,提出“固邦本,厚民力,重名器,备戎狄,杜奸雄,明国听”六条十八字的治国方针,其中心思想就是富国强兵。他担任主持防御西夏的军事重任后,便积极贯彻这一思想,努力推行注重农桑、减轻徭役,厉行法制、整顿武备、训练边军的政策和措施,并取得了较好的社会效应和军事效应。

(二)要强兵,最重要的是要增强军队战斗力。要富国,关键也是先要搞好军队建设,增强军队战斗力。为此,他提出了许多很好的建议,如在哲学理论方面就中枢与边帅、冗员与精兵、奖励与惩罚等关系,发表了很多很好的见解。最突出的是提高军官和士兵素质。一方面,对军官来说,只有军官素质提高了,军队的战斗力才能得到加强。他说:“军气强弱,系于将校。”(《范文正公集·奏乞拣沿边年高病患军员》)为了提高军官素质,他主张对军官要“密与讲说兵马,讨论胜策”(《奏乞指挥国子监保奏武学生及令经略部署司讲说兵书》),以此来培养军事指挥人才。鄜延路(相当于省)部署司指挥狄青,就是在范仲淹的严格要求和培养下,通过学习兵书战策和自己的实战,成了一员智勇双全的大将。另一方面,对士兵来说,士兵是军队的基础,提高士兵的素质,是增强军队的战斗力的重心。只有加强士兵队伍建设,军队才能成为边防线上的铜墙铁壁。范仲淹由此提出七点备策:1. 密为经略;2. 再议屯兵;3. 专于选将;4. 急于教战;5. 计练义勇;6. 修京师外城;7. 密定讨伐之谋(《范文正公集·河北备策》)。范仲淹认为平时对士兵要严格要求,要令其知战法;甚至对义勇也要“使人人各知军中之法,应敌可用,斯则强兵制胜之本矣”(《河北备策》)。他在延州主持边防时,就很注重这样做,曾将延州兵分为六将,“将三千人,分部教之,量贼众寡,使更出御城,贼不敢犯,既而诸路皆取法焉”(李焘《续资治通鉴长编》卷一百二十八)。

(三)要赢得战争的胜利,就要团结各族人民。搞好羌汉团结,巩固边防,保卫和平安宁,是范仲淹的本意。他认为,对沿边党项族

(羌族)人民用兵征讨,徒使"边患愈滋";只有争取党项族广大人民,才能孤立李元昊,达到巩固边防的目的。他知延州和环庆路统帅时,都能"即奏行边,以诏书犒赏诸羌,阅其人马,为立条约"(《宋史·范仲淹传》)。对外逃的羌人熟户和来投顺的羌人,都给以土地、粮食,生活上加以照顾,把他们安置下来,并将在羌人中素有威望的种世衡调来环州,专门负责此项工作。通过多方面努力,终于使"熟羌爱服,皆愿效死",羌汉民族之间的关系大为改善,迫使李元昊停战议和。范仲淹也得到了少数民族人民的爱戴。他"帅邠、延、泽、庆四郡,威德著闻,夷夏耸服"(王辟之《渑水燕谈录》卷二)。范公逝世后,"羌酋数百人,哭之如父,斋三日而去"(《宋史·范仲淹传》)。

二、力主打持久的防御战

范仲淹从西夏的客观存在和战争的特殊情况出发,运用个别与一般、特殊与普通等思维方法,联系边境实际,找出同西夏战争的规律和解决边防问题的办法,并用它来指挥作战。

(一)反对冒进深入。北宋中期,西夏连年进攻,宋军不断受挫,边境形势非常严峻。对此,范仲淹认为,同西夏作战决不能贸然深入,有力的防御比贸然进攻好得多。他在给仁宗的上书中说:"闻边臣多请五路入讨,臣窃计之,恐未可以轻举也……缘大军之行,粮车甲乘,动弥百里,敌骑轻捷,邀击前后,乘风扬沙,一日数战,进不可前,退不可息,水泉不得饮,沙漠无所获。此所以无功而有患也。况今承平岁久,中原无宿将精兵,一旦兴深入之谋,系难制之敌,臣以为国之安危,未可知也。"(《续资治通鉴长编》卷一百二十七)事实上,当时北宋王朝国贫兵弱,已没有力量组织大规模进攻。如果分兵并进,兵力分散,指挥能力薄弱,物资供应困难,显然不可能取得好的战果。范仲淹的这种主张,是基于对北宋国情、军情的正确认识而得出的正确结论。宋仁宗庆历元年(1041)的好水川(今宁夏回族自治区隆德县北)之战,宋将任福率领宋军贸然轻进,终致惨败,就是有力的说明。范仲淹指出：只有“养猛士，延谋士，日练月计，以待其隙，进不俟朝廷之命，退不关有司之责”，才能“善破敌”（《续资治通鉴长编》卷一百二十七）。宋夏之间的战争实践完全证实了这一点。

（二）提出“严边城”“实关内”的积极防御战略。战争的胜负，不仅同作战双方的军事、经济、政治等条件有密切关系，也同作战双方的主观指挥能力，包括用兵之法有密切关系。范仲淹担任陕西都转运使时，全面考虑北宋和西夏的具体情况，从实际出发，提出了“严边城以实关内”的防务主张。他说：“今缘边城寨有五七分之备，而关中之备无三二分。若昊贼知我虚实，必先胁边城。不出战，则深入，乘关中之虚，小城可破，大城可围。或东阻潼关，隔两川贡赋。缘边懦将，不能坚守则朝廷不得高枕矣。为今之计莫若且严边城使之久可守；实关内，使无虚可乘。……若寇至，使边城清野，不可与大战，关中稍实，岂敢深入？复命五路修攻取之备，张其军声，分彼贼势。使弓马之劲无所施，牛羊之货无所集。三二年间，彼自困弱，待其众心离判，自有间隙，则行天讨。此朝廷之上策也。”（《范文正公集 · 论西事札子》）从积极防御的战略上看，范仲淹的这种持久作战思想和具体的防务措施，在当时也是切实可行的。

（三）在边境险要之地广筑城寨。为增强防御作战能力，范仲淹在边境险要之地广筑城寨，建立巩固的防御阵地。典型的例子是建筑大顺城。在今庆阳的西北有个马铺塞，当时处在西夏地，形势险要，范仲淹决定在这一带修筑城池，派兵据守。如果宋军去筑城，西夏就要出兵。范仲淹遂在暗中命儿子范纯祐带领一支军队，前去占领马铺塞。待儿子一走，他就带领大军出发，走到柔远（今甘肃华池），他突然下令筑城。到此时，大家才明白他的意图。不到十天，一座新城——大顺城就建好了。城池建成后，西夏方才知道，急派三万骑兵前来进攻。双方刚一交战，西夏军队立即退却，宋军官兵急欲追击，范仲淹果断地说：不要追击，敌人可能用计。他立即派人侦察，发现前方果然有大量敌兵埋伏。于是大家更加佩服范仲淹的料敌如神了。据《宋史 · 范仲淹传》记载：“大顺既城，而白豹、金汤皆不敢犯,环庆自此寇益少。”以后,范仲淹又复筑和修建了细腰城、胡芦砦、铁边山砦(安化)等 29 个城寨,把环州的定边砦、镇戎乾兴砦和原州(今甘肃镇原)的柳原镇等联成一体,成为捍卫环庆等地的重要屏障,有效地抵御了西夏军队的侵扰。

(四)置“营田”和用“土兵”。军事力量的强弱和战争的进展,都要依赖一定的经济条件。范仲淹看到自宋夏战争以来,陕西驻军剧增,已花费了大量钱帛粮草,造成国库空虚。他认为,置“营田”,做到农战结合,这是解决供应问题的最好办法。这样做,不仅能克服经济困难,还能坚定守边将士的信心。其主要内容:一是在边境城塞招募弓箭手和土兵把守,在城寨附近耕种官田,且耕且战,战士同征,平时务农,闲暇操练;二是准允营田的农兵移家寨下,共同耕作,使他们同父母妻子一道守边,以坚定守边的斗志和信心。范仲淹的建议得到了北宋王朝的采纳,陕西四路营田从此迅速发展起来。通过营田。许多荒地被开垦出来,增强了边防的经济实力。

用“土兵”,就是将边境城寨的当地人招募入伍。范仲淹说:“久守之计,须用土兵,各谙山川,多习战斗,比之东兵,战守功倍。”(《奏陕西河北攻守等策》)就是就这些人熟悉地形,勇猛善战,又能吃苦耐劳,比东兵的战斗力强。因此,他主张:应当扩大土兵,训练弓箭手,并尽量利用“熟户”蓄兵,三者配合防御,以便逐渐代替东兵,这样就能提高军队的战斗力。

此外,他还主张发展商业,甚至与西夏通商。如此,对发展经济有利,对人民有利。他在知延州、知庆州时就发展了工商。

三、正确处理用兵作战中的各种关系

指导战争和实行战争是辩证的统一。范仲淹在用兵作战过程中,处处都能运用辩证法去思考问题、处理问题。除了前面提到的富国与强兵、严边城与实关内、置营田与用土兵等辩证关系外,还有“文经”与“武纬”、“将校”与“士兵”、“守中有攻”与“攻中有守”、组织群众进行战争与维护群众利益等辩证关系,范仲淹都能用辩证思想作出正确认识和处理。

（一）“文经”与“武纬”的关系。范仲淹根据自己从政,特别是指导战争和实行战争的实践,提出了“文经”“武纬”“文武参用”的主张。他认为“文武之道一,而文武之用异,然则经天下,定祸乱,同归于治者也。传曰:‘天下安注意相,天下危注意将。’”(《范文正公上吕相公书》)他认为文治也好,武治也好,都是为了实现一定的政治目的。当政治目的无法用和平的手段实现时,就要用武力(战争)来解决。文武参用,这是治国的两手,不能偏废。北宋是靠军事政变建立起来的王朝。建立之初,对军队十分重视。但随着统治的稳定,统治者逐渐采取了重文轻武的政策,特别是从宋太宗以后,更大力标榜文治,使整个社会形成了重文轻武的风气。因此,一般人都不愿充任武职,更不愿当兵。因而北宋王朝就强调兵权集中,采取“守内虚外、兵将分离”的政策,对军队更谈不上严格训练,结果弄得边防废弛。面对内忧外患的局面,范仲淹提出了修武备的主张。天圣三年(1025)四月,他向宋仁宗上书说:“圣人之有天下也,文经之,武纬之,此二道者,天下之大柄也……文武之道相济而行,不可斯须而去焉。”(《奏上时务书》)但是,根据当时“人不知战”的实际情况,他认为在文经和武纬两个方面,更应强调重视武备,大修武备。他不仅在苏州创办了中国最早的官办“府学”,更设官试,办了中国最早的军官学校“武学”。一时间,习兵讲武蔚然成风,“士大夫人人言兵”。宝元元年(1038),西夏李元昊称帝,宋、夏发生战事。范仲淹出于满腔热情,“自请行边”。此后,他就调往西北前线,先后知延州、耀州(今陕西耀县)、庆州,与韩琦等分管陕甘一带军事。他的文武兼备思想,在当时及其以后,甚至直到今天,都是难能可贵的。

（二）“将校”与“兵士”的关系。军官与士兵的地位不同,但又紧密联系,构成一个整体。军队的官兵关系如何,对于战斗力的发挥影响极大。范仲淹认为,要发挥和增强军队的战斗力,须从两方面努力:一是努力发挥和增强将校的作用。他说:“臣等窃见用兵之处,诸军内若有指挥使员僚得力,则不唯训练齐整,兼临阵之时各能将领其下,士卒方肯用命。若人员不甚得力,则向下兵士例各骄惰,不受指踪,多致退败。"(《奏乞拣沿边年高病患军员》)将校是军队的组织者、领导者和指挥者。将校精干得力,所带之兵才能勇敢善战。为此,他建议:要选拔一批年富力强、有军事才能的"得力之人"担任将官,经过一段试用,再正式任命;对老弱病残者,要调离军队,另行安排;中央主管部门也应注意将校的选拔,"逐施进呈";要加强在职将佐的军事理论学习;要给将帅有便宜指挥之权,充分发挥将帅观变乘胜的作用。二是努力发挥和增强兵士的作用。范仲淹主张:一要精选兵士。他指出:"乞指挥下殿前马步军司,应在京及畿内诸军,今来并向去合起发往边上兵士,并须逐指挥依次勾来本司,子细拣选下小弱不堪披带之人,更不令发往边上。"(《奏乞拣选往边上屯驻兵士》)要加强军事训练。他主张对军队,特别是驻河北、陕西的边防军,应加强训练。他提出,应"于陕西四路抽取曾押战队使臣十数人,更授以新议八阵之法,遣往河北阅习诸军,使各知奇正循环之术"(《河北备策》)。就是说对义勇也要进行训练,"三时农务,一进教战"。他的这些正确主张在陕西战场上经受了实践的检验。

(三)"守中有攻"与"攻中有守"的关系。范仲淹力主打持久的防御战,但并不排斥在有利条件下的进攻。他认为,防守不是简单的消极的防守,而要做到守中有攻、攻中有守。他在知庆州时,曾向朝廷提出攻守二策:"用攻则宜取其近而兵势不危。用守则必图其久而民力不匮。"(《上攻守二策状》)他所提出的攻与守要依据具体情况而定,先观虚实,"实则避之,虚则攻之"。夏兵来得多就守,来得少就打。有机会进攻就进攻,不能进攻就筑城固守。战斗的形式可以多种多样,战斗的时间也可以随机应变,不仅在白天,也可以打夜战。这样的战略战术不仅对当时西北边防的稳定起到了积极作用,对后来的战争直至人民革命战争都有一定的影响。

范仲淹的军事辩证法思想,在西北防务中得到一定程度的贯彻,增强了北宋的防御能力,终于使西夏于仁宗庆历三年(1043)同北宋议和，遂使宋夏战争得到和平解决，西北边防得到一段时间的安宁。当时有人相戒说："现在不能再攻延州了，今小范老子（范仲淹）腹中有数万甲兵，不比大范老子（前知州范雍，守边懦弱无能）可欺也。"

范仲淹文武双全，清正刚毅。他在北宋中期的政治舞台上活动了40年，留下许多令人仰慕的功劳，尤其是在军事上，他是镇守边关、开发祖国大西北的功勋，在祖国历史上应占有重要地位。

“三十六浦”考略

——从范仲淹在苏州治水说起

沛 然

苏州向有“三十六浦”一说，指的是一些通江达海的河道。但是，何时开始有“三十六浦”一说？“三十六浦”到底指哪些河道？“三十六浦”历史上有什么影响？“三十六浦”的现状又是如何？本文就这些问题作一些考订。

一、何时开始有“三十六浦”一说？

何谓“浦”？辞书云：浦，水边或河流入海的地方（多用于地名）。实际上我们称为“滩涂”的湿地就是“浦”。青浦、乍浦（浙江沿海）、胜浦、石浦、浒浦，这些大小地名都是从这一含义而来。上海称“上海滩”，这个“滩”与“浦”是近义词。

但是，我们这里说的“三十六浦”是指河道。“三十六浦”见诸典籍比较早的记载如下。

明代《水利考》：“宋初，导三十六浦，分引太湖、松江积水，其在县境（按：这里指吴县）者十有四，在常熟者二十六，其后大抵堙塞。今自七鸦、下张、杨林浦而外，十四浦之可考者鲜矣。”

巡抚都御史翁大立言：“东吴水利，自震泽浚源以注江，三江导流以入海，而苏州三十六浦，松江八汇，毗陵十四渎，共以节宣旱涝。……”

据查，翁大立（1517—1597），字儒参，号见海，浙江承宣布政使司绍兴府余姚县（今浙江省宁波市余姚市）人。明嘉靖十七年（1538）

进士,屡起屡谪。隆庆二年(1568)命督河道,三年(1569)河大决于淮徐间。大立乃上疏言治河事,言朱衡所开新河运道之利,并请增浚回回墓至鸿沟,引昭阳湖水沿鸿沟出留城之水道。又痛言民间愁苦之状,且绘图以献。次年(1570),大立主持之各项工程次第告成,升工部侍郎。山东诸水复涨,河道复淤,被劾罢。万历初起复,历南京兵部尚书,致仕归。

根据翁大立的经历看,他是一位治水的行家里手,所以,他的说法具有一定权威性。从上文可以知道,"三十六浦"是宋朝前期的水利工程,在明代已经广为人知。那么,在宋代,当时有没有"三十六浦"这样的称谓呢?我以为没有。理由如下。

其一,按照时间推算,朱长文的颇具影响力的苏州地方志《吴郡图经续记》成书当在"三十六浦"的工程之后,范成大的苏州地方志《吴郡志》成书肯定在"三十六浦"工程之后。但是两书均没有关于"三十六浦"的表述。这就可以证明,至少到范成大时代,也就是南宋初年,还没有形成"三十六浦"这样的说法。范成大纂修的《吴郡志》称,北宋宣和元年(1119),官居两浙提举常平的赵霖大规模兴修水利,疏浚一江、一港、四浦、五十八渎,此役自正月二十一日役夫兴工,至宣和二年八月初十竣工,历时一年零八个月。还是没有"三十六浦"这一说法。

其二,在"三十六浦"工程后不久,太仓籍水利专家、应天府户曹参军郏亶撰长篇奏章《吴中水利书》,其中多处提到当时属于常熟的黄泗浦,说"古人治水之迹,纵则有浦,横则有塘",以"东取海潮、北引江水灌田","黄泗浦即是吴地六十条港、浦之一"。也没有"三十六浦"这一说法。

关于郏亶的说法,我这里要作一说明,郏亶说的"纵横"当然是地图的方位,但是"塘"并不完全"横",也就是说并不全是东西走向的,如元和塘、吴江官塘都是南北向的,真正东西向的就是在宋仁宗朝刚刚疏浚新修的至和塘。

这些权威的记载,证明实施这个工程的宋朝当时没有"三十六浦”这种说法。

那么有没有相近的说法呢？应该有。郑亶同时代人王安石在他的六言绝句中有这样的句子：“三十六陂春水，白首想见江南。”这里的“陂”，是多音字，有 bēi、pō、pí 三个读音。常用的字义读[bēi]：1. 池塘：～塘，～池；2. 池塘的岸；3. 山坡。[pō]：字义同“坡”。[pí]：只用于地名，黄～。意为池塘的岸，水岸，与“浦”的原始字义差相近。

所以，我的结论是，“三十六浦”是宋代的水利工程，但是宋代还没有“三十六浦”的称谓，但是经过几百年，到了明代，“三十六浦”的说法已经广为人知了，此其一。“三十六浦”不是确数，其数量应该超过三十六，如郑亶说的“吴地六十条港、浦”，此其二。

二、“三十六浦”到底指哪些河道？

那么“三十六浦”到底指哪些河道？上面所引资料说：

> 宋初，导三十六浦，分引太湖、松江积水，其在县境者十有四，在常熟者二十六，其后大抵堙塞。今自七鸦、下张、杨林浦而外，十四浦之可考者鲜矣。

我认为这种说法不够严谨，因为所举的几例都是跨吴县、昆山，甚至跨太仓的河道，不是仅仅在吴县的。

根据上面的资料，我们可以知道，一是“三十六浦”是指宋朝前期在苏州的一项系统性水利工程。“宋初，导三十六浦，分引太湖、松江积水”，这里说的“松江”就是吴淞江，是宋初太湖三大泄洪道东江、吴淞江、娄江中仅存的一条。公元 8 世纪，东江、娄江淤塞，东江从此消失，而娄江到宋仁宗至和年间重开，成就了了不起的至和塘工程。所以“分引太湖、松江积水”就是苏州全流域的水利系统工程。

那么，这一工程到底是什么时候进行的呢？所谓“宋初”，太模糊,但是肯定不是太祖太宗时期的事情,当时还顾不上。当然也不是范成大记录的赵霖治水,这是北宋后期宋徽宗宣和年间的事情。这里有一个参照,即郏亶的说法。郏亶是宋神宗时期的政坛人物,参与了王安石变法。他把创建“塘”和“浦”的人物称为“古人”,肯定在他之前。此人是谁?我以为是范仲淹。因为正是范仲淹第一个提出了全流域治理太湖的治水思路,也从此被后世奉为圭臬。这一点,我在下一部分详细说。

“三十六浦”在明朝是广为人知的事实。这些河道“在县境者十有四,在常熟者二十六。”一个简单的算术题,总数不是四十吗?怎么是三十六呢?是不是又是中国人的语言习惯:三十六、七十二、四十九、八十一、一百零八往往都不是确数,仅仅表示“多”。何况“三十六”还是天罡之数,所以不要做算术题了。

“浦”涉及的地域主要是吴县、常熟,而且大多数在常熟,这也可以理解,毕竟是连接长江调节水量。但是所列举的仅存的河道“七鸦、下张、杨林浦”偏偏都在昆山县境。这里的行文也太不严谨了。

到明代,“三十六浦”已经“大抵淤塞”“可考者鲜矣”,在吴县境内可考的只有“七鸦、下张、杨林浦”。七鸦,就是七浦,今称七浦塘;下张,就是现在昆山张浦一带,具体河道不清楚了,疑似就是今天的张浦江,其侧有下张村,今天是居民小区;杨林浦,即今杨林塘。七浦塘和杨林塘至今还是阳澄湖淀茆区主要的通江调水河道。这三条“浦”都流经了吴县、昆山,甚至还经过了太仓。

这里需要说明的是,中国人的思维习惯不喜欢机械地用数字来标识地名水名,而这却是西方人的思维习惯,如西方人经营上海滩,就有大马路(南京路)、四马路(福州路)这样的排序。这里的七浦,就是七鸦浦,不是排序。所以,上海的“十六浦”是不是“三十六浦”之一,待考。

常熟的二十六浦(也有人称二十四浦)也具体说不清了,但是黄泗浦肯定是。郏亶的资料已经强调了黄泗浦的重要性。

所以,“三十六浦”大多已经难以查考,但是“三十六浦”的骨干河道至今还在发挥作用。这些河道我在本文最后部分再细说。

三、“三十六浦”历史上有什么影响?

“三十六浦”到底有什么意义,产生了什么历史影响?我认为,“三十六浦”是具有划时代意义的工程,因为从此开始,太湖流域治水就确立了全流域统一规划的时代,至今不变。苏州治水,再也不是头痛医头、脚痛医脚的局面了。开创这一局面的正是北宋名臣范仲淹。

据史料记载,宋仁宗明道二年(1033),苏州发大水,持续的大暴雨造成洪水泛滥。洪灾导致大片农田被淹,灾民超过 10 万户。第二年,也就是宋仁宗景祐元年(1034)六月,范仲淹被朝廷调任苏州知州。也就是说,范仲淹破例任职于家乡就是去治水的。范仲淹遍访农村德高望重之人,察访水道,终于找到了苏州地区水患频发的关键所在,提出“修围、浚河、置闸”三者并举。疏通了茜泾、下张、七丫、白茆、浒浦等松江支流,号称五大浦,导水入松江,再入长江,苏州水患逐渐平息。

当时范仲淹面对的问题非常严峻,主要问题如下。

其一,东江、娄江淤塞成陆。

《禹贡》上说“三江既入,震泽底定”,这“三江”是太湖自古以来的泄洪通道,说是太湖水系的骨架也不过分。但是这个时候骨架崩溃。在唐朝后期,我国的气候进入一个寒潮期,导致海平面上升,加剧了海潮的倒灌,使得进入三江里的海沙不断增多,古娄江和古东江的入海口很快就被泥沙和海沙淤塞,加上杭州湾北面捍海塘的修筑,很快就使得古娄江和古东江淤塞成陆。这样就使得原来通过三江入海的太湖水变成只通过吴淞江一江入海。

这是范仲淹面对的现实问题之一。

其二,太湖上游五堰被毁,水量急增。

春秋末期,为了伐楚,伍子胥主持在现在的高淳开凿了一条运河,沟通太湖和长江,以运送军粮。后人就把这条运河称为胥溪,今称“高淳胥河”。该运河是开凿茅山而行的，要穿越山脊，所以就形成了两侧相背倾斜的地势。为防止汛期西水东泄以及旱季溪河干涸，古人在胥溪上，就是在现在的东坝镇（上坝）到定埠间修筑了五道土堰，以分级节制水流。由于这五道土堰对于胥溪航运至为关键，所以胥溪又被称为五堰。

五堰到唐代末期开始毁损。这在宋代水利专家单锷的水利书中有记载：“由宜兴而西，溧阳县之上有五堰者，古所以节宣、歙、金陵、九阳江之众水，由分水、银林二堰直趋太平州、芜湖。后之商人由宣、歙贩运簰木，东入二浙，因五堰为艰阻，因相为之谋，给官长废去五堰。”对此，单锷继续分析道：“五堰既废，宣、歙、金陵、九阳江之水或遇五六月暴涨，则皆入宜兴之荆溪而入震泽，盖上三州之水东灌苏、常、湖也。”这是范仲淹要面对的另一个问题。

其三，吴江塘路成为太湖洪水东趋障碍。

太湖西高东低，吴江平望一带，原来一直是湖水东趋宣泄的要冲，一直是一片沼泽地带，根据地方史料记载，这一方向有大小出湖河道两百多条。直到唐朝元和五年（810），为了漕运交通，苏州刺史王仲舒“堤松江为路”，在苏州、吴江、平望之间修筑了一条塘堤，这就是著名的吴江塘路。著名的宝带桥就是这时出现的，是塘路的组成部分。在范仲淹所在的宋代，吴江塘路就成了太湖洪水东趋的障碍，从而导致其“横截江流五六十里，致震泽之水常溢而不泄，浸灌三州之田”。太湖东泄洪水都被逼向吴淞江源头瓜泾口，吴淞江水情陡然严重。

这是范仲淹面对的又一个问题。

其四，塘浦圩田体系遭到毁灭性的破坏。

从唐代到五代吴越国时期，吴淞江流域都是设立专门的机构营田司来管理农田水利的。但是，入宋以后，为了便于转运漕粮，转运使乔维岳把五代吴越国时期完善的塘浦圩田体系全部破坏掉了。吴淞江流域没有了堤防堰闸体系的保护，那些塘浦港汊、大小支流就会日渐被泥沙和海沙淤塞，一遇大水或持续的暴雨，就会泄水不畅，形成严重的洪涝灾害。

其五,朝廷把主要资金用于国防,治水缺乏资金。

这一点不细说了,但是这就是范仲淹为水利争取资金很困难的重要原因。

所有这些现实问题,使得范仲淹治水方略的实施一波三折。

范仲淹面对的苏州水情是全流域性质的难题,所以贯穿范仲淹制定的治水方略的是全流域治水的基本思路。这是历史上第一次正式提出苏州全流域治水的基本思路。

面对苏州治水困局,范仲淹先要想尽办法请求朝廷支持实施。首先,他向朝廷汇报了在苏州的调查情况,他说苏州四周低平,十分之二三是湖泊。太湖收纳数郡之水,但只有一条下泄入海的通道,那就是吴淞江。这个地区每当有连续的暴雨时,湖泊里的水都会溢出来,而吴淞江因其主干道下游淤塞,故洪水下泄不畅,致泛滥成灾,从而淹没低洼处的各个城乡。因此,只有把吴淞江的水位降低,才能真正做到泄洪排涝。而一旦那年的雨水多,没能完全排涝,那么,来年夏天一遇持续暴雨,此地必将再次形成洪涝灾害。所以光靠吴淞江主干道来泄洪是没用的,还得靠吴淞江入海、入江的那些大的支流来协助分洪、泄水,才能真正把吴淞江流域低洼地区的洪水都排干。要把那些入海、入江的吴淞江的大的支流都挖深、拓宽、疏浚,只有这样,才能把苏、湖、常这三州低洼地区的洪水都排入东海或长江:"今疏导者不惟使东南入于松江,又使东北入于扬子江与海也,其利在此。"

这就是范仲淹治水的基本思路。

但是,对于范仲淹的治水主张,朝廷有很多质疑甚至反对的声音,如宰相吕夷简以"沙因潮至,数年复塞,重劳民力,大费军食"为由阻挠。

范仲淹不得不第二次详细陈述具体治水策略和江南水田利害关系:

> 昨开五河,泄去积水。今岁和平,秋望七八,积而未去者,犹

有二三,未能播殖。复请增理数道以分其流,使不停壅,纵遇大水,其去必速,而无来岁之患矣。

在这份上疏中,范仲淹驳斥了人们对太湖治理问题的非议。

针对"沙因潮至,数年复塞",他提出"新导之河必设闸",用闸来调控泥沙淤积的问题。

针对"重劳民力""大费军食",他提出:如果维持现状,太湖地区就没有抵御洪水的能力,农业生产时时面临着威胁;如果疏浚成功,则可以化解危机,令庄稼有收,百姓免于冻馁流离。

范仲淹的治水主张最终还是获得了朝廷的首肯,朝廷命他主持苏州地区的水利建设。于是,范仲淹以工代赈,每日给粮五升,招募饥民兴修水利,"部役开决积水"。这年八月,水利工程还在进行中,朝廷突然下旨要把范仲淹贬到明州(今浙江宁波)任职。范仲淹无奈,只好放下手头的水利工作,准备去明州赴任。这时,一位转运使看不过去了,马上上疏朝廷,认为范仲淹"治水有绪",请求朝廷将范仲淹留在苏州,继续承担吴淞江支流东北各港浦的疏浚治理工作。这道奏折帮了范仲淹,朝廷撤回任命,范仲淹留任苏州,完成了水利工程。因此,虽然有波折,但范仲淹还是亲手完成了此项疏浚吴淞江入海、入江诸港浦的水利工程。

范仲淹治水取得了显著成就,垂范后世。

范仲淹研究了五代吴越国成功的水利建设经验,结合自己的治水实践,针对吴淞江流域的水利建设创造性地提出了"修围、浚河、置闸"的"三合一"治水理念。

首先是"浚河"。

范认为应结合水流的实际状况而疏浚排水,方能趋利避害。"水之为物,蓄而停之,何为而不害?决而流之,何为而不利?"范公在巡视灾情后指出:"惟松江退落,漫流始下,或一岁大水,久而未耗,来年暑雨,复为沴(意:灾害)焉。"只可惜,此时吴淞江的泄水功能也在退化。为此,他积极组织灾民"浚白茆、福山、黄泗、许浦、奚浦、三丈浦及茜泾、下张、七丫,以疏导诸邑之水,使东南入于松江,东北入扬子江与海”。经过这次疏浚,“纵遇大水,其去必速,而无来岁之患矣”,水患灾害由此减轻。

其次是“置闸”。

疏浚河道并不能从根源上解决河道壅塞的问题,新开的河道随时都面临泥沙淤积的风险。范仲淹主张每疏浚一条通江河道,都必须同时置闸。平日放下水闸,防备潮水侵袭、泥沙淤积;每年春天清理水闸外河道的泥沙,保持河道畅通。遇到干旱就开闸引江水之利,涝时则关闸杜绝洪水之害。“又于福山置闸,依山麓为固。旧址今尚存,人名曰‘范公闸’。”这种在通江河道置闸的方法被延承下来,并在元朝得到推广。

最后是“修围”。

围田是一种在低洼地的四周筑堤来防止外水自由流入的田地,主要分布在江河湖海周边沿岸。苏州大部分土地的地面高程都在 4 米(吴淞标高)以下,古代称之为“沼泽之地”。“浚河”仅能防洪,只有“修围”才能抗拒旱涝灾害,确保粮食生产稳定。范公十分看重围田的效用,在《答手诏条陈十事》中极力推崇道:“江南旧有围田,每一围方数十里,如大城。中有河渠,外有门闸,旱则开闸,引江水之利,涝则闭闸,拒江水之害,旱涝不及,为农美利。”“浙西(五代吴越国时期,苏州地区行政上属于浙西地区)地卑,常苦水沴,虽有沟河可以通海,惟时开导则潮泥不得而堙之;虽有堤塘可以御患,惟时修固则无摧坏。”范公的主张得到了朝廷的肯定与重视,诏令两浙等地整修围田,并且在长江以南的广大地区推广。

但范仲淹没有机会了,朝廷在他完成上述水利工程后,就调他去做别的官了,“范公尝经度之,未遑兴作”。从此,他就再也没有负责主持过水利建设。虽然他以后再无机会实践自己的治水主张,但是,他的治水理念却成了宋代以后历代有心治理吴淞江流域水旱灾害的专家学者、重臣和地方官员们都奉之惟谨的不二圭臬。

我认为,范仲淹的全流域治水的思路和他的“修围、浚河、置闸”

的“三合一”的具体措施，就是“三十六浦”形成的具体过程。他的“五大河”也称“五大浦”是“茜泾、下张、七丫（按：即“七鸦”）、白茆、浒浦”，都是“三十六浦”的骨干河道，至今尚存。所以，我认为郏亶所说的“古人”其实就是早他五十年的范仲淹。

四、“三十六浦”的现状又是如何？

那么，“三十六浦”今天的遗存如何呢？是不是还在发挥作用呢？我认为，“三十六浦”虽然到明代已经大多淤塞甚至难以查考了，但是其中的骨干河道至今仍在发挥着重要的作用。下面就说一说这些骨干河道。

1. 黄泗浦

晋唐时代，黄泗浦是一条南北向的直通江海的干河。它位于长江下游，紧靠出海口。至于它开凿于何时，名称从何而来，已很难查找到确切的史料依据。有人曾推测黄泗浦系战国时期楚国春申君黄歇所开。黄歇在吴十一年，开凿河道，兴修水利，发展水运，政绩卓著，相传上海黄浦江和江阴黄田港、申港、君山等地名的由来均与黄歇有关。难怪有人将黄泗浦说成是“黄歇浦”。[①] 若果真如此，则黄泗浦开凿距今至少已有 2 200 年了。

北宋景祐二年（1035），范仲淹守苏州郡，曾亲临长江之滨，“督浚白茆、福山、黄泗、浒、奚五大浦”，以改变吴地之水“艰于入海”的困局。[②]

2. 浒浦

一般认定，浒浦河道即今常浒河。古“五大浦”之一，阳澄淀泖区五大通江河道之一。

常浒河是常熟市阳澄河网北部的通江河道，兼作五级航道，西起常熟大东门，东迄浒浦镇袁家墩野猫口入长江，全程在常熟市境内，

① 见张静芬《中国古代的造船与航海》第 16 章，商务印书馆 1997 年版。
② 见康熙《常熟县志》卷六《水利》。

全长 21.8 千米,其中常熟至梅李镇段又称梅李塘或梅塘,途经新港、梅李镇。宋、元、明、清朝曾多次拓浚,并在长江口置闸。

河道原在浒浦镇入江,因下段弯曲浅窄,于 1980 年另辟 8 千米新河,改在袁家墩入江,并修建节制闸一座。常浒河,同时也承担常熟市虞山、古里、海虞、梅李四镇及碧溪新区的防洪与排涝任务。

常浒河是具有行洪、排涝、灌溉、航运等综合性功能的骨干河道,在区域防洪排涝、水资源、水环境等方面都起到十分重要的作用。

3. 七鸦浦

今习称七浦塘,与白茆塘、杨林塘、常浒河、浏河合称阳澄淀泖区五大通江河道。

七浦塘又名七浦、七鸦浦、七丫河、戚浦塘,七浦塘位于苏州市东北部,是阳澄地区五大主要通江河道之一,与其他通江河道一起负有 2 537 平方千米的阳澄地区的引排任务,同时,还是七级航道。七浦塘具有防洪排涝、水资源、水环境及航运等综合功能。河道自阳澄湖至吴塘以东沿迷泾河、荡茜河入江,途经相城区、昆山市、常熟市、太仓市,涉及 5 个镇 26 个村,全长 48.4 千米,水域面积 2.35 平方千米。

据同治《苏州府志》记,宋景祐二年(1035)苏州知州范仲淹督浚七丫河,并建闸御潮,为阳澄地区东吐主流,集水范围广,古有“七浦畅,则阳澄水位降”之说。自宋至清曾大浚 46 次。

1956、1971、1973 年三次拓浚,改造石牌、任阳镇市河,裁弯取直,修建护岸,改造桥梁,等等,扩大了七浦塘引排能力。

七浦塘江边古闸屡建屡圮,清康熙四十七年(1708)重建三孔闸,同治时期淤废两孔。

七浦塘两岸为平原圩区,地势低洼,自东向西倾斜,地面高程 5.0 米,沿线有许多大小河港,通过这些河港,北与浪港、荡茜河、白茆塘、常浒河相通,南与杨林塘、浏河等主要通江河道沟通。

4. 白茆浦

今称白茆塘,古“五大浦”之一,位于阳澄淀泖区西北部的常熟东部,与常浒河、七浦塘、杨林塘、浏河一起,组成阳澄淀泖区五大通江引排河道。河道西起常熟城区小东门,向东经常熟国家高新技术产业开发区、古里、支塘、董浜和碧溪新区等,于姚家滩入长江,全长41.3千米,汇流面积583平方千米。白茆塘现有功能定位为防洪、排涝、工农业用水、引水、航运。

白茆塘,因途经常熟白茆而得名。明浚白茆塘后,居民自葑市迁此渐成集市,故名白茆新市。

白茆塘入长江口设有白茆节制闸,历史悠久。

白茆塘是阳澄湖低洼区五大通江河流中重要的一条,历史上多被治水官员重视,宋代范仲淹,明代周忱、况钟,清代林则徐治水,都把疏浚白茆塘当作重点。

5. 杨林浦

杨林浦,又名杨林塘、杨林河。

杨林塘位于苏州市东部,阳澄淀泖区五大通江引排骨干河道之一。河道西起巴城湖,向东经昆山市巴城、周市等镇入太仓市,经双凤、城厢至浮桥镇杨林口入长江,河道全长40.25千米。是《江苏省干线航道网规划》中连申线苏南段的重要组成部分。

据雍正《江南通志》记载,宋崇宁元年(1102)始浚,至民国二十三年(1934),共浚20余次,1949年后,河道浅窄、多弯、行水不畅、通航不达,于1958、1970年两次全线拓浚。杨林塘以盐铁塘为界,东部为平原,西部为圩区,地势自东向西倾斜,地面高程3.5—4.5米。沿线有许多大小河港,通过这些河港,北与白茆塘、七浦塘相通,南与浏河等主要通江河道沟通。

6. 下张浦

查考苏州现在的地名,无论是水名和乡镇名都没有"下张",只有张浦,即昆山张浦镇。按照吴淞江走向,张浦镇位于甪直下游、吴淞江沿岸,其主河道今称"张浦江",是南北走向的吴淞江支流,当地人又称"大直港"。这一条应该就是下张了。张浦镇因主河道张浦而得名。张浦镇原来有个村叫下张浦,或者就直接称"下张",已拆迁,位置在张浦盛巷花园小区附近,振苏砖瓦厂南。

关于下张,查得到的资料就是这些了,但是张浦江还在。

7. 茜泾浦

在今江苏太仓市东北三十里。宋时与七鸦浦俱为诸大浦之一。《清一统志·太仓州一》:茜泾“西承杨林河,东出花浦口入海。宋范仲淹、叶清臣、赵霖皆尝开浚”。今存。

“三十六浦”的遗存肯定还有,上面略举数例而已。也就是说,“三十六浦”还在发挥作用。

“三十六浦”的治水思路一直影响后世。明代初年,夏元吉拓宽黄浦,使之成为太湖流域的重要泄洪通道。中华人民共和国成立后,开凿太浦河,开通重要的泄洪新道,分担吴淞江、娄江的泄洪重任。这些都是这一思路的继承。

参考文献:

[1] 张内蕴、周大韶:《三吴水考》十六卷,浙江巡抚采进本。(见《四库提要》)

[2] 朱长文:《吴郡图经续记》。

[3] 范成大:《吴郡志》。

[4] 郏亶:《吴门水利书》。

[5]《宋史·范仲淹传》。

顾炎武北地挚友考

张长霖

数年前,我在《顾炎武北行考》中曾经指出,顾炎武的大半生实在北方度过。文中我是这样表述的:“清顺治十四年(1657年)元旦,亭林先生拜谒明孝陵,这是七年间,亭林先生第六次谒孝陵。然后返昆山,将家产尽行变卖,毅然北游,一去不归。是年亭林先生45岁,至71岁坠马卒于山西曲沃,这一去就是26年。”“昆山‘翻城之役’发生在清初顺治二年,……城破之际,顾炎武正在常熟生母家语濂泾的住所,逃过一劫,去淮上投奔朋友抗清富商万寿祺,继续联络抗清志士。如果算上这个十年往来长江南北奔走抗清,那么顾炎武远游的时间久长达三十年多了。”这三十多年里,有几位北方的朋友与顾炎武关系非常紧密。我们从这些交游中,可看出顾炎武在北方活动的行为准则。

下面就说这几位人物。

一、万 寿 祺

清顺治二年(1645),昆山“翻城之役”失败后,顾炎武脱险远走淮上,寄居万寿祺家。此后十年,顾炎武奔走淮上,其中曾经回乡处理过恶奴陆恩勾结昆山乡绅叶方恒侵夺家产的事件。这十年基本上都是以万寿祺家为主要居处,而且这期间好友归庄也曾寄居万寿祺家。1652年,即清顺治九年、南明永历六年,万寿祺病逝,自此,顾炎武在万家的时间渐少,而归庄则离开万家僧服漫游。这个阶段,万寿祺是顾炎武的挚友。

万寿祺(1603—1652),明末清初文学家、书画家。字年少,又字介若、内景,入清衣僧服,改名慧寿,又名明志道人、寿道人、寿若、若若,世称年少先生,祖籍江西南昌,曾祖辈迁至江苏徐州。与陈子龙乡试同年,与沛县阎尔梅是同乡。曾参加抗清活动,兵败后隐居江淮一带。是极有声望的遗民。

崇祯三年(1630)中举人后,先后五次参加会试,均不第。博览群书,多才多艺。几次在南京参加复社的集会活动,又先后寓居苏州、镇江、松江,与当时志士名流陈子龙、杨文骢、顾梦游等唱酬砥砺,图谋救时报国,风流倜傥,倾动一时。1645年(弘光元年,顺治二年),清兵渡江,弘光政府瓦解,江南人民纷起抗清。万寿祺在苏州附近举兵,与沈自炳、钱邦芑等的陈湖之师,黄家瑞、陈子龙等的泖湖之师,吴易等的笠泽之师,配合呼应。义师溃败后,万寿祺被执,将及于难,遇救,得脱归江北。后来,他在题为《隰西草堂》的一组诗中回忆前情,有"往事悲浔泖,余生寄楚州"之句;在题为《自志六图》的一组画中,绘《泛湖图》一幅以志其事。顾炎武的《赠万举人寿祺》一诗,也特意表彰其事:"白龙化为鱼,一入豫且网。愕眙不敢杀,纵之遂长往。万子当代才,深情特高爽;时危见絷维,忠义性无枉。"

清顺治三年(南明隆武三年,1646)春,万寿祺易僧服,托迹于佛门。

清顺治七年(南明永历四年,1650),他在他和志士唐允甲(字祖命)的唱和诗卷(长洲章氏四当斋旧藏)上识云:"余闻之志有不得则思,思之不能则唱叹生焉,祖命高洁之士,自南渡为党人,被发行吟,托言香草,则风人之遗也。余为比丘,情无从生,何思之有,而日同唱叹,有类行国,后之君子,必有知吾两人者。"

清顺治八年(南明永历五年,1651),他在绘赠友人顾炎武的《秋江别思图》(龙游余氏寒柯堂旧藏)上识云:"子豫于商贾,余隐于沙门,虽所就之路殊,而志足悲矣。"并勉以顾念昔日声名,"舍商贾求所以为宁人者"。万寿祺家,实际上就是抗清力量在淮上的联络据点。

值得注意的是,这个时期,顾炎武有南明隆武朝的官职在身,又有隆武朝大学士路振飞赋予的联络使命。所以去淮上的使命是显而易见的。

顾炎武与万寿祺是复社的同道,又是苏州地区抗清军事斗争队伍的战友,更是起兵失败后奔亡的难友,他们的情谊可以想见。

二、傅　　山

清顺治十四年(南明永历十一年,1657),顾炎武脱离牢狱之灾,又在金陵侥幸躲过刺杀之祸,决意北上。此后的26年,顾炎武一直在北方活动,足迹遍历山西、陕西、山东、河北等地,而他的"根据地"则在山陕一带,最重要的朋友就是山西的大名士傅山。

傅山(1607—1684),明清之际道家思想家、书法家、医学家。初名鼎臣,字青竹,改字青主,又有浊翁、观化等别名,山西太原人。

傅山是一代奇人,他是明、清两代罕见的道家思想家。傅山自称为老庄之徒,他自己也在很多场合与作品中反复强调、自陈:"老夫学老庄者也","我本徒蒙庄","吾师庄先生","吾漆园家学"。自觉继承道家学派的思想文化。他对老庄的"道法自然""无为而治""泰初有无""隐而不隐"等命题都作了认真的研究与阐发,对道家传统思想作了发展。傅山于学无所不通,经史之外,兼通先秦诸子,又长于书画、医学,甚至被称为明末清初第一流的书画大师。北京大学教授、引碑入草开创者的李志敏评价:"傅山的草书圈眼多,繁而不乱,于郁勃浑脱之中,又有逸岩之态。"傅山著有《霜红龛集》等。此外,他亦通哲学、儒学、佛学、诗歌、金石、武术、考据等。他被认为是明末清初保持民族气节的典范人物。他与顾炎武、黄宗羲、王夫之、李颙、颜元一起被梁启超称为"清初六大师"。

傅山是明末清初第一流的名医,著有《傅青主女科》《傅青主男科》等传世之作,在当时有"医圣"之名。

傅山是当时山陕一带士林的领袖,山陕一带抗清势力的组织者和领导者。傅山渴望南明王朝日益强大,早日北上驱逐清王朝,匡复明室,故积极同桂王派来山西的总兵官宋谦联系,密谋策划,积蓄力量,初定于顺治十一年(1654)三月十五日从河南武安五汲镇起义,向北发展势力。然而,机事不密,宋谦潜往武安不久即被清军捕获,并供出了傅山。于是傅山被捕,关押于太原府监狱。羁拘期间,傅山矢口否认与宋谦在政治上的关系,即便严刑逼供,也只说宋曾求他医病遭到拒绝,遂怀恨在心。一年之后,清廷未得傅山口供,遂以"傅山的确诬报,相应释宥"的判语将他释放。

傅山出狱后,反清之心不改。大约在顺治十四至十六年(1657—1659)间,曾南下江淮察看了解反清形势。当确感清室日趋巩固,复明无望时,遂返回太原,隐居于城郊僻壤,自谓侨公,那些"松乔""侨黄"的别号就取之于此后,寓意明亡之后,自己已无国无家,只是到处做客罢了。他的"太原人作太原侨"的诗句,正是这种痛苦心情的写照。康熙二年(1663),参加南明政权的昆山顾炎武寻访英雄豪杰,来太原找到傅山,两人在抗清上志趣相投,结为同志,自此过从甚密。他们商定组织票号,作为反清的经济机构。以后,傅山又先后与申涵光、孙奇逢、李因笃以及屈大均等坚持反清立场的名人和学者多有交往。尤其是曾在山东领导起义的阎尔梅也来太原与傅山会晤,并与傅山结为"岁寒之盟"。王显祚见傅山常住土窑,特为他买了一所房院,即今太原傅家巷四号院。这实际上就是一个以傅山家为基点的抗清联盟,顾炎武在其中起到重要的作用。

由于傅山的名望极高,也就成了清廷笼络的主要对象。给事中李宗孔、刘沛先推荐傅山应博学宏词试。傅山称病推辞,阳曲知县戴梦熊奉命促驾,强行将傅山招往北京。至北京后,傅山继续称病,卧床不起。清廷宰相冯溥并一干满汉大员隆重礼遇,多次拜望诱劝,傅山靠坐床头淡然处之。他既以病而拒绝参加考试,又在皇帝恩准免试、授封"内阁中书"之职时仍不叩头谢恩。康熙皇帝面对傅山如此之举并不恼怒,反而表示要"优礼处士",诏令"傅山文学素著,念其年迈,特授内阁中书,着地方官存问"。

傅山由京返回后,地方诸官闻讯都去拜望,并以内阁中书称呼。对此,傅山低头闭目不语不应,泰然处之。阳曲知县戴氏奉命在他家门首悬挂“凤阁蒲轮”的额匾，傅山凛然拒绝，毫不客气。他仍自称为民，避居乡间，同官府若水火，表现了自己“尚志高风，介然如石”的品格和气节。《清代野史笔记大观》中记载的傅山拒绝博学鸿词科考试的故事，与顾炎武“骂宴”的故事一样精彩。

一些武侠小说里，傅山被描写为武侠高手。其实傅山与顾炎武一样，会一些防身的武技。

傅山存诗900多首，思想性、现实性极强，写作不拘成法，任性直率，古奥老拙，慷慨苍凉，奇思逸趣，形成了独特的艺术风格。

顾炎武与傅山订交的时间是清康熙二年(1663)，也就是顾炎武北上的第六年，这是顾炎武主动来找傅山联络的。此后两人情谊终生不渝。他们的友谊多有诗作记载。如我多次在文章中引用的《又酬傅处士次韵》，诗云：

> 清切频吹越石笳，穷愁犹驾阮生车。时当汉腊遗臣祭，义激韩雠旧相家。
>
> 陵阙生哀回夕照，河山垂泪发春花。相将便是天涯侣，不用虚乘犯斗槎。

顾炎武与傅山交往，发“陵阙生哀”，垂“河山”之泪，同为志同道合的“天涯侣”。

三、范 养 民

顾炎武的北地朋友中，范养民是比较特殊的一位。

范养民，生卒年不详，字上古，号湘滨，襄阳(今湖北)人，明崇祯朝太监，明亡后在华山出家做道士。

范养民在华山西峰的莲花坪上自建茅庐而居，名之为“复庵”，顾炎武为之写了一篇《复庵记》，曾广为传颂。后来全真观无人主持，当时名流都邀请他前去负责观务。范养民博览群书，熟读经史，在宫中时就当过东宫伴读,出家后也常和当时的名公巨儒来往。他虽有不少著作,可惜都散佚不存。

其实,范养民在华山做道士只是一种身份掩护,他是为寻机救被李自成军裹挟的太子和永定二王追至陕西的。我始终认为,范养民的华山复庵就是一个抗清的联络站。这可以从顾炎武的《复庵记》找到蛛丝马迹。顾炎武的《复庵记》里这样写:

> 旧中涓范君养民,以崇祯十七年夏自京师徒步入华山为黄冠。数年,始克结庐于西峰之左,名曰复庵。华下之贤士大夫多与之游,环山之人皆信而礼之,而范君固非方士者流也。幼而读书,好《楚辞》,诸子及经史多所涉猎,为东宫伴读。方李自成之挟东宫、二王以出也,范君知其必且西奔,于是弃其家走之关中,将尽厥职焉。乃东宫不知所之,而范君为黄冠矣。
>
> ……
>
> 余尝一宿其庵,开户而望,大河之东,雷首之山,苍然突兀,伯夷、叔齐之所采薇而饿者,若揖让乎其间,固范君之所慕而为之者也。自是而东,则汾之一曲,绵上之山,出没于云烟之表,如将见之。介子推之从晋公子,既反国而隐焉,又范君之所有志而不遂者也。又自是而东,太行、碣石之间,宫阙山陵之所在,去之茫茫而极望之不可见矣。相与泫然。作此记,留之山中。后之君子登斯山者,无忘范君之志也。

以上节选的是《复庵记》这篇短文的第一段和第三段。第一段告诉我们这样的信息:复庵主人范养民本是明室东宫伴读太监,为了寻找被李自成裹挟、乱军中失散的明思宗仅存的血脉太子及永定二王而尾随至陕。结庐华山,名之为复庵,“复”者当然是“匡复”之意。而尤可注意的是“华下之贤士大夫多与之游”这一句,明白告诉我们,复庵就是抗清的联络站。而顾炎武晚年定居的华阴正在复庵所在的华山脚下,这绝对不是偶然的事情。

第三段是亭林先生的抒情文字,他看到的(不如说是"神遇"的)是"伯夷、叔齐之所采薇而饿者"的雷首山,"介子推之从晋公子,既反国而隐焉"的绵上山,其"不食周粟"之志跃然纸上。

顾炎武与范养民,与其说是朋友,不如说是战友。

四、黄　培

与范养民一样,黄培的知名度也不高。如果不是"黄培诗案",后世恐怕不会知道有这一人物。

黄培(1604—1669),字孟坚,号封岳,山东即墨(今山东省青岛市即墨区)人。是明代兵部尚书黄嘉善嫡孙。幼年丧父,由叔父黄宗昌扶养成人。黄宗昌原为明朝御史,黄培16岁时荫袭锦衣卫指挥佥事,历官都指挥使,例授金吾将军。

清兵南下,在家居闲的黄宗昌组织民众守城抗击,成为反清英雄,后忧愤成疾而亡。这都给黄培以影响。在崇祯朝中做官17年,他刚正有志节,清兵攻陷北京,他几度要为明朝殉国,但因其母病逝于都城,只得扶柩回籍安葬。没能尽忠。

明亡后,黄培返归故里,忧郁悲愤,常以诗文抒发情感。清康熙五年(1666),因自刻《含章馆诗集》致祸,遭姜元衡告发,史称"黄培诗案"。黄培被囚禁于济南,清廷判曰:"(黄培)因系明朝世宦,隐怀反抗本朝之心,刊刻逆书,已属不法,吟咏诗句,尤见狂悖,且宽袍大袖,延用前朝服制,蓄发留须,故违当朝法令,大逆不敬。应按隐叛诽薄之罪,但律无正文,无从援引,谨援他律比附,定拟绞罪。"黄培于康熙八年(1669)四月初一被处以绞刑,临刑时,昂然阔步,从容吟诗明志。终年六十六。

黄培是很有才华的诗人,隐居乡间,他不屑与新朝权贵结交,不惧剃发令,依然蓄发宽袍,爱憎分明。受客居即墨的诗人宋继澄父子影响,闭门谢客的黄培开始参与宋所组织的诗社的活动,借诗明志,抒发胸襟。

康熙元年(1662),黄培把 27 年来所作 280 余首诗编作《含章馆诗集》,刊刻传世,赠与亲友,以笔为刀,抒发心中怨愤。据说他在崂山以大石建室居住,题为“丈石斋”,以示坚贞。

受黄家几代恩遇的姜元衡投靠清廷,恩将仇报,纠合小人,从《含章馆诗集》中摘抄了若干句子,断章取义地指控黄培有反清复明思想,酿成一桩颇大的案子。

诬告黄培的状子先后呈县衙、州府、抚院,黄培的罪名无法定下,姜元衡没能如愿。康熙五年(1666)六月二十日,姜元衡向总督衙门投递了诉状,罗列了黄培一伙怀明反清的十大罪状。很快,朝廷下旨从严审讯,包括刻工、装订人在内的 217 人被牵进此案。

历史学家周至元先生找到当时庭审的原始卷宗,里面完整记录了黄培文字狱的审讯全过程,大致如下:

审判官问:“你说《含章馆诗集》中有隐叛语,都是哪些?一一说来。”

姜元衡:“培诗中有‘纪年犹列汉春秋’之句,他说出一个汉字,就是不尊我朝年号。”

黄培辩道:“这是游山的诗,是说乡村野人不知世事的意思。”

姜元衡:“他说汉春秋,就是心在思明。”

黄培说:“今诗人用秦汉唐宋入诗者众多,难道都是思明么?”

这一句没把黄培问倒,姜元衡又找到下一篇:“‘问说波方定,蛮鸿遍地多,不知天下事,明日更如何。’天下太平,他却在诗中说明日更如何,这明明就是不轨之意。”

黄培解释:“那是崇祯十五年所作的诗。”

审判官总结:“既是明朝作的诗,到本朝也不应刊刻了。”

黄培无词对答。

在控告黄培隐叛语一项中,姜元衡共举出九处诗文,黄培都一一进行了辩解。此后姜元衡又举出例子控告黄培在诗文中诽谤清朝,其中有这样一句:“有民皆板荡,天地不蓬飞。”

姜元衡说:“板者反也,如何天下安乐,他用‘板荡’二字,不是存心诽谤么?”

黄培再辩:“此诗也是追伤明乱所作。”

姜元衡又道:“你诗中说:‘世尽争葵藿,人谁念蕨薇。’居然以夷齐自比,不肯献蕨薇于本朝。”

这次,黄培虽然也有辩解,但刚说完审判官就厉声喝道:“这种谬狂之诗,竟敢在本朝刊刻,你还要强辩么?”

在姜元衡控告黄培的十条罪证中,除了这些悖逆诗文外,连他的家人也不放过,比如他告:“黄培母亲的墓志铭上没有清朝年号”,“黄培父亲黄宗宪不剃发并以明朝衣冠殉葬”,还有“黄培的儿子取名贞明,有个明字,有不能忘怀明朝之意”,等等。

这些问题看上去荒谬,黄培只能一一辩解:“当年葬母时,一时糊涂,并非有心。我父亲临终之时,你父亲也在榻前,有没有剃发,问你父亲便知。至于我儿子黄贞明,今年已经三十岁了,从来就没改过名字。”

姜元衡还控告顾炎武:“曾到即墨黄家住,搜集史实作《忠节录》。”

顾炎武是这样说的:“贡生是江南人,因在山东做买卖,将本钱寄在章丘谢家,后来谢家把本钱亏损,给了贡生一处庄田。贡生从不认得姜家、黄家为谁,去年五月份去谢家时才认识姜元衡。他就这样把我牵扯进来了?更何况我还没看过那本书。”

顾炎武当场请求审判官给了一本原书,翻看起来。看完后回禀审判官:“这书中有‘宁人’二字,姜元衡就说这是我,那‘宁人’下面还有‘铉恭’二字,姜元衡的弟弟就叫铉恭,那这里的铉恭就是他的弟弟了?”

此话一出让姜元衡头冒虚汗,生怕又把弟弟牵扯进来。赶紧抛出下一个问题:“那你到即墨住在黄家,还曾与杨万晓同过席。”把自己的帮凶搬了出来,审判官提审杨万晓,此时的杨万晓却说:“当时我在黄家读书,有人跟我说,有一位江南才子要来,后来也没见到,只听说他叫顾宁人,不曾见到真面。”

没了杨万晓的证据,审判官几次问黄培,黄培一口咬定:“从不认识顾炎武为何人!”所以,顾炎武入狱七个月后,因证据不足,被宣告无罪出狱。其实除了证据,顾炎武早日结案还有其他原因,周至元在书中说:“顾炎武的外甥在北京做大学士,跟山东布政的关系很好,顾炎武入狱后,他便给山东布政写了封信:‘母舅顾炎武,赋性怪癖……有仇人诬陷所致,久识吾兄明镜高悬,当能予以昭雪……’此外,还有顾炎武的朋友也都身居高位,为他的事情出力不少。”

事实上,顾炎武曾经是到过即墨的,他不仅到过即墨,在黄家做客,还与黄宗昌游崂山,并为黄宗昌、黄坦的《崂山志》写过序。

经过四年审讯,“黄培诗案”终于结案。

此案虽涉及 217 人,但最终只有黄培一人被判处了死刑(康熙帝御批)。

康熙八年(1669)四月初一,黄培在济南慷慨就义,终年 66 岁。宋继澄次子、黄培的外甥宋琏在为黄培写的墓志铭上说,黄培临刑前从容作诗,笑谈自若,自觉死得其所,并告诉他:“你是明白我的,明亡时我送母亲灵柩回家,本应该殉国,却没有做。现在,我不想为自己作无罪的辩护,只希望一死。”

黄培之子黄贞明将其父灵柩运回即墨后,于四月十四日葬于即墨城南水清沟黄培生前所造寿坟。黄培的副室刘氏(邑人刘晴岚之女)料理完黄培丧事后,在墓旁自缢以殉。黄贞明亦入崂山深居不出。其女年方及笄,矢志不嫁,带着其父画像,出家崂山潮海院为尼,法号“喜岩”;后迁巨峰前白云庵,今庵前之白木槿系她亲手所植。

顾炎武在山东入狱,就是康熙七年(1668)为山东“黄陪诗案”株连入狱。当时顾炎武正寄居黄家。最后有惊无险,7 个月后无罪释放。顾炎武时年 56 岁。从这件事可以发现,顾炎武的活动是被清廷监视着的。

黄培算不算顾炎武的朋友,我们吃不准,但是志同道合是肯定的。顾炎武与黄培的叔叔黄宗昌是朋友,这是有诗为证的。这段记载还还原了一个史实,那就是当时顾炎武等抗清志士活动时都有掩护的身份:傅山是名医,范养民是道士,屈大均、归庄是和尚,而顾炎武是行商。既然是行商,四处行走就非常自然了,又能为抗清筹集资金,又有行动自由,何乐而不为。

从顾炎武北方的"朋友圈",我们就能更清晰地看到,顾炎武北上,就是为了抗清。

参考文献:

[1]《清代文字狱档案》,上海书店出版社 2011 年版。

[2] 小横香室主人:《清代野史大观》,中央编译出版社 2009 年版。

张国维三首《绝命诗》的生命书写

施伟萍

苏州山塘街800号是张公祠(张国维祠堂),也是中国南社纪念馆。张国维(1595—1646),字玉笥,浙江东阳人。明万历二十三年(1595)出生,其时朝廷政治腐败,连年饥荒,灾民遍野,张国维幼有大志,常以名臣豪杰自励。天启二年(1622)张国维中进士,授番禺知县。崇祯七年(1634),升任右佥都御史,巡抚苏州、南京、松江等十府,多施惠政,在苏州大力兴修水利,成绩突出,将治水经验整理刊印成《吴中水利全书》。他主持疏浚了松江、嘉定、上海、无锡等地河道,修筑了吴江、江阴、苏州等县桥、塘堰、漕渠。崇祯十六年(1643),苏州百姓在山塘街建造张公祠。在清兵大举南下,明朝陷入危难时刻,张国维临危受命,任兵部尚书。清兵入关后,他宁死不降,带兵抵御清军,终因大势所趋,明朝灭亡,以身殉国。

地处浙江省中部的金华市东阳市,素有“歌山画水”之誉。东阳历史悠久,于东汉兴平二年(195)建县,迄今已有1 800多年的历史,东阳人文荟萃,英才辈出。清顺治三年(1646)六月的一天深夜,东阳一座古朴的宅院里,书房内油灯的火苗在黑夜中跳动,张国维坐在书桌前久久地沉思,灯火映着他凝重的脸庞,他长长地叹息,然后取出白绢一幅,在白绢上奋笔疾书,写下三首《绝命诗》,然后在绢尾落款:“大明遗臣张国维绝笔。”

其一　自述

艰难百战戴吾君,壁垒东南气厉云。

死去仍为朱氏鬼，精灵常傍孝陵坟。

其二　念母
一瞑纤尘不挂胸，惟哀老母暮途穷。
仁人锡类能无虑，存殁衔恩结草同。

其三　训子
夙训诗书暂鼓征，而今绝口莫谈兵。
苍苍若肯施存恤，秉耒全身得所生。

三首《绝命诗》第一首写出了张国维自己一生的追求，寒窗苦读，金榜题名，施展抱负，造福于民，报效朝廷，忠贞不已。第二首抒发对母亲大人的生养之恩难以报答、忠孝不能两全的愧疚，引用衔草结环的典故比喻对母亲感恩报德、永远不忘。第三首写儿子一直苦读诗书，希望施展才华，但是生不逢时，明朝大势所趋，若老天还能怜惜抚慰，希望儿子就做一个田间耕种的平凡之人。

三首诗凸显了志士张国维刚硬坚毅的一面，也有面对母亲、孩子柔弱的一面，国难当头，他只能做出取舍，让人看到了一种气节、一种悲壮。

写完三首《绝命诗》，他缓缓站起身来，眼睛炯炯有神，对着门外呼唤："来人！"他让仆人把夫人和两个儿子叫到跟前。张国维很严肃地问儿子："大明大势已去，为父救国无望，我想听听你们俩的生死抉择。"

长子世凤明白父亲的意思，大声说："父亲请放心，儿不孝，但是绝不偷生！"张国维满意地点了点头。次子世鹏还没有反应过来，只是下意识地对父亲说："禀告父亲，我……我……我……"话音未落，张国维不假思索，随手拿起书桌上的石砚朝世鹏砸去，世鹏猛然惊醒，头一偏才得幸免。世鹏立即跪在父亲面前泣不成声地说："父亲，为儿不孝，儿子为国愿意从容尽节，慷慨捐躯，唯祖母年迈八旬……"

张国维听了次子的陈述,才理解儿子的一番孝心,连忙把儿子扶起来说:"父亲错怪你了! 你们决不会做异朝臣民!"

接着张国维穿戴衣冠,拿起书桌上的诗稿,从容交给夫人:"忠孝不能两全,身为大臣,宜在必死。"夫人理解张国维的心情,可是当他们接过三首《绝命诗》时都泣不成声。张国维走到后院内的池塘边,仰天长啸,突然纵身跳入池塘,家人急忙打捞,但捞上来时张国维已气绝身亡。家人搬动他的遗体,帮他整理衣裳,让他坐在中堂太师椅上。张国维时年五十二岁,后人将那个池塘命名为"靖忠塘"。至今苏州沧浪亭五百名贤祠仍保留有张国维的石刻画像。

一、疏通水利,泽被东南

《绝命诗》三首之第一首"自述"书写了张国维一生的志向,他从小受家庭影响,怀抱远大的报国之志,他的理想就是读书仕进,为国建功。明末之时,朝廷风雨飘摇、岌岌可危,努尔哈赤率领的清军在东北的山海关外对大明王朝虎视眈眈,构成了极大的威胁。张国维在崇祯七年(1634)毅然受命,为右佥都御史兼十府巡抚,张国维驻节苏州。鱼米之乡的苏州本是明王朝最为富庶的地区,可是由于雨水连绵、水利失修,江南河道泄洪不畅,水灾泛滥。张国维一到苏州就了解民情,苏州河湖纵横,夏季一到,大雨滂沱,大水便横溢民田。张国维亲自巡视农田,看到遍地哀鸿,民不聊生。田间地头都是衣衫褴褛的农民在不停地排水,张国维在做了详细调查后,立即着手大抓水利建设。

张国维不知疲惫,亲力亲为,制定了治理水患的规划。他巡视农田,没有当地官员陪同,没有前呼后拥的仪仗,而是"单骑驰驱";他巡视河道,没有人鸣锣开道,而是"单舸巡汛",他认真地探溯河流走向,精密地绘制了水利图。苏州人郑敷教在其笔记《巡方诧事》中记载道:张国维常常清晨巡视田间,"率以日出为度,行晓日中";与老农谈抗旱法,"下至田郡,皆得陈疾苦"。而自张国维离任,"遂不睹此风矣”。所以当时苏州的百姓经常能看见张国维的身影，他已经在巡汛的调查中形成了较为系统的治水工程的规划图。

崇祯九年（1636），张国维上书请求开浚吴江县长桥两侧的泄水通道。修吴江石塘，勘核全坍应修一千五十五丈，半坍二千八十六丈，平望西诸聚水缺，筑内外塘七百六十丈，并修长桥、三江桥、翁泾桥。针对太湖洪水下泄不畅，张国维疏浚了上海、松江、嘉定、无锡、江阴等地河道，还修筑了许多县内桥梁、塘堰、漕渠、河浜驳岸。《明史》记载：张国维“建苏州九里石塘及平望内外塘，长洲至和等塘，修松江捍海堤，浚镇江及江阴漕渠，并有成绩。”

张国维任右佥都御史期间，巡抚应天、安庆等十府六年，由于大兴水利，农业得以丰收，江南百姓也过上了较为安定的生活。张国维为官一任，勤政恤民，由于操劳过度，四十岁前，头发全白，人称“白头巡抚”。

苏州百姓对张国维极为钦敬，深爱他如父母，崇敬他如神明，尊重他如河岳，景仰他如日星，为他在苏州山塘街建了生祠，年年祭拜。中国近代史上有名的社团组织南社的第一次雅集就选择在苏州虎丘山塘张国维祠，深有寓意。苏州沧浪亭五百名贤祠中，有张国维的石刻画像，题词为：“抚绥十郡，大度渊涵，疏通水利，泽被东南。”

由于张国维在治水方面的声望，也由于北运河漕运对明王朝经济的举足轻重，崇祯十三年（1640），张国维被擢为工部右侍郎，加兵部右侍郎，总督河道，兼理提调徐（州）、临（清）、津（门）、通（州）四镇漕饷的钱粮大事。

崇祯十五年（1642），张国维由于功绩彪炳，被提升为兵部尚书。崇祯十六年（1643）四月，张国维带兵与清军作战于罗山，由于不了解敌情，大败，牺牲二万余人。崇祯偏信谗言，将张国维解职返乡。同年七月追论罗山事，崇祯帝又下令将他逮解回京并下狱。当押解张国维的船经过苏州时，成千上万群众拦道跪拜这一当年的“白头巡抚”。士民号哭，阻塞枫桥。有的百姓自发杀牛宰羊，痛哭生祭，还有士绅聚集在张公祠内商量推派代表赴京为其申辩。

请愿者中有人表态:"只要张大人没事,我东南民众愿意从军随其抗清。"又有人特向崇祯建议:东南民众忠勇善战,若让张国维回乡募兵筹饷,可解国难。这才打动了皇帝的心,皇帝又念他治河有功,将他释还。

二、著书出书,馈遗后人

张国维在苏州任十府巡抚期间,大兴水利,白天奔波,夜晚挑灯,所撰的书稿就是《吴中水利全书》。其内容来源于他在苏州亲自调查水系分布并将调查结果与治水经验全部记录下来的资料。他将积累了数十年的治水经验写下来并刊刻成一部七十万字、二十八卷的《吴中水利全书》,这是我国古代篇幅最大的水利学巨著。《吴中水利全书》成书于崇祯十二年(1639),该书先列东南七府水利总图十二幅,次标水源、水脉、水名等目,又记录了有关诏敕、章奏,包括宋、元到明崇祯时的有关治水的议论、序记、歌谣等,是研究苏、松、常、镇四郡的一部至关重要的水利文献。先题名为"三吴水利全书",后命名"吴中水利全书",并被收入《四库全书》。这部书是张国维用俸禄自费出版的,没用一分钱公费,这是明朝从政官员中极为罕见的,后人敬其高风亮节、洁己奉公,特刻"风清江海"的赞语于浙江东阳张公祠门前坊额"泽被东南"的背面。

崇祯十一年(1638)冬的一天,江南名士、后来成为"复社""幾社"领袖的陈子龙来拜见张国维,他带来了徐光启的农学巨著《农政全书》。张国维任十府巡抚期间经常向当地的名士请教,所以很多有识之士都很信任张国维,陈子龙也是其中之一。张国维听说陈子龙拜见,虽然刚睡下不久,还是急急忙忙披上衣服出来相见,陈子龙急不可待地从怀中掏出书稿,递给张国维,急切地说:"张大人,这是徐光启的《农政全书》手稿,烦请您看一下,我想帮他整理出刊。我素来十分敬佩徐光启,早年曾到北京拜访他,请问当世之务。徐光启负经世之志,博究天人,但都着重于实用。至于农事,尤所用心。徐光启以为农事系生民率育之源,国家富强之本。先生为国事积劳成疾,不治而逝,遗命其孙缮成《农政全书》。其次孙徐尔爵将先生的《农书》草稿数十卷交给我,我日夜抄录,今日书稿已经抄录完毕,交给大人一阅。"张国维慨然应允。

陈子龙走后,张国维细心审阅后,欣喜若狂,赞为"经国之书",认为这是一本难得的奇书。他一方面和松江知府方岳贡商量合力将此书出版,一方面让陈子龙着手整理、删补,明确地称它为"农政全书"。崇祯十二年(1639),经过陈子龙删其繁芜、补其缺略,灿然成《农政全书》六十卷,七十多万字;并作《凡例》,概述《农政全书》基本宗旨、各篇主要内容、思想渊源和徐光启的独到见解。张国维亲为作序,在国难方殷的岁月,张国维指示松江知府刊印出版徐光启的《农政全书》,终于完成了徐光启的遗愿。徐光启所著的《农政全书》是与北魏贾思勰《齐民要术》齐名的著作,是我国的四大农书之一。

同年,水乡泽国的苏州又经历了久旱不雨的日子,这也是百年难遇的灾难。在苏城的街巷,到处是唇焦舌燥的百姓拥挤在一口口干枯的井台边,可是一点点的水源根本满足不了百姓的用水需求,人们筋疲力尽,奔走呼号。在苏州东中市的承天寺内,达始和尚看着饱受旱灾困苦的黎民百姓,内心特别沉重,他发动寺内的众僧挖掘院中已经淤塞多年的枯井,想寻找水源。没想到挖到一个长方形铁盒,他们将锡匣打开,是一部书稿,展开书稿,封面上书"心史"二字,原来这是南宋著名诗人郑思肖《心史》诗集手稿。书稿字迹清晰如新。后人称其为《井中心史》或《铁函心史》。书中说的全部是南宋亡国的痛史,表述了一个普通人对国家民族忠贞不渝的忠义之心。此事很快传遍苏州的大街小巷,张国维得知后立即前往承天寺,拜读郑氏书稿,认为是一部天下奇书。

张国维又慷慨捐出俸金出版此书,并在井旁立碑纪念。几年后,清兵攻入中原,参与此书付印的官员后来全部以死报国。可见这部奇书在一定程度上激发了许多人的爱国之心,不失为一部激励中华儿女的教科书。

三、靖忠报国,以身殉难

崇祯十七年(1644),北方的清军已经大举攻明,明廷告急,李自成攻破了北京,崇祯皇帝投缳自尽。五月,清兵占领北京。不久,南明福王朱由崧在南京登基,改年号为弘光(甲申,1644)令张国维协理戎政。继而又令他往山东讨贼,以功加太子太保。在国破家亡之际,张国维大义凛然,坚持誓死抵抗清军。

清顺治二年(南明弘光元年,1645)五月,南京陷落,张国维谒鲁王于台州,请王监国,移驻绍兴。鲁王封其为太子太傅、兵部尚书、武英殿大学士,督师钱塘江。七月,克复富阳。八月,克复於潜。鲁王赐张国维尚方宝剑以统诸军。此时,唐王在福州登基(乙酉,1645)国号为隆武,可惜大厦将倾,独木难支。

清顺治三年(南明隆武二年,1646)五月,鲁王手下大将方国安拥王南行。在张国维一方,虽将士英勇杀敌,屡有斩获,但毕竟小胜不足以扭转全局,反清复明的壮志总难实现。然而在这样的困境下,张国维仍誓死苦守钱塘江南岸,前后竟达一年之久。

同年六月廿五,清兵破义乌,抵东阳七里寺。张国维只能退到东阳,带兵在东阳的陷坑岭作最后的抵抗。可是清军已经大军压境,败局已经无法挽回。张国维只能让部队退守东阳。

当清军兵临东阳城下,张国维知道大势已去,他想:“如果清军久攻东阳不下,必然大开杀戒。”为了避免东阳生灵涂炭,张国维决心以死殉国。他立即派人召来东阳知县,对他说:“如今我军只剩千人,而清军不下百万,若与之死拼,一定伤亡惨重,东阳百姓也会饱受灭顶之灾,我身为明朝大臣,今日就以死报国,无奈天气炎热,如尸体腐烂不可辨识,将谓我带兵潜逃他乡,必然贻祸于东阳,因此,特请你来作一见证。”知县听后掩面痛哭,不忍心目睹张国维就此殉难,悲痛地劝阻张国维:“大人,我们决不投降,我们抵抗到底!”张国维沉思一下说:“现在最重要的是为东阳的百姓着想,你身为县令,必须这么做!”

张国维为了不让自己年迈的母亲为自己伤心,最后叮嘱家人:"对太夫人不要说我已死,只说我已远逃而去。我死后,让我的遗体坐在中堂,等到清兵见到我的遗体后方可入殓。"

第二天上午,清军攻入东阳城,清军骑兵先头部队先到张府,他们见到已经去世的张国维被人扶坐于大厅太师椅上,面色如生,清兵中有些人就叩头拜谢,痛哭不已。原来,这支清军中的骑兵多数为山东济宁人,被迫投清。他们尚未投清军前,曾得到张国维在济宁的施粥而得以活命,所以见到救命恩人后,良心发现,下跪礼拜。这是清军中的济宁籍骑兵对张国维的感恩。而东阳也得以免遭屠城之灾。次年十月,东阳百姓安葬张国维于八面山东郭塘之原。

张国维死后不到三个月,长子张世凤抗清被俘,不屈而被杀于钱塘江畔;次子张世鹏被关押在清军牢中。清军的浙江总督张存仁敬佩张国维的气节,不忍心他香火断绝,将张世鹏释放了。清乾隆四十一年(1776),为笼络人心以巩固清王朝的政权,清廷颁布祀典,追谥张国维"忠敏"。

参考文献:

[1] 张廷玉等:《明史·张国维传》,中华书局1990年版。

[2] 邵廷采:《东南纪事》卷五,上海书店2008年版。

[3] 嵇曾筠、李卫等修:《浙江通志·浙江人物志·张国维》,上海古籍出版社1991年版。

恪勤尽职　廉正自守

——江苏巡抚陶澍与苏州

方人也

前　言

清王朝嘉道年间，财政日益拮据。特别是道光年间，英国加紧输入鸦片，白银大量外流。社会矛盾越来越尖锐。有识之士为国家命运担忧，寻找一些改革的路子。陶澍就是其中的一个代表人物。

陶澍（1778—1839），字子霖，号云汀，湖南安化县人。清嘉庆七年（1802）进士，入翰林院。历官江南道监察御史、四川川东兵备道、山西按察使、福建按察史、安徽布政使，后升任安徽巡抚、江苏巡抚，道光年间官至两江总督，留下了很好的官声、政声，至今在湖南、江苏、安徽及四川一带民间，仍较广泛地流传着“清官陶澍”的故事。道光五年（1825），因洪泽湖决口，漕运阻浅，陶澍调任江苏巡抚，主持漕粮海运，雇沙船一千五百艘，运苏、松、常、镇、太五府州漕粮一百六十余万石至天津，为清代大规模海运漕粮之始。道光十二年（1832）又与巡抚林则徐治江苏水患，修浏河、白茆、练湖、孟渎等水利。道光十五年（1835）入觐，获赐御书“印心石屋”匾额。官至宫保尚书、太子少保，道光十九年（1839）六月因劳成疾，卒于任上。

乾隆二十五年（1760）设立江苏巡抚，专辖苏州、松江、常州、镇江四府和太仓直隶州，驻苏州府，地点在今苏州姑苏区书院巷。江苏巡抚是正二品，权力很大，为了避免与两江总督的冲突，同时加强对苏、松两地区的管理，江苏巡抚一直留在苏州。至于两江总督，则留在了南京。所以陶澍任江苏巡抚期间主要活动在苏州，在试行海运、致力河工方面有诸多政绩，还修建了苏州沧浪亭的五百名贤祠，居官恪勤尽职，廉正自守，被称为“晚清第一人才”。

试行海运

陶澍生于农村，他家中也以耕种为业。陶澍从小聪明过人。传说他放牛时，牛不吃草，他便把牛赶到山谷青草茂盛的地方，然后自己躲起来不让牛发现，牛便毫无顾忌了，大口大口吃起青草来；等牛吃饱了，他才把牛赶回去。他自幼奋发向上，刻苦攻读。十三岁时就以他父亲的口吻撰写了这样一副春联：“红芋、苞谷、兜根火，这点福老夫所享；齐家、治国、平天下，那些事小子为之。”可以看见他有志于以天下为己任。

漕粮运输与盐政、河工被称为中国古代三大政。道光五年(1825)，陶澍调江苏巡抚。漕粮本来由运河水道运输，但河道年久失修，江南段运河已节节淤塞，水位降低，漕粮运输常常搁浅。陶澍在赴任途中便沿途察看漕运情况。后又经过一番考察，提出了海运建议，马上得到道光皇帝的肯定。

元代、明代也曾试行过海运，但终因海盗抢劫、倭寇骚扰而作罢。陶澍认为运河粮船虚耗民力，沿途官吏敲诈勒索，百姓负担沉重，海运则可以避免。他亲自筹备，不顾一些旧臣的反对，先以苏州、松江、常州、镇江四府及太仓一州的漕粮归海运。

道光六年(1826)二月，陶澍上奏给道光帝一份奏折，并附了一张海运图，详细描画了从上海黄浦口到天津海口的航运线路，对各段水势特点、泊船口岸、海防设施作了周到布置。此折得到了道光帝的批准，陶澍就行动起来了。首先广招商船，让船户载一石米即有一石价钱，完成得好的船户另有奖励，中途没有官吏盘剥。其次派专人在上海监验待装上船的漕粮米色，确保漕粮经过较长时间的海运质量完好。最后筹备完毕，一千多艘沙船将首批江南漕粮运往天津，随船都派了武职大员押送，沿途水师提镇按地段派哨船兵丁巡防护卫。同年春启运，到这年夏天顺利抵达目的地。天津验米接船人员都说米的色泽光洁，比运河运输的质量好。接着又运了一批，把一年的漕粮分两批全部运完。

陶澍初试海运成功，保证了朝廷的供给，对促进海上运输、商品交易也起了一定的作用。百姓也觉得很便利，道光帝对他十分赏识，赐戴花翎。魏源也称赞漕粮海运有三利——“利国、利官、利民”。时间上看，来回两趟只要三个多月，较运河一趟快数月；运费上，两趟运粮一百六十余万石，费银一百四十余万两，平均每石不到一两，较运河的运输减少三分之一的费用。而且以商运代官运，有惠商政策，利于船户增加收入。

陶澍当时极为兴奋，他满怀信心，希望从此解决漕运积弊。第二年，他会同当时的两江总督蒋攸铦上奏朝廷，请求将苏州、松江、常州、镇江、太仓的漕运永归海运。但此时朝廷纷争不一，道光帝准行海运也不过应急而已，所以一直没有批复，海运仅实行一年又告夭折。直到道光二十四年(1844)运河又阻，道光帝不得已再次下令“复行海运”，后来才逐渐成为常规，试行海运可以说陶澍功不可没。

致力河工

河工水利也是清代三大政之一。陶澍在江苏巡抚任内致力河工，保全民生，政绩也是十分地显著。江南一带河湖较多，但大雨滂沱，湖水泛滥，横溢民田，时有水患，百姓苦不堪言。

由于太湖入海水路不畅，连年发生水灾。陶澍认为太湖主要流经吴淞江及浏河、白茆河等入海，治水当以吴淞江为最重要，治吴淞又当以通海口为最重要。于是上奏准以因海运而节省下来的银子二十余万两修浚吴淞江，陶澍实地勘察，因势而作，挑深挖直。道光八年(1828)，吴淞江工程竣工，陶澍乘船亲赴工地验收。沿途百姓甚为称赞。当晚，对工程十分满意的陶澍心情激动，难以入眠，诗兴大发，挥笔写下《道光戊子二月十七日吴淞江工竣放水作歌》诗：

东南水利首太湖，三江分泄通尾闾。
吴淞居中势尤顺，建瓴万古唯东趋。
樯帆乘风行客乐，鱼龙得意争归墟。
推波助澜势未已，且喜百年民患除。

道光十二年(1832)，陶澍任两江总督时，又与当时的江苏巡抚林则徐一起疏浚了浏河、白茆河，治理了练湖(今江苏丹阳县西北)、孟渎(今江苏常州市西北)，《清史稿》肯定陶澍治水的这一政绩时说："吴中称为数十年之利。"

在治水过程中，陶澍已朦胧地萌发出较为系统的治水工程意识，他说："天下的水利，最大的就是江南，太湖又是江南水利最大的工程，因此江南的水利，首先是治理太湖，而治理太湖最主要的又是在其下游出海口吴淞、浏河、黄浦，太湖治理好了，百姓可以免遭水害了。"

择贤任能

陶澍任江苏巡抚期间，除了试行漕运和致力河工外，还知人善任，人尽其才，《清史稿》评价陶澍："见义勇为，胸无城府，用人能尽其长。……在江南治河、治漕、治盐，并赖王凤生、俞德源[渊]、姚莹、黄冕诸人之力。"

陶澍与林则徐结识后，觉得林则徐是个难得之才，当他任两江总督时，便奏举林则徐出任江宁布政使，主持赈灾治水，旋即又提拔为江苏巡抚。后陶澍又举荐林则徐继任两江总督，他评价林则徐"才长心细，识力十倍于臣"。林则徐与陶澍"心同道合，相得无间"。

陶澍既有识别人的眼力，又有宽容人的度量。陶澍与河督张升、麟庆政见不一，但仍能与他们共同商议、虚心恳谈。这正是他善于识人、容人、用人的结果。于是大批人才聚集在他周围,两淮盐运使俞德渊也是陶澍保举的一位深得民心的好官吏。其他在陶澍周围的人才有贺长龄、梁章钜,以及历官江苏最久、被陶澍视为左右手的陈銮等。陶澍对属下十分礼遇,常常不耻下问,才学之士更愿与他交往。

陶澍从善如流,道光七年(1827),重修苏州沧浪亭。苏州藏书家顾沅和十几位士绅发起在沧浪亭中建五百名贤祠以祭祀苏州历代名人的倡议,江苏巡抚陶澍见到顾沅所藏吴中名贤画像三百余幅后,对此倡议大力支持。后经顾沅等广为搜集,又得两百多幅,举苏州前贤及流寓苏州的名人共五百余人,绘像合祀,由孔继尧临绘,沈石钰勾摹刻石。收录人物始自春秋,止于清代,人物之多、跨越年代之长、绘制之精、镌刻之工在清代石刻群像中实属罕见。五百名贤祠内石刻署头石上是"景行维贤"四字,款署"道光七年(1827)丁亥菊月湘浦松筠书",就是陶澍所书写。"景行维贤"意为行为光明正大,德行高尚,乃为后人仰慕的贤德之人。每一位名贤像下均刻有传赞四句,概述此人特点,靠右一行题姓名职衔,故每一画像,犹一人物小传。是年十月,他在沧浪亭与潘奕隽、吴云、石韫玉、韩葑等五人集会咏诗,人称"五老会"。道光九年(1829),又在沧浪亭邀请嘉庆七年(1802)同科进士顾莼、朱珔、朱士彦、吴廷琛、梁章钜、卓秉恬集会,称为"沧浪七友"。

陶澍与魏源关系更加密切,原本是世交,其渊源可追溯到陶澍与魏源祖父的交往。魏源的祖父孝立公继承祖业,家境富裕,为人慷慨。《魏氏族谱》记载,陶澍少时家里贫寒,曾慕名前往孝立公处求助,孝立公慷慨解囊,借给陶澍本钱。后来陶澍为官,就派人备礼送还借款,孝立公却坚决不收,他说:"钱财只是流通的东西,我并不是靠它来谋取厚利的,愿你们的主人做官清廉,珍爱百姓。"陶澍很受感动,此后孝立公的话他一直铭记在心。

后来魏源在科举上屡屡名落孙山,只好委屈地长期作幕僚。道光七年(1827),魏源来到陶澍幕下,如鱼得水,两人共事十四年,十分默契。陶澍对魏源甚为倚重,凡有重大事宜都与魏源商议而定,这不仅为魏源著书立说提供了良好的条件,也使魏源的经世思想与才干在陶澍推行的改革中大获用武之地。魏源对陶澍十分崇敬。陶澍去世后是魏源为他撰写行状、墓志铭和神道碑的。

廉 正 自 守

陶澍以勤政廉洁著称,其座右铭是:“要半文,不值半文,莫道无人知;办一事,须了一事,如此心乃安然。”封建社会官场较黑暗,贪官常见,俗语:“一年清知府,十万雪花银。”而陶澍则是一位为人称道的清官,他非常强调“古人语功名,首在敦廉洁”。

陶澍是一位有才能的官吏,他在清政府的中央和地方机构均任过职,熟谙清朝典章制度,出色地处理了刑名、财政、赈灾等事务,可时时处处对自己严格要求,他根据“一日三省吾身”的古训,设立《省身日记》,“每天在灯下把白天所见所闻所言所行都记录下来,到无事的时候就可拿出来翻阅,知道那天是虚度或有做错的,可以提醒自己改正”。

陶澍在江苏巡抚任上主持海运时,所费只有河运的三分之二,结余的部分用来重建了苏州的尹山桥,为民造福。史称陶澍“服官数十年,起居如寒素”。

陶澍要求为官要关心民生疾苦,他认为州县的官吏是百姓的父母官,亲近百姓,就会得到百姓拥护,天下要治理好也就容易了。陶澍很平易近人,在乡中视察,只要见乡中父老绅士,他都上前行礼慰问,他还喜欢了解风土人情、地理掌故,百姓都很亲近他。有一次陶澍治理吴淞江,从吴江到嘉定,一路上父老乡亲听说陶大人经过,扶老携幼,熙熙攘攘,就像远离家门的游子回家,亲人在盼望着一般,忘记了他是个父母官了,夹道相迎,场面着实让人感动。

陶澍一生简朴,从不奢靡浪费,他不仅对自己这样要求、这样做。对家人、对亲属也是如此,在陶澍的影响下,他的亲属都能洁身自好。

结　语

陶澍非常注意培养清官的思想并付诸行动。他对读书人的要求很严,他提出:“今日的读书人就是明日的官吏。当他还是读书人时就已不能吃苦,那么当他为官,身处在有权有势的职位时,怎么能廉洁自守呢?如果不廉又不勤,那吏治就腐败,而百姓便要受害了。”陶澍提倡读书人要“劳其筋骨,饿其体肤,空乏其身”,就是要培养他们吃苦耐劳的毅力和意志,将来能胜任繁重的官吏工作。他还说读书人在读书时就如子女一般,而到入仕途做官时就如父母一般,要培养出好的官吏,先得从教育入手,所以陶澍又很重视办学,在江苏三次捐款建书院。

道光十七年(1837),陶澍六十寿辰,道光帝亲书“绥疆锡祜”匾额一面及“福”“寿”字各一方,并赐铜佛、如意、朝珠、蟒袍等寿品十六种。许多官员、士大夫均吟诗作文称贺。可第二年,陶澍突然中风,起居不便,只好告假,可病情一直未有好转。道光十九年(1839),他病体加重,不久卒于两江总督任上。

百姓听到陶澍去世的消息,十分悲痛。当时两淮盐商因怀念陶澍,筹集巨款四万两银子赠给他的夫人黄德芳,可陶澍夫人对他们说:“夫子活着时无所亏欠,死了以后也要无所歉意。”婉言谢绝了这笔厚赠。陶澍的灵柩由妻儿护送回湖南安化小淹安葬。朝廷赠太子太保官衔,赐谥“文毅”。后来左宗棠为陶澍建祠,亲自写楹联赞颂。

陶澍一生主政廉洁,匡时济世,颇有建树。他一生从政,名高位重,是一位值得肯定的廉洁的历史人物。任江苏巡抚的六年中,他在苏州留下诸多惠政,得到百姓的认可,也让苏州的百姓记住了这位清官的名字。

参考文献:

[1] 陈蒲清:《陶澍传》,岳麓书社2011年版。

[2] 赵尔巽等:《清史稿》,中华书局1998年版。

[3] 萧致治:《林则徐和陶澍在江苏》,《江海学刊》2004年第3期。

[4] 陈蒲清:《陶澍论》,《湖南城市学院学报(人文社会科学版)》2008年第12期。

· 历史文献 ·

《吕氏春秋》的思想价值及现实意义

金山客

两千余年前的吕不韦为相时，邀请当时天下各学派的诸子士人，抒写各学派的主旨学术，为后人留下了一部千古不朽的大作《吕氏春秋》。此作以道为主，贯通各家学术，平等对待，一视同仁，但它不取鬼神、迷信的思想，而是注重吸取各家比较先进的思想精华。诸如儒家的以民为本、修齐治平的思想，墨家厚养薄葬的思想，法家依法治国的思想，等等。它既是一部治世兴政的辅政著作，又是一部进德修业的励志著作，又是一部内蕴丰富的文学著作。突出体现在丰富多彩的寓言故事创作上，而这些寓言大都是化用于中国古代的神话、传说及故事，在中国寓言史上具有相当重要的地位与作用。概而言之，《吕氏春秋》的思想价值主要包含在四个方面：一是遵循自然之道；二是丰富深刻的古代哲学思想；三是特别强调学习的重要性；四是具有既朴素又丰富的辩证法思想。为了较为全面地阐释《吕氏春秋》的思想价值，甚有必要对吕不韦的生平事迹、《吕氏春秋》的组织略进行一番探析。

一、吕不韦简介

吕不韦(？—前235)，姜姓，吕氏，名不韦，卫国濮阳(今河南濮阳西南)人。战国末年卫国商人、政治家、思想家，后为秦国丞相，姜子牙二十三世孙。早年经商于阳翟(今河南禹州)，是鼎鼎有名的大商人,精通经商之道,他往来各地,以低价买进,高价卖出,所以积累起千金的家产。于是他不惜花费巨资,将秦国质子异人(子楚)带回秦国,扶植其成为秦庄襄王,之后吕不韦被拜为相国,封文信侯,食邑河南洛阳十万户。执政时,攻取周国、赵国、魏国土地,分别设立三川郡、太原郡、东郡,对秦王嬴政兼并六国的事业作出重大贡献。庄襄王去世后,太子嬴政即位,拜吕不韦为相邦,尊其为"仲父",权倾天下。吕不韦墓,位于洛阳市东约20公里的偃师市南蔡庄大冢头村东。

吕不韦一生最大的文化贡献之一,就是主持编纂了千古名著《吕氏春秋》。

二、《吕氏春秋》的编撰策略

《吕氏春秋》,又称《吕览》。司马迁《报任安书》:"不韦迁蜀,世传《吕览》。"是在秦国相邦吕不韦的主持下,集合天下各派学者编撰的一部杂家名著。成书于秦始皇统一六国的前夕。《吕氏春秋》是中国历史上第一部有组织按计划编写的文集。此书以"道家学说"为主干(东汉高诱称《吕氏春秋》"此书所尚,以道德为标的,以无为为纲纪"),以名家、法家、儒家、墨家、农家、兵家、阴阳家思想学说为素材,以道家思想为基调,坚持无为而治的行为准则,用儒家伦理定位价值尺度,吸收墨家的公正观念、名家的思辨逻辑、法家的治国之法,加上兵家的权谋变化和农家的地利追求,正可谓熔诸子百家学说于一炉,闪烁着博大精深的智慧之光,形成一套完整的国家治理学说。正如该书《用众》篇所说:"天下无粹白之狐,而有粹白之裘,取之众白也。……故以众勇无畏乎孟贲(勇士)矣,以众力无畏乎乌获(力士)矣,以众视无畏乎离娄(黄帝时人,可见百步之外)矣,以众知无畏乎尧舜矣。夫以众者,此君人之大宝也。"《吕氏春秋》对先秦各家各派着重审视其优长,偏重于汲取其精粹,力图超出门户之见,其云:"老耽贵柔,孔子贵仁,墨翟贵兼,关尹贵清,列子贵虚,陈骈贵齐,阳生贵己,孙膑贵势,王廖贵先,儿良贵后,此十人者,皆天下之豪士也。”由于《吕氏春秋》有这种兼容并包的胸襟,故能取精用宏,融汇百家,以道贯之。

《吕氏春秋》的编著目的显然也是为了集各家之精华,成一家之思想,那就是以道家思想为主干,融合各家学说。因此,《吕氏春秋》之“杂”,并非混杂不分、毫无原则,自有其特点,即以道为主贯,通各家学说,用平等的眼光对待各家学术,但不取鬼神、迷信的思想,而是吸取各家比较进步的思想。如对于儒家,主要吸取其民本思想、修齐治平思想;对于墨家,主要吸收其薄葬的思想;对于法家,主要吸收其法治思想。《吕氏春秋》虽采取各家学说,但所采取的观点之间,并不抵牾。因此,《吕氏春秋》可谓“杂而不杂”,具有博采众家的融合倾向。

吕不韦对此书十分看重,他自己认为这部号称《吕氏春秋》的书是杰作,夸口说该书是包揽了“天地、万物、古今”的奇书。为了精益求精,也是为扩大影响,吕不韦还想出一个绝妙的宣传该书的办法,他请人把全书誊抄整齐,悬挂在咸阳的城门上,声称如果有谁能改动一字,即赏给千金。消息传开后,人们蜂拥前去,包括诸侯各国的游士宾客在内,却没有一个人能对书上文字加以改动。当然,这不一定就证明《吕氏春秋》字字珠玑,达到了尽善尽美的程度,而很可能是因为人们都敬畏吕不韦的威势,没有人愿意出头罢了。不过,如此妙着,其轰动效应确实巨大。《汉书 · 艺文志》等将其列入杂家,是战国末期杂家的代表作。全书分为十二纪、八览、六论,共二十六卷,另有《序意》一篇,共一百六十篇,二十余万字。十二纪按照月令编写,文章内容按照春生、夏长、秋杀、冬藏的自然变化逻辑排列,上应天时,中察人情,下观地利,属于应和天时的人世安排,体现了道家天道自然与社会治理的吻合。八览以人为中心,基本上属于察览人情之作,围绕人的价值观念、人际关系、个人修养展开。六论以人的行为以及事理为主题,包含了人的行为尺度、处事准则、情境条件以及地利等方面。可见,《吕氏春秋》不是随意编写,它有着严谨的计划和预设,按照天、地、人三个层次的互相呼应确定主题,展开论述,体现道法自然之意。正如《序意》所说:“凡十二纪者,所以纪治乱存亡也,所以知寿夭吉凶也。上揆之天,下验之地,中审之人,若此则是非、可不可无所遁矣。”它试图归纳出治乱存亡的历史经验,形成寿夭吉凶原因的深层认识,解释并验证天地人之间的一切现象,使是与非、可与不可的道理呈现于人。

司马迁在《史记》里将《吕览》与《周易》《春秋》《离骚》等并列,表示了他对《吕氏春秋》的重视。东汉的高诱还为其作注,认为此书“大出诸子之右”,即超过了诸子的成就。评价之高,可谓实至名归,甚中肯綮。

三、《吕氏春秋》的思想价值

(一)治天下要遵循自然之道

《吕氏春秋》强调遵循自然之道,从自然之道中寻找治理之道的正当性与合法性。例如“阴阳之和,不长(助长)一类”“甘露时雨,不私一物”“万民之主,不阿一人”,就是哲学意义上的自然主义,是对人类进行反省而形成的,也反映在国家治理思维上,即所谓自然法。人定法则由于人类的认识局限和私利屏蔽,肯定会有缺陷。人定法必须服从于自然法,具体的法理表现为,人定法自身的合法性和正当性,不可能经由人定法来证明,而必须依赖于自然法来证明,不合于自然法的人定法没有合法性。合于自然法为“善法”,不合于自然法为“恶法”,“恶法非法”。在古代,老子的“道”具有自然法的意义,但是,老子仅仅强调了“道法自然”,再没有细说。《吕氏春秋》则发展了老子的思想,通过十二纪,把人的行为与自然秩序一体化,在自然秩序中验证社会管理的正当性。按照《序意》所载:“良人请问十二纪。文信侯曰:‘尝得学黄帝之所以诲颛顼矣,爰有大圜(天)在上,大矩(地)在下,汝能法之,为民父母。盖闻古之清世,是法天地。……’”可见,吕不韦是以黄帝教导颛顼为榜样,上有天,下有地,天地就是规矩,只要按照天地的准则治理国家,就能国泰民安。因此,从《吕氏春秋》开始,论证统治的正当性要以大道为准,治国的价值取向要由法

《吕氏春秋》书影

天地自然确定。例如《吕氏春秋》强调天下之公,做事要无所私偏,就是以自然现象作为推理证据的。“天下,非一人之天下也,天下之天下也。”“阴阳之和,不长一类;甘露时雨,不私一物;万民之主,不阿一人。”(《贵公》)“天无私覆也,地无私载也,日月无私烛也,四时无私行也。行其德而万物得遂长焉。”(《去私》)这些,都强调遵循自然之道的重要性与必要性。这一系列理念均传承于后世。“先圣之主治天下也,必先公,公则天下平矣,平得于公。”这里就强调治天下,必须“公与平”。

值得肯定的是,《吕氏春秋》的自然主义思想倾向不但继承了道家,还发展了道家。这是因为《吕氏春秋》放弃了道家消极的一面,它不仅要求人类顺应自然,更要求以人的自觉能动去发挥创造。而这种发挥创造则需要用自然法则来验证其合理性。例如,古代的养生学说多发源于道家,《吕氏春秋》也不例外,而这种养生不再是道家庄子学派那种消极回归自然,而是黄老道家积极实现人文建设目的。“始生之者,天也;养成之者,人也。”所谓养生,就是“能养天之所生而勿撄之”(《本生》)。由养生到治国,事出一理。“夫水之性清,土者扫(gǔ)之,故不得清。人之性寿,物者扫之,故不得寿。物也者,所以养性也,非所以性养也。今世之人,惑者多以性养物,则不知轻重也。不知轻重,则重者为轻,轻者为重矣。若此,则每动无不败。以此为君,悖;以此为臣,乱;以此为子,狂。三者国有一焉,无幸必亡。”(《本生》)自然之道并非束缚人的行为,而是给人的行为提供分辨轻重缓急、主次本末的尺度。水天性是清澈的,但人不断用土扫水,它就无法清澈;人生本是长寿的,但人为了物欲而劳心费神,当然折寿。物本来是养生的,而不是用生命来养物。当今之人,不知天道,被物所惑,往往轻重颠倒。一旦轻重颠倒,为君则行为背离正道,为臣则迷乱失常,为子则狂妄忤逆。三者只要出现一个,国家就会衰亡。所以,养生并不是像庄子那样化入自然而消极无为,更不是背离天道去追求不可能实现的长生,而是保全天道以防夭折。“圣人之制万物也,以全其天也。”所以,出入车辇实是“招蹷(按:“蹶”的异体字)之机”,肥肉厚酒实是“烂肠之食”,靡靡之音实是“伐性之斧”。有人不肯富贵,不是求名,而是重视养生。很显然,《吕氏春秋》既有对黄老道家、庄子学派的继承,又有对庄子学派的修正。

(二)丰富深刻的哲学思想

首先,它继承道家的宇宙观,认为宇宙的本原是“道”,或曰“太一”,又把这“道”或“太一”解释成一种极其精微的物质即“精气”,认为这种物质“其大无外,其小无内”(《下贤》),正是由于它的运动和结合而产生了天地万物。尽管受时代条件限制,《吕氏春秋》这一解释还不够科学,但是在当时,它能有这种关于宇宙本原的朴素唯物论的“精气”说,已经很难能可贵了。与此相关,《吕氏春秋》对天道的认识也具有朴素唯物论因素,它认为“天地有始,天微以成,地塞以形”(《有始》);“民无道知天,民以四时寒暑、日月星辰之行知天”(《当赏》)。也就是说,天地是由于物质的运动而客观形成的,天的运行规律是可以认识和掌握的。它认同荀子的“天道自然”说,在《大乐》《尽数》《圜道》等许多篇章中都谈到天地万物的本性及其规律,《贵因》篇还提出“因”的概念,主张因顺自然,掌握和利用其规律去改造自然。《吕氏春秋》还对所谓天命作出了可贵的朴素唯物的解释,认为“命也者,不知所以然而然者也。人事智巧以举错者,不得与焉。故命也者,就之未得,去之未失”(《知分》)。在它看来,所谓命就是客观事物不以人的意志为转移的必然性。它更否认鬼神的存在,《博志》篇中强调,孔墨学业高深不是“鬼将告之”,只是“精而熟之”。《尽数》篇中明确反对世人崇尚卜筮祷祠以求免除疾病的做法,认为疾病的产生是精气郁结不通的缘故,“世上卜筮祷祠,故疾病愈来”。显而易见,《吕氏春秋》比较崇尚科学,是不相信鬼神迷信那一套的。它还用朴素唯物论的“精气”说来解释自然界中的应同现象，认为“类同相召，气同则合，声比则应”（《召类》）是因为同类事物之间有一种物质上的客观联系，即精气相通的缘故。甚至像“身在乎秦，所亲爱在于齐，死而志气不安”这种神秘现象，它也作出了朴素唯物观的解释，认为是“精或往来也”（《精通》），也就是精气相通或如今之所谓信息感应的缘故。《慎人》等篇还论及天人、主客关系，阐发成事在天而谋事在人的道理。要之，《吕氏春秋》在宇宙观、世界观上具有较强的朴素唯物论的因素。

（三）特别强调学习的重要性

《吕氏春秋》认为即使圣人也不是生而知之，而是通过努力学习才成为圣人的。书中明确指出“圣人生于疾学”，“不知理义，生于不学。学者师达而有材。吾未知其不为圣人”（《劝学》）。这就从认识论上否定了唯心论的先验论，闪耀着朴素唯物论的光辉。在认识的方法上，《吕氏春秋》力主“去宥”和“别类”。所谓“去宥”，就是去除主观偏见和片面性，《去尤》《去宥》两篇专门讲这方面的道理，其中“疑人窃铁”和“齐人攫金”的故事尤具教育意义。所谓“别类”，就是区别事物的不同性质，这在《别类》篇有专门论述。篇中所谓“小方，大方之类也；小马，大马之类也；小智，非大智之类也”的比方，以及公孙绰以治偏枯之药“起死人”的笑话，都对人很有启发和教益。《吕氏春秋》还极力主张“审”和“察”。单从题目看，关于“审”，就有“审己”“审分”“审应”“审为”“审时”等；关于“察”，也有“察今”“察微”“察贤”“察传”等；与此密切相关的，还有“观表”“观世”“听言”“论人”“知士”“知化”等；再结合内容看，又有“审名实”（《正名》《审分》）、“审征表”（《观表》）、“察言”（《听言》）、“察人”（《论人》）、“察疑”和“察不疑”（《谨听》）等。可以说，其主张是无所不“审”，无所不“察”。之所以如此，是因为在作者看来，只有通过审视明察，才能获得正确的认识，也才能拨开“疑似”迷雾，不被假象蒙惑，透过现象看本质，审其征表有先知，进而找到规律，“以近知远，以今知古，以所见知所不见”（《察今》），从而提高认识水平。在这方面，《论人》篇所讲考察人的“八观六验”法和《观表》篇关于审察事物征兆的论述尤有意义。要之,《吕氏春秋》在认识论上也具有鲜明的唯物论色彩,尽管它还存在某些不足或自相矛盾之处。

(四)具有丰富的辩证法思想

它继承前代思想精华,能用联系、发展、变化的观点看待自然、社会和历史,在大小、长短、多少、有无、得失、进退、穷达、安危、祸福、生死等问题上都表现出深刻的辩证观点。它认为事物是一分为二、各有短长的,又认为事物是对立统一、相互依存的,"小之定也必恃大,大之安也必恃少,小大贵贱,交相为恃"(《谕大》)。它还认为事物是发展变化的,在一定条件下可以互相转化,比如"草有莘有藟,独食之则杀人,合而食之则益寿"(《别类》);又如子张等六位"刑戮死辱之人",皆通过学于孔子等名师而成为"天下名士显人"(《尊师》)。尽管《吕氏春秋》受天体运行规律影响所形成的关于物质运动以及社会运动周而复始的循环论思想还存在形而上学的缺陷,但瑕不掩瑜,其丰富的辩证法思想无疑是十分可贵的。

此外,《吕氏春秋》还表现了一定的音乐美学思想。它将音乐的产生与宇宙万物联系起来,提出"生于度量,本于太一"(《太乐》),又从"心"物感应关系,论述了音乐产生的心理过程。提出了"适"的概念,强调要音"适"和心"适",才能获得美的感受。至于"传言必察"等思想和适情节欲、运动达郁的健身之道,都具有朴素的唯物主义因素。无疑,书中也有一些天人感应的迷信思想,应该加以分辨。《吕氏春秋》除了具有很高的思想价值外,还保存了很多旧说传闻,在理论上和史料上都有很高的参考价值。

四、《吕氏春秋》的现实意义

17世纪英国哲学家培根说过:"读史使人明智,读诗使人灵秀,数学使人周密,科学使人深刻,伦理学使人庄重,逻辑修辞之学使人善辩:凡有所学,皆成性格。"比培根早将近一千年的唐太宗李世民在著名谏臣宰相魏徵死后就对他的大臣们说:"以史为鉴,可以知兴替。”

《吕氏春秋》具有四个方面的思想价值,而这些,对于我们今天仍然具有启迪教益的现实意义。

其一,《吕氏春秋》之《本生》篇:“始生之者,天也;养成之者,人也。能养天之所生而勿撄之,谓之天子。天子之动也,以全天为故者也。”这就是说这大千人世,为天所开辟,为人所创建,但要使她不被破坏,那还是要依靠天子保护与保卫。这样,作为生活在天地自然环境之间的人,应该顺应自然,敬畏自然,尊重自然,懂得自然之道,不做违背自然的事。如果一味追求经济发展而以破坏自然生态环境为代价,那么,自然就会恶化,各种自然灾害就会频频发生,最终受害的只是人类自己。所以,习近平总书记多次强调在经济发展的同时,一定要注意保护自然环境,不能过度开发、盲目开发,要坚守科学发展观。他所提出的“青山绿水,就是金山银山”理念,正是保护自然环境、让自然造福人类的形象而具有哲理的理念。习近平总书记在全国生态环境保护大会上发表重要讲话,进一步强调了保护生态环境、建设美丽中国的重要性。他强调:“美丽中国建设的重要时期,要深入贯彻新时代中国特色社会主义生态文明思想,坚持以人民为中心,牢固树立和践行绿水青山就是金山银山的理念,把建设美丽中国摆在强国建设、民族复兴的突出位置。”由此观之,《吕氏春秋》中所蕴藏的中华优秀传统文化与习总书记的生态理念在两千年的历史两端频频招手。这也体现了中华优秀传统文化对当今建设中国特色社会主义的文化启示。

其二,《吕氏春秋·当赏》:“民无道知天,民以四时寒暑、日月星辰之行知天。”也就是说,天地是由于物质的运动而客观形成的,天的运行规律是可以认识和掌握的。这就告诉我们,要学会尊重客观事物,尤其在当今要进一步运用唯物论的思想武器去指导我们的工作,实事求是,一切从实际出发,如此,工作就会少走弯路,容易实现愿望。1941 年,毛泽东同志依据革命实践的需要,发表了《改造我们的学习》,其中借用了“实事求是”一词,并予以新的阐释:“‘实事’就是客观存在着的一切事物，'是'就是客观事物的内部联系，即规律性，'求'就是我们去研究。"可见，《吕氏春秋》尊重客观、实事求是的思想影响是深远的。

其三，《吕氏春秋·察今》："以近知远，以今知古，以益所见，知所不见。"这正是古代优秀的、朴素的传统辩证法，传承至今。党中央注意结合此优秀传统文化来加强学习，明确对综合复杂的社会现象要能做到审时度势，明察秋毫，不被假象蒙惑。透过现象看本质，审其征表有先知，进而找到规律，才能使工作少出差错。

其四，《吕氏春秋·谕大》："小之定也必恃大，大之安也必恃小。小大贵贱，交相为恃，然后皆得其乐。"这就是说无论"大小"，其中也有变化发展，推而广之：在有无、得失、进退、穷达、安危、祸福、生死等问题上都要辩证地从两个方面来分析，才能不偏不离，较好地避免偏执之弊端。

综上所述，我们可以比较清晰地了解《吕氏春秋》这部大著，该书胸襟宽广、视野宏远，在重点阐扬道家学术思想的基础上，博采儒家、法家、墨家等诸子百家的优秀传统文化。传承至今，仍然具有现实意义，并起到对后世的激励作用。

参考文献：

[1] 陈奇猷：《吕氏春秋新校释》，上海古籍出版社 2002 年版。

严衍《资治通鉴补》述评

王湜华

《资治通鉴补》的作者严衍，是明代重要史学家之一。他的这部《资治通鉴补》堪称史学史上的丰碑一座。然而，它却在很长一段时间里未得应有的重视。幸而稿本未散佚，直至咸丰（1851—1861）初元，才由江夏的童和豫，用活字排版，刷印了百来部。流传至鲜，知之者仍少。直到光绪二年（1876）丙子，才由武进盛氏思补楼将它校订付梓，此书才稍得流传。

严衍，字永思，一字午庭，号拙道人，又号招道人，江苏嘉定（今上海市嘉定区）人。生于万历三年（1575）乙亥，卒于南明弘光元年（即清顺治二年乙酉，1645），享年七十有二（虚岁）。他一生潜心治史，先是喜欢读史，尤其爱读《通鉴》，反复地读。从四十一岁开始，"始得肆力于司马公《通鉴》全书。始而读之，跃然喜矣；忧而读之，欣然乐矣；躁而读之，悠然恬矣。宁或有终日不食之时，未有终食不读之时也"（见《资治通鉴补自序》）。由此不难看出他潜心谛读、废寝忘食之一斑。他如此勤勉谛读，自然对司马《通鉴》颇有领会，在深受其益的基础上，也看到了它的不足，所以下决心为之辑补一些不该缺的内容，纠正一些舛误……其实这部著作的全名应该叫"资治通鉴补正"才对，但出于对司马公的敬仰，明明下了补正的大功夫，却只用了一个"补"字于书名。

当年司马光编订《资治通鉴》时，是有一个编写班底的，是司马光领导这套班底集体完成的。而严衍单枪匹马，只有一位弟子谈允厚参与其事。而且应该说，这补正工作实比直接编写更繁复。首先要发现原书之不足，还要核对“十七史”以及其他史籍等，才能补与正。别看这改一字或补一字，其中功夫实际要比编一字、自己写一字要深得多。更何况要补得合宜，让读者体会到补正得恰切，读后有一种别处不可得的满足感。这一点，严衍此补应该说是做到了。

具体是如何辑补的，可读此书之凡例以及谈允厚《后序》中所列七点，兹不赘述。书中补正之文是列入〔 〕内的，所以比较醒目；补注更是另加标识，清清楚楚。读者可在阅读时，细细体会补文的必要性，试若不补，是否会感到缺憾？由此更可体会到此补之价值。

我国现存史籍中，较早的《春秋左传》是编年的。司马迁《史记》开创了纪传体，既突出重要史事的历史顺序，又突出了重要人物的事迹。后来有人感到，一些重大历史事件由于编年而被打散，所以又创立了纪事本末的体裁，使我国的史书更加丰富多彩，而且查检方便。司马光的《资治通鉴》是编年的，但又打破了断代，把一千三百多年的漫长历史一气编年顺下，可谓工程浩大而贯通上下。但由于突出了“资治”的作用，广大人物事迹的相对完整性便有所忽略。严衍此补弥补了不少这一类的不足，可以说，在突出政治史的基础上，略微弥补了忽视人物完整之不足。当然，严衍此补的功绩是多方面的，这样形式的补，可谓又开创了一种史书的体裁，或可称之为“纪传浑一体”，对继承与发展我国史学，是功不可没的。

《资治通鉴》原书已卷帙浩繁，洋洋二百九十四卷之多。严衍此补，为尽可能保持原书原貌，所以卷数没变，但字数是不可能不增的，而且增出了约一小半。本来加上胡三省的音注，字数已在六百万左右，严补虽未全收胡注，合上补文，字数总远远超出六百万吧。这篇幅之大，或可说是《资治通鉴补》的一大“缺点”吧。然而我国历史悠久，史学发达，史籍浩瀚，一部一千三百余年的编年通史用七八百万字的篇幅，应该说是不多。它既纠正了《通鉴》的一些错误（包括系年舛误等），又为一些史事作了补充，更为大量人物增补了简而明的小传，读来有读一通而贯通多门之痛快感。如此大补之后，仍给人以要言不烦而又浑然一体之感。这与当今一些博士论文为了达到规定之字数而盲目加大篇幅、东拼西凑完全不可同日而语。

这样一部具有开创性的史学巨著,由于长期未付刻或其他原因,乾隆时期编修《四库全书》时竟未被收录。这应该与当时的文字狱、文网无关,应是编《四库全书》者的一大失误。

清代大学者钱大昕曾专门写了篇《严先生传》来介绍严衍,《传》中以主要篇幅介绍严衍是怎样呕心沥血来完成这部巨著的。《传》中写道:“时邑中诸名宿皆以诗文自名,先生独专心古学,耻以词华炫世。年四十有一,读司马温公《资治通鉴》而好之,晨夕探索,至忘寝食。又以温公著书意在资治,故朝章国政述之独详,而家乘世谱纪之或略;其于人也,显荣者多而遗逸则略,方正者多而节侠则略,丈夫者多而妇女则略。乃援引正史及他书以补之。或补为正文,或补为分注。其补正文之例有二:有《通鉴》所已载而事或阙而不周,文或简而不畅,则逐节补之;有《通鉴》所未载而事有关于家国,言有系于劝惩,则特笔补之。其补分注之例有三:一曰附录,事虽可采而或涉于琐,或近于幻,故不以入正文;一曰备考,《通鉴》之所载如此,他书之所载如彼,虽两不相合而事属可疑,故两存之;一曰补注,胡身之注所未备或有伪舛,则以己意释之,其所取材则‘十七史’居十之九,稗官野史居十之一,而要以法戒为主。其有关劝惩,虽小史必录,苟无所取义,虽正史亦删要。使学者欲考兴亡,则观政于朝;欲知淳薄,则观风于野;欲树宏猷,则法古人之大道;欲修细行,则拾往哲之余芳。人无隐显,道在者为师;行无平奇,济物者为尚。”钱大昕如此推崇严衍,对他的《资治通鉴补》又如此重视,确实是很有道理的。他又方方面面举了若干实例来进一步肯定严衍所补,评价十分精辟,肯定《资治通鉴补》的学术价值是相当高的。

钱大昕在《严先生传》的最后还特地这样说:“先生与允厚于史学皆实事求是,不肯妄下雌黄。其所辩正,皆确乎不可易。宋季元明儒家好读《纲目》,如尹起莘、刘友益、王幼学、徐昭文辈,皆浅陋迂腐,虽附《纲目》以传,转为本书之累。其有功于《通鉴》者,胡身之而后,仅见此书耳。”钱大昕能给《资治通鉴补》这样的评价,也同样是十分实事求是的。

严衍在《自序》的最后还有"崇祯甲申(1644),宋元续编亦复告竣,又益以四百八十二年"等语,可见《续资治通鉴补》在他的有生之年也已完成。那时学生谈允厚又病倒了,校阅的任务只得由他的小儿子担任,他本人亦垂垂老矣。此时的严衍更担心的是书稿能否保存好并代代相传下去。有幸的是,《资治通鉴补》总算保存到了今天,而仅在《自序》中提到的《续资治通鉴补》则不知是否尚存人世。如若亦有幸,让四百年前的旧稿能重见天日,岂止严先生当含笑九泉之下论艺,更将是中国史学史上的重大发现,是中国人乃至全世界人的大幸啊!

(本文系王湜华先生遗稿。)

参考文献:

[1] 司马光编:《资治通鉴》,《四部丛刊初编》本,商务印书馆1936年版。

[2] 严衍:《资治通鉴补》,中华书局2013年版。

[3] 钱大昕:《严先生传》。

宝祐大字本《通鉴纪事本末》刊刻再考

卿朝晖

雕版印刷技术至少在五代时期已经流行于苏州。据《册府元龟》卷六〇八记载，当时吴、蜀之地，就有鬻卖各种“印板文字”的商人。所谓的“印板文字”，主要是“历日”这类实用性较强的印刷品。

到了宋代，苏州的刻书业蓬勃发展，出现了一大批刊印精美的图书。其中不少是后世通行书籍的祖本，比如李白、杜甫的诗文集等，为文化的传播作出了重要的贡献。但是，由于苏州当时归属两浙（西）路管辖，所以在版本学史上，苏州刻书往往归于“浙刻本”的范畴，并没有“苏刻本”之名。比如设于苏州的浙西茶盐司所刻《临川先生文集》，既往皆称“杭本”，最近才被孙中旺先生正名。袁枢《通鉴纪事本末》大字本也是类似的遭遇。

袁枢此书，传世宋本有二，一是严州小字本，一是宝祐五年丁巳（1257）赵与篡重刻严州本，因采用大字开雕，又称大字本。书前有宝祐丁巳秋七月朔赵与篡序，略云：“与篡淳祐壬子（1252，淳祐十二年）退而里居，四年之间，熟得翻阅……是书之关于世教亦大矣。严陵旧本，字小且讹，乃易为大书，精加雠校，以私钱重刊之。”

大字本的刊刻地，一般认为是浙江湖州。最初鉴定为湖州本的是归安人陆心源。他在《仪顾堂续跋》卷七《宋淳祐湖州大字本通鉴纪事本末跋》中写道：“《通鉴纪事本末》前有目录，题建安袁枢编。首载淳熙元年杨万里序，宝祐丁巳赵与篡序。每叶二十二行，每行十九字，版心有字数及刻工姓名。宝祐六年赵与篡刻本。按：与篡字德渊,秀王之后,嘉定十三年进士,官至吏部尚书,《宋史》有传。居湖州城内之丛桂坊,见谈钥《吴兴志》。其序云'淳祐壬子退而里居',又云'严陵旧本,字小且讹,乃为大书,精加雠校,以私钱重刊之',则是书乃与篙居湖州时所刻也。"

傅增湘受到此文的影响,也认为刻于湖州。其《藏园群书题记》卷三云:"逮后八十四年,赵与篙居湖州,出私钱重刻之。序言'严陵旧本字小且讹,乃易为大书,精加雠校'云云,即诸家常见之大字本也。顾大字本既行世,人喜其庄严闳整、豁目悦心,争相赞美。又以严陵本世不多觏,更深信赵氏'字小且讹'之言,几与麻沙坊板狭行陋体者相提并论,朱少河因有'当下奉诏摹印,急就将事,未能尽善'之说。……《仪顾堂续跋》跋湖州本,云严州所刻写刊精良,校雠细密,远胜此本。德渊因其字小而改为大字重刊可也,必欲诬之为讹,岂公论乎!今两本具在,孰精孰讹,必有能辨之者。"

此后,湖州本之名为众人所熟知,各种论文、著作都沿袭旧说,称湖州本。然此本是否刻于湖州,陆心源并无直接准确的证据。检谈钥《吴兴志》卷二《坊巷》"丛桂坊"条:"旧名仁政坊,在隆兴桥,直至郭尚书庙。华表对峙,太师忠惠观文赵公府第在焉。忠惠积庆流芳,钟于令子,今江阴太守孟奎,先诸兄擢丙辰第。咸淳乙丑,少监孟圻、运斡孟至、机帅孟垕一榜同登。先是,太师国公希怿、监簿公与悊、都承公与懃、忠惠公与篙,世科济美,奕叶相传,方来未艾,礼宜杜表,用改今名。请于郡者,摄归安令陈阜郡牒学改入图经。"

这段话实际上只交代了赵与篙曾经居住在湖州,具体在什么时候,却没有一字提及。赵与篙的事迹,《宋史》记载较为简略。检诸地方史志,却有更多发现。如绍定《吴郡志》卷十一《牧守》:"赵与篙,中奉大夫直敷文阁,知平江府,兼浙西两淮发运副使。嘉熙三年(1239)四月十三日到任,五月初一日准枢密院札子,节制许浦水军。淳祐元年(1241)二月,准省札除中书门下省检正诸房公事。"又:"赵与篙,宝祐三年(1255)七月二十日,三省同奉御笔,除观文殿学士,知平江军府事,兼管内劝农使,节制许浦都统司水军,兼浙西两淮发运使,措置浙西和籴,缙云郡开国公,食邑三千三百户,食实封七百户。宝祐三年八月二十五到任,至宝祐四年(1256)三月十三日奉圣旨,兼浙西提刑。"

景定《建康志》卷十四:"(宝祐)六年戊午(1258),二月四日,光祖除端明殿大学士,京湖制置大使,知江陵府。赵与簹以观文殿学士光禄大夫沿江制置大使兼江东安抚使知府事。"

正德《姑苏志》卷三《古今守令表》:"赵与簹,景定元年(1260)七月一日以观文殿学士、淮浙发运大使再任,八月匃[匄]祠。"

可知赵与簹曾三次出任平江知州,第一次在嘉熙三年,第二次时间为宝祐三年七月至六年三月,此后转知建康,为余晦所接替。其中宝祐四年,赵与簹又兼任浙西提刑。据绍定《吴郡志》卷七记载,浙西提点刑狱司,"在乌鹊桥西北",也在苏城之内。

赵氏宝祐三年至六年任平江知州,还可证诸其他材料。

《吴都文粹续编》卷三王景齐《观德亭记》:"岁在柔兆执徐(即宝祐四年丙辰)孟春壬寅,节斋观相赵公先生再镇吴门。"

同卷陈仁玉《赵公生祠记》:"宝祐三年,观文殿学士赵公与簹再守吴。"

卷四赵与簹《宝祐乡饮小录序》:"与簹曩守吴郡,去十五稔,今兹复来……宝祐四年正月十一日古汴赵与簹谨序。"

又正德《姑苏志》卷二十二《官署中》:"瞻仪堂……宝祐五年赵与簹重建。""仁政堂,在小厅东北。宝祐六年赵与簹撤造酒库,创为之,其后季镛扁今名。"

卷二十四《学校》:"府学……宝祐三年,学士赵与簹拓地,凿池作桥,门建斋九……王景齐记。"

卷二十六《仓场》:"宝祐百万仓,在至德庙后。宝祐五年,赵与簹请建。厫二百五十间,浚河通舟,直抵仓岸。置官与东西两仓同。"

从上述材料可知,淳祐十二年壬子至宝祐三年,这四年赵与簹退居在家,正好有余暇熟读此书;宝祐三年至六年,则一直在苏州为官。因此,其宝祐五年的序刊本,与其说刊于湖州,不如说刻于苏州更为可信。

月下相思纯美情
——张若虚《春江花月夜》思想与艺术审美十论

李无言

春江花月夜

张若虚

春江潮水连海平，海上明月共潮生。
滟滟随波千万里，何处春江无月明！
江流宛转绕芳甸，月照花林皆似霰；
空里流霜不觉飞，汀上白沙看不见。
江天一色无纤尘，皎皎空中孤月轮。
江畔何人初见月？江月何年初照人？
人生代代无穷已，江月年年望相似。
不知江月待何人，但见长江送流水。
白云一片去悠悠，青枫浦上不胜愁。
谁家今夜扁舟子？何处相思明月楼？
可怜楼上月徘徊，应照离人妆镜台。
玉户帘中卷不去，捣衣砧上拂还来。
此时相望不相闻，愿逐月华流照君。
鸿雁长飞光不度，鱼龙潜跃水成文。
昨夜闲潭梦落花，可怜春半不还家。
江水流春去欲尽，江潭落月复西斜。

斜月沉沉藏海雾,碣石潇湘无限路。
不知乘月几人归,落月摇情满江树。

《春江花月夜》为乐府《清商曲辞 · 吴声歌曲》旧题。郭茂倩《乐府诗集》卷四十七收《春江花月夜》七首,其中有隋炀帝二首。相传为南朝陈后主所作之诗,原词已不传。张若虚这首拟题之作,与原先的曲调颇多不同,诗作内涵与艺术水准也大相径庭,其思想境界与艺术价值都达到了空前的高度。明人钟惺评曰:"浅浅说去,节节相生,使人伤感。未免有情,自不能读,读不能厌……将春江花月夜五字炼成一片奇光,分合不得,真化工手。"陆时雍评曰:"微情渺思,多以悬感见奇。"[①]清人王闿运则认为:"张若虚《春江花月夜》用《西洲》格调,孤篇横绝,竟为大家。"[②]现代著名学者、诗人闻一多则更是推崇之至,他说:"在这种诗面前,一切的赞叹是饶舌,几乎是亵渎……这是诗中的诗,顶峰上的顶峰。"[③]闻一多是站在全唐诗的角度来评价此诗的。中国是诗的国度,而唐诗则是中国诗坛最成熟、最完美、最具诗歌审美意蕴的诗,所以它是三千年诗歌史上的最高峰,而矗立于这座高峰之巅者,则是张若虚的《春江花月夜》。评价之高,无出其右者也。

关于此诗的具体创作年份已难以确考,而对此诗创作之地在何处的问题,笔者则是最早撰文加以考证者,认为在镇江北固山与焦山之间的某夜南岸江边较为可信。[④] 后来,又相继出现了"瓜洲说""江都说""泰州说"等说法。对此,笔者又进一步加以认真而全面之考证,认为《春江花月夜》就是作于焦山。[⑤]《春江花月夜》作地之争,虽

① 钟惺《唐诗归》卷六、陆时雍《唐诗镜》卷九,转引自程千帆《古诗考索》,上海古籍出版社 1984 年版,第 114 页。
② 王闿运:《王志》卷二,《湘绮楼诗文集》,岳麓书社 1996 年版,第 533 页。
③ 闻一多:《宫体诗的自赎》,氏著《唐诗杂论》,上海古籍出版社 1958 年版,第 51 页。
④ 李金坤:《张若虚〈春江花月夜〉作地蠡测》,《苏州教育学院学报》2005 年第 3 期。
⑤ 李金坤:《张若虚〈春江花月夜〉作于镇江焦山之再考》,《语文学刊》2022 年第 6 期。

无尘埃落定之确论，但换个角度看作地争议之现象，反倒可体现出此诗思想与艺术的非凡意义与杰出成就。

全诗由三部分组成：开头“春江潮水连海平”至“汀上白沙看不见”为第一部分，描写月下奇景；“江天一色无纤尘”至“但见长江送流水”为第二部分，描写月下奇理；“白云一片去悠悠”至末尾“落月摇情满江树”为第三部分，描写月下奇情。而第三部分，又可分为三小部分：“白云一片去悠悠”四句为第一小部分，以画外音形式，总述月下男女两地分隔、相思浓郁的情景，具有提纲挈领之作用；“可怜楼上月徘徊”至“鱼龙潜跃水成文”为第二小部分，描写月下思妇对游子渴望回家的深挚情感；“昨夜闲潭梦落花”至末尾为第三小部分，描写月下游子对思妇的深切思念之情。

先看第一部分：诗人对月下奇景的倾情而生动的描写。开头两句“春江潮水连海平，海上明月共潮生”，展示江潮连海、月共潮生的开阔而壮观的气势。一个“生”字，赋予了江潮涌动、明月诞生的活泼而旺盛的生命力。“共潮生”之“共”字，使人自然联想到江潮涌动即是明月诞生的巨大助力，因此，更彰显出明月强健的体魄与无比魅力，为下文神奇月光的美丽与月下奇景的描写铺陈张本。你看，月光随波闪耀千万里之广阔，此时春江，何处不受明月之朗照？月光顺势绕着曲曲弯弯的江畔芳草，月色融融，泻于花树，就像撒上了一层洁白的雪珠。更神奇的是，皎洁的月光照在江滩白沙上，浑然相融，顿然将大千世界浸染成梦幻般的银色天地。这是明月的出场，大气磅礴，场面壮丽，澄明玲珑，辽阔无垠。诗人以细腻的笔触，创造了一个神话般美妙的晶莹剔透的境界，使春江花月夜显得格外幽美恬静。此诗首八句，由大到小，由远及近，笔墨逐渐凝聚到一轮孤月之上，由此引发诗人产生人生的无限感慨。

次看第二部分：叙述诗人望月感怀、慨叹人生的惆怅之感。这是世人的出场。诗人置身“江天一色无纤尘”的澄明世界里，仰望着“皎皎空中孤月轮”，油然产生神奇的遐思冥想：“江畔何人初见月？江月何年初照人？”如此“天问”式的连续发问，极其生动地体现出诗人探索人生哲理与宇宙奥秘的强烈愿望。紧接着“人生代代无穷已，江月年年望相似”的由衷感叹,将个人生命短暂与人类繁衍绵长的客观真理十分形象地揭示了出来。而“不知江月待何人,但见长江送流水”二句,诗人将“江月”与“长江”拟人化,江月有待,着一“待”字,写出了江月的自信、执着、憧憬与希望。江流送水,着一“送”字,写出了逝者如斯、时不我待的无奈、遗憾、忧虑与惆怅。江月有待,流水无情。诗人虽有对人生短暂的感伤,但并非颓废与绝望,而是仍然充满着对美好的自然与人生的不懈追求与热爱。正如李泽厚所评价的那样:“这诗是有憧憬和悲伤的,但它是一种少年时代的憧憬和悲伤……所以,尽管悲伤,仍然轻快,虽然叹息,总是轻盈……永恒的江山,无垠的风月给这些诗人们的,是一种少年式的人生哲理和夹着感伤、怅惘的激励和欢愉。……闻一多形容为‘神秘’、‘迷惘’、‘宇宙意识’等等,其实就是说的这种审美心理和艺术意境。”①

再看第三部分:全面展示月下男女天各一方、渴求团聚的相思深情。这是思妇与游子典型代表的出场。“白云一片去悠悠”四句,是连接世人出场与思妇、游子出场的纽带与桥梁,它犹如影视剧中的旁白,总写思妇与游子在月夜中两地思念之浓情蜜意。“白云”“青枫浦”托物寓情。白云飘忽,象征“扁舟子”(游子)的行踪不定。“青枫浦”为地名,但“枫”“浦”在诗中又常用为感别伤离的景物或处所。“谁家”“何处”二句互文见义,诗人如此设问,其所要表达的画外音即是:在今夜澄明清澈的月光朗照之下,“谁家”没有离别之苦痛,“何处”没有相思之煎熬?诗中的男女主人公,只不过是典型的代表而已。诗人此种仁厚温润的人文情怀,与尾声“不知乘月几人归”正相呼应。可谓一种相思,两地离愁。此四句是对男女相隔天涯相思情感的简要概述,它是全诗脉络的一个过渡媒介。

下面十六句,花开两朵,各表一枝。至此,才是全诗男女主角真正出场的主舞台,此乃描写男女主人相思至浓、盼归至切的最为感人

① 李泽厚:《美的历程》,文物出版社1982年版,第108页。

心魄之所在。“可怜楼上月徘徊”至“鱼龙潜跃水成文”八句,主要写思妇对游子强烈的思念之情。“可怜”二句,诗人不直写思妇的孤寂与忧伤,而是故意宕开一笔,将“月”拟人化,“徘徊”二字用得极其传神:先是形象描写浮云飘动、光影明灭之状,由此表达月光于楼上徘徊不忍离思妇而去的深厚怜悯之情。它要陪伴思妇,为其分忧,故而把柔和的清辉洒在妆镜台、玉户帘、捣衣砧上。只要思妇所到之处,月光都紧随其后,形影不离。诗人如此描写月光主动陪伴思妇的怜悯情怀,实质更加衬托出思妇万般孤寂的生活情状,容易引发读者之共鸣,从而收到理想的艺术效果。然而,月光的怜悯多情对于思妇而言,并非一件好事。思妇会因此触景生情,思念游子尤甚。于是,她想赶走这恼人的月色,可总是“卷不去”,且“拂还来”,月光不离不弃,忠实依恋。思妇“卷”与“拂”两个痴情的动作,极其生动、形象地表现出思妇内心无比惆怅和迷惘的情愫。千里之外,月光之下,思妇远望游子之居所,却无法听到他的一丝声音,万般孤寂无奈之下,她只能突发奇思,想依托月光遥寄她浓郁的相思之情。“鸿雁长飞光不度,鱼龙潜跃水成文”二句,暗指此时的鱼雁也不能为思妇传递信息。这部分,主要写思妇情感之“孤”,曲笔直写,感人心魄。最后八句,从“昨夜闲潭梦落花”至“落月摇情满江树”,主要写游子与思妇不得团聚的忧愁。诗人用落花、流水、残月、梦境来烘托他无以归家与亲人团聚的焦虑之情。花落幽潭,春光将老,远隔天涯,江水流春,流去的何止是自然之春,同时流去的也是游子的青春、幸福和憧憬啊。江潭落月,沉沉藏雾,表明时不我待、光阴逼人之焦虑之情,从纵向体现游子之忧愁;碣石潇湘,相隔遥远,表明天各一方、无以相聚的愁苦之绪,从横向体现游子之悲伤。正当诗人沉浸在思归不得的孤愁之时,他忽然想到:今夜普天下不知有多少游子和自己一样承受着无法回家的别离相思之痛呢?游子顿然由“小我”的思维格局转向了“大爱”的思想境界,由己及人,无疑彰显了游子阔大温润的人文情怀,极大地提升了游子的精神品格。这是值得称道而欣慰的。在游子看来,普天下无以与亲人团聚的游子们和自己一样,都有难以排解的满怀的思乡念亲之深情,如此林林总总的离情别绪都将会一起汇涌而来,伴随着落月余光,层层洒满于江边苍茫无际的树林之上。此时,游子的思妇念亲之情已推向了高潮,给人以余韵绕梁、三日不绝之无穷回味之感。如果说前八句思妇念夫着重表现思妇之“孤”情的话,那么,后八句游子思妇则是着重抒发游子之“愁”绪。男女离别之孤愁于此均已描摹得淋漓尽致、别具神韵而摇人心旌焉。

《春江花月夜》委实是一首将男女相思之情置于纯洁无瑕之月光下描写的最纯美、最澄明、最亲切、最温馨也最受人们喜爱的相思之歌,可谓前无古人、后无来者,堪称千古绝唱。先贤以“以孤篇压倒全唐”来评价其诗之思想与艺术价值,是十分精当而中肯的。就其艺术审美价值而言,《春江花月夜》之美,庶几可概括为以下十个方面。

其一,创新美。《春江花月夜》是乐府旧题,郭茂倩《乐府诗集》共录七首,除张若虚之外,其他六首都显得内容单调、格局狭小,或宫体脂粉,或雍容华贵。只有张若虚这首,七言古风,三十六句,一气铺排,洋洋洒洒,内容丰富,堂庑特大,气象万千,相思纯情,脂粉落尽,满篇明洁,形式蜕变,新人耳目。此外,更重要的是,在张若虚之前,写景、说理、言情之诗可谓汗牛充栋、不计其数,可它们基本都是单一的或割裂的描写;而到了张若虚,却超越了以前那些单纯模山范水的景物诗、“羡宇宙之无穷,哀吾生之须臾”(苏轼《赤壁赋》)的哲理诗、抒儿女别情离绪的爱情诗。诗人为这些屡见不鲜的传统题材注入了新的诗歌元素,融诗情、画意、哲理为一体,倾情描摹春江花月夜的至美特质,尽情赞叹大自然的奇丽景色,由衷讴歌人间纯洁的美好爱情,同时,将对游子思妇的同情心扩大开来,与对人生哲理的追求、对宇宙奥秘的探索结合起来,从而汇成一种情、景、事、理水乳交融的幽美而邈远的意境。值得钦敬的是,张若虚将男女两地的相思深情置于月光澄澈、纯净无瑕的环境之中,更加凸显出人间爱情的纯洁性、神圣性、敬畏性与可爱性。如此创新意识,实在是诗人的智慧、高明与伟大之处。

其二,结构美。此诗颇具章法结构,由三大部分组成。第一部分是明月的出场,场面辽阔而壮观,极写明月水银泻地、上下澄明的神奇世界。第二部分是世人的出场,由“皎皎空中孤月轮”抒发人生与历史的感慨,具有浓厚的宇宙意识、人生哲理意味。第三部分是游子与思妇的出场,分别抒发彼此的孤独与离愁。描写形象生动,感情细腻缱绻,真可谓:天各一方相思远,此时无声胜有声。全诗由远而近,由明月奇景到人生妙悟,再到男女深念,犹如抽丝剥茧,层层深入,诗旨明确,一目了然。如果说明月的出场是为世人的出场张本、体现天地大美之背景,而世人的出场又是为男女相思铺垫、体现“人生代代无穷已,江月年年望相似”的历史沧桑之感与浓厚的宇宙意识的话,那么,游子思妇的出场,便是直接体现人间爱情的纯真、可贵与神圣。这是全诗的核心精神之所在,也是动人心魄、别具魅力之所在。此外,全诗以月为主体。月下奇景、奇理、奇情都是在澄明清朗的月光下发生的,在全诗中犹如一条生命纽带,通贯上下,月在一夜之间经历了升起—高悬—西斜—落下的过程。它委实是月下奇景、人生奇理、相思奇情的催生剂与见证人。此诗的章法结构脉络清晰,情感逻辑结构走向分明,堪称严密紧凑、有条不紊,引人入胜,豁然开朗,颇具“曲径通幽处,禅房花木深”(常建《题破山寺后院》)的艺术审美效果。

其三,语言美。常言道,文学是语言的艺术,就诗歌而言,其语言的艺术性则更为显要。全诗252字,无僻典,无拗言,字字通俗,句句简明。每个字句,好似被如水的月光淘洗过一般,清澈澄明,纯洁无瑕,畅达明快,朗朗上口。读之如饮甘露,如品醇醪,沁人心脾,通体舒爽。然而,此诗语言虽然通俗易懂,而字里行间蕴含的情感却至为丰厚,耐人寻味。如“人生代代无穷已,江月年年望相似”二句,以人生之代代变化与江月之年年相似表明人生苦短、江山永恒的客观事实,由此使人懂得应当珍惜人生、好好活在当下的深刻哲理。又如“此时相望不相闻,愿逐月华流照君”二句,写思妇因与游子不得相见,甚至连他的声音也难以听到的焦虑时刻,她突发奇思,想借助于当晚的月光,把自己对游子的热切思念之情传给他。思妇异想天开,似乎不合常理,然而恰恰反映出思妇对游子浓得化不开来的无法排解的深深念情。痴情若此,焉不动怀? 诗人如此淡笔描写,实即收到了“无理而妙”的艺术效果。此诗淡而有味的语言之美,还体现在用字精确、意蕴深厚的特色上。如“海上明月共潮生”的“生”字,形象逼真地写出了明月借助于春潮之巨大力量而冉冉升起的生机勃勃的壮观气象,具有震魂慑魄的艺术力量。倘若换成“升”字,那就味同嚼蜡、黯然失色矣。再如“不知江月待何人,但见长江送流水”二句,着一“待”字,凸显出人们月下相思盼亲的执着恒情;着一“送”字,体现出人们对逝者如斯、时光如流的惆怅意绪,从反面告诫人们要珍怜时光、珍惜爱情、珍重生命。此诗语言简明流畅,神韵悠远,犹如山泉,饮之生甘,别有余味。苏轼曾评价陶渊明诗歌的语言特色为“质而实绮,癯而实腴”。以此来评价《春江花月夜》的语言审美特质,十分允当。

其四,修辞美。诗人在全诗中运用了多种生动灵活的修辞手法,恰到好处地表达了诗情画意之美。如“不知江月待何人,但见长江送流水”,将“江月”与“长江”拟人化,衬托出男女纯真爱情的珍贵与光阴似箭的人生短促,激励人们珍惜真爱与时间,活出人生的精彩。又如“江畔何人初见月? 江月何年初照人?”“江潭落月复西斜”“斜月沉沉藏海雾”等,运用顶针续麻手法,起到上下勾连、情脉贯通、循环往复、便于记忆的阅读效果。再者,全诗多次运用重复手法,如诗题“春江花月夜”之事物,重复次数分别为 4、12、2、15、2 次,增进情感,加深印象。由于“春江花月夜”五种意象的清新可爱、轻盈灵动,尽管多有重复,却毫无呆板累赘之感,体现了民歌质朴醇厚的优美特色。在句式上,此诗还大量使用排比句、对偶句和流水对,起承转合自然谐妙,具有跌宕回旋之美。

其五,韵律美。此诗的韵律节奏也甚有特色。全诗由九首绝句组成,共三十六句,四句一换韵,共换九韵。又平声庚韵起首,中间依次为仄声霰韵、平声真韵、仄声纸韵、平声尤韵、灰韵、文韵、麻韵,最后以仄声遇韵煞尾。诗人有意将阳辙韵与阴辙韵交互使用,高低相间。全诗随着韵脚的转换变化、平仄的交错运用,一唱三叹,前呼后应,甚具抑扬顿挫的情韵之美。这种语音与韵味的变化,甚合明月出场的静默平和、世人出场的感慨惆怅及思妇、游子出场的相思急切等各种情状,诗情顺着韵律而起伏变化,平仄交替,声情并茂,俯仰低昂,宛转谐美。胡应麟尝云:“张若虚《春江花月夜》流畅婉转,出刘希夷《白头翁》上。”[①]整首诗的优美旋律,犹如小提琴在澄明月光下演奏的一首令人缱绻旖旎、葳蕤潋滟的小夜曲,时而令人震撼,时而令人向往,时而令人忧伤,时而令人陶醉。诗韵声情,余韵悠远。

其六,画面美。此诗三大部分就是三幅画面。明月出场,集中描写明月诞生、波光万里、月光澄美、花草奇丽的绝美图景,这是一个古老神奇、纯属自然的晶莹剔透、一尘不染的银装素裹的白色世界。诗人出场,真切描写人们对天地奇景的惊愕、人生短暂的慨叹、山川永恒的哲思、宇宙奥秘的好奇、人类传衍的探索等。凡是人生的有关问题,在一轮孤月的朗照下,主人公视通万里、神及九霄,深思着天、地、人的相关问题以及怎么看待人生、怎么考量宇宙的问题。这分明是一幅月下诗人独立思索图。思妇游子的出场,分别表现楼上思妇对游子远望无闻的孤独形象,展示扁舟游子对思妇盼归不得的忧愁形象,两幅画面,一样愁情。三幅画面,由远而近,层层推进,情、景、理互为交融,描绘了一幅前无古人、后无来者的绝美的“春江花月夜男女相思图”。这幅画卷在色调上是以淡寓浓,从黑白相辅、虚实相生中显出绚烂多彩的艺术效果,宛如一幅清朗淡雅的中国水墨画,彰显出春江花月夜清幽雅致的画面美。

其七,情感美。此诗的明月美景、世人哲思,其实都是为男女相思作铺垫的。思妇与游子两地相思深情的倾力抒发,才是全诗的中心主题,也是诗人着力描写的主要内容。前面两部分各用八句,共十六句,而此部分则用了十六句,诗人创造性地极其智慧地将思妇、游子的相思之情置于澄明清澈、晶莹无瑕的银色世界以及世人对人生

---

① 胡应麟:《诗薮》内编卷三,上海古籍出版社 1958 年版,第 51 页。

哲理、宇宙意识的思索的环境中,从而使得思妇与游子的相思之情多了一分纯洁与神圣的审美价值,也多了一分对如此纯洁爱情的珍惜与敬畏的价值意义。这对后人的启迪与教育作用是深远的。另外,结尾处游子一句"不知乘月几人归",深蕴儒家传统"由己及人"的仁爱美德,凸显了游子相思之情的大度性、释然性与高尚性,实在是难能可贵、值得弘扬的大爱精神品格。

其八,哲理美。此诗浓郁的哲理意味,主要集中于第二部分。诗人出场后,他首先看到的是高悬于碧海青天的一轮孤月。由此产生"江畔何人初见月?江月何年初照人?"的奇妙之思,对人类的诞生与江月的诞生进行了哲学思考。通过人与月的比照,探索出人类生存与自然环境的相处关系。而这种关系,从一开始便是客观存在而万世不易的。接着诗人又从"人生代代无穷已,江月年年望相似"的思索中,深悟出人生苦短、江山永恒的变与不变的人与自然的关系。而一句"不知江月待何人,但见长江送流水"则是对上句"人生代代"补充式的深层解读,是对人生苦短、江山永恒的变与不变的人与自然关系的再次强调。使人从中有所觉悟:作为人,应该顺应自然、善待自己、敬畏爱情、珍爱生命!

其九,意境美。此诗"春江花月夜"的五种意象分别在诗中承担着各自特有的象外之意,如"春"的生命活力,"江"的时间流水,"花"的鲜艳明丽,"月"的纯洁清澈,"夜"的深沉宁静。而在"月"意象的统领之下,"春江花月夜"的组合全景便自然呈现出辽阔与狭小、明朗与孤影、短暂与永恒、忧伤与憧憬的复杂情感的交融,最终通过诗人欣赏月色、感悟人生与深刻相思的情、景、理的融汇得到升华。相信在大自然的温馨怀抱中,人们终究可以战胜黑暗、消解孤独、获得欢聚。诗人将深邃美丽的艺术世界特意隐藏于荡漾迷离的艺术氛围之中,全诗仿佛笼罩在一片空灵而迷茫的月色里,深深吸引着读者去探寻其中美的意境与人生真谛,品尝自然与人文的双重审美滋味。

其十,禅意美。禅意,即禅心,指清静寂定的心境,亦作佛教术语。刘长卿《寻南溪常山道人隐居》云:“溪花与禅意,相对亦忘言。”何景明《吹笙》云:“幽心与禅意,凄切转关情。”其中的“禅意”,皆指清静寂定之心。钱起《送僧归日本》云:“水月通禅观,鱼龙听梵声。”唐代永嘉玄觉禅师曾作《证道歌》曰:“一性圆通一切性,一法遍含一切法,一月普现一切水,一切水月摄一月,诸佛法身入我性,我性同共如来合。”后来朱熹阐述事物的同一性时亦云:“一月照万川,万川总一月。”(《朱子语类》卷十八)由此观照《春江花月夜》,第一部分明月的出场,纯是“万川一月”的形象写照。至于世人的出场及思妇、游子的出场,他们都是在清静寂定的环境下,自然流露出自身的情感意绪,堪称清寂十足,禅意十足,韵味十足。

《春江花月夜》在立意和选材上总结前人的经验,借乐府旧题谱写出天下众多人的心声,审美价值之高、后人传诵之远,是举世无双的。它是由齐梁绮丽浮靡文风转向盛唐自然清丽文风的一面旗帜,同时又是中国古代诗歌史上的一座重要里程碑。

值得一提的是,此诗在体裁、主旨、意象、意境等方面,对唐诗的创作与繁荣局面起着不可估量的作用,对后世诗歌创作也有重要的启迪意义。诗中不少名句被后人引用或化用。如崔颢的“黄鹤一去不复返,白云千载空悠悠”,张九龄的“海上生明月,天涯共此时”,李白“青天明月来几时? 我欲停杯一问之”,苏轼“明月几时有? 把酒问青天”,等等,无不与《春江花月夜》诗句有着“剪不断、理还乱”的关系。《红楼梦》中林黛玉所作的《秋窗风雨夕》一诗,从题目到诗句、内容等,都明显模仿《春江花月夜》。近代诗僧昌仁(字义安)《寻梅漫兴》云:“有人问我西来意,花在枝头月在天。”弘一法师偈语云:“天心月圆,华枝春满。”两位僧人之诗境,都融汇了《春江花月夜》的禅意心境。更让人惊喜的是,《春江花月夜》中的名句还被后人广泛运用于建筑物上。如浙江省嘉兴市嘉善县西塘古镇的安善桥,其南面镌刻“江畔何人初见月,江月何年初照人”,北面则镌刻“人生代代无穷已,江月年年望相似”,以此作为桥联,使南来北往的船民随时可见,以发思古之幽情、怀亲友之厚意。《春江花月夜》影响之深广,历历可见。

综上可知,张若虚的《春江花月夜》,在传承中有创新,忧伤中寓憧憬,无论其思想境界、审美趋向,还是艺术价值诸方面,都不愧为“孤篇横绝”“压倒全唐”的“诗中的诗,顶峰的顶峰”。这是张若虚的骄傲,也是唐诗的骄傲,更是中国诗的骄傲!

“诲人不倦”与“苦志学诗”

——从黛玉教诗与香菱学诗看“教”与“学”之关系

魏彩霞

人们常常用“一千个读者就有一千个哈姆雷特”的感悟来赞美英国文学史上最杰出的戏剧家莎士比亚的名著《哈姆雷特》之内容的丰富性、人物的形象性与艺术魅力的多样性、恒久性。对于我国曹雪芹的伟大著作《红楼梦》,我们也同样可以说“一千个读者就有一千个贾宝玉、林黛玉、薛宝钗……”可以这样说,世界名著无一不是使读者(观众)具有“取之不尽用之不竭”的精神宝库,它们给人们的教育与启迪意义是多方面的、难以穷尽的。就《红楼梦》而言,它既有爱情的、婚姻的、政治的、经济的丰富的社会生活内容,又有文学的、史学的、哲学的、美学的等诸多文化内涵,人们从不同的层面与角度切入阅读,其审美效果自然是别具意味、各有收获的。譬如,从我国四大名著之一的《红楼梦》中有关林黛玉教香菱学诗的情景描写,我们就能在如何解决“教”与“学”的关系中受到很深的启发与教益。

我已读过《红楼梦》多遍,第四十八回、第四十九回中林黛玉热心教香菱作诗的认真态度和香菱虚心向黛玉苦志学诗的刻苦精神,给我留下了极其深刻而难忘的印象。认真探析她们各自对“教”与“学”的态度与教学效果,对我们从教者和为学者都将是不无裨益的。

先看黛玉之“教”。

林黛玉并非专职教师,而是自愿教香菱作诗的义务教员,但她身上却具备了一名优秀教师应有的素质,甚是耐人寻味。

她博学多才而又以谦虚为怀。香菱刚进大观园,先是提出向薛宝钗学诗,谁知却吃了“闭门羹”,①后来就去拜黛玉为师。黛玉热情接待了她,并毫不推迟地笑着对香菱说:“既要学做诗,你就拜我作师,我虽不通,大略也还教得起你。”又是“不通”,又是“大略”,态度多么谦逊,语气多么和婉,无论是从表情上,还是从语言上,都给求学者以极大的安慰和鼓励。从《红楼梦》全书观之,黛玉的谦虚精神是始终一贯的。在“海棠诗社”第一场“菊花诗会”上,黛玉的《咏菊》《问菊》《菊梦》三首诗不仅“题目新”,“诗也新”,而且“立意更新”,因此,分别得了“第一”“第二”“第三”的好名次,可谓一举夺魁,诗压群芳。对此,众姐妹无不心生敬意、交口赞誉。可她却说:“我那个也不好,到底伤于纤巧些。”“出了这园子,把人的牙还笑掉了呢!”她只是夸奖别人的诗好。平心而论,黛玉的诗,无论是布景、设色、立意、遣词、谐音、韵律诸方面,在大观园的姐妹中都是出类拔萃、独领风骚的,然而,她在连拿三个名次的事实面前,却依然平淡冷静,没有得意忘形,如此谦虚精神,自然天成,是骨子里就有的。这委实是难能可贵的。

她善于掌握人的心理特征,教人以鼓励为主。香菱拜黛玉为师,征得同意后便要求黛玉“不许腻烦”。因为这时的香菱对学诗深浅难易的认知还处在一种十分神秘而朦胧的状态中,预计会出现许多困难,需要常来麻烦黛玉。而黛玉却早已知道了她的心事,所以回答说:“什么难事,也值得去学?不过是起、承、转、合,当中承转是两副对子,平声的对仄声,虚的对实的,实的对虚的。若是果有了奇句,连平仄虚实不对都使得的。”学诗真的不是“难事”,真的不“值得去学”吗?显然不是!这是黛玉为了打消香菱学诗的种种顾虑,故意化难为易、把学诗说得如此简单罢了。这样一来,香菱学诗的信心与劲头自然足了。黛玉此举,真是善解人意,引诱得法。当黛玉为香菱开出

① 曹雪芹著、高鹗续:《红楼梦》,人民文学出版社 1996 年版。本文所引,皆出此著,余不另注。

了一系列学诗的“书目”以后，她又预计香菱可能会产生“畏难”情绪，紧接着说道：“你又是这样一个极聪明伶俐的人，不用一年工夫，不愁不是诗翁了。”这当然不是随口说说的恭维话，而是鼓励香菱的一种艺术手段。“学诗”是香菱的夙愿，用宝钗的话来说就是香菱“心里羡慕这园子(按：即大观园，里面有许多能诗擅文的姐妹。)不是一日两日的了，只是没个空儿”。在来大观园前，香菱就“常弄本旧诗，偷空儿看一两首”。这说明，香菱于诗早有兴趣了。此乃她学诗的自觉要求与良好基础。黛玉看到了这一点，及时给予热情的鼓励，确是抓住了香菱的心理特征，为香菱下一步学诗扫除了心理障碍，确是妙着。

她还善于因势利导，切实掌握循序渐进的教学规律。在香菱向黛玉谈读诗体会时，她发现香菱偏爱陆放翁的“重帘不卷留香久，古砚微凹聚墨多”(《书室明暖终日婆娑其间倦则扶杖至小园戏作长句》)两句诗，当即就指出，这是“见了浅近的就爱”的表现，“断不能入这种格局”。接着又语重心长地对香菱说：“你只听我说，你若真心要学，我这里有《王摩诘全集》，你且把他的五言律一百首细心揣摩透熟了，然后再读百二十首老杜的七言律，次再李青莲的七言绝句读一二百首。肚子里先有了这三个人做了底子，然后再把陶渊明、应、谢、阮、庾、鲍等人的一看。”这一大堆书目，不是凭空提出来的，它们既是黛玉自己学诗的经历与经验，又恰恰是针对香菱那种“见了浅近的就爱”的学诗之小“格局”、短视野提出来的；既不表现为故弄玄虚，又很切合一个初学者的实际。从黛玉所列书目察之，就形式而言，五言、七言律绝，古诗、乐府等都基本包括了；就时代而言，由近而远，依此溯源，诗之发展，一目了然；就内容而言，有山水田园之吟咏，有社会现实之反映，有个人情怀之抒发，有人世友情之诉说，可谓包罗万象；就风格而言，幽雅者有之，沉郁者有之，超旷者有之，平淡醇美者有之，清新俊逸者有之。总之，诗歌的方方面面都已兼顾到了。除此而外，她还告诉香菱怎样读诗的问题。如读王维的五言律，她要求香菱只看她圈过红圈的，“有一首念一首”，并照应香菱不明之处要问宝钗或者问她。黛玉如此之“教”,可谓指导得法、关怀备至矣。

她还十分注重“讲究讨论”,采用“启发式”教学,让香菱把诗学活、学深、学透。当香菱喜盈盈读完了王维的五言律后又笑吟吟喜滋滋来到黛玉这儿换杜律时,黛玉没有随即给她,而是先问香菱“记得多少?”“领略了些没有?”香菱笑道:“我倒领略了些,只不知是不是,说给你听听。”黛玉笑道:“正要讲究讨论,方能长进,你且说来我听听。”在听香菱谈读诗体会时,又不满足于一般笼统的理解,而是要求结合生活实际,说出所以然来。当香菱津津有味地谈完王维的“大漠孤烟直,长河落日圆”“日落江湖白,潮来天地青”和“渡头余落日,墟里上孤烟”这几联时,连宝玉也称赞她说:“听你说了这两句,可知‘三昧’你已得了。”按宝玉的意思,香菱已经领悟了诗歌奥妙。因此,宝玉认为香菱“也不用看诗,‘会心处不在远’”了。然而,黛玉却不以为然。她不满足香菱的谈诗体会,而是进一步抓住时机,趁热打铁,启发和点拨香菱的思维,有意拓宽她的想象空间。于是,针对“渡头余落日,墟里上孤烟”这一联,黛玉问道:“你说他这‘上孤烟’好,你还不知他这一句还套了前人的来,我给你这一句瞧瞧,更比这个淡而现成。说着,便把陶渊明的‘暖暖远人村,依依墟里烟’翻了出来,递给香菱,香菱瞧了,点头叹赏,笑道:原来‘上’字是从‘依依’两个字上化出来的。”黛玉这么一点拨,遂使香菱茅塞顿开、豁然开朗,不仅使她知其然,更使她知其所以然,弄清了来龙去脉,懂得了古代优秀文化传统的承继赓续关系,亦即文学创作与继承的关系。此外,黛玉把“上孤烟”的出处推溯于陶渊明,又激起了香菱下一步学陶诗的浓厚兴趣。由此观之,黛玉真不愧是善于启发、巧于点拨的执教高手。

她还十分注重理论、实践的结合,“严”字当头,一丝不苟。香菱通过读诗以及和黛玉论诗,的确增长了不少对诗歌的感性和理性的认识。香菱要求作诗的时候,正中黛玉下怀,黛玉就把自己“正要诌一首、未诌成”的以“月”为题的诗让香菱去作,规定用“十四寒”的韵。香菱苦思冥想想出了一首。黛玉看后笑道:“意思却有,只是措词不雅,只因你看的诗少,被他缚住了。把这首诗丢开,再作一首,只管放开胆子去做。”这一段话,有肯定,有批评,也有鼓励。香菱又作了一首,可黛玉认为“只是还不好”,“过于穿凿,还得另做”,又一次给香菱打了回票。香菱为作好第三首诗,整整“翻腾了一夜”,终于作出一首“不但好,而且新巧有意趣”的《明月》诗,得到了黛玉和众姐妹们的肯定。从香菱三写“明月”诗稿的过程中,我们看到了一个“严师”加“益友”的可爱形象。倘若没有黛玉的精心指点与严格要求,香菱是作不出为人称道的好诗的,真谓严师出高徒也。

综观黛玉教香菱学诗的过程,她的教学目标清楚,诗学素养高深,谦虚仁爱为怀,教学方法得当。习近平总书记与北京师范大学师生代表座谈时指出,“做好老师”,要做到“四有”:“有理想信念、有道德情操、有扎实学识、有仁爱之心”。[①] 揆诸黛玉教学的“四大”优长之处,与习总书记对当今好教师的“四有”要求相对照,是何等相似。而黛玉教学的“四大”优长之中,又始终贯穿着“诚心为本”的美德和“诲人不倦”的精神。这两条,对我们今天的从教者而言,是必须具备而不可忽略的。

再看香菱之“学”。

香菱被拐卖后,又被薛蟠霸占,先是侍奉薛姨妈,一个偶然的机会使她来到大观园与薛宝钗为伴。她非常高兴,因为学诗的愿望可以实现了。可是当她兴冲冲向宝钗提出学诗时,却遭到了宝钗“得陇望蜀”的讥笑,被当头泼了一盆冷水。然而,香菱并未灰心丧气,她又去拜黛玉为师,学诗之志坚定不移。在作“明月”诗的过程中,她“茶饭无心”“坐卧不安”。这时宝钗说她是“自找烦恼”,又说她“本来呆头呆脑的,再添上这个,越发弄成个呆子了!”众姐妹看她这样如痴如醉、如魔如狂地作诗,也都“瞧着她笑”,宝钗更尖刻,说她是“疯了”。而对着来自内部和外部的、直接和间接的种种讥讽和嘲笑,甚或是人身攻击,香菱只是付之一笑、不屑一顾,我行我素,矢志不渝,照样读

① 习近平:《在北京大学师生座谈会上的讲话》,《人民日报》2018 年 5 月 3 日,第 2 版。

诗作诗,而且一次比一次认真、刻苦。起初,香菱按照黛玉的指点,拿了王维的五言律回来,“诸事不管,只向灯下一首一首的读起来。宝钗连催她数次睡觉,她也不睡”。读完了王维的五言律,她又逼着换出杜律,又央黛玉、探春二人:“出个题目,让我做去,做出来,替我改正!”学诗劲头之足、韧劲之强,令人感动。黛玉让她作“明月”诗,一次不行,两次;两次不行,三次。请看她第三次作“明月”诗的情景:“自己走至阶下竹前(按:林黛玉所住潇湘馆),挖心搜胆的,再不旁听,目不别视。”众姐妹见她这般,都劝她“闲闲罢”,她一听“闲”字,便怔怔地答道:“‘闲’字是‘十五删’的,错了韵了。”专心如此,常人难为。难怪宝钗说她“可真诗魔”了。到了晚上,香菱满心还是想诗,“对灯出了一回神。至三更以后,上床躺下,两眼睁睁直到五更,方才蒙眬睡着了”。这种“苦志学诗”的顽强毅力和“咬定青山不放松”(郑燮《竹石》)、“不到长城非好汉”(毛泽东《清平乐·六盘山》)的追求精神,实在是难能可贵而感人至深的。皇天不负苦心人,她终于作出了“不但好,而且新巧有意趣”的“明月”诗,从而达到了可加入诗社、和众姐妹联袂酬唱的较高水平了。王国维在《人间词话》中曾说过一段令学者玩味的话:“古今之成大事业、大学问者,罔不经过三种之境界。‘昨夜西风凋碧树,独上高楼,望尽天涯路。’此第一境也。‘衣带渐宽终不悔,为伊消得人憔悴。’此第二境也。‘众里寻他千百度,回头蓦见,那人正在,灯火阑珊处。’此第三境也。”香菱虽非大学问、大事业者,但以三境界来说明香菱学诗的过程,亦为庶几恰当的。现在,我们的一些学生在学习上一遇困难就畏缩不前,缺乏与困难作斗争的勇气,对别人的讽刺挖苦更是无法“回击”,任其吞没。古人云:“哀莫大于心死。”这部分同学,首先应像香菱一样,不管风吹浪打,依然咬定目标,直到获得胜利。这一点是极为重要的,否则将一事无成。

香菱学诗,除了有一股百折不挠的“顽劲”和“痴劲”之外,还有一个可贵之处,那就是联系实际,学得灵活,做得实在。例如,她对王维“大漠孤烟直,长河落日圆”一句的理解就颇具情味,她说:“念在嘴里,倒像有几千斤重的一个橄榄似的。"特别是对"渡头余落日,墟里上孤烟"一联,她结合自己的亲身经历,体会尤为深刻而独到,她说:"这'余'字合'上'字,难为他怎么想来!我们那年上京来,那日下晚便挽住船,岸上又没有人,只有几棵树,远远的几家人家作晚饭,那个烟竟是青碧连云。谁知我昨儿晚上,看了这两句,倒像我又到那个地方去了。"香菱这样学诗,可谓既"入乎其内",又"出乎其外"了。不但加深了对诗句的理解,亦为日后的诗歌创作积累了理性和感情的知识。这种灵活而又切实的学习方法,实在是值得学习的。

香菱学诗还别有一种值得称道之处,即谦虚谨慎、学而不厌,这主要表现在她的三做"明月"诗。每次她都认真听取黛玉的批评意见,反复琢磨后重作一遍,毫无怨言,直至作出令人满意的诗为止。在学诗取得成就的时候,她却又不以此为满足,而是百尺竿头,更进一层,继续向史湘云等众姐妹请教作诗的技艺,所以进步很快,终于被众姐妹邀请参加海棠诗社并和她们一起"芦雪庭争联即景诗"了。

从黛玉教诗与香菱学诗,我们将获得哪些启示和教益呢?从黛玉教诗的过程,我认为,作为一名教师,应该做到以下几点:首先要"积学以储宝,酌理以富才,研阅以穷照,驯致以怿辞"(刘勰《文心雕龙·神思》),不能单一,要尽量涉猎自己所从事的教学领域以外的相关知识,总之要广而博、深而实。只有储满一缸水,才能给好学生一杯水。黛玉诗学素养深厚、作诗功底扎实,百花翘楚,独占诗魁,因此在指导香菱学诗时就能游刃有余、得心应手,抓到实处,胸有成竹,点铁成金。所谓"名师出高徒",说的就是这个道理。其次,要热爱学生,平易近人,谦虚为怀:对学生不要冷嘲热讽,"传道、授业、解惑"(韩愈《师说》)时,要像绵绵春雨那样"随风潜入夜,润物细无声"(杜甫《春夜喜雨》);同时,对学生的要求应"严"字当头、寓"爱"于"严"。再次,要掌握一套切实可行的教学方法,这对当今社会文化多元化时代的学生来说,尤其显得重要。他们的思想活跃,反应灵敏,视野较开阔,故在教学上尤要掌握好学生的心理特征,多开导,多启发,循序渐进,触类旁通,曲径通幽,引人入胜。在教学过程中,还要贯穿学以致用的原则,弄清现在之“学”与将来之“用”的辩证关系,使其确立专业思想,培养奉献精神。

而作为一名学生,我们又应该从香菱身上学到哪些东西呢?首先,应像香菱那样树立明确的学习目标,学一行,爱一行,专一行,看准方向,坚定不移;一经咬定,奋斗不息。其次,要善于开动脑筋,联系实际,把知识学活、学深、学透,做到举一反三,触类旁通。再次,胜不骄,败不馁;脚踏实地,稳步前进;谦虚谨慎,学而不厌。这样才能学有所成,有用于世。否则,是会荒废学业、贻误青春的。

香菱从一个普普通通的“丫头”一跃成为受人夸誉的“诗翁”,关键就在于黛玉“诲人不倦”之“教”和香菱“苦志专一”之“学”。“教”与“学”这两方面的积极性都十分重要,两者缺一不可。倘若把“教”比作外因的话,那么,“学”这一面便是内因。按照马克思辩证唯物主义的观点,外因是变化的条件,内因是变化的根据,外因通过内因而起作用,内因又通过外因而发生变化。譬之为孵鸡,一枚合格的鸡蛋在适当的温度就能孵出小鸡,而若是石头,任你怎样孵化,终究是孵不出小鸡来的。《礼记 · 学记》云:“教学相长。”如果说,“教”是“学”的前提,那么“学”即为“教”的实习;如果说,“教”是灿烂之花朵,那么“学”便是丰收之硕果。“教”以促“学”,“学”以启“教”。“教”与“学”,相辅相成,相得益彰。这在黛玉教诗与香菱学诗的过程中已经得到了很好的体现与验证,这是十分优秀的教学案例,也是极其可贵的优秀教学传统。正如习近平总书记所指出的那样:“深入挖掘中华优秀传统文化蕴含的思想观念、人文精神、道德规范,结合时代要求继承创新,让中华文化展现出永久魅力和时代风采。”①本文阐论黛玉与香菱教学诗的典型事例,其旨意正在于“古为今用”、弘扬传统,努力提高教学水平,为培养更多优秀中华英才而作出积极贡献。

---

① 习近平:《中国共产党第十九次代表大会报告摘登》,《新华每日电》2017 年 10 月 18 日,第 6—7 版。

"奇联"与"奇"析联

王家伦

我出生并生活于吴中大地,对吴中的传统文化一往情深。每到一处,最喜之事就是阅读一些楹联,以增进对该处的了解。楹联是中国传统文化瑰宝,是写在纸、布上或刻在竹子、木头、柱子上的对偶语句。楹联,除上下联字数相等外,还有对仗的具体要求:首先,必须是上下联对应部位词性与结构相同,词义相对;其次,必须是本句内部平仄交替,上下联对应部位平仄相反,且上联最后字为仄声,下联最后字为平声。写楹联,就是"戴着镣铐跳舞",颇能看出作者的才华。确实如此,通过这些楹联,自己涨了不少知识。但是,也发现了一些令人哭笑不得的奇"联"与"奇"析,试述如下。

一、不懂对仗,自以为联

近年来,为了弘扬传统文化,吴中大地修建与重建了大量的文化景观,当然,配上楹联定能增色不少。遗憾的是,在这些楹联中,有关对仗出现的问题多多。

(一) 对应部位不对应

在这个部分,我们暂不涉及平仄问题,单就上下对应而言。

冯梦龙(1574—1646),中国古代文学家、思想家、戏曲家。明朝南直隶苏州府长洲县(今江苏苏州)人,曾写有影响巨大的"三言",并担任过福建寿宁知县。如今,在苏州相城区冯埂上村新建了一座"冯梦龙故居",其中的几副"楹联"问题颇多。

就拿大门口的那副“联”来说：

政简刑清首尚文学,遇民以恩待士有礼。

“遇民以恩”为状语后置,而“政简刑清”为并列式偏正结构,岂能对得上去?“待士”为动宾结构,“首尚”为偏正结构,能对吗?“有礼”为动宾结构,“文学”实际上是一个较为固定的专用名词,能对得上吗?实在令人费解。

苏州天池山,如今内部整治颇值得赞赏,但新添的几副楹联实在难以恭维。如横批为“天池胜迹”的一联：

姑苏名山无多少,唯有天池形势好。

将这称为“联”,实在说不出口。“唯有”是副词加动词,而“姑苏”是名词,岂能对得起来?“形势好”为主谓结构,而“无多少”是动宾结构,能形成对吗?

(二) 平仄不协调

上面说过,就对联而言,一般的平仄规律是本句内平仄交叉,上下联对应部位平仄必须相反;而上联最后字必须仄声,下联最后字必须平声。但违反这个“游戏规则”的情况甚是不少。

1. 上下联各自内部平仄未交替(此处不涉及其他问题)

泰伯为吴文化的开山祖,早在东汉永兴二年(154),吴郡太守麋豹就在阊门外建庙,以奉祀泰伯。后梁乾化四年(914),吴越王钱镠徙泰伯庙于阊门内下塘。北宋元祐七年(1092)诏号至德庙。近千年来,屡毁屡建,但香火不绝。1982 年,泰伯庙被公布为苏州市文化保护单位。2014 年 5 月,泰伯庙经部分整修后向公众开放,如今的苏州泰伯庙,主建筑共两进,有楹联四副。

泰伯庙正殿内前端联曰：

至诚之让,三吴云烟,世变沧海社稷;
德义所归,百代俎豆,道启鸿蒙江南。

这是一副嵌字联,上下联第一字合为"至德"。上联中,"三吴"即吴郡(苏州)、吴兴郡(湖州)、会稽郡(绍兴)三郡,由于这三郡都是从同一个吴郡(原称会稽郡)中分出的,因此三郡地区被合称为"三吴",如今基本指太湖东部一带;"社稷",是土神和谷神的总称,为国家的象征。"至诚之让"发生于关中西部,"三吴云烟"实指东南沿海,这是空间转移;而"世变沧海社稷"说的是时间推移。下联中,"俎"与"豆"为古代祭祀、宴会时盛肉类等食品的两种器皿,"俎豆"借指奉祀;"鸿蒙",中国古代汉族传说中的一个时代,后来常泛指远古时代,此处指泰伯奔吴前未曾开化的江南一带。"百代俎豆"从时间维度着手,而"道启鸿蒙江南"却又是空间挪移。可见,此联的确在时空转换上颇下了一番功夫。在苏州泰伯庙的几副楹联中,此联内容较为充实。但是,"三吴云烟"连用四个平声字,"百代俎豆"连用四个仄声,皆未曾平仄交替。"世变沧海社稷"三个词语都用仄声("沧"暂不涉及)不合常规,而"鸿蒙江南"又是两个平声词语连用。

2. 上下联对应部位平仄未相反(此处不涉及其他问题)

还是泰伯庙,第一进为仪门,额为"泰伯庙"。门前联曰:

让三固是周天下,第一初开吴世家。

"让三",即泰伯三让王位;"固是",本来就是;"周天下",指泰伯三让王位造就了周家天下。"第一",司马迁《史记·世家》中第一家就是"吴世家",也就是说,司马迁将"吴"列为"天子"以下的第一诸侯,可见泰伯在周朝建立中的重要地位。上下联之间为因果关系,因为有了"让三",所以才有"第一"。此联先声夺人,参观者一进其门,就能感受到泰伯的不同寻常。然而,以平声的"吴"对应平声的"周",实在是大煞风景。

下面是在苏州教育博物馆内半亭上的一副联：

临池生画意，卷帘得诗情。

此联关键的第二字以“帘”对应“池”，错了，“帘”为平声，“池”也为平声，在关键部位以平声对平声，就成问题了。

3. 违反末字上仄下平规律(此处不涉及其他问题)

汤斌(1627—1687)，字孔伯，号荆岘，晚号潜庵，河南睢州(今河南睢县)人。清朝政治家、理学家暨书法家，曾任“江苏省长”，在苏州办公。汤斌一生清正廉明，所到之处体恤民艰，弊绝风清，政绩斐然。汤斌颇得苏州百姓的热爱，被奉为苏州城隍。今天的苏州胥门外，立有汤斌的塑像，并配以“民不能忘”的牌坊。然而牌坊上的楹联实在贻笑大方：

居官当思尽其天职，为政尤贵合乎民众。

上联末字“职”为入声，属仄，符合要求；但下联末字“众”却也是仄声，明显“犯规”。

再有相城区“冯梦龙故居”第三展室联曰：

学道毋太拘自古称狂士，风云绝等夷东南有冯子。

上联最后字“士”和下联最后字“子”都是仄声。

苏州洞庭西山大桥北段有渔洋山，登渔洋阁能俯瞰太湖，令人对吴文化产生自豪，但是，东向的一副联却是如此：

相思报国伍胥王，笑谈演兵孙武子。

此联竟然上联最后字为平声，下联最后字为仄声，莫非是书写者与悬挂者将上下联倒置?这种情况并不少见。

二、自作聪明,借句为联

在苏州的一些为“弘扬地方文化”而重新建造的景点,还有这种情况:设计者为了显示自己通古晓今有“学问”,故意借用并拆开古人的诗词或名句,凑成两句,请能写好字之人写出来,挂上建筑物,自称为“联”。当然,古人的诗词中确实嵌有优秀的联句,如律诗中的颔联与颈联,李商隐就有“春蚕到死丝方尽,蜡炬成灰泪始干”;一些词作中也有著名的联语。但是,如果仅仅根据具体的环境,不顾对联的具体要求,硬将古人诗词名句“化”为自己需要的“楹联”,那就成了笑话了。

(一)泰伯庙的悲哀

如今的苏州泰伯庙,主建筑共两进,第二进就是正殿,额为“至德殿”。门外“联”曰:

肃肃清祀,烝烝孝思,让此丕基,虔恭在兹;
昭昭至德,奕奕流芳,神祈蚤降,祝嘏陈辞。

唐代魏徵《享太庙乐章·永和》曰:“肃肃清祀,烝烝孝思。荐享昭备,虔恭在兹。雍歌撤俎,祝嘏陈辞。用光武志,永固鸿基。”显然,此“联”脱胎于这首祭祀歌曲。“上联”中,“肃肃”,恭敬的样子;“清祀”,古代十二月腊祭的别称;“烝烝”,在此处指孝德之厚美;“孝思”,孝亲之思;“丕基”,巨大的基业,唐代张绍《冲佑观》诗曰“赫赫烈祖,再造丕基”;“虔恭”,虔诚恭敬;“兹”,此。“下联”中,“昭昭”与“奕奕”都有光明的意思;“神祈”,神指天神,祈是向神求福,“神祈”一般作“神祇(qí)”,“祇”乃地神;“蚤”,通“早”;“祝嘏(gǔ)”,祭祀时致祝祷之辞和传达神言的执事人等;“陈辞”,诉说心里话。可见,这副“对联”旨在赞美泰伯的孝心与礼让精神,同时表示后人的崇敬之情,内容上或许恰当。但就“联”而言,除了字数相同外,何以显示词语的对仗和平仄的相协?我等除了遗憾还能说什么呢?

(二)三元邸的无奈

老苏州人都知道人民路沧浪亭北的三元坊,以前这里有一座高大雄伟的花岗岩石牌坊,现在牌坊已在老图书馆的北侧重建,这是为出资苏州的状元钱棨(1734—1799)而建立的。

乾隆三十一年(1766),钱棨终于以县、府、院试三个第一考上秀才,人称“小三元”。乾隆四十四年(1779),钱棨乡试又考中第一名解元;乾隆四十六年(1781),钱棨参加会试,又夺得会试第一名——会元;接下来的殿试,又摘得状元,于是又成了连中三元的“大三元”。

为此,乾隆皇帝亲自在钱棨的试卷上写了“第一甲第一名”六个鲜艳的朱色大字,并赋《三元诗》一首曰:“龙虎传胪唱,太和晓日暾。国朝经百载,春榜得三元。文运风云壮,清时礼乐蕃。载咨申四义,敷奏近千言。讵止求端楷,所期进谠论。王曾如何继,违弼我心存。”

可笑的是,在苏州阳澄湖莲花岛新修建的三元府邸的正殿,这首诗的前四句却成了一副“楹联”,曰:

龙虎传胪唱,太和晓日暾;国朝经百载,春榜得三元。

实在无法理解,无论从词性相同、词义相对,还是从结构相同、平仄相反来看,这能算“联”吗?

(三)冯梦龙的伤心

相城区“冯梦龙故居”第二展室悬有一副“楹联”,曰:

三言世上流传遍,万口交称眼识高;
四载寿宁留政绩,先生岂独是文豪。

且不说上联最后一字“高”和下联最后一字“豪”都是平声,就“联”而言,无论从词性相同、词义相对,还是从结构相同、平仄相反来看,都称不上。实际上,这是将福建黄寿祺教授的一首七绝“三言世上流传遍,万口交称眼识高。四载寿宁留政绩,先生岂独是文豪”一分为二而成。

我们并不反对在撰写楹联时有所引用,但“联”必须符合“联”的“游戏规则”,这是最基本的。

(四)唐寅诗的他用

唐寅(1470—1524),字伯虎,一字子畏,号六如居士、桃花庵主、鲁国唐生、逃禅仙吏等,苏州人。明代著名画家、文学家。他以诗文擅名,与祝允明、文徵明、徐祯卿并称“江南四大才子(吴门四才子)”,画名更著,与沈周、文徵明、仇英并称“吴门四家”。十一年前,苏州在桃花坞北侧重建唐寅故居,这对传扬吴文化功莫大焉,但是,此建筑初具规模后久经折腾,近日才对外开放。其中的亭台轩榭甚是美轮美奂,然而,挂在这些建筑上的楹联却很是使人无语。此处略举数例求教于大方。

其一,墨梦楼联曰:

此生□分老吴昌,万卷图书一草堂。

显然,这是从唐寅《漫兴》诗“此生甘分老吴阊,万卷图书一草堂。秋榜才名标第一,春风弦管醉千场。跏趺说法蒲团软,鞋袜寻芳杏酪香。只此便为吾事了,孔明何必起南阳”而来。笔者才粗,不知为何以“昌”替“阊”,此处就“联”而言,根据对联的上述规则,这能算“联”吗?

其二,绣琴亭联曰:

临流试罢金徽拂,流水泠泠写七弦。

显然,出自明代唐寅《临流试琴图》:“酒罢茶余思兀然,未能除得旧琴缘。临流试罢金徽拂,流水泠泠写七弦。”但是就对联相应部位词义相对的规则而言,符合吗?

其三,学圃堂联曰:

茅屋风清槐影高,白头并坐讲离骚;
怀贤欲鼓猗兰操,有客携琴过小桥。

显然,就是把唐寅的《茅屋风清图》一分为二,但是否知道如此不能算作“联”?

如此等等,不知决策者有何感想!

三、断章取义,胡乱析联

或者由于未曾到实地考察,或者由于旧联上的字日久漫漶,于是,就有了凭着感觉对一些楹联的任性添加和解释。

(一) 此联表现的是丝绸吗?

吴江盛泽是中国重要的丝绸纺织品生产基地和产品集散地,历史上以“日出万匹、衣被天下”闻名于世,有“绸都”的美称。有一副联,经常被人引来形容盛泽的丝绸业发达,这就是“晴翻千尺浪,风送万机声”。

据说这副联原在盛泽西侧白龙桥上,为此,笔者亲自到了白龙桥上,发现这座三孔桥共有四副桥联,其中三幅桥联已无法辨认,唯有东侧主联可以辨出,全联为:

风送万机声,莫道众擎犹易举;
晴翻三尺浪,好从饮水更思源。

此联平仄和谐,内涵丰富,意境深远,读来琅琅上口。实际上,这副联仅仅是以镇上发达的丝绸产业为背景,重在教人感恩。盛泽人钮文乾《重建白龙桥碑记》说,镇西白龙桥倒塌后,未能修复,而镇南的登云桥及镇东之澄溪桥先后倾圮,镇北的兴隆桥亦颓废日久,修复镇上的桥梁已成当务之急。这时,镇上有位被尊称为"沈节母(节妇)"的妇女,"出所储千金率先捐助,本镇绸业诸君闻风慕义,合集巨资,鸠工聚材,刻期大举"。对如此义举,当然应有感恩之心。从上下联的主体部分"莫道众擎犹易举"和"好从饮水更思源"就可看出此联的主题是表达感恩之心。而一般人的引用,仅仅是从上下联的非主体部分出发,也就是说,对主题的理解就全错了。

(二) 太湖能"扬鞭"吗?

木渎古镇的西南有一座横跨胥江的西津桥,桥东侧明柱上有一联,1994 年《吴县志》记为:

立马望苏台,山翠万重拱虎阜;
扬鞭来震泽,风涛千古泣鸱夷。

凡笔者所见的写到西津桥的书籍,皆从是说。虽然说别称"震泽"的太湖离该处不远,但是"扬鞭"如何能到达太湖! 太湖之中能"扬鞭"吗? 对此,笔者曾有疑问。

为了写《苏州古石桥》,笔者特地到了西津桥头,借着长焦距镜头拍下照片,放大后左看右看,辨出该字实际是一个"颿"(fān)字。"颿",同"帆"。如此,一切疑问都得以解决,只有"扬帆"才能乘风破浪,沿胥江一路西下到太湖。认为"扬鞭"者,只是看见"扬"字就不负责任地臆测。更何况"扬鞭"与上联的"立马"意思雷同,乃对联之大忌——合掌。

(三)"青龙"岂能应"白洼"

昆山花桥徐公桥北侧联为:

横排白□凌霄汉,雄踞青龙锁海潮。

所缺之字显然系人为凿去,且为时已久,仅能辨出"冖"状的痕迹,其上似乎还有一点或一横。1997 年《花桥镇志》记该字为"洼",因为

“洼”的异体字“窪”有“宀”。笔者认为很不妥,此处应是“虎”的异体字“”,该字上部也有一个“宀”。理由如下:

首先,在中国传统文化“四象”中,青龙方位是东,代表春季;白虎方位是西,代表秋季;朱雀方位是南,代表夏季;玄武方位是北,代表冬季。既然桥东端的下联有“青龙”,那么,桥西端的上联的对应部位就应该是“白虎”。

其次,古代将天上的星座分为二十八宿。二十八宿中,每七宿为一组,分列东、北、西、南四个方向,各以一种动物形象为标志;西方七宿为奎、娄、胃、昴、毕、觜、参,动物形象标志为白虎。故上联“横排白虎凌霄汉”意为七宿排列成白虎图像,照耀于西方的天空;下联“雄踞青龙锁海潮”将桥喻为青龙,限制着海潮向内陆推进。上联谈天,下联说地,一上一下,正好相对。

第三,“白洼”莫非为白色洼地?那么,如何又能“横排”并“凌霄汉”呢?

第四,从对联的规则而言,动物对动物是基本常识,让“青龙”和一片“白色的洼地”相对,岂不“掉价”!更何况“虎”为仄声,与下联的平声字“青龙”之“龙”正好相对,而平声字“洼”又岂能和同样为平声字的“龙”相对?

最为重要的是,可从此字因何被人为破坏的角度分析。“白虎”虽为神兽,亦为凶煞形象,谚曰:“白虎凶神当堂坐,流年必然有灾祸,不现内孝现外孝,否则流血难躲过。”旧社会农村妇女中被诬为“白虎星”而惨遭迫害者并非个案。笔者估计,可能该地出现灾祸,算命先生认为是“白虎星”作祟,故令人凿去“虎”字以求平安。当回顾往事的时候,不知是悲还是喜,凿字发生的同时,或许伴随着一个凄惨的故事,饱含着血泪,充满着哀伤。

(四)“虎瞟”——从用典到意境

苏州山塘街偏西部有一座东西向的斟酌桥,桥南侧面对山塘河有桥联一副:

鹤市人家通一水,□□花舫聚三汊。

上联中的“鹤市”为苏州的别称。查《汉语大词典》第12卷引用《吴越春秋·阖闾内传》:吴王阖闾有个女儿,因不满意她的父亲而自杀。吴王很痛心,厚葬于阊门外。下葬之日,吴王令舞白鹤于吴市中,使万民随而观之,然后将这些人与白鹤都骗进墓门,发动机关全部掩杀,杀活人以送死人。后即以“鹤市”别称苏城,即今江苏省苏州市。上联写斟酌桥到苏州由山塘河一水相通。下联所缺两字,有人认为是“虎丘”,甚至用绿漆将这两个字描了出来。从方位来看,一东一西,确实如此;从格律平仄来看,似乎无甚不妥。但是,我们如果从典故运用上来看,这所缺的两个字为何就不能是“虎疁(liú)”呢?相传公元前210年,秦始皇南巡求剑挖掘吴王阖闾墓,见白虎蹲于虎丘山上,率部追赶,虎不见处即名为“虎疁”地。这个“虎疁”就是当今的浒墅关。文人有以“虎疁”“鹤市”相对的先例,如明代李士标《秋日偕卞润移棹虎丘》诗中就有“虎疁北拒通关路,鹤市西来尽佛宫”。所以,笔者认为从对联运用典故的维度来说,所缺两字应是“虎疁”,就是说从浒墅关来的花舫都聚集在这个三汊河道口。

如此,上联在东面,指向东方苏州古城;下联在西面,指向西方浒墅古关。以“虎疁”对“鹤市”,用典对用典,既合平仄,又意境深远。

然而,不知何故,此联下联末一字“汊”为去声,此乃对联的大忌,能拟出如此对联的作者不该犯这样的低级错误。

四、滥用繁体,破坏整联

昆山千灯镇因千灯浦而得名,镇南端千灯浦有一座种福桥,高大雄伟,就像是把守着千灯古镇南大门的锁钥。桥南联为:

虹彩亘长空,柳市南头,夜半钟声梅隐近;
龙梁凭远眺,江流东去,日斜帆影澱湖遥。

书写桥联用繁体字,我们并不反对,因为书法艺术中用繁体字属于“合规”。纵观全联,平仄和谐,对仗工整;就上联而言,“柳”与“梅”合拍;就下联而言,“江”与“湖”照应。上联中,“梅隐”即梅隐禅院,现在已踪迹难寻。下联中,“龙梁”形容桥如长龙卧波;“澱湖”应为千灯镇南不远处的淀山湖,但此处明显用了一个错别字,“淀”为浅湖泊,一般用于地名,没有对应的繁体字,而繁体字“澱”意思为“淀粉”,所对应的简体字也是“淀”。从对联的内容和平仄的对应来看,此联很可能为古人手笔,然而日久漫漶,重修种福桥时另请人书写,书写者或指挥者认为用繁体字“有文化”,但未辨明简体与繁体之间的对应规律,在千灯第一桥上留下笑柄。

以上分析了几处“联”,实际上,那些自然、人文景点的所谓的“联”的问题何止这些。所以说,弘扬传统文化,并不是重新建造几处建筑那么简单。

时代语境下桃花坞木版年画的传统与创新

——《姑苏二十四节气食景图》的启示

朱勤农

苏州桃花坞木版年画是南方民间年画的代表，最早出现于何时尚无确论，目前能见到的最早的桃花坞木刻年画是明代万历二十五年(1597)的作品《八仙庆寿图》，迄今已有四百多年的历史。桃花坞、山塘街一带是桃花坞木版年画的生产销售中心，辐射上海、南通、扬州，远至广德、湖州等地，甚至还对日本江户时代浮世绘版画产生了深远的影响。它与天津杨柳青、潍坊杨家埠、四川绵竹年画并称“中国四大年画”。2006年，苏州桃花坞木版年画入选首批国家级非物质文化遗产名录。

一、桃花坞木版年画随着社会发展而不断创新

据我国年画研究专家王树村先生等考证，中国的年画源于原始宗教的驱傩纳福。随着木作建筑的形成，屋居有了门，于是在周朝时有了祭门神的风俗。东汉经学家郑玄曾为《礼记·丧大记》中“君释菜”作注：“礼门神也。”

到了魏晋南北朝，民间已经广为流行贴门神习俗。南朝宗懔《荆楚岁时记》：“岁旦，绘二神贴户左右，左神荼，右郁垒，俗谓之门神。”隋唐时期，佛教大兴，门神中又增加了药叉、天王等形象，同时出现了

本土的钟馗形象,并出现了美人、妇女等世俗人物,年画的功能由祭祀向风俗逐渐发展。到了宋代,社会经济空前繁荣,市场对描写节令欢乐、吉祥幸福生活的风俗画需求越来越旺盛。由此,一批专门从事节令装饰画创作的文人画家从庙堂、书斋里走出来,形成职业化。他们和书籍插图雕版技术人员一起,共同创造了一种能够适应市场大量需求的新形式的木刻印刷贴画——"纸画",这种贴画进而演变成为一种独立的艺术形式。由此,年画正式定型,成为一种与年节民俗相关的大众家庭消费品,以张挂、粘贴为主,不仅烘托气氛,同时表达百姓在生活中对求喜纳福的期盼。从年画表现内容上来说,此时期的年画主要取材于小说演义、传奇故事中的人物以及耕织生活的场景等,多采用手绘、刻印彩绘、木刻套印等技法。但"年画"这一名称晚至清道光年间才出现。道光二十九年(1849),李光庭作《乡言解颐》说新年十事才首次有"年画"一词:"扫舍之后,便贴年画,稚子之戏耳。"在这之前,各地对年画的称呼不同,有欢乐图、纸画、花纸等,苏州一带称之为"画张"。因此,作为一种大众家庭消费品,年画的形成含有时尚和大众文化的消费元素,从本质和功能上说有不断向新、符合时代的要求。从明末清初到民国,随着社会经济和民生生活的发展,以及消费者审美观和民俗信仰的不断变化,桃花坞木版年画在内容、形制和技法等各方面也不断发生着明显的革新。

初期的桃花坞木版年画受刻本插画影响,大多采取传统的立轴和册页的构图形式,尺幅较小,绘、刻、印俱精,可以看出宋代院体画、明代文人画的特征,代表作品如《琴棋书画》《调鸟图》《食果图》等,文人画痕迹比较浓重。到了清雍正、乾隆时期,苏州经济发达、文风昌盛。这一时期的桃花坞木版年画显示了画法精湛、刻工精细、结构复杂的特点,并且尺幅宏大,都是三至四尺,甚至整张纸精印,多采用全景式俯瞰构图,结构宏阔,代表作有《姑苏阊门图》《西湖十景》《山塘普济桥》《百子图》等,将社会生活、人文活动、市井生活的面貌展示得淋漓尽致。这一时期受到西方艺术"西风东渐"影响,作品中模仿西洋铜版画平行透视及明暗与细密扁平排线技法(仿泰西笔法),

技法手段更加丰富,有一次墨印、浓淡二次墨印等,采用墨版套印与敷彩相结合的方式,使得画面更具层次感,改变了传统年画中人物与空间脱离的效果,加强了作品的空间感,打造了桃花坞木版年画繁盛发达的鼎盛期,史称“姑苏版”。清后期社会经济的萧条、内外战争连绵,与此同时,上海石印版画、胶印版兴起,旗袍美女“月份牌”强势输入抢占市场,城市中高层消费者不再青睐桃花坞木版年画,年画销售对象转向普通市民阶层和农村。为了吸引购买者和降低人力、工具成本,桃花坞木版年画开始选用通俗画,同时简化工艺,减少精细的排刀法,减少套版数量;在构图上,讲究对称饱满,画面上多采用富有装饰性的夸张手法,适合普通民众的欣赏习惯;在色彩上,运用低成本的西方品红、品蓝等合成颜料,以大红、桃红、黄、绿、紫和淡墨组成基本色调。这一时期的桃花坞年画题材大致可分为小说戏剧类、风俗时事类、吉祥喜庆类、祈福禳灾类和其他类,转向“实用目的长而美学品赏消”的状态,其间代表作品有《春牛图》《老鼠嫁女》《榴开百子》等。辛亥革命后,在移风易俗、树立新风的时代浪潮下,桃花坞木版年画出现了一批题材内容和制作技艺均有别于传统旧年画的新年画,“既反映民俗生活,又极富时事政治色彩,兼及新人新事、新的伦理道德和新的社会风尚”,称为“改良年画”。

1949年后,特别是改革开放以来,桃花坞木版年画得到新生,不断推陈出新,融入了鲜明的时代性和艺术性,题材选择具有浓烈的江南水乡风情和时代气息,使桃花坞木版年画形成了新的艺术风格和特点,主要作品有《哪吒闹海》《刺绣姑娘》《荡湖船》等。

表1　桃花坞木版年画各时期的艺术特点及代表作品

时期	表现内容	艺术特点	消费人群	代表作品
明末清初	仕女、花鸟等	文人画痕迹比较明显,大多为立轴、册页	城市消费人群	《琴棋书画》《调鸟图》《食果图》等

续　表

时期	表现内容	艺 术 特 点	消费人群	代表作品
清雍正、乾隆时期	城市风景、神话志怪、戏文故事、	采用了“阴阳远近”、仿泰西笔法,画法精湛、刻工精细、色彩典雅、结构复杂,尺幅三至四尺甚至整张,构图多为全景式,但人物树石表现手法保留传统绘画特点	外销,史称“姑苏版”	《姑苏阊门图》《西湖十景》《山塘普济桥》《百子图》等
清咸丰、同治时期	内容丰富多彩,小说、戏曲题材明显增多	西方铜版画风格基本消失,代之以明快的单线平涂,色彩趋向浓烈鲜艳,民间气息更加浓郁,成为日常实用品	农村、普通市民	《春牛图》《老鼠嫁女》《榴开百子》等
改革开放以来	城乡新貌、社会新风尚	具有浓烈的江南水乡风情和气息,形成新的艺术风格和特点,向艺术品方向发展	社会各阶层	《哪吒闹海》《刺绣姑娘》《荡湖船》等

二、《姑苏二十四节气食景图》在传统文化展示中融入了当代艺术特色

《镌刻清录——姑苏二十四节气食景图》(以下简称《食景图》)主要取材于清道光年间的习俗笔记《清嘉录》,以组画形式来反映苏州地区的节令习俗和四季物华,由二十四幅独立年画组成,分为春生、夏长、秋收、冬藏四个部分,展现了“苏式生活”的人文匠心和风雅精致。

《清嘉录》为苏州文人顾禄所著,以十二月为序,记录了苏州地区的节令习俗。如书中《例言》所述:“岁时节物之所陈,市肆好尚之所

趋,街谈巷议,农谚山谣,莫不有所祖。”

苏州的饮食习惯和民间节令风俗具有非常鲜明的地域特点。苏州地处温带东南季风区,四季分明,气候温润,土地肥沃,有三江五湖之便,宋代便有“苏湖熟,天下足”“天上天堂,地下苏杭”的谚语。在相当长的历史时期,苏州是我国南方地区政治文化和商业中心,官宦商贾南来北往,豪门大户建宅定居。得天独厚的自然生态环境加之丰稔的物产资源形成了苏州丰富多彩的民俗民风和以“不时不食”为主要特点的苏式生活文化。在苏州传统饮食文化中,仅食材选料就有很多讲究,有时令、产地、品种、大小、部位、采摘、捕捞、宰杀等之分。仅以食鱼为例,就有“正月塘鳢,二月鳜鱼,三月甲鱼,四月鲥鱼,五月白鱼,六月鳊鱼,七月鳗鱼,八月鲃鱼,九月鲫鱼,十月草鱼,十一月鲢鱼,十二月青鱼”之讲究。

纵观年画《食景图》主要有三个特点。

(一)在内容选择上,在坚持优秀传统文化的同时融入了当代人当红的话题

由于现代生活的快节奏以及本土民俗的不断淡化流失,当代人们的生活习俗和饮食习惯趋向简便、快捷、混搭,苏州传统生活习俗的时尚和传统饮食文化的精致成为社会大众,特别是年轻人的当红话题。

《正月》载:“春前一月,市上已插标供买春饼”,“立春日啖春饼谓之咬春”。又如《三月》有“谷雨三朝看牡丹”,《四月》有“立夏有三新”“蚕豆亦于是日尝新”,《七月》有“消夏湾赏荷”,《八月》“木樨蒸”“在秋分节开者,曰早桂,寒露节开者,曰晚桂”,《十月》有“宴客佐酒,有九雌十雄之目,谓九月团脐佳、十月尖脐佳也”等记载。

在《食景图》组画中,每一幅年画都选择了和节气相关联的物候天象和时令食物。如《立春》,以梅花和春卷来表现节令;《谷雨》牡丹盛开,香椿芽鲜嫩,好像刚从枝头上摘下;《小暑》则是赛人参的黄鳝和娇艳的荷花。别具特色之一的《秋分》:提篮里几茎秋菊,酒盅倾覆、黄酒一注,零乱花瓣被秋风吹落在肥满的大螃蟹旁,而北斗七星斗柄酉位,表明序交秋分;图中花香、酒香、蟹香扑鼻而来,持螯赏菊,吟诗联句,散发着浓浓的姑苏秋日气息,真是一年好光景,最是橙黄橘绿时。

(二) 在工艺制作上,在坚持传统技艺的同时体现了年画印刷创新之美

组画《食景图》是基于传统的刻板技法和一版一色、一版多色、多色多版套印等我国最早的彩色印刷技艺,同时通过技法创新使得画面效果更加丰富,完美体现了苏作的精致。

为了突出各种食品和物候不同的质感和特点,采用了传统印刷方法中的饾版水印、拱花、漏版等印刷方式。饾版水印技法是其中普遍采用的技艺。所谓饾版水印是指通过若干小木版,根据作品情况细分套色,使画面色彩更细腻。如《清明》中的酱汁肉为了突出质感和色彩,将刻好的饾版浸泡在清水中,然后擦干,将提前打湿的单张宣纸扦覆到版面上进行印刷,使酱汁肉的色彩鲜艳准确,同时也完美呈现水印色彩的薄、透、轻、盈的效果。在《惊蛰》中,玉兰花则采用了拱花印刷方法。拱花技艺起源于明代,广泛应用于高端年画和笺纸书画谱的作品,属于凹版刻制。虽然印刷对象不着色,但通过刷和压印使画面更具有立体感,更富神韵。

《食景图》为了更符合当代人的审美观,在传统印刷技法基础上进行了创新。如《霜降》中采用了印金方式来突出糖藕上桂花的金黄色的质感。将调配好的胶水刷印到刻好的木板上扦纸印刷,趁未干之际洒刷金粉,有胶水的地方就沾上了金粉,产生一种金属质感的饱和度。还有《冬至》中的蜡梅采用了贴金箔技艺。体现了苏州桃花坞木版年画工艺的精致和考究。

(三) 在构图色彩上,在坚持传统民俗风格的同时融入了现代审美时尚

桃花坞木刻年画是区域性历史文化极强的民俗文化形式,吴文化观念和地缘情感形成了桃花坞木版年画的艺术风格,更得到了苏州民众广泛的心理认可,这也是桃花坞木版年画延绵数百年之根。

《食景图》融入了传统绘画、瓷器元素和丝绸、缂丝的纹样，以时令花卉和食物来强调画面意韵的表达，画面细节体现了精细的技法处理。组画中每一幅画面主题明确，内涵丰富，和谐平静，耐人寻味，既有现代感，又有装饰性，十分贴近都市人生活的审美观。

在构图上，我们可以看到传统文人画风格。构图虽不复杂，但构思巧妙，表现细腻，画中景物采用写实工笔画的技艺，脉络清晰，栩栩如生，具备“形”未满而“意”满的艺术效果。同时借鉴了苏州园林文化中的花木盆景、家具陈设等艺术，以及意笔中的情趣，以小中见大的创意在有限的画面空间中营造出清新脱俗的审美情趣，体现了苏州文化中的精巧细腻。

组画中的线条柔和灵动，常以流畅的弧线构成，辅以富有节律变化和音韵美感的刻版手法，将花树云石表现得层次分明，刻画出吴门画派曲折、轻重、精细、浓淡的微妙变化。

《夏至》采用了“姑苏版”中“仿泰西法”的细密匀正的排线法，以刻制投影的方法增加画面的立体感，营造柔和明暗块面，突出了桃花坞年画的文质和优雅。《春分》利用交叉线条和斜线的变化，刻画出柳条的轻灵柔和，使整个画面充满动态感。《谷雨》中运用中国画中没骨花卉技法，将牡丹花线条隐藏在画中，并用多色套印烘染出花朵晕化的色彩效果，具有江南墨彩意韵。《小雪》中的茶梅应用了明代曾师从文徵明的王榖祥的《群英图卷》的笔意。而《大寒》的兰花笔法来源于清八大山人罗聘的《兰花册》，笔情古逸，高流超妙。

和传统年画构图相比较，《食景图》在一些场景设计中利用现代构图理论进行了大胆创新。如《芒种》《冬至》等采用了现代青年人中流行和能够接受的游戏原画构图的技巧——黄金螺旋分割法，《大寒》采用了斜线构图法，《谷雨》采用了三分构图法。而《清明》中，杜鹃花叶更是突破了束缚，延伸到了画面之外，这是传统年画构图中所未见过的手法。延伸到画面外的花叶形成了画面的前景场景，将画中的酱汁肉衬托得更加醒目和突出，增强了视觉纵深感。类似的构图处理还出现于《雨水》《惊蛰》《春分》《芒种》《大暑》《小雪》《大雪》等,呈现出三维立体的效果,突破了年画创作的传统格局和单线平涂的传统手法,丰富了年画的表现力和张力。另外,针对非主要物体,采用了特写手法,局部的物体使画面更加简洁,避免了喧宾夺主。如《冬至》和《大雪》中桌子的成像没有像传统年画一样呈现出完整性,仅仅表现了桌面部分。同时为了让桌子的视觉效果更美观,画面没有简单地用单线加色块表现,而是通过设计,将木材的木纹运用到桌面,使画面更具质感、更加时尚,更贴近当代年轻人的审美。

关于桃花坞木版年画,有句行内俗语:"远看颜色近看花。"桃花坞木版年画国家级非遗传承人房志达曾经这样说过:"(桃花坞木版年画)基调就是大红大绿,颜色鲜艳夺目。"这主要是由于年画后期针对的是农村市场,消费者要的就是色块突出、对比强烈,显得热闹喜庆。随着时代的发展,现代都市消费者更追求色彩上具有丹青笔墨的文雅气质,明净沉着。因此,《食景图》在总体上保留木版年画品红、黄、绿、桃红、紫和淡墨传统色彩外,大面积运用了莫兰迪色系,降低了传统年画色彩的饱和度,增加颜色灰度,将画面的朴素发挥到极致,脱尽火气,显得宁静温润,营造出一种让人心神安宁的神秘气息,表现出桃花坞木版年画的时尚之美以及现代和古典相得益彰的艺术效果。

为了避免大面积底色给人单调呆板的感觉,组画在背景中添加了苏州丝绸中常用的花纹以追求视觉变化和层次,并在所有底色中用重胶调配加入银粉。通过印银处理使画面呈现一种丝绸般的光泽,背景色块会因不同的视觉角度而产生多变的光线折射,让现场观展的观众产生不同的观感。

三、桃花坞木版年画历史形态演变在时代语境下对非遗文化的启示

桃花坞木版年画是中华优秀传统文化,富有浓郁的江南特色。随着时代的发展、居住环境的改善以及生活习惯的变革,桃花坞木版

年画无论形式还是功能都要根据社会发展和时代审美观的改变进行重新审视,不断注入对题材、技艺的新鲜解读,融入当今社会的人文情感,展现出与当代中国特色社会主义核心价值观契合的内容和思想,让桃花坞年画的生命力和独特的民间艺术魅力在传承中得以创新,在创新中得以发展。

启示一:新语境——桃花坞木版年画在时代中要创造新主题

从桃花坞木版年画历史形态演变中我们可以看到,多子延寿、招财纳福和驱傩禳灾是其三个核心主题,表达了民众朴素的祈福纳吉的生存观、家族兴旺的生命观和忠义节孝的道德观。

苏州的风物赋予了桃花坞年画新的人文价值,是年画取之不竭的创作源泉。城市乡村、昆曲评弹、园林山水等特定的文化符号以及多姿多彩的民俗节令场景等传统文化生活是桃花坞年画亘古不变的主题。正如我国工艺美术史论家张道一教授所说的那样:在民间艺术中,各种艺术的形式总是这样或那样地联系着,从来就没有孤立地存在。

传统艺术的新语境打造需要现代设计师的新思潮。要让“潮”起来、“活”起来的木版年画成为年轻人文化自信的表达,让置身其中的彼此心灵相通。通过对传统民俗的体会,对生活习惯和居住环境的观察,从桃花坞木版年画历史形态演变中寻找具有当代意义的切入点;从中国传统文化中汲取灵感、个性和风格,让桃花坞木版年画融入当今时代风情和风物,设计出的新语言形态,使桃花坞木版年画的表现形式与当代居住环境相协调;通过对年画“形”的新追求,达到传统文化“意”的薪火相传。

启示二:新审美——桃花坞木版年画在时代中要体现新价值

桃花坞木版年画是人类用手工制作的方式,满足人们物质与精神需要、推动社会进步的一种造物活动。从精神层面看,它更是携带着多层次的文化信息,是人类生命价值观的体现。桃花坞木版年画不能只是原样地复制传统,或点缀式地使用传统元素,而是要进行创造性转化、创新性发展,赋予年画新的文化内涵,留住本原与特色,使传统形式与现代的价值观有机融合，将民族文化精神和时代生活结合起来，再多元化延伸与拓展。

传统年画以其夸张的造型，常用谐音、比喻、象征等图案来表达对生活的祝愿；色彩上的大红大绿体现喜庆、热闹，对比强烈；构图饱满匀称，多用成双成对的花边装饰；民间有“画个小子，白白胖胖要有灵气；画个姑娘，柳眉细腰要有秀气；画个男人，文武双全要有帅气；画个老人，笑口常开要有福气”之说。由于流行趋势不停更换各种流行元素，桃花坞木版年画在历史的厚重之上，更要创造出新的审美和流行。桃花坞年画不能只是静态地在墙壁上陈列，而是要走入现代青年人中间，注重与青年人互动和共情。因此，在多元文化、消费文化共存的风潮里，桃花坞年画要创造新的生活需求、生活视野、生活潮流。比如把年画印制在包上，印在娱乐消费品上；比如把年画印在台灯灯罩上、印在饮料杯外套上；比如制作数字年画新年红包、拜年图文、出游打卡点，拉满新春喜乐的氛围……让年画中的吉祥元素保持永恒，又随物赋形，润泽人们的当代生活，让更多的青年人了解它，喜爱它，接受它。

启示三：新技艺——桃花坞木版年画在时代中要融入新生命

桃花坞木版年画作为文化的产物，每一幅都具有深厚的文化内涵，是劳动者丰富的想象力和创造力的完美结合。《食景图》采用传统的水色套印法，刻版线条包含了抑、扬、顿、挫的节奏感，构图极具美感、色彩典雅秀丽。组画主要在三个方面作了探索：构图如何加强艺术性，桃花坞年画如何追求新色调，创作如何采用新方法。基于这些探索，组画的每幅作品的构思是在特定的时令节气中，重点表现水乡的时令美食，又表现水乡的时节花卉；构图与传统年画有相同又有不同，注重主次反差。同时，春、夏、秋、冬四组作品采用四种色调，强调季节的不同气氛。例如“春季”组六张年画的背景使用了淡绿，象征着春季万物欣欣向荣；“夏季”组以粉红色向紫色系过渡，突出夏季物候旺盛的生命力；“秋季”组毫不犹豫地采用金黄向紫红发展，象征秋季稻熟丰稔；而“冬季”组是冷色调的淡蓝向蓝灰过渡,使冬季室外的萧瑟和室内的温暖形成对比,从而在人们心中点燃温暖的希望。

与传统的画稿创作不同的是,《食景图》创作原稿不再是在纸上呈现,而是借助电脑创作。现代技术的发展使得用电脑软件创作更快捷,时间更节约,修改更方便;同时对手绘者不再要求一定要有数十年练就的绘画功底。电脑创作最主要的优势是,画面的配色从此变得更直观准确;而传统的配色需要画家一稿一稿地着色,除了遵循"四重两轻"原则外,更需要创作者的经验,要不断调整、尝试大块面的色彩,使得画面不闷不沉、节奏明快协调。

结　　语

习近平总书记强调:"要加强对中华优秀传统文化的挖掘和阐发,使中华民族最基本的文化基因与当代文化相适应、与现代社会相协调。"承载着苏州人文和自然信息的桃花坞木版年画不仅是一件艺术品、一种工艺形式,更是一种文化自信的存在,它以民俗的图解方式诠释着苏州人民的精神特质、文化信仰和理想追求,它的艺术生命存在于其漫长发展历程中的不断创新和完善。《食景图》具有传统木版刻印的木味、刀味和水味,让习惯于现代精美胶印的我们对相对粗糙的、可能存在叠版套色会出现的微小偏差的、纯手工印刷的年画再一次产生眷恋,让年画中所隐含的原始手工技巧更准确地表现出富有文化自信、时代价值和日常烟火的中国故事。

时代在前进,社会在发展。尽管过去的创造与今天的生活方式、生产方式必定存在一定的距离,但桃花坞木版年画所创造的表达方式、所蕴含的思想本质仍然是我们认真探索研究的重要课题。

参考文献:

[1] 史静、蒲娇:《桃花坞年画:房志达》,天津大学出版社 2010 年版。

[2] 沈泓:《年画里的中国》,中国青年出版社 2015 年版。

[3] 郭潼潼:《桃花坞年画刻制》,江苏美术出版社 2013 年版。

[4] 苏州工艺美术职业技术学院、苏州桃花坞木刻年画社:《桃花坞木刻版画——作品·技法·文献》,上海人民美术出版社 2010 年版。

明清园林版画的发展演变

施春煜

明清时期，江南地区的园林和版画都得以繁荣发展，两者又相互结合，出现大量以园林为绘画题材的版画，可以称之为“园林版画”。这些版画多数以插图形式存在于小说、戏曲等叙事性文学书籍中间。这些版画展现的是一个很复杂的空间场景，其空间结构复杂，构成要素繁多。

从明初至清末，园林版画经历了由粗到精、由盛转衰的几个阶段。在这个过程中，版画上的园林形象之空间大小、布局结构、构成内容、景物疏密、形体美丑甚至线条的粗细都显现出不同的阶段性特征。但是，其发展历程是渐进缓慢的，前后反复和新旧交叉的，因而对其进行截然的分期也是不尽合理的。参考郑振铎《中国版画史图录》、周亮《明清戏曲版画》等图集中的分期，本文将江南地区园林版画的发展历程基本分为以下几个时期，并略述各时期的发展特征。

一、明初至万历以前：粗放期

明万历以前，罕见的一些描绘园林形象的插图版画显得比较粗拙。其画面空间比较狭小，展现的场景以近景为主。空间的布局简单，层次单一，展现的往往只是园林的一角。景物构成也简单，大多只有一些建筑局部和少量的植物及假山石。景物的个体数量稀少，但是画面显得很拥挤。而景物个体的造型又比较粗糙，缺乏美感。人物在整个画面中占据了中心的位置和主要的版幅。当然，这一时期也有少许作品远高出整体水平之上。宣德十年,金陵乐安积德堂所刻的《新编金童玉女娇红记》中的插图,至少在构图上已经勾勒出一个局部但较为成型的园林空间,体现出一定的空间层次感和景物平面位置关系,但是景物个体造型和线条依然很粗拙。

二、明万历时期：成型期

郑振铎认为,万历年间是插图版画光芒万丈的时代。以徽派风格为代表的各主要城市的版画创作层出不穷。这也是一个造园鼎盛的时代,因而以园林为题材的版画特别丰富。

万历早期,画面展现的园林空间仍然狭小,但其空间层次结构则较前强化。很多版画展现的仍是人物活动场所之近景,但画面空间构成则兼顾了室内和室外。到后期,有的画面上园林空间明显扩大,兼顾近景、远景,有的除了园林空间作为主景之外,又有广阔的山水背景;而有的在主景之外,还有大量的留白,画面疏朗空阔,迥异于万历前期那种致密画风。这时画工已有意识地对空间进行规划,空间结构层次也渐渐展开了,比较完整的园林空间形态得以展露。这些园林空间通常会被一些建筑墙体、围栏划分出若干区域,但也有一些通过植物、山水甚至人物的位置分布,软性地划出若干区域。

在景物构成方面,万历前期的狭小画面空间中,除了局部的建筑墙面、门扇以及地面铺设之外,通常在边角处配置零碎的山石、树木。后期空间扩大,各种园林景物得以展开。植物逐渐由单株扩展为丛植,或单株形态外展,植被茂密感增强。而山石堆叠仍以独峰或者零散块石为主,少见连绵的假山群。而建筑物外观和形制得以整体展现。由于城市手工业和商贸业繁荣发展,产生了很多装饰性商品,也促进了人们追求精美器物的心理需求,因而这时园林版画上的装饰物也大大增加,如盆景、花瓶、精雕的家具。万历早期,因画面空间狭小,虽景物数量不多,却显得很拥塞;后期空间扩大,景物也增加了,但仍能做到疏密有致。

景物和人物造型较万历之前明显形体优美,比例协调。这一时期画面的线条,从早期的纤细流畅、大弧度的勾勒,发展到后期的细腻、繁密和小角度的灵活运转,刻画出千姿百态、惟妙惟肖的图形。万历后期的版画中,景物个体的形态变得极为丰富,具有代表性的就是出现大量门窗式样。可能此时职业画家已介入,而画工和刻工分工已形成,整体提高了版画制作水平。这时徽派版画的崛起,使繁芜绮丽且工整细密的线条风格成为主流,园林版画上的建筑纹样与徽派建筑上的繁丽雕饰如出一辙。

万历前期,人物仍占据画面主要位置和大部分版面。随着空间扩大,层次分化,景物增加,人物在画面上逐渐微缩。因空间被划分为多重区域,人物关系形成多种组合,故事情节内涵也随之丰富。人物活动情景本为书中情节服务,但此时画者意在构画一个美观的园林空间,以娱读者眼目,而人物已为从属。

三、明万历以后至明亡:提升期

万历以后至明亡是园林版画的艺术提升期。画师和刻工在细丽的园林图像之基础上,开始追求新奇和品位。园林空间的呈现沿袭万历后期以降的双幅大画面,并通过缩小人物尺寸来等比扩大空间,使之较前更显辽阔。因而园林景物得以更加丰富多姿,空间更加曲折多变而富于层次感,为园林艺术的展现提供更大的空间基础。透视画法的发展使得画面上的园林空间沿着视线向内层层叠进,景深感明显增强。还有其他方式可以增加空间层次,将空间结构复杂化,如镜面和屏风的使用,使得画面上多出了虚拟的空间。甚至人物的想象空间也被置于画面中的现实空间之上。

繁密华丽的画风逐渐扭转,整体品味也在提升,从迎合普通人的世俗风格向文人画风升华。有钱榖、唐寅等著名文人画家参与到版画绘制中来,直接提升了园林版画的艺术水准,使疏简平淡的文人画风在版画领域中兴起。画面内容的减少并不意味着粗糙,对物体的空间位置和尺度比例的把握更为精准,个体景物和人物形体的描绘更加工细,总体而言,画面整体氛围的写意和个体形态的写实是并重的。

四、清顺治时期:承袭期

清初版画上的园林图像沿袭明末风格,创新寥寥。因为明末插图版画在技法和艺术方面都已经发展到了顶峰,如果没有吸收外界新的技艺因子,很难再有创造。因而这一时期的园林版画只能在图像的外围做文章。各种如花窗一样的画框纷纷产生,其中最常见的有月光版、砚台版、花窗版。这些版式的使用,使得画面缩小,景物更加紧凑而局促。可能受到西方绘画的影响,正面透视的画法进一步发展,加之月光版等的使用,视角很单一,视野很狭小。框景手法的使用虽然缩小了园林空间的直接展现幅面,却强化了层次感。尽管园林版画仍沿袭前代成果并有所标新立异,但总体已呈衰落之象。

五、清康雍乾时期及以后:西化期

康雍乾之后,年画大行其道,西洋焦点透视法、明暗法和排线法等技法在版画领域得到充分运用,因而成就了一种新园林版画风格。插图园林版画不再代表园林版画的最高水平和发展主流。作为一种版画形式,年画不同于前者,可以脱离书籍独立存在,因而其版面突破了书籍版面的尺幅限制,从而能在更大的平面上展现园林空间。也因为其脱离书籍独立存在,作为一种大众媒介,它的消费成本更低廉,从而得以更广泛地传播。以"洋风姑苏版"为代表的年画类版画,对西洋绘画技法的采用,增强了从前到后的空间层次感,也强化了空间和物品的立体感。并且,这种园林版画使人们在画面上观赏园林的视线实现了从"由外而内"到"由内而外"的转向。因而,它更擅长于对室内场景和家具陈设的展现,正迎合了当时园林营造和家居装潢技艺成就的展示需求,充分展现出园林建筑精雕细琢的人工之美。

晚清画报中的园林版画沿袭前述年画类版画的部分风格,如透视感和立体感,但在内容丰简度和绘印精良度方面,在绘画技法的使用程度方面,相对前者又表现出简化和弱化趋势。一方面可能因为画报是一种快餐式的信息类商品,主要提供信息服务,而非满足大众的艺术鉴赏兴趣;且其更新频率高,不能投入过多的制作成本。另一方面可能是因为清末引进照相术,取代了版画这一传统大众媒介,作为一种更直观、便利且廉价的方式向社会大众展现园林景观。但此时的园林版画也彰显出它的时代特征。明清插图版画上的人物都是前明服饰,即使清中期洋风姑苏版的人物也多是如此,这体现了画者和观者的怀古情结。而晚清画报因其新闻图像的特点,其刻画的人物服饰、器具、建筑设施等都反映了同时代的实况,具有浓郁的近代西化气息。

我的评弹观

吴宗锡

今天有幸来给各位谈谈我对评弹的认识。最近有两位同志将我对评弹的认识称为评弹观,开始我觉得称“观”是不是对我有所抬高,后来我想,“观”并不是什么抬高的问题,每个人都可以有人生观,每个人都可以有认识,所谓评弹观也无非是指我对评弹的认识,所以我也就接受了这种说法。今天来此我想讲讲我的评弹观,也就是介绍一下我对评弹的认识。我的评弹观,同志们听了也许能接受、能够同意,那么这就成了我们共同的认识,如果同志们感觉到有不同的意见,那也没关系,因为我谈了,大家可以知道这个吴某某是这样看的。所以我就来谈谈我的评弹观。

谈到这个“观”呢,我想,包括两个方面:一个就是认知,对评弹这门艺术的认知,通俗地讲,就是评弹在我眼中是一门怎样的艺术。除了认知以外,另外一个方面是观念,观念就是我认为评弹应该是怎样的一门艺术,这里面更多加上了我的主观的看法。

一、评弹的定义:以说唱为主的综合性传统曲艺

评弹是什么呢?最早在苏州,最简单、最通俗、最普遍的讲法,评弹就是说书,所以现在演出场所叫书场,喜欢评弹的人叫书迷,这是有道理的。在专业分类中,它是一种曲艺形式,具体讲就是说唱艺

术。我今天对评弹的认识源自被人询问后自己的思考,就学术研究来讲,我认为评弹是以说唱为基本手段的综合性的表演艺术。

下面我讲应该怎样理解这个定义。

(一) 评弹以说唱为基本手段

评弹的基础是说书,最早以说为主。评弹最初是民间的、口头的艺术,没有正规的史料记载,所以今天我们的认识只能从零碎材料中、老艺人的说法中来推论。

我最近在上海辞书出版社的要求下编了一本《评弹小辞典》,里面就有传承表,告诉我们评弹是怎样传承的。另一个是介绍评弹演员的条目,从清朝到现在,我对此很感兴趣,从中可看出哪些艺人对评弹的发展做了哪些创造和发展,有的演员是如何吸收京剧表演、怎样发展弹唱的。评弹是苏州评话和苏州弹词的合称,但是我们基本不冠以"苏州"二字,因为现在评弹的影响大,文字、传媒与群众口头都习惯称为"评弹"。但是单称评话或弹词时,因为其他地区也有评话,如扬州评话,所以单讲"评话"不是专指苏州的,弹词也是这样,有长沙弹词等,所以单称时要加"苏州"。但是合称时就用"评弹",因为这是约定俗成、受到公认的。比如评弹谱唱《蝶恋花》,用的是苏州弹词的曲调,但为了简单明了,讲"评弹《蝶恋花》",人家不但都明白,而且都这样说。我们在群众生活和学术上,对一门艺术,听了这个名称就能明确是什么概念就可以了。所以我们现在一般叫"评弹"。《辞海》中有"评弹"词条,也称其为"苏州评话和苏州弹词的合称"。

评话、弹词二者,根据我们推论,先有评话。评话没有唱,也就是所谓"说书"。弹词原来只有唱本,如《再生缘》《天雨花》等,最初很多是在妇女群体当中诵唱,作为自娱自乐。后来借鉴评话发展了"说"的部分,用来表现儿女情长的故事题材,成为一种表演艺术。所以现在评话、弹词两者的基本技法,"说表""脚色"是基本一样的,只是表现的题材不同,风格上有所不同,一个是讲金戈铁马,另一个是讲儿女情长。这样,把"唱"的部分吸收到"说"里面,就成了现在表演的苏州弹词。当然这只是推论:评话最早出现,弹词是后来并到评话中发展的另一种表演形式,所以“唱”基本可以讲是“说”的延长,当“说”不足以表达抒情性的内容时,就增加了“唱”。因此可以说,“说”“唱”是评弹的基本表演手段。

评弹表述情节和刻画人物基本上用说唱手段,以说为主,以唱为辅。评话没有“唱”,弹词有“说”有“唱”。其中两者都以“说”为基础,不能只是“唱”,最多“唱”的成分多一些,比如传统书目《珍珠塔》有很多“唱”,但它还是要“说”,所以“说”是最基本的手段。而在演出时,因为要面向听众,“说”就有所发展,而其比较大的发展是有了代言体。我们讲,时间、场景、情节等以第三人称说书人来表达,而因为它要面向听众,“说”发展出了代言体,也就是说书人不止以第三人称来表述,还能代替书中人物来讲话,简单地说,叫“道白”。在有了第一人称角色的说白后,再进一步发展出了第一人称的内心独白。这个“说”最后发展了,评弹演员总结称为“六白”,就是六种说白。角色说话叫“官白”,角色内心独白叫“私白”,出声的自言自语叫“咕白”,再细分有官咕白、私咕白,此外还有衬白、托白等。这样说表就有了多种技法,借用水墨画比喻,叫墨分五色,一种水墨依靠技巧来分出浓淡,表现色彩。

评弹说表也是这样,在“说表”中发展了不同技巧,多视角、多层次、多变化。一般的谈话、讲故事不具备这些特点。只有评弹在说书时,因为它需要刻画人物,发展了多种不同的技法,而且这里面还包括突破时空界限,评弹有种手法叫“未来先说”,还有“过去重提”;人物视角也可以转换,有的是全知(说书人的角度),有的是半知(从人物角度,当时当地不能了解其他方面的情况),甚至有的是不知的(人物受局限,以人物的思想和口吻来讲)。由于有了多种说表,我们讲现在 3D 电视有三维,不妨说评弹有四维,视角是多样的,因为它有不同层次不同视角的说表,把书中的人物、场景立体化。这也就是说评弹说表的灵活,眼睛看不到的地方也可用说表来表现,心中想的也可用说表来表现,视角不受限制。评弹经过一代代演员,发展了技巧,形成了多维的艺术表现形式。当然也有局限性,如缺少视觉形象,可是它用“说表”来弥补。

正是由于发展了这一基本手段,因此评弹艺术受到今天广大听众的喜爱。所以我们说评弹是以说唱为基本手段的艺术,这是底线,所有老艺人对这个底线是不会放弃的。评弹尝试过演戏,可是这削弱了说表的功能。“书戏”在二十世纪二三十年代的上海游乐场演出过,也有说表表述人物内心活动,但毕竟演成了“戏”,使说表受到了削弱。所以,后来书戏只是在某种特定场合、某种特殊需要时出现,而不成为评弹的主要表现形式。所以如果讲评弹是一门什么样的艺术,我认为首先是以说唱为基本手段的。它基本是诉诸听觉的,因为说唱是要听的。

因为这个特点,评弹就有了它的优势,也就是二十世纪二三十年代进入上海的大发展。因为当时恰好是上海无线电台大发展的时期,这与今天电视台的发展相同。广播电台主要是诉诸听觉的,当时还有唱片业的发展,而这些恰好对诉诸听觉的艺术起了推广作用,所以评弹在二三十年代的上海地区有了大的发展。当时上海电台有五十余家,包括民营电台,大量发展,而且电台可以深入每家每户,像电视一样。本来评弹要到书场里听,由于当时的社会观念,女听客不太经常去书场听书,而且一个书场的容量有限。可是有了电台,妇女听众大量增加,行动不便的老年听众也可在家听。

有的时候我喜欢拿评弹与电影比较,电影以视觉为主,电影形象都是通过画面表演来表现,评弹是以听觉为主。电影可以有默片,观众照样可以观看,因为它已经构成了艺术形象,当然加上声音就更好了,可基本的还是画面。如果只是放电影录音,听是可以听,但是不能满足,艺术形象不完整。评弹与电影正好不同,评弹是听觉的。评弹可以一点儿也不看,电台听书照样听,艺术形象很完整,而且情节也讲得生动,因为它主要是诉之于听觉的。

可是要补充一点,评弹光有听觉也还不够,就像有声电影需要声音辅助一样,评弹也需要表演,有视觉效果。所以过去到书场里听评弹,座位当中的柱子使人感觉不便,因为柱子挡住了视线,听众看不到台上的表演。评弹也需要辅之以表演,包括演员也要有表情,但评弹的视觉部分是辅助的,而听觉部分是为主的。当然,两者都有的话,艺术的感染力更强,更能满足听众的需求。所以我们可以讲,评弹是视听艺术。也有演员讲评弹是听视艺术,“听”应该放前面,这个实际意思是一样的。

(二)评弹的综合性

我们现在看,视听艺术、听视艺术或表演艺术都是综合性的。电影、电视都是这样,有人讲评弹不是这样。评弹不化妆,只是一个人在台上,怎能是综合性的呢?实际上,评弹综合了很多不同艺术门类的不同艺术因素。评弹艺术面向听众以后,需要吸引听众,艺人着眼于加强自身表现能力,这里面历代艺人都集中了他们的智慧,发挥了创造性。

还有人认为评弹为曲艺,所以不能称表演云云。而这只能表明人们往往是拿概念来限制艺术。当时我们编《曲艺志》的时候,就碰到了这些问题。比如上海成立评弹团,活动都是一起的,评话、弹词演员都同台演了,可是《曲艺志》的编委说一定要分开写,评话的归评话,弹词的归弹词。我和彭本乐同志与他们探讨了半天,也没办法,结果评话写一个综述,弹词写一个综述。可是,评弹团十八个艺人中有评话、有弹词,是一个整体,是不能分开写的,于是写评话要写十八个艺人,写弹词也要写十八个艺人。编委的要求其实是与实际不符的。后来,我们编词典,评话和弹词就按实际,合起来了。我讲这些,是为了说明现在我们有很多东西,都从概念出发,一定要怎样怎样,有条条框框。可是评弹演员一直令我佩服的,是脑中没有框框、不拘一格,只要是能加强表现力、感染力,他什么都想办法吸收进来,都可以为我所用。这样,评弹艺术就有了更大发展。

这里我讲评弹的两个发展阶段,一个是在苏州,另一个是进入上海。进入上海后,眼界更开阔,融入了海派文化。我们一般讲评弹在苏州是一个高潮,最早评弹形成单档、双档,有了行会组织(光裕社),有了评弹特色的表演手段——说噱弹唱,出现了大名家,这是一个高潮。第二个高潮就是二十世纪二三十年代进入上海，有了电台、唱片，书场扩大。第三个高潮是新中国成立后有了党的领导，在五六十年代达到一个高潮。其中，第二个高潮出现后，评弹受到了更广泛的关注，有了全国性影响，出了很多唱片。为何有第二个高潮呢？我们过去讲，那是进入上海大都市，听众不一样，环境也不同，在竞争中发展。可是现在看来，不只是有了电台、唱片，而是因为大环境，进入大都市后融入了海派文化的因素。我们可以讲，评弹受到了海派文化影响，实际上仔细研究，是融入了海派文化。

在解放前甚至是在二十世纪五六十年代，上海市民的文娱生活中，评弹占的比例甚至超过了话剧、电影。五十年代好莱坞电影不放映后，有人统计，每一天的评弹听众人次都超过了电影。据不完全统计，当时江浙沪有演员八百多人。实际上应该讲，评弹在上海的这个历史阶段中，是海派文化的组成部分。还有一个现象，上海解放前搞慈善募捐，解放后举办抗美援朝义演义卖，打头阵的都是评弹，甚至超过了滑稽戏。那时上海有一个慈善机构叫普善山庄，凡是有这些活动，电台都是评弹艺人在唱。

评弹在这个阶段是上海市民文化生活的重要组成部分，融入了海派文化，吸收了很多，所以可以说是海纳百川。另外，评弹的竞争机制很厉害，过去一个码头两三家书场，乡镇上的人口不多，如果你能吸引听众，那我这儿就少了。因为当时没有什么宣传和大的炒作，最多挂个牌子或演员到场后沿街“朗相”兜一下，这就算是宣传了，小镇上也没有报纸宣传。所以这完全是靠艺术的吸引力和听众口碑，听过的人出去讲今天的演员如何如何好，就靠这个吸引听众。吸引不来，开书的时候台下只有三四个人，你也没办法，也不能出去拉客人。过去评弹界有个词叫“敌档”，当然这讲得严重了，实际上是竞争对手，有点像足球赛的双方。可是这里面的确有你死我活的竞争，你那里客满，我这里可能就没有人，这成了评弹的推动力。评弹艺人千方百计、不拘一格吸收各种艺术元素增强表现力、感染力、吸引力。由于演员在竞争中体现的创造性，特别是评弹演员群体集体的创造性(特殊之处在于评弹有茶会),使评弹形成了自身独特的美学体系和表演手段。评弹就是在这样的发展中完成了综合。简单说,评弹的四种手段“说、噱、弹、唱”,现在加上“演”,这就是综合的,可是此外它还吸收了各种艺术手段。“演”现在是评弹综合性里面很重要的组成部分,只要有利于艺术表现,各种艺术元素它都能借鉴。

我们简单讲,评弹有文学性、戏剧性、音乐性,这都是综合性的体现。还有评弹有美术元素,比如演员服装,要美观大方。像杨振雄的《西厢记》,在表演张生收到莺莺一首诗后,杨振雄为了表现兴奋,手里拿把折扇,他带点象征性地突然把这个扇子翻过来,这个折扇上画了一朵大红牡丹,他并不说张生拿到诗高兴,可杨振雄折扇上的牡丹却表现了人物当时的心花怒放,这就有了美术的元素。弹唱有音乐的元素,还有口技(八技),口技是另一种艺术门类,可是评弹把它吸收进来。有人讲评弹没有哑剧,因为评弹是听觉的,讲这话的人只是从概念出发,可是聪明的演员就是运用了哑剧的手法。吴子安《隋唐》里面有一回书叫“秦安献本领”:秦琼把他的老家人秦安带到一个庄子上,别人瞧不起他们,秦琼就让秦安出来举重物,用这来表现他的本领,通过这种方式来把庄子里的小喽啰都震住。吴子安表演时就在书台上表演秦安怎样举重,他不仅表演秦安,而且表演其他看秦安举重的人们的不同表情,一句话都没有,就是靠表情。他怎样举起来,别人开始怎样瞧不起,后来转为惊奇,到最后吃惊,都用面部表情来表述。近一分钟的表演,台上一句台词都没有,这不是哑剧吗?当然你说让评弹全部演哑剧,就不行了,他有说白、铺垫,可是他中间来一段,这种哑剧元素也是可以吸收的。评弹有亮相拉架子,这里面有雕塑的元素;表情如何、造型如何,这不能说没有雕塑的元素。所以说凡是能加强表演、成为亮点,让台下听众鼓掌,任何艺术手段都能为我所用,但还是要以我为主。这个“我”是什么呢?就是它的底线,也就是评弹的说表艺术本体。“我”代表艺人以说为主,只要是为艺术本体服务,什么艺术元素都能吸收,所以我们讲评弹是综合性的艺术,也可以说评弹历史的发展是发挥和加强其综合性的过程。

刚才我讲了弹唱,最早弹词多用表唱,就是讲一个故事的过程或是描述一个事件,后来由单档发展到双档。单档是自弹自唱,唱的时候不弹。而发展到双档,进入上海以后,又受到海派文化大环境影响,琵琶和三弦相互衬托、伴奏,这样曲调就丰富了。演员在台上不仅可以表唱,而且可以抒情,不但可以抒情,也能做手势动作。有了伴奏,起的脚色可以有动作,因此二十世纪三十年代,上海发展了很多流派唱腔。比如沈俭安、薛筱卿的"沈薛调",一个弹三弦、一个弹琵琶,由于二人合作,音乐性有了很大的发展,用现在国外音乐的术语就叫"支声复调",中间有了复调伴奏。当然和声太高级了,评弹没有。有了复调,不是按照你唱的弹奏,而是他用另外一套来衬托,这个音乐就好听了。

综合性里面还有一个就是表演,"起脚色"。刚才我讲了代言体,现在我讲综合性,戏曲性也综合进来,这也是演员的聪明。评弹本来的代言体已经不能包涵"起脚色",代言体最多是演员代替人物讲几句话,以第一人称讲,可是演员的动作、声调不一定有大的变化,他只是以人物的第一人称来表达,这叫代言体。实际上我们今天的代言体已经发展到"起脚色"。这个"起",我怀疑可能早期用的是"去",为什么呢?在过去,这个扮演角色在苏州话里叫"去脚色",这是口语,"去""起"同音,现在一般写成"起"。这个"去脚色",演员聪明在哪里呢?就是他不是以说书人的口吻,而是他表演人物,也即所谓"现身"了。这个"演",有人讲是"学",但"学"是第三者的模仿,"起脚色"的"演"是投入的,是自我深入到角色中。现在有人不太赞同,说你们怎么用西洋名词,什么"跳进跳出""表现""体验"。过去的评弹,有艺术创造却没有理论,缺乏术语名词,我们今天只好运用西方艺术的名词。当然,这并不是说我们评弹里面有布莱希特等。我说评弹就是评弹,评弹不是布莱希特。但为了说明问题,我们没有表演艺术的理论、术语,有时候只能借用西洋的术语如"第一自我""间离效果"。可是这并不是说我们评弹就是他们那样的。

评弹怎么表演呢?演员没有办法分角色,一个人就一条嗓子,也不化妆,怎么分各种不同性格,如何演呢？那么就借鉴吸收中国戏曲(最早是昆曲,后来是京剧)的表演经验(写意型程式化),因此评弹“脚色”基本也学了戏曲生旦净丑分行当,也有很多戏曲程式化表演。评弹也有花脸哇哇叫,但生活里的人不是这样叫的,包括哭——“噢噢咦”,生活里没有这样哭的。可是为了表演,不可能自创一套,戏曲的表演是最成熟的,评弹就是吸收了戏曲的成分。有人说评弹表演生活,但其实不是生活,评弹表演的诸葛亮不是生活里的诸葛亮,生活里的诸葛亮谁也没见过,评弹表演的就是戏曲舞台上的诸葛亮。这就是借鉴,而借鉴是聪明的。这样,评弹就有了不同的人物、角色,而且很生动。当然评弹在借鉴戏曲刻画人物的程式动作时,也发展了戏曲舞台上没有的、评弹特有的人物。比如《三笑》里的祝枝山、《英烈》里的胡大海,他们在戏曲舞台上类型化、行当化了,可是评弹发展了一点：祝枝山有程式化,但加强了他的特殊性,这个人物很生动,给人深刻印象;胡大海也发展了,不像戏曲舞台上只是一个大花脸。这两个人物在评弹中有所发展,但基础借鉴了戏曲表演因素。

而且评弹跟戏曲还有不同,戏曲是一人一角,一角到底,当然也有几个人演一个人不同时期的,但基本上是一个人物上台,因为他要化妆。可评弹不同,评弹是一人多角,他还可以从说书人跳出来,再到角色,因为不化妆,它这点灵活。有人因此讲评弹表演与戏曲表演并不相通。但这个表演艺术是很复杂的心理活动,不能单纯看表面,实际上戏曲舞台也不是全部投入的。最早的京剧还可以“饮场”,就是演员唱时感觉嗓子渴了,有个人送个茶壶给他喝水,喝水时他还在角色里吗？他也跳出来了。当然还有插科打诨,他也可以跳出来,可是当他进入角色时,他必须深入角色内心,才有感染力。实际上评弹在进入角色这一点讲,是需要体验人物内心的。当然不同演员有不同风格,有的人体验多,有的人表叙多,比较冷静。可是自从有了中篇评弹后,评弹的几位名家都运用了体验。像刘天韵演《求雨》,又像哭又像笑,以笑代哭,很多表演他都是情动于中,都是内心体验的表现。如果不是生动的表演,是不能感动台下的。像杨振雄、张鉴庭

“起脚色”都深入角色。有人说,评弹角色进去又出来,怎么能叫体验呢?实际上这个表演艺术的心理活动很复杂,要体验与深入,还要有激情。只有平叙感染力不强,所以二十世纪五十年代的电影演员都听评弹,从评弹中学习快速进入角色。拍电影分镜头,演个镜头,也是要学会进入角色的,表演进入角色不是按照时间长短简单划分。评弹演员的特点和基本功,本事大的,能一下子进入角色,演《济公传》时,演员把头上帽子一推,嘴歪一歪,话不多说,看起来就像济公。为什么?光是表演是不行的,演员必须当时认为自己是济公。演员进入角色,给观众以感染力,这也是评弹的综合性之一。“起脚色”是评弹综合吸收表演艺术的重要组成部分,由于有了这个基础,所以后来说现代书时,前人开路,后人借鉴文明戏、话剧、电影,吸收其表演手段用于评弹表演,像《啼笑因缘》中刘将军、樊家树都是从文明戏借鉴来的。

为何称评弹为表演艺术?因为评弹从说故事到说书,最需要与听众互动,没有听众就没有评弹。艺术上的发展是因为听众的需要,是为了吸引听众。因此有人问,评弹更近小说还是更近戏曲?我认为更近戏曲,最主要的依据是评弹是表演的,是需要听众的。小说也要读者,可是读者不需要看表演,评弹的脚本一般没有人看的,评弹要看表演,评弹听书要听蒋月泉、杨振雄,而不是听《玉蜻蜓》《西厢记》。因为说这些书的人很多,可是说得最好的是蒋、杨。这与京剧相像,京剧要看梅兰芳。这就说明评弹是表演艺术。很多人认为评弹是讲故事,更像小说,可评弹讲故事与小说不同。细致研究起来,写小说的人可发大段议论,主观描述,包括托尔斯泰小说中有一章都是发表的议论,巴尔扎克的小说有一章全是讲环境,然后才出人物。可评弹更接近戏曲,评弹必须有戏剧性矛盾,术语叫“关子”。评弹演员的经验是没有关子就没有评弹,这就说明关子的重要性,什么叫关子呢?简单讲,就是戏剧性矛盾的情节,评弹演员叫“上路”,就是快点进入戏剧性矛盾,快点出现人物。有“噱”的成分,就是趣味性部分,也是为了听众,因为有了趣味,听众才爱听。好的演员表演一般都有一点趣味的东西，使听众不会感到沉闷，这也就是由它是表演艺术所决定的。如果是小说就无所谓，看这一章都是讲议论或者环境背景，我翻到第二章再看。可评弹要为听众服务，这与小说不同。而且评弹对听众的需求甚至比戏曲还要高，评弹长篇就是要让听众每天都要来听，听完今天，明天还要来，让你刮风下雨也要来，它非要把你吸引住。靠什么呢？靠卖关子，下面的情节我不告诉你，你要来听。从文艺理论上讲，就是要有戏剧性矛盾，因为它是表演艺术，它需要吸引听众，我就简单讲这些。总结起来，我的认识就是评弹是以说唱为基本手段的综合性的表演艺术。评弹是表演艺术，这和小说不同，评弹的基本要求是为听众服务，没有听众就没有评弹，引申一下，就是没有关子就没有评弹，没有戏剧性矛盾就没有评弹，这就不再展开了。

（三）评弹的文学性

简单点讲，就是评弹脚本，分两部分，一部分包括唱词、挂口、韵白、开篇，很多是文人写的；另一部分，评弹脚本不一定先有文字本，有的是先有口头的，可说是文字与口头的结合。有很多是先有口头文学，包括演员即兴发挥，然后记录下来成为脚本。脚本具有文学性，也具有一定的艺术性。过去有很多文化人听书，或者演员请文化人写脚本，使得评弹艺术里面有一定的文学性。当然不同的书，文学性不同，像改编《三国演义》《西厢记》等古典文学的，其文学性强；通俗的书，文学性就差一些。可是我们讲传承时，单纯靠脚本不能传承，因为必须与口头艺术结合，很多属于表演成分。所以评弹传承一定要靠师父带徒弟，也就是口传身教。只有脚本而没有表演，听众是不要看的；单靠脚本，演员也不一定就会说书，不然大家都去买脚本来学，就不用师父了。评弹的文字本是载体，脚本是文学和艺术的载体，可是并不代表评弹艺术。评弹的文学性使其雅俗共赏，像《西厢记》，知识分子很喜欢，有人曾跟我说，复旦大学十位名教授中有八位是喜欢评弹的，这个未经证实，可是知识分子和像陈云同志这样的高级干部都接受和喜欢评弹，说明评弹雅俗共赏。这“雅”既有艺术上的,也有文学性上的,这一点谈艺术时是不能不讲的。

还有风格性问题,在我的阐述里没有特别提出,但这个风格很重要,演员、书目都有风格。听众听内容、艺术之外,也听风格,所以响档才有“迷”,比如蒋月泉迷、张鉴庭迷等。他们除了喜欢响档的艺术造诣外,也喜爱响档的风格,这也说明评弹是表演艺术。

二、后评弹建团对艺术保护、发展的作用

现在我简单讲一下管理问题。我先讲一下自己认识的变化。最早成立评弹团并非现在网上传的是我成立的,我没有那么大的力量,那时我只是一个普通干部。成立评弹团是上海市文化局和上级领导决定的。为什么呢?当时研究认为京剧是北京的、越剧是浙江的、评弹是苏州的。但是二十世纪三四十年代以后,评弹在上海地区占了市民文娱生活的很大部分,而且当时也认为评弹融入了海派文化,所以成立了上海评弹团。当时戏曲要以沪剧为主,上海搞了沪剧团,又因为招待外宾的需要,成立了杂技团。可是评弹从未有过演出团体,评弹的演出单位是个体,所以要成立评弹团,将其命名为“上海市人民评弹工作团”,大概十个字。为何叫“人民”呢?当时国有的文艺团体都冠以“人民”。为什么加“工作团”呢?因为评弹过去没有团体,只有评弹协会、演员、档,要成立团体,就要有个说法:不是所有的演员都成立评弹团,而是成立一个工作团,这是一批评弹骨干,成为核心来把整个评弹界带动起来,定下的宗旨就是实验、示范。实验指艺术革新、“整旧”,评弹团是实验性的;示范指评弹界不一定都要成立团,成组也可以,成档也可以,国家剧团来示范评弹该怎样改革发展。

成立评弹工作团后,现在说是有其优势的。《一定要把淮河修好》开创了评弹的中篇形式。现在有些地方说中篇是他们搞出来的,我们不去争,但是在上海市,第一个打中篇牌子的、第一个演自己创作的中篇的,就是《一定要把淮河修好》,而且这个形式得到了肯定。

为什么这样说呢?一演演了三个多月,而且吸引了很多新听众,包括教师、学生、职工、干部,因为可以在一个晚上把一个节目听完。当时讲为工农兵服务,工农兵也可以来听,因此有了中篇,有了反映现实的新书。这些书目取得了成功,比如《一定要把淮河修好》《海上英雄》《王孝和》等,之后许多评弹界的人也要效法演中篇,所以当时评弹协会下面成立了很多组。到工商业改造后,当时的社会思潮认为单干不好,所以反右派整风之后,评弹界基本都成立了团,有的是国家的,有的是集体的。改革开放初期进行了体制改革,我个人也在想评弹要不要团,我还写过一篇《评弹到底要不要团》。因为当时感觉个体不一定是落后的,而且个体可以发挥积极性,评弹本来没有团的形式,有了团就增加了行政开支和其他包袱。所以我也想过评弹是不是分散单干,以协会的形式来发展。可是我现在的认识又不同了,回过头看,现在评弹的形势处于低谷,听众减少,还有很多其他问题。现在看来,二十世纪五六十年代成立国家的评弹团对于评弹艺术的提高、发展、保存都起了一定的作用。现在回头看历史的经验教训,如果五十年代没有成立评弹团,恐怕今天评弹从业人员,包括评弹艺术都很难讲会是什么状况了,这是现在的认识。当时成立团,的确与评弹以档为主的体制不完全符合,存在矛盾。可是从社会发展、时代变迁来看,现在与评弹早期的环境有了巨大差别。

我们研究当前评弹为何不景气、评弹还有没有办法。陈云同志讲得很深刻,评弹今天的情况,要到社会上找原因。我个人认为,社会的发展使评弹的生存环境有了很大的变化。过去一个小码头,戏曲看不到,电视也没有,评弹是唯一的文化娱乐方式,演员一个人不需要带什么,坐船就能到。演员的一生可以只说一部书,在说的过程中不断加工,逐步形成精品。现在有人主张要以长篇为主,不要演中篇,从艺术传承看是对的。过去很多传统艺术都是在演出长篇的过程中建立起来的,演员天天说、天天磨,个人即兴发挥创造,比如刚才讲的说表,演员自己来说表,艺术上能提高。现在的小青年,本子写好了让他说,他艺术上很难提高。可是反过来讲,现在谁来编一个现代的长篇？谁来演一个现代的长篇？评弹艺术需要不断加工才能提高。而现在的评弹，一个中篇演三天那就是很多了，一个长篇你说一遍已经不容易了，你说第二遍，听众已经厌倦了，因为艺术加工不够而故事情节已经厌倦。再同电视剧竞争，一部电视剧内涵丰富还有画面，而且不断出新，这一点评弹竞争不过电视剧。一个长篇你说两次没人听了，艺术上怎么能提高？这就使评弹的生态环境受到影响。当然演员说中篇的话，演出实践少，不如说长篇提高得快，可是目前环境下也只好如此。现在评奖的也只能是中短篇，苏州前段时间搞的《雷雨》蛮有影响，还能得奖，因为它还是一个短的形式。现在你搞一个长篇，评奖也难、扩大影响也难、艺术加工也难。所以这个在理论上，评弹过去是长篇，应该加工长篇，可是实际上，现在能搞一个好的中篇已经不容易了。这也就说明，在当前这个时期看来，评弹有个团，至少有一批人在为评弹艺术想办法。上海、苏州还有评弹团，还有人为艺术努力。

组建评弹团对1949年后的评弹发展有什么好处呢？我简单讲，第一是可以集中贯彻文艺方针、灌输文艺思想。我现在看足球队有启发，就是一个足球队也好，一个评弹团的领导也好，要想把团体搞好，业务一定要好，经常打胜仗的队伍容易团结。领导最主要的是搞好业务，把业务搞起来。这里说的评弹团业务不是单纯指卖座，更主要的是书目和艺术，这就需要贯彻文艺方针、文艺思想。说老实话，刚解放时的评弹演员没有什么文艺思想，包括为人民服务的思想也不强。到二十世纪六七十年代，演员文化提高了，思想也提高了，像徐丽仙坚决要求入党，而刚进团时，她也曾有动摇。很多演员一开始到团里，以为唱开篇就是技巧好、耍花腔最好，可花腔和内容有可能不符，那么领导就要用文艺思想武装教育演员，让演员明白要从人物、内容出发来唱。有才华的演员，像徐丽仙，拿到开篇先找领导讲讲这个开篇故事，分析内容，这成为一种习惯。经过领导的点拨，形成她自己创作的方式，拿到开篇先琢磨内容该如何、艺术表现上该如何、人物的性格如何、主题如何，包括排演中篇也是这样。评弹没有导演,领导要起导演的作用,而排练、演出、修改是对演员文艺思想、创作方法的一种调教。过去评弹界还都是旧艺人,这种调教就显得很重要。

第二,在团里面塑造出团队精神、群体风格。现在随着老艺人的退出、新力量的进入,群体风格保持得不太好。总的来讲,国家剧团有一种荣誉感,我们一定要把工作做好,把艺术上搞上去,我们要实验、示范,我们要提高,这团结了很多人。艺术以外我讲讲,当时评弹演员进团,拿的收入是在外面收入的十分之一,比如一个演员在团里拿两百元,在外面可能可以拿两千元。而且团里还要受约束。所以当时团里有演员离开了团,我们只能给大家讲荣誉感:我们这是国家团体,参加团是光荣的,我们要为这个团的荣誉而努力,要有团队精神。以此来留住演员。另外一个是,把这些优秀演员身上好的、正宗的、大气的、从内容出发的文艺思想集中起来,形成评弹团群体风格,但这不妨碍个体的风格。后来评弹团演员到别的地方去,听众说"一听就是你们上海团的",有人讲"听书只听上海团的",这说明上海团是好的,而这也是群体风格建立起的声誉。我们认为要打造团的艺术作风、艺术情趣,追求高水平、高品位,这是一个很重要的方面。

第三,是优化组合、各取所长。过去拼档根据的是夫妻、兄弟、朋友关系,可是有时候两人不一定艺术水准相当,有的好演员没有好的下手。演中篇的时候需要组织演员,哪个演员演哪个角色合适,这就要把好演员结合起来,形成经典档,有了好的演员也就有了好书。比如蒋月泉与朱慧珍拼档,听客讲这个搭档好,可是最初二人不是一档。这两个演员在新中国成立后整理出来的《庵堂认母》,现在可以说成了经典书。可是还是要各取所长,演一个中篇,要看哪个演员起这个"脚色"最合适。比如演《林冲》,姚荫梅起的高衙内最合适,刘天韵起陆谦最合适,就把最合适的演员放在最恰当的位置。像刘天韵说《求雨》,也是团里认为他能说好,结果就成功了。但优化组合、各取所长并不是排斥竞争,因为竞争推动发展。评弹团里有竞争吗?有,但竞争的标准在外面是生意好坏,在团里是艺术声誉。刘天韵演了《老地保》,蒋月泉就有压力,要搞《厅堂夺子》出来。徐丽仙唱了一个《木兰辞》,朱雪琴也要有作品。作为演员,在团里为了个人与团体声誉,有艺术上的压力,这是一种竞争。比如苏似荫、江文兰两个人没有被布置任务,在整理《玉蜻蜓》的过程中自己发展了一回书,叫《智贞探儿》。华士亭自己看小说,编了《战地之花》,这个中篇后来出版了,是不错的。有的是领导布置的任务,有的不是,而是看别人出了成果,我也要出。搞出好的书目,艺术上有了创造,领导就加以肯定,加以表扬,推广他(她)的经验。大家为了声誉而竞争,就像花园里今天这里长出一朵花,明天那里长出一朵花,每个人的积极性都得到了发挥。

第四,就是传承创新、坚守发展。评弹团要实验创新,当时叫改戏,好把评弹传承下来。除了培养青年,书目也是要传承的,书目整旧就是把好的、文学性高的、艺术性好的精华提取出来,或是整理这部书原来不突出的部分,再配上好演员,在表演中发挥创造性,表演精华部分。最近有人讲,评弹团的整旧工作突出,因此今天演出的传统书目,很多是我们当时经过整理的书目。像刘天韵演的《求雨》《老地保》,洪奎良这个角色有了新创造;包括《三笑》中的《三约牡丹亭》,有的地方整理长篇时丢掉了《三约牡丹亭》,我们将其整理成了中篇,再配以合适的演员,有意识地创造风格,本来是闹剧,但我们有意识地加上各种唱调把它搞成"歌唱闹剧"。我想讲《玉蜻蜓》,评弹团是花了心血的,《玉蜻蜓》很多回目成了选回,选回就是整理得比较好的书目,最早的是《庵堂认母》,再后来有《厅堂夺子》。当然这里有弯路,二十世纪五六十年代,由于大环境是"左"的,讲阶级斗争,整理《玉蜻蜓》时认为三师太受压迫,金大娘娘是为了地主家族利益,有人说她是因为丈夫跑出去痛苦,是守活寡;我们说慈禧太后也痛苦,可她把痛苦转嫁到别人身上,所以认为她是反面人物。我们整旧的目的是尽可能保留原书好的部分,而如果扔掉的多了,不一定成功。而扔掉很多好的,演员也不能发挥,不能说是成功的。在整理《玉蜻蜓》时过于强调阶级观点,扔掉的内容多了,有人向陈云同志反映,所以陈云同志找我们谈,说不要怕改变认识,他原来也认为金大娘娘是应该否定的,但狭隘地运用阶级观点,这是脱离群众的。陈云同志提这个是很可贵的,因为当时整个空气都是"左"的,都要用阶级观点。可是后来有人走上了另一个极端,说金大娘娘是女中英雄、反封建的伟大人物,这实际还是运用阶级观点来划分人物了。我们通过研究认识到,不能简单用阶级分析来分正反面人物。实际上,《玉蜻蜓》反映的是封建宗法社会的很多问题,金大娘娘站在宗法社会一面,因此尼姑抢了她丈夫,她当然不满,丈夫跑掉后她差点把书童打死。她是一家之主,叫她"雌老虎",很凶的;可是在维护家族利益时,她敢和五缙绅斗;但打死了人,她又由老家人苏婆代替她去死。金大娘娘就是宗族社会的利益维护者,表现了在宗法社会中的复杂性格,这是真正的现实主义写法。不能像在"左"的思想影响下那样,把人物简单划分为正面(好人)、反面(坏人),正面人物"高大全"没缺点,坏人则坏得一塌糊涂。实际上金大娘娘有好的成分,也有坏的成分。书中很多回目反映封建宗法社会,很生动很真实,这里面三师太受压迫,还有徐上珍受到以金大娘娘为主的金家的压迫,孩子养了十六年被抢走。很多问题要批判传承,认识到了这些,蒋月泉晚年整理《玉蜻蜓》时又发掘了一些书目出来,像《做寿》等,正因为他的思路打开了,整旧取得了成果。

再讲一条剧团的管理经验,管理要以事业为重。当时文化局下属很多国家剧团,一个剧团领导一门艺术,评弹团负责上海评弹的改革发展,也就是培养评弹力量,把艺术搞好。当时的社会与现在市场经济不同,对营利卖座考虑得不多。实际上,市场经济我们也可以搞得好,当时评弹团搞一个中篇,听众排队绕书场几圈,还是有盈利的。管理要以事业为主,搞好艺术,产品质量是首要的,包装宣传是次要的。当时开玩笑说,评弹团的名演员可以到典当换钱,这就说明其艺术声誉好。至于创作演出,像评弹这种民族艺术,要以演员为主。我的经验是书目创作,评弹新书目没有有艺术经验的演员参与是搞不好的。因为评弹有特殊性,叙事与表达方式有特殊的一套。新书的水平要看演员和创作人员,他们的艺术水平与新书质量是正相关的,书目要有艺术含量和积累。当时排中篇书目,我们就已经想好给哪个演员演,要以演员为主。当时我和陈灵犀同志想编一个中篇《霜天晓角》(写宋代大词人辛弃疾的),提纲也有了,演员准备找杨振雄,可是因为“文革”没有搞成。举这个例子,是说明排中篇时要想到演员,给演员发挥的空间。戏曲也是这样,要以演员为主体。创作一定要有有舞台实践经验的演员参加,当然也要有作家参与,这对提高文学性有好处,可是单靠作家不行。评弹团中写作品最多的是陈灵犀,他一天到晚在团里。写作品很多东西要与演员结合,写出的东西要演员加工,甚至演员写的东西要到书台上演之前,也要其他演员参与,比如《求雨》是姚荫梅整理的,可是他还要和刘天韵结合,他排演这个脚本还要进一步加工。我想到的就这些,有的不一定正确,还请指教。

吴宗锡谈家族过往与评弹人生

雅　婷　整理

吴宗锡先生，中国评弹理论家、作家、诗人。吴宗锡出生在苏州的书香门第，吴家门人诗书礼家，幼年曾在苏州生活学习的他，从小就受到吴文化乃至中国传统文化的熏陶。吴家祖父辈的经历与教育成为他鞭策自身的财富，也使他成为一个温文儒雅、有风度、有涵养的人。童年时代的苏州生活是吴先生口中珍贵的回忆，那里的吴家老宅与祠堂，那里的苏州小楼与书房，都是吴老先生不会忘记的美好景象。身为状元家族的子孙，吴先生有着自己的一份骄傲，同时也带着状元子孙的光环继续前行。

从苏州到上海之后，吴老曾先后就读于上海格致公学和圣约翰大学。早期写诗，曾与屠岸、金沙合编诗刊《野火》，与袁鹰、吕林同编《新文艺丛刊》，在报刊上发表诗歌、诗评和散文。1949 年后，历任上海市文化局戏曲改进处副科长、上海评弹团团长、上海市文化局副局长。1949 年后在上海市军管会文艺处工作，曾参加上海戏曲评介人联谊会的组织和领导工作。1950—1951 年任上海《大众戏曲》副主编，1952 年起担任上海市人民评弹工作团（上海市人民评弹团、上海评弹团）领导工作。1963 年起当选为上海市曲艺工作者协会副主席、中国曲艺家协会上海分会（上海曲艺家协会）主席。1979 年当选为中国文学艺术界联合会第四届委员、中国曲艺家协会副主席（第二、三届）。1984 年任江苏、浙江、上海评弹工作领导小组组长。1984 年 8 月当选为上海市文学艺术界联合会副主席。积极推动评弹的创新、整旧以及艺术形式的改革，探讨和总结评弹艺术规律。著有《怎样欣赏评弹》(1957 年)、《评弹艺术浅谈》(1981 年)、《评弹散论》(1981 年)等专著,另有一批理论文章散见于各报刊。2012 年,吴宗锡获“第七届中国曲艺牡丹奖”终身成就奖。

吴宗锡当年是圣约翰大学毕业的文学青年,当地下党联系人要他在解放后担任戏曲干部时,他只是一个会说苏州话的评弹外行,曾误认为评弹是未入流的低级文艺而不屑一顾。然而吴先生从二十世纪五十年代初走进评弹起,长期担任上海人民评弹团团长和党支部书记,从此,吴先生便全身心地投入到弘扬海派文化评弹的事业中去了。

现在,我们将从吴宗锡先生的讲述中,去感知这一支状元家族的子孙的家族情怀,观察这支家族在岁月洗礼后的状况。也从吴先生的回忆中,品味这位老人在自我喜好与党的安排两相权衡下所作出的取舍,领略他一生的丰茂以及与时代碰撞出的火花。

一、苏州的童年记忆

我是 1925 年出生在上海,当时军阀混战,齐卢战争①爆发,这场战争也叫江浙会战,是江苏督军齐燮元与浙江督军卢永祥之间进行的战争,逃难的都逃到上海租界。当时我的母亲怀了我,也一起逃难,所以我出生在上海。

我母亲和父亲结婚是在苏州。我父亲在海关工作,所以他经常不在苏州。当时在苏州,我还有个嗣祖父。当时的情况是这样,我的

① 齐卢战争,是 1924 年中华民国江苏督军齐燮元与浙江督军卢永祥之间进行的战争,也是第二次直奉战争的导火索。民国初年,上海虽然在行政上属于江苏省,但驻防上海的历任淞沪护军使均属于皖系,事实上受治于浙江督军,不受属于直系的江苏督军节制。1924 年 9 月,江苏督军齐燮元,联合福建孙传芳、安徽张文生向浙江督军卢永祥发动进攻。9 月 3 日,江苏军在江苏宜兴打响了第一枪,江浙战争正式爆发。9 月 18 日,因浙江警务处长夏超倒戈,齐燮元的军队攻陷杭州,卢永祥退往上海。10 月,两军在上海近郊发生激战。10 月 13 日,卢永祥下野东渡日本,江浙战争结束。这次战争破坏相当严重,齐燮元军 10 月 9 日攻占青浦时,劫掠了全城三日,造成规模不小的难民潮涌入上海租界。

亲生祖父是(曾祖父)吴宝恕[1]的第四个儿子,庶出,但因为第三个儿子(吴曾沂)有小儿麻痹症,20岁出头,两条腿就不好走路,结婚后没出去工作,生过一个男孩夭折了,其他都是女孩,旧社会传宗接代是最重要的,当时旧的说法是,哥哥可以嗣弟弟的大儿子,所以,我父亲就嗣到第三个儿子,也就是现在我的祖父那里。那个时候我的嗣祖父还在,所以我们逃难结束又回到苏州,所以大概一两岁的时候,我回到苏州,在苏州念到小学二年级;后来三年级的时候,我的祖父过世了,再加上当时我父亲的工作也从重庆调到上海,所以我们全家就都团聚到上海。所以,我对苏州的记忆都是童年的一些生活。

在苏州的时候,我们住在我们的老宅里面,但到上海之后,就基本上没有再长久地回去住过,大都是短期的停留。因为老宅里面,我亲生祖父的一些子女还在,而且我的外婆家在苏州,所以有时会回苏州。小时候我的嗣祖父还在,当我到了入学年龄,他还是坚持非要我先读私塾,在那时候,私塾已经过时,好不容易找了一位姓马的老教师,就只教我这一个学生。第一天是由家里一位老家人四姊领我去的,还按老法规矩,向居中纸上写的"大成至圣先师孔子之位"叩了头,也向老师叩了头,是拜师礼。他当时教我读的是一本用毛笔正楷写的课本,不是《千字文》,也不是《三字经》。现在,我只记得,每句六个字,是讲盘古开天辟地什么的,似乎是一本历史书。后来,还在苏州念了小学,所以,我对苏州的记忆基本上是小时候的。后来,因为我搞了评弹,要回苏州去,可是那个时候苏州亲人已经不多了。抗战以后,我的外婆家也都搬到上海来了,所以苏州就没有太多的亲人了。

---

① 崔来廷:《明清甲科世家研究》,知识产权出版社2013年版,第108页。吴宝恕(1832—1890),"吴思树子,吴廷琛孙,字子实,同治七年(1868)戊辰科进士及第,后殿试第一,有'祖孙叔侄殿试第一'之誉,选翰林院庶吉士,改翰林院编修,出为陕甘广东乡试主考官,官至侍读学士",遭弹劾而归,年五十九卒于家中。宅第在通和坊,悬"太史第"匾。有《契斋老人遗稿》传世。

二、吴家老宅与祠堂

这个老宅在我们吴氏家族来讲,实际上还是个新宅。我们的老宅,最早作为状元府,在中张家巷的外面。我的曾祖父吴宝恕,当时做了学台,造了一所房子,之后第二代、第三代就都在里面住着。所以我们离开了我们宗族的老房子,住到了曾祖父造的这座宅子里,这座老宅对于我们而言是老宅,可对于吴氏家族来说算是个新宅。

我回苏州参加过几次吴氏家族的活动,像上坟、扫墓。我们的祖坟是从吴棣华(吴廷琛)也就是棣华公这一支的,也有的说是小棠公(吴思树,吴廷琛之子)①,不过再远一点,各房里面到我们这一代联系就少了,所以已经不太清楚各房的情况。上坟是去棣华公的大坟(现在已经被平掉了),当时是要春、秋两次,春天一次,秋天一次,而不是像现在非要清明的。有时候祖父对我说"我们后天去上坟了,你跟着一起去",我就跟着长辈们一起。清晨出发,一艘小船载着我们,上完坟以后,祭菜放在船上,就在船上吃了午饭,之后便回去。在船上的时候,祖父把我介绍给长辈们认识,说我是从上海过来的,并让我称呼他们,但人也不是太多。这样形式的上坟,有过一两次。

抗战胜利后,我利用假期回过苏州一次,三伯伯跟我讲,第二天开祠堂,让我跟着一起过去。到了祠堂,"叔侄状元"的子孙辈们齐聚一堂,都是吴家后人,到的人很多,可大多都不认识。有的是辈分很小、年纪却很大,甚至鬓发苍苍、步履蹒跚的老人却是我的后辈。当

① 吴仁安:《明清江南著姓望族史》,上海人民出版社 2009 年版,第 413 页:"吴思树,吴廷瓒子,吴廷琛从子,字念之,清嘉庆五年庚申(1800)举人,以知县分发广东补乐昌知县,后署连州知州,嘉应州知州。不久调任香山县知县,协助林则徐协办'夷务'。道光二十年(1840)第一次鸦片战争爆发,英军进犯顺德,香山县是要冲,战争中吴思树命令敢死队焚烧敌船,大败英军,是抗击英国侵略军的英雄。吴思树因军功加官一级。琦善和英军和议后,吴思树即借丁母忧回乡家居。"《无近斋文钞》中附了一篇署名"琴涵"的短文,提到吴思树在鸦片战争后的遭遇:"香山县令筹策万全,保卫民命,却有功不录,且核减军用,责令赔补。闻之气短。"也就是说吴思树在战后和林则徐的遭遇相似,被当局查办了。

时三伯伯跟我说这就是“长房出小辈”的道理。从穿着能看出他们不同的社会地位,有的看起来家里情况很好,有的家里情况算比较差的。当时因为还没有解放,这个祠堂是有族田的,族里专门划一点田,每年的收入用来维持祠堂或其他事务,主要是上坟、开祠堂。祠堂有管账的,凡是去祠堂的,都是有名字的,只要是吴氏子孙都可以去,祭完以后,吃一碗大肉面,属于参加祠堂活动给的一种福利。当时三伯伯跟我说这也是我们吴氏祖传的规矩。有的家境贫寒的子孙,平时吃不起大肉面,能在开祠堂的时候吃上一碗大肉面也觉得它是一种享受了。族田的收入是专门供家族祭祀祖先、维持祠堂以及护祖坟用的,这在旧社会算是一个很好的制度,否则家族的子孙都散掉了。这一笔钱等于现在的基金,有了一笔基金以后,让子孙来参加家族的祠堂活动,子孙就来了呀。

三、关系较近的堂哥哥

我在苏州有一个堂哥哥,是我二公公的儿子。我的嗣祖父是老三,这个老二,我叫二公公,二房就生了一个独子,其余都是女儿。堂哥哥到上海来工作过,可是不大争气,当时就是这个样子,家族有一点钱,自己就不好好工作。他工作没有很长时间,钱又乱花,就回去了。这个堂哥哥跟我比较接近,因为五六岁的时候在苏州,他跟我住在一起。我当时有妹妹,可是妹妹还很小。而他一个独生子没有玩伴,所以我们两个一起玩的时间比较多。

堂哥哥比我大一岁,叫吴宗盛,我们是“宗”字辈,“盛”是兴盛的盛。可是他一直没有用自己的名字,他用他的号,他的祖父给他起的号叫吴甲东,他一直就叫吴甲东,“吴宗盛”这个名字一直没有用过。他在七公公的儿子的介绍下找了一份在永利化工厂的工作。这是侯德榜他们搞的化工厂,侯德榜当时是中国的化学家,在南京搞过化工厂,在天津也有。因为七公公的儿子是本家,有了这一层的关系,就让他到化工厂里面工作。解放以后,他仍然在天津工作,现在他一家都在天津。他在的时候跟我们有联系,经常还会来上海做客,而且这个人家族思想很浓,所以他还专门联系一些吴氏家族的后人,想要知道他们现在在哪里,还有些什么人。不过等到他去世之后,这些联系就都中断了,连他去世的消息也还是隔了一段时间之后我们才得知的。他儿子就跟我通过一次电话,告诉我,是他的母亲跟他讲他父亲在上海还有一个堂弟弟,然后他就告诉了我他父亲去世的消息,再后来也就没联系了。

这里还想提一下的是,家族里比我晚一辈有一个叫吴仲华①的,父亲是宝恕长子曾瀛的嗣孙,曾瀛是光绪八年的举人,但这家三代子孙都早逝。孟安入嗣后依靠祖产优游自得,但是很注意对子女的培养,抗战的时候,一家人在上海生活,但是却将仲华兄弟送到西南联大读书,仲华在西南联大毕业后留学美国麻省理工大学研究院,回国后当年曾在科学院工作,算是我们这个家族比较知名的人物。当年他在美国读书时搞了一个涡轮发动机的原理,后来被称作"吴氏原理",回国后,在力学所工作。改革开放之后,国家要与英国谈生意,他代表中国出去谈判,对面的谈判代表一看他出来了,就不再刁难什么,都同意了,他在国际上还是有不小的名气的。

四、双亲的婚姻与家庭教育

我父亲可能是1901年出生的,属于世纪同龄人。他在苏州出生,但中学是在嘉兴念的,父亲读的中学比较有名,叫秀州中学。后

---

① 张学群等编著:《苏州名门望族》,广陵书社2006年版,第145页:"第十九世吴仲华(1917—1922),据族人追忆,其父孟安是宝恕长子曾瀛的嗣孙。曾瀛是光绪八年举人,但这家三代子孙都早逝。孟安入嗣后,依靠祖产优游自得,但很注意培养子女,抗战时居沪,却送仲华兄弟入西南联大。仲华之兄后曾任国民党政府驻旧金山总领事。仲华于西南联大毕业后留学美国麻省理工大学研究院,获机械工程博士。在美国即创立涡轮发动机三元流动理论,人称'吴氏原理'。回国后历任科学院工程热物理研究所所长,学部委员,全国人大代表。改革开放后,我国与英国洽购喷气客机,他是代表之一。对方知他是'吴氏原理'创始人便不敢漫天要价。著有《工程流体力学》等。夫人李敏华,力学家,院士。夫妇俱党员。"

来他报考了税务学校,在北京读书,再后来就到海关工作了。因为当时的税务学校等于现在的海关学校,进入这个学校以后,工作也就定了。但海关的工作流动性很大,所以我在苏州生活的时候,我父亲不在身边。他毕业出来,在上海待过,重庆也去过,又到上海,后来又到杭州。解放的时候他是在天津,是天津海关的税务司,税务司就相当于现在的海关关长了。解放后到北京海关总局以后,他要求回上海,后来又调回上海。但解放后,旧海关的人员不太受重视,有很多被调到海关学校当教师,我父亲就是其中一个。于是他就到海关学校当教师,退休的也是在海关学校。

我父亲因为是嗣出来的,所以同父异母的兄弟姐妹是很多的。他的亲生母亲很早就去世了,后来有了继母,继母生了很多孩子。再后来他的亲生父亲又讨了一个小老婆,又生了一些女儿,所以他的兄弟姐妹很多。但要是说同父同母的兄弟姐妹,只有两个兄弟、一个妹妹。我的二叔父在上海银行工作,去世得早。我父亲的第三个弟弟也嗣出去了,后来他到上海震旦念法律,抗战的时候到内地去了,后来成了名教授(吴传颐①)。解放以后他作为名教授,做了国务院的参事,这个地位在搞法律的行当里是很高的了。

我母亲这边也大部分是大家庭大家族的。我嗣祖父的原配夫人是苏州姓张的,叫张月阶,拙政园旁边的大宅子就是他们张家的,也就是张府②。我的堂姐姐嫁的是苏州姓陆的大家庭;我姑妈,即我嗣祖父的女儿,也是我父亲非同父同母的姐姐,嫁的是苏州王家的,当时据他们讲,也是首富了,他们家族在上海也有房子。我母亲的家庭比较特殊,属于新型的民族资产阶级,姓汪,在苏州搞丝织、火柴这

① 张学群等编著:《苏州名门望族》,第 144 页:"传颐,经济法专家,名教授,民主人士,解放后任参政院参事室参事,1957 年鸣放中,他提议国家尽早立法,否则许多事无法可依,这句说早了 20 年的话,却给他带来了 20 年的沉沦,被错划为右派,虽然工资只降一级,为行政十级,但长期下放在湖北孝感、麻城等县,宣布改正前夕,猝然病逝。"

② 张氏有补园,位于拙政园西部,1951 年补园和张氏老宅被献给国家。2002 年,后人张问清代表张氏家族正式将补园捐献给国家。

些。当时汪家,也就是我外婆家子孙很多,因为我有五个舅舅,还有一个阿姨,每个舅舅又有三四个儿女,比我们吴家后人是多很多的。

我的大舅舅是叶圣陶的中学同学,而且两人是很好的朋友,可是他20岁出头就去世了。后来,我的两个小舅舅去找叶圣陶,他还记得。当时我的大舅舅跟顾颉刚、叶圣陶,还有一个搞出版的叫王伯祥,都是一起的好朋友。大舅舅是在上海交大念电机的,如果不那么早去世的话,说不定他也会成为一个比较有名的民主人士。我的二舅舅和三舅舅中学毕业以后,外祖父设法凑了一笔钱,送他们到美国读了大学。二舅舅学成归来,在一家大公司里当英文秘书,并在英文报刊上发表政论文章,因为得罪了汪伪,就不再写政论文章了。二舅舅性情淡泊,终日埋头于书本,与书相伴终老一生。三舅舅是个善交际、会作生意的人,但因为受了外国人的骗,没能实现发财梦。1947年,三舅舅去了美国,做起了为华裔商人看风水的事,也算是进益颇丰。

我母亲和父亲相识也是媒妁之言。和我父亲结婚以后,她就没有出去工作了。我母亲她是念女子师范学校的,有文化,字写得也很好,有很多人家来请她写字。可是那个时候,家里有吃有住,什么都有了,女子不兴出来工作,所以她就没有出去工作,她就留在家里。母亲对我的教育方式算是比较老的、旧的方法。我是家里的大孙子,外婆家里我也是大外孙,外婆的子孙很多,可是我还是老大,我有一个小名,叫敦原,所以我的表姐妹、堂姐妹、兄弟都叫我敦哥哥。我算了一下,叫我敦哥哥的人大概有三十几个,我是老大。实际上我有一个亲弟弟、两个亲妹妹,可是第一个妹妹在八岁的时候患脑膜炎去世了,现在的这个妹妹比我小八岁,目前在美国,她是华东大学搞纺织的,她出去的时间比较早了,要是不出去的话,现在在这里也应该是搞教学的,她那个时候已经是华东大学化纤研究所的主任了。还有一个弟弟,是小儿麻痹症,腿不好,在一所技校里面教书,后来去香港经商,有一年回来,他因为是小儿麻痹,腿不好,里面的骨头太脆了,结果摔了一跤,又引发了哮喘,然后61岁就去世了。

五、吴老眼中的吴家后人

我对吴氏家族的看法,就我们状元这一支的人来说,总结起来主要有两条。首先,状元的子孙智商都比较高,不是很高的高智商,但应该是在中人以上。就算是个“败家子”,人也还是聪明的。我几个姑妈都是比较聪明的,现在的小孙女,在她身上,我看到了我姑妈的影子。但读书不一定很好,像我的儿子,读书不是很用功,可是他考试总会很好,还是智商问题。我们这一支做官就做到曾祖父这一代,到祖父这一代就都比较差了,像我的嗣祖父脚不好。不过曾祖父做了学台,官阶还是比较高的,所以家里多少有一点积蓄,有一点家当,那么子孙辈们都有一些优越感。我们是状元子孙,而且住在大宅子里,所以当时总感觉到跟其他“平民”不一样,他们是“小老百姓”。我们不把自己看成是做官的,可总感觉自己是书香门第,这是一条。

还有一条,就是家里教育我们一定要廉洁奉公。当初我们的状元祖先棣华公连中“双元”之后,历任学政、知府、道台、云南按察使、署布政使等官。道光五年,奉诏代理云南布政使一职,负责该省的财政和人事,在任职期间,棣华公发现当地官员侵吞和贪污的现象比较严重,认为应该要彻查此事,一个月后,局势便好转起来。后来道光皇帝以四品京堂的官衔召棣华公入京任职。

我的曾祖父吴宝恕在广州做学台的时候,看到当地陋规陋习非常多,决心认真履行职责,杜绝舞弊。可这样一来,却惹恼了广东当权的官吏们,因为曾祖父的行为挡了他们的财路,使他们财源断流,于是他们便反过来弹劾曾祖父,给他安上了考试草率、超额索取地方供应、收贿赂、勒索处罚银两等罪名。虽然所有的指控都站不住脚,但人家要是想在鸡蛋里挑骨头,欲加之罪何患无辞。最后,他们指责曾祖父身为“钦命翰林院侍讲学士,国史馆协修,提督广东全省学院”的钦差大臣,不顾王命在身,竟然“青衣小帽”私自到供奉有吴思树牌位的民间祠宇进行祭拜,与礼不合。于是朝廷便决定将曾祖父降三级调用。看得出来,处罚得并不重,所以其实他们弹劾的真正目的就是把曾祖父赶走。后来曾祖父就辞官回到了苏州,把自己"太史第"的堂名题为"树滋堂",像棣华公那样潜心研究学问,办办学校,教导子弟,弄弄诗文,日子在平淡中一天天过去。可是对家里子孙辈的告诫没有松懈,那就是教育我们这些子孙后代,如果做官一定要做清官,不能贪污。因为我们被扣上的是贪污受贿的罪名,所以我们要用实际的行动去反驳、去证明家族的清白。在我所接触到的我们这一族的家族成员中,包括我父亲,不论在不在政府机关上班,都秉着廉洁奉公的原则,这一条在我们的家庭教育中一直存在,算是我们的家训。

六、回到上海读书的岁月

(一) 格致公学时代

从苏州回到上海之后,我就到离家不远的雁荡路小学①就读三年级,这个小学现在还有点小名气。当时父亲被调到上海工作,那个时候已经是一个中级职员了,收入比一般人要高一点,我们就在里弄里把一幢三层的楼房全都租了下来,全家人都搬到上海来。雁荡路小学离我们住的地方近些,上下学也比较方便,所以我就到这所小学继续念书。当时在苏州的时候,我读到了二年级,到了上海之后我就直接进了三年级,后来在这所小学读到毕业。毕业以后,我念的中学也是比较有名的,是格致公学。当时也是考进去的,当时进工部局学校,别的困难没有,但有一条规定,就是工部局学校只收纳税人的子女,当然这是按照国外的制度了。当时我家住在法租界,这个学校是公共租界的,是工部局的,所以我父亲就把我的户口落在一个朋友家里,这个朋友是住在公共租界的,所以我最早的成绩报告单都是寄到我父亲朋友家里的,后来这个也不管了。

1936 年,我进了格致公学,当时父亲还在上海工作,大概 1937 年

---

① 雁荡路小学 1997 年划入上海市卢湾区第二中心小学,地址在皋兰路 31 号。

“八一三”的时候,父亲被调到杭州去了,1937 年的夏天,母亲就带着我到杭州去看父亲。那个时候他们海关的待遇很好,坐的火车是头等舱,到了杭州,住的地方是一幢很大的洋房,一家人都住在里面。本来是准备过一个暑假就回来的,结果到了杭州以后,“八一三”的战斗开始了,当时在收音机里面收听了上海这边战争的种种情况。大概到九月底还是十月份,杭州的海关人员要撤退到温州,父亲就跟着撤退,可我和母亲不能跟他们一起,所以父亲就找了一个人陪着母亲和我从杭州乘着一艘泰国轮船回到上海。

那个时候上海已经沦陷了,日本人占领了除租界以外上海的其他地区。当时因为战争的关系,格致公学也在不断搬迁。格致公学最早是在现在上海的云南路那个地方,后来“八一三”抗战之后,学校措手不及,就把校舍改成难民收养所,搬到外滩的中国银行,地方很小;再后来又搬到四川路青年会,那个地方大一点,可是没操场、没有草地,大概当时工部局停止办小学了,中学还要维持;后来又搬到老北站的工部局小学里面。我毕业的时候,搬到了延安中学,现在延安中学造了新房子,我们那个时候,它就是英国兵营,就是一幢一幢的房子。后来,英国兵营撤退了,地方又大了,也有操场了,空地比较多,房子也是一个课堂一间,就搬过来了。当时学校搬迁的时候就通知下学期到哪里上学,吃饭就在学校附近解决。学校搞过“包饭”,不过我是没吃过包饭的,因为我上学的时候,一个叔父在上海银行工作,吃饭的时候就出来跟他们一起。因为我小,他们有的时候在外面小饭店吃,有的时候回家,我就跟着他们去。有的同学就在附近的饭店吃,我是回家的。在格致公学读书的时候,我也住在家里面,当时是有 season-ticket,也就是月票的,每天上下学的时候,就是坐电车过去,当时电车有头等和二等之别,头等的就是软垫,二等呢就是木头条的座位。后来到了高中,我就和同学们结伴骑着自行车去学校。

租界和沦陷的地区不一样,日本人是进不去的,工部局的学校和其他学校也不一样,它是外国人管的,所以我在格致公学的这段时间没怎么受到日本人的冲击。日本人刚一进入上海,工部局以外的普通学校就开始上日文课了，而我们到了太平洋战争爆发之后，也就是我们高中的时候才开始上，而且也只是随便应付。教我们的老师属于日本的知识分子，和日本的军人不一样，但当时我们年轻，对日本的敌对情绪十分强烈，不愿意念日文，实际上当时学点日文也没什么不好。那个时候到底学了些什么日文，我到现在都记不清楚，他最早就像教小学生一样的，这个日文叫“laoliewasolewa, angdeisiga”，有个花叫什么“hana”，就像个小学生一样学几个单词，学一些最基本的这些。我在两年前在那个《档案杂志》上写过一篇文章①，那就是当时的格致的情况。

抗战时就是有大量的难民涌入租界，那个时候难民收容所有很多，当时我们国家的抗日人员也有帮着收养的，这些难民遣散的、走掉的也有很多。后来南市被日本人轰炸，租界有很多人逃难进来，租界还是比较安全的，没有日本兵的，一直到太平洋战争爆发以后，我们学校的英、美老师就开始戴红臂章，这样子就是标识你是外国人，再接下来，这些人都进入了浦东的集中营，这是日本人办的集中营，外国老师都没有了。可是，毕竟它原来是工部局的制度，学校毕业的时候要会考，当时工部局学校就是什么都是一起的，文凭都是两张，一张中文，一张英文。

（二）圣约翰大学时期

本来在格致公学毕业的，可以到香港大学、牛津大学这些学府读大学的，可是当时在抗日战争期间，上海在日本的占领下，这些学校当然也就去不成了。不过在上海有一所圣约翰大学还是很好的，是教会学校，所以我当时就去考了圣约翰大学。但是抗日战争对我们生活有了很大的影响，特别是我父亲，他很长一段时间不在上海。海关是个独立系统，没有日本人。当时工资很低，物价飞涨，家里的经济日益拮据，以每日两三餐来说，早、晚两顿吃的都是混杂着石粒的碎米粥，中午不是黄面粉就是陈米，都是很糙的糙米，老百姓都是一

① 吴宗锡：《七十年前的格致公学》，*Memories and Achieves*，2013 年第 4 期。

样的。那个时候上海米不够吃,有的人从七宝背米,七宝在郊区,路上被日本人打死的也有,我们生活得比较艰苦,老百姓都是盼望着抗战胜利。当时我们家,我父亲本来有幢三层楼的房子,也是租的;两个舅舅在上海工作,当时他们家在苏州,我们房子多,两个舅舅也住在我们家里。后来"八一三"抗战,苏州的人都逃难搬到上海来了,所以我们这一栋房子,那时候住了二十几个人。那个时候家里还是有保姆的,保姆也住在家里,我们现在表兄弟碰到都讲,我们那个时候很不容易啊,这么几家人都住在一起,地方很小。我们几个小孩那时候不吵架的,表兄弟感情都蛮好的。一直到抗战胜利,我一个舅舅找了房子搬出去了,后来他们都搬出去了。抗战的时候,几家人,包括我的外祖父,都住在一幢房子里。

当时家里的经济状况不是很好,父亲说家里再困难也要供我读大学,像我们这样的人家,只有靠文化和知识才能谋生。[①] 我那个时候也糊里糊涂的,不问我父亲是多少钱,我父亲有时候吃晚饭的时候谈到下个学期要缴学费就有点发愁,可是我父亲也就是一条,孩子一定要读书,再艰苦也要让他读书。这个也就是我们的书香门第状元人家子孙的教育原则:一定要好好读书。那个时候我的弟弟妹妹都还小,我的弟弟比我小十岁,我的妹妹比我小八岁,当时我念大学,他们还在念低年级,分开念会好一点,都在一起进大学的话,负担会很重。在圣约翰也是骑着脚踏车上下学的,圣约翰离我家也不远,大概三刻钟的路程,骑车也可以省一点钱,不用在学校住宿。那个时候圣约翰的外面是中山公园,圣约翰的学生可以骑自行车从中山公园过去,这样就很近了。这其实是照顾学校的学生,因为当时公园也是工部局的,不过后来大概是只能在公园寄存车子,人要走过去。

进入圣约翰之后,当时我对文学比较感兴趣,想以文学作为主修课,但是父亲不是很愿意。他对我说:"你喜欢文学,我不能勉强你,但是现在的社会是要挨饿的,我建议你还是读经济。在经济系可以

① 左紘:《心影紘吟》,上海文艺出版社 2014 年版,第 106 页。

主修会计，如果能当上会计，是个自由职业，既能解决衣食，又可以自由支配时间，供你从事写作。”后来，我听从了父亲的建议，考的是文科经济系，后来毕业做了三年的会计。学校是美国制的，除了基础课和主修课，其他课程都是可以自己选的。于是我尽可能地选择现代文学、古典诗词以及心理学、社会学这些与文学有关的科目。这里需要提到的是，我有一点和别人不一样，人家大学念四年，我念了三年就毕业了，主要是当时是念学分的，学分念满了就可以了。当时圣约翰有一个 summer school，就是夏季也可以念学分，一个夏季可以念十多个二十个学分，于是我就夏天的时候也在学校念书，那么三年的时间我就把四年要修的学分都修满了。

那个时候的校园生活还是很美好的，学校图书馆周围都是树林，五六月份坐在里面，能够听到周围的布谷鸟叫，你可以在里面静静地看书，要借什么书都有。

七、学生时代的地下党活动

初进圣约翰的时候，我和几个来自同一中学的同学走得比较近，有一位名叫钱春海（后名钱大卫）的同学和我都住在霞飞路（今淮海路）附近，于是我们每天一同骑着自行车上下学，一路上，我们交谈个人爱好与人生理想，从家庭谈到社会与国家，当时我的社会接触很少，认识比较幼稚，是钱大卫的开导帮助我拓宽视野、驱散思想上的迷茫。后来我才知道，他在中学时代就已经参加了无产阶级先锋队，后来他在学校结识的人多了起来，甚至成了学生运动的领袖人物，后来就没有时间每天上学时与我同行了。

后来我也开始投身学生运动，三年以后，终于成了党的地下组织的一名新战士。1945 年日本人投降的前夕，共产党要办一份学生杂志，我帮着筹备、登记这些工作，所以这算是抗战的时候就参加工作了。当时创办《时代学生》这份杂志时也想象不出这份杂志将来会怎么样，不过后来成了学生运动的一个喉舌。可惜办了半年就被国民党禁掉了。办杂志的时候我认识了一些朋友,我们喜欢诗歌的几人一起创办了诗刊《野火》。因为我在党办的刊物里面工作过,经过了党对我的考察,所以在1946年的春天,我被介绍入党。因为我喜欢文艺,所以就在党办的《新文丛》做编辑,这个杂志算地下党办的一份杂志,但后来到1949年也被国民党禁了。我从学校出来就是一名地下党了,但这一期间总要有个职业,当时我舅舅在一家轮船公司工作,就把我介绍到那家轮船公司,做了三年轮船公司的会计。白天就是在这家轮船公司当会计,业余时间就是参加地下党工作。

当时的学生运动,在前半期,党的方针是要长期隐蔽,那个时候也没想到会解放那么快,可是到后来胜利前后,学生运动搞得蛮轰轰烈烈的,反国民党,反内战。学校对这些学生运动是反对的。有一年暑假,格致公学开除了几个搞学生运动的人,当时的一个校长,学生里传,这个人好像是跟汉奸有勾结,比较倾向于日本人,到底是不是就不知道了。反正学校,包括格致公学,总的一条,他们认为学生应该认真读书,不应该去参加政治运动。所以当时,党员们也是长期执行隐蔽方针,我们搞读书会也是很小心的,搞图书室时大家分头放图书。那时候活动很多,包括通过运动、打球这些联络感情,可是公开的抗日是不多的。现在回过头来看,当时讲的学生读书这一条是好的,学生搞运动搞得声势太大,引起日本人的注意,反而对这个学校不利。照现在来看,我们那所学校,当时学生中党的组织倒没有很激进,个别激进的同学离开学校了,就不念格致了,到别的学校去了。我们这个支部就是后来做外交部部长的吴学谦搞的,当时是不知道的。在学校里面,地下党相互之间都是单线联系的,党同意的话可以两三个人组成一个小组,没有上面同意,是不可以知道其他人的身份的,其实这也是保护我们自己。

当时在参加这些学生运动和杂志工作的时候,我父亲因为也受了新青年、五四这些思想的影响,所以他不反对,还是比较支持的。当时我也写了一些文章和诗歌,像住在我们楼里的这些六七十岁的人们都会唱的,而且他们有很多都是唱着这首歌参加革命的,叫作

《山那边呀好地方》,后来这首歌还成了电影插曲。解放以后,我开始想着怎么搞创作,准备写写小说,这个时候组织找我谈话,要求我搞戏曲工作,当时还不叫曲艺,解放以后才这么叫的。由于受五四的影响,我对戏曲这类是很瞧不起的,不愿意去,但因为是党派下来的工作,不能说一定不去。后来谈分工的时候,我想我是苏州人,评弹又比其他戏曲文学性要高一点,比较高雅一些,我就来搞评弹。当时很多人说,我是搞了评弹才叫左絃,其实不是的,那个时候我根本没想到要搞评弹,这个"絃"还是我父亲启发我的,与古代的诗歌有关。父亲跟我说:"你写诗可以叫絃。"这个事情就像命里注定的,后来就真的搞了评弹。

八、从文艺走向评弹

新中国成立前夕,我在地下党是搞文艺的,上边的领导找我谈话,派我去搞戏曲工作,当时我思想上是很不接受的。我是读英文的人,希望以后可以当作家,怎么去搞戏曲?而且总觉得沪剧、越剧要比文艺界低一些。虽然我不是很情愿,但还是接受了党的任务。接受之后,刘厚生同志来联系我们这批人,我与另外两位同志成立了一个组,开始谈分工。我当时不喜欢沪剧、越剧,我想想我是苏州人,评弹相对来看文学性比较高,过去像叶圣陶这些苏州人喜欢评弹,包括不是苏州人的郑振铎也是喜欢评弹的,所以我就主动提出来,我去搞评弹。我们三个人,一个搞沪剧,一个搞话剧,我搞评弹。刚开始的时候,我对评弹一点都不了解,连评弹的说唱都没听过,那么这个时候我就想办法对评弹作调查研究。那时候经常去书场收集有关评弹的演出资料,包括评弹的报纸、书场阵容表,想办法认识个把评弹演员,但由于当时没有办法接触评弹演员,所以就从当时的评弹小报上去认识。后来上海就解放了,所以说在解放之前,我就已经接触了评弹。所以,有一次唐家璇到上海来,讲我是"新中国评弹的开拓者、建设者"。

解放的第二天[①],组织上就给了我一个任务,跑到大中华大陆电台去,那里有很多特别节目,评弹演员、话剧演员在当天表演了一系列节目,为解放军进城作宣传。我不太懂,但写了一些拥护解放军的评弹词,当时的老百姓对这些都没认识。那天是我第一次接触一些评弹演员,后来我就跑到评弹协会去了。那时候我们的工作不是什么领导不领导的,都是地下党的一套,进去跟他们交朋友,了解他们的情况,组织他们学习,学习的课本就是工人读本,里面讲的就是劳动创造世界这些,还帮助他们组织图书馆。那个时候我跟评弹演员讲:"买点书,买什么书呢? 有一本叫《钢铁是怎样炼成的》。"这些评弹演员就很纳闷:"怎么叫我过去炼钢铁?"他们不知道这个内容是什么。第一次去评弹协会,我认识了一个人,这个人叫潘伯英,这个人后来到苏州团去了,他很积极的,他给我出了点子。第一个就是要跟演员和谐相处,第二个就是要推动他们说新书。研究下来,那么多艺人可以拼档,叫他们说新书,但又没有新书。这时潘伯英又出了个点子,搞了一个书戏。书戏是化妆上台的,等于演员演戏,唱唱评弹,当时把全上海最好的评弹演员都组织起来,演了一个《小二黑结婚》。这个题材是从解放区出来的,潘伯英执笔写了这个书戏。里面有两个最主要的演员,演小二黑的是蒋月泉,演小芹的是当时最红的范雪君。像刘天韵、朱耀祥、张鉴庭、张鸿声等,当时在上海的全部都包括在内。演出的地点在现在的上海音乐厅,那个时候叫南京大戏院。这样做就等于评弹演员表态拥护共产党,说新书,说文明书。后来通过传媒再一宣传,就扩大了影响。

九、创建评弹改进协会到治淮工作

其实刚开始我还不知道应该怎么做工作,当时我还是地下党的思想,因为搞评弹是地下党的工作。我当时希望有一个正式的工作,

① 1949 年 5 月 27 日上海全市解放,解放后的第二天即 1949 年 5 月 28 日。

想去中学教书，后来上面通知我到军管会文艺处报到，因为当时已经谈好了分工，所以安排我做苏南组的组长。苏南有评弹、话剧、唱书等剧种，我重点还是放在评弹。后来成立了评弹改进协会，原来评弹界在民国时也有一个评弹界协会，到解放后全部要接受改造，我就帮助他们筹建评弹改进协会。当时开会在军管会文艺处大礼堂，在同孚路上。后来中央成立曲艺协会，上海成立分会，因为评弹属于曲艺，主席是刘天韵，我是当时的副主席兼秘书长，实际上分会最先是由我来筹备的。在帮助他们组织建设评弹改进协会之后，因为我是搞文艺的，所以又把我调到编审科去了，编审科是管编剧的。当时还组织了一个戏改处，叫作文化局戏改处。戏改处有一位主编梅朵是办《大众电影》的，他办了很长的时间，后来在戏改处又办了一个《大众戏曲》，我是副主编。

到了1951年的时候，号召知识分子改造思想。本来我们是要去搞土改工作的，后来毛泽东同志提出一定要把淮河治好，治淮委员会说上海文艺界应该派些人去参加治淮工作，于是我们就去参加治淮工作。治淮工程的总部当时在蚌埠，我们过去的时候，文联下面成立了一个治淮工作宣传队，当时有三个队长，一个正队长叫杨村彬，是名话剧编导；还有一个是搞音乐的，叫司徒汉，这个司徒汉负责搞创作指挥，管美术音乐、新文艺界，现在已去世了；还有一个就是我，我是管戏曲的。当时参加治淮的有很多戏曲导演、编剧，也有一部分演员。我们这个工作队大概是1951年10月成立的，成立之后要集中学习，学习好了才能到淮河去。大概11月21号，上海成立了评弹团，那个时候叫上海人民评弹团，成立后的第二天，领导决定评弹团跟着治淮工作队一起去治淮。

当时生活很艰苦的，住在工棚里面，跟民工打成一片。民工思想不稳定，所以就要宣传我们为什么要治淮。做这样的工作其实就是思想改造，等于土改工作就是去搞土改，我们治淮工作队就去搞治淮，搞治淮就等于是宣传工作。宣传的工作就是跟他们讲："我们翻身啦，我们要更好地参加工作。"那时候民工有时会在工作时开小差，那么我们就劝他们不要这样。其实这一项工作对我们来说,触动也是很多的,当时有一个演员带着她的羊毛围巾到工地上,有一个工人就问他:“你们拿多少钱一个月啊?”“你的羊毛围巾多少钱一条?”那个时候一条羊毛围巾一二十块钱,是个不小的数目,而民工的工资都是很低的。民工问她围巾多少钱,她不敢讲,因为她觉得这个数字讲出来对对方来说太震动了,所以只好撒了个谎,随便讲了个数字。这个演员也很受触动,他就对我说:“我们的生活跟刚解放的劳动人民差距太大了,我们在上海的时候就是追求工资愈高愈好,现在看了这些劳动人民就感觉我们要得太多了。”但这有反复的,后来在上海待久了又有些反复的,但基本上还是有触动的。当时评弹团交给我们治淮工作队的任务,我又是分工管戏曲的,所以我跟这些评弹演员很早就蛮熟了。整个评弹团刚成立的时候,一共十八名演员,这十八名艺人就等于归我管,所以这三个月,他们也就跟民工同吃同住同劳动。这些演员从来没到过那么艰苦的工作环境,但是也因为这样的工作经历,打下了思想基础,我跟他们的关系也更进了一步。

十、着手上海评弹团的工作

回到上海以后,有一个阶段我去搞“三反五反”。那个时候评弹团已经成立了,干部是由文化局的一名同志何慢兼任的,但他在文化局有他的工作,没时间到团里去,所以就要安排一个治团的干部。因为当时我跟这些评弹演员的关系比较好,还有就是,虽然我不喜欢评弹,也不安心搞评弹,但是到了那个时候,我也没有别的选择了,所以我跟领导提出,缺一个治团干部就我去做吧。于是上面就派我到团里去了。那个时候团里团长只有一个人,还有治团的干部,起初叫政委,后来叫教导员,也到了那里去。后来到1954年的时候发现,艺人当团长不行,他还是主要负责演出,所以后来所有上海的文艺剧团、院团都换了干部当团长,我就当了团长。我不是评弹团第一任团长,但我是干部当团长后的第一任团长。后来文化局新的干部来了,又有反复,有一段时间又是艺人当了。我们那个时间应该讲艺人当团长不合适,因为当干部搞政治工作有一套方式的,艺人不懂这些。

我当了团长以后,一开始心里面还有想调动工作的心思,时间长了,也就慢慢地安定下来了。让我更沉下心来的一个契机,是 1959 年陈云同志养病期间听评弹。他喜欢评弹,后来经常到上海来找我。有一次文化局局长李泰成约我们到杭州去汇报评弹工作,评弹工作主要都是由我汇报的,所以我和陈云同志慢慢地就比较熟了,反正到上海来,他就会把我找去,他想听什么演出、见什么艺人都来找我。那一次在杭州是第一次见陈云同志,后来在杭州还拍了一张照片。1959 年以后一直到"文革",他几乎每年找我,有的时候是一年两三次,有时候他在苏州,也会把我找到苏州。

这三十年来,我跟评弹也建立了感情,以前评弹团是国家剧团,评弹界由我们这个支部领导,是以国家剧团为中心来领导的,再加上刚解放我就一直在评弹局工作,所以有很多不是评弹团的演员跟我的关系到现在都很好,可是现在有些上年纪的已经去世了。

我到评弹团时 28 岁,而当时的评弹演员们的年龄都在 35 岁以上,年纪比较大的都在 40 多岁了,我与他们之间的年龄反差是我到评弹团时的一个特点。当时我刚大学毕业,社会经验不多,而他们年龄比我大,社会经验都比较丰富。以前讲起来叫跑江湖,评弹艺人比一般跑江湖的层次要高一些,但实际上也是在江湖上生活的。所以当时陈云同志对我说:"吴团长啊,我替你想一想,你这个团长不好当啊。"那个时候,我也有些糊里糊涂,一点也没有觉得可怕。另外一点就是,在治淮的时候,我和他们打成一片,建立了深厚的友谊,所以这些评弹演员待我都是比较好的。当然后来也有各种矛盾和各种意见,但他们总是有一个思想,这也是一个优势,那就是:我是党派来的,仅仅为与他们一起搞好评弹而来。从 1954 年到 1984 年,一共三十年的时间,我都在搞评弹。

十一、评弹的兴盛得益于“天时地利人和”

从 1954 年到 1964 年的十年里,我们的评弹兴盛繁荣起来了,当然这不是我一个人的功劳,是天时地利人和的结果。天时来讲,是党重视这个文艺形式,地利是上海这个海派的环境,人和就是有很多的评弹演员。评弹是在苏州产生的,有两次比较大的发展,一次是二十世纪三十年代,一次是五六十年代。三十年代时,是因为进入了上海大都市,上海有无线电,有传媒,还有唱片,推动了评弹的大发展。那时上海有五十多家电台,没有一家电台没有评弹节目。评弹进上海是与滑稽、杂技等节目放在一起演的,一开始上海是没有人听评弹的,后来上海的评弹听众多得不得了。

我们五六十年代,那是党的重视,然后评弹就整个发展起来了。当时我们对演员也是要进行调教的,因为刚开始的时候这些演员对工作都不懂,对工作产生了怀疑。现在我自己总结,我们主要做了两件事。其一是让演员的世界观有所变动:开始最简单地来讲是为了生活,当然有一些也是为了名利、为了享受;而解放以后,从治淮开始,他们认识了要为人民服务,不光是为了个人的享受。还有其二就是使演员的文化素质提高了,有的演员进团的时候字都不认识,后来有些演员学会了写信,虽然有白字,可讲的内容都是不错的。比如有一个叫徐丽仙的演员,连小学都没有读过,后来要求入党,她写的信是很感动人的。她有一个姐姐是新四军的交通员,牺牲了,她就讲:“我姐姐是党的交通员,我要做党的宣传员,我要为党工作。”思想境界都提高了很多。还有的演员当初沉浸于声色犬马,跟交际花谈恋爱,可是到后期,他整个儿都泡在工作里了。改革开放后,有一个香港来的交际花追求一个演员,那个演员正好爱人去世了,后来两个人就结婚了。最后这个交际花却不得不离开,离开的时候,这个交际花说了一句话:“我到上海来,天天看他的背影。”为什么呢?那个时候他的主要精力都集中在整理他的旧书,每天都趴在桌子上,所以这个交际花就说天天看到的就是他的背影。可以看出来这个演员后来的整个世界观、价值观都改变了，跟原来不一样了，他的人生追求不一样了。这些演员应该讲也是蛮可爱的，我跟他们的感情也是特别好。

我就是这个样子，虽然不是很自愿地从事了评弹，但这一辈子都服从党的领导。对我本人来说，我既然来搞评弹了，那么我就要把评弹搞好，所以我就利用我的优势来搞好这个工作。现在我总结了，在五四运动的时候，新文艺受到思想冲击，可是评弹、越剧这些旧的文艺没有受到新文艺的影响，因为当时的思想是瞧不起它们的。而这一次，我们所说的改人、改戏、改制，实际上是把五四的思想灌输给这些旧的演员。一开始讲改戏或者书，让这些演员们提提意见，他们根本不懂怎么提，只会在一个小问题上计较，不懂结构、主题、人物。可是后来他们就都懂了，也开始跟新文艺的工作者住在一起讨论文艺了。我不会唱，那么我就利用我对文艺的理解，用我写的东西来参加他们的艺术世界。参加他们的艺术世界后，我跟他们的关系也搞好了。这就是我说的天时地利人和。

解放以后，也是顺应了时代，发展了评弹，既培养了听众，又争取了听众，也适应了听众。这个适应包括每天来听的老听众，也包括新听众，但新听众没有时间每天来听，这部分听众更适合听中篇，因为他们没有时间听长篇。当时我们就搞了中篇评弹，搞了很多书目。另外，当时上海的书场，我们不讲江浙沪，不讲外地，当时上海的书场就有一百多家，一个书场一天演三场，等于三百人次，上海评弹听众一天的人次超过上海电影的观众，因为电影院有限号。上海最早的书场只能接待两三百人，都是茶楼书场，解放以后，跳舞厅取消了，跳舞厅改成了书场，那么一个书场大概能接待两千人，评弹就进到剧场去了，而过去评弹只能在书场演出。这也就是我们设的一个要适应听众、培养听众、争取听众的模式。开始有很多人，如学生、教师、一些知识分子不爱听评弹，听评弹的都是一些老人，那么要适应这些人群。本来有些人是每天听书的，但解放后很多人没法每天听书，所以说我们的形式有了一些改变,有了中篇、短篇,适应了他们听书的要求,包括里面的内容、情节都进行了逐步的改造。本来这些演员只会唱传统的曲目,现在也能唱《王孝和》、唱《白求恩》,这就是就适应了听众,也培养了听众。

如今有很多听评弹的干部,比如做过外交部部长的唐家璇就是评弹迷。当时评弹还下工厂、下农村,也培养了听众,所以上海的评弹听众这个期间是多得不得了,这也就是评弹的一种繁荣。此外,从1959 年起,评弹进入了文化广场,文化广场当时一场演出能容纳六七千个人,照样客满,而且票还都是排队买的,这个恐怕是过去搞评弹的人怎么也想不到的。他们过去讲双出百,就是一场能够有两百个听众就已经很满足了。一开始演员上文化广场那么大的舞台,也有点忐忑,可是那个时候喜欢评弹的观众在上海特别多,他一个人在这么一个大的舞台上唱,下面六七千个观众照样鸦雀无声,这也就说明了这个评弹受喜爱的程度。现在评弹的风头完全不及当时,我自己感觉到安慰的就是,在这一个阶段我参加了,跟那些艺术家们一起,共同实践,创造了评弹的又一次高潮。这恐怕是以前没有过、以后也不会有的最大的一次繁荣。

后来"文革"就没办法了,江青讲评弹是靡靡之音,评弹在那三年是完全受打击的。

到二十世纪八十年代,我就调离评弹团了,先到文化局,后来到文联。到了文联,没有很多精力来搞评弹,那个时候就成立了一个江浙沪两省一市的评弹小组,我当组长,不过这也只能是一般的一轮一轮地改方向,我自己也把工作的重点放到这些年来评弹工作的总结,搞了一些评弹的理论,写了一些书。其实这么多年来,也不能说喜不喜欢评弹,只是把它当成自己的工作,我的个人爱好是西洋古典音乐,我的几个抽屉里都是西洋古典音乐的碟片。讲起来可能是个笑话,我在家里不听评弹的,平时在家就是听西洋古典音乐,对京剧、昆曲我也是很喜欢的。中央电视台的戏曲节目,我很喜欢看,这还是原来知识分子那点情怀,没有磨掉。

十二、与太太的爱情与生活

我跟我太太两家本来就是亲戚朋友，她姑妈跟我母亲是认识的，她母亲也是大家族的后人，是安徽合肥李家子孙，她的两个姑妈跟安徽合肥四姐妹①是很好的朋友，所以她们家也是大家族的一支。那个时候我太太在北京念书，有一次暑假回来的时候，她姑妈把她带到我们家里来玩，就介绍我们认识。我母亲对她很满意，我也很中意，就这样在一起了。当时她一直在北京读书，暑假会回到上海，有时候我到北京开会也会去看她，就这样谈着朋友，后来就结婚了。但后来她分配的工作单位在北京，我本来想把她调来上海，但是当时调个人的公函很困难，没有成功。后来因为我太太在公安局工作，为照顾我们的夫妻关系，她就被调到上海的公安局了。不过现在她是以老师的身份退休的，是上海时代中学的英文老师。她在公安局期间身体不好，单位便想让她离开岗位。实际上这是不符合政策的，不过当时也不懂，她就答应了。退到家里后身体好一点，但是总感觉不对，她是国家培养的大学生，怎么说辞退就辞退了呢。于是我们就写信给国务院，国务院的信件在"文革"前转了下来，上海这边便要给她改正，那个时候她已经不在公安局了，上边就重新给她安排工作，安排到了学校。

十三、吴宗锡的人生总结

我的一生，在参加工作以前，基本上就是遵从家庭教育和父亲的要求——"要好好读书成为一名好学生，以后要好好工作"。后来，因为喜欢文艺，看了许多像巴金、鲁迅这些文学家的著作，也接触了一些国外的、古典的，特别是苏联的一些文学作品，希望成为一名作家，

① 金安平：《合肥四姊妹》，生活·读书·新知三联书店 2007 年版。该书讲述了合肥名门张家四姐妹——张元和、张允和、张兆和、张充和的传奇故事。

当时也有些名利思想,想要能够留名。接触党以后,刚开始是地下党,后来成为一名正式的党员,就一直服从党的分配。现在自己回过头来想想之前的种种,再给我一次机会,我还是会接受党的领导,听从党的安排。党让我把评弹搞好,我的一生就是把评弹、党的事业或者新中国的事业搞好,作出应有的贡献。

而我的后期,文艺的东西搞得就不多了。有一个同志开玩笑说:"你不是深入评弹,你是沉入评弹,沉到评弹里面去了。"还有朋友替我"抱不平",说解放以后评弹害了吴宗锡,说我又懂英文,又懂文学,应该是搞西洋文学或者其他什么。因为我 1947 年在《大公报》上发表文章都是讲外国诗歌的,这样一看,搞评弹好像埋没了我在这方面的才华。可是我现在总结我的一生,评弹不是害了吴宗锡,是救了吴宗锡。所以赵丽宏①在《心影絃吟》替我写的前言中说:"吴宗锡搞评弹是个大家,不搞评弹也会是个大家。"正因为我搞了评弹,所以离那些东西很远了。另外,我搞了评弹,我原来戏改处的领导都是从地下党一直看着我成长起来的,对我还是比较信任的。

二十世纪八十年代之后,我开始进行评弹的理论研究,也出版了一些关于评弹理论的著作和文章。关于如何搞好评弹,我提出了我自己的看法:首先艺术很重要的一点就是要深入群众;其次就是要跟得上时代;还有就是评弹是有文学性、音乐性和戏剧性的,所以搞评弹必须要懂文学、懂戏剧和懂音乐。可见要做好文艺工作,就要懂文艺,所以,一般的行政人员和懂文艺的人看起来没什么差别,实际上是完全不一样的。二十世纪五十年代,我是文联下面剧协的党组成员,所以我与文艺的接触是比较多、比较深入的,这对于我从评弹的知识和对文艺方面的想法来研究评弹是很重要的,而这正是我区别于一般行政干部之处。

---

① 赵丽宏,1951 年出生于上海,作家、散文家、诗人,曾任全国政协委员、上海市人民政府参事、中国作家协会全委会委员、中国散文学会副会长、上海作家协会副主席、《上海文学》杂志社社长、华东师范大学及交通大学兼职教授。

保护非遗守正创新出好“书”

——谈谈苏州评弹听众的想法

张　进

一、新光裕早场是否可以开办“文化传承讲习所”？

在文化传承语境下，苏州评弹非遗保护究竟如何拿出实招来？

正是三年艺好处，随着2024年第九届苏州评弹艺术节在苏州举办，“保护非遗，守正创新”持续成为苏州评弹的热议话题。

2023年9月30日，对于苏州评弹听众来说，最为关注的热门就是地处观前商圈的光裕书厅装修一新后重新开张，听众们称之为新光裕书厅。这既是评弹非遗保护的热点，更是评弹事业发展的焦点。4个月下来，新光裕热点已经太热，焦点似乎变成了更加“焦虑”之点。

实际上，新光裕堪称苏州评弹团经营的台柱，苏州评弹团当然要想法子让新光裕继续在观前商圈热下去。同时，苏州评弹演员和苏州评弹听众也纷纷拭目观察着，而宣传、文旅部门肯定也在关注新光裕如何能够再热下去。

文化传承、保护非遗需要有创新有效的思路实招。根据新光裕开张以来演出场地实际经营使用情况，再结合评弹非遗保护工作的艺术特殊性，笔者拟建言献策如下：目前，苏州评弹长篇、中篇、专场、商演等诸多演出形式都已经在新光裕书厅逐一亮相，依事实而言，热观前、冷光裕苗头已然呈现且难以避免，那么接下去怎么办？依据苏州评弹听众对于书场经营的长期观察经验，应该从新光裕另外一半即早场入手来想办法、出实招,改变新光裕早场习惯性的冷场做法。

首先第一步,抓紧时间主动利用新光裕上半天的空场子开展文化传承、保护非遗等公益讲座活动。而且可以将新光裕公益活动定名为“评弹优秀传统文化传承讲习所”。

近百年前,广州兴办起农民运动讲习所,助推轰轰烈烈的革命浪潮。至今,苏州弹词艺术巨匠蒋月泉那首著名的开篇《农讲所里教诲深》还在唤起听众心中关于“农讲所”的红色文化记忆。近百年之后,中国式现代化迎来新时代,东南文化经济重镇苏州完全可以借重红色文化的盛名,把“文讲所”即“文化传承讲习所”办出来,让新光裕场子“文讲所”的非遗保护热起来!

很明显,苏州评弹经营台柱新光裕就专业而言,只能做非遗文化保护,这是无条件的,但是做非遗文化保护却不仅仅只是或只能做苏州评弹。利用新光裕早场开展公益讲座,既有利于“文化传承讲习所”的成立,也有利于争取和获得来自社会各界的共情与支持。

说实话,欲办“文化传承讲习所”,大家都没有现成的经验,怎么办?一是横向经验可借鉴,二是积极争取搞合作。譬如说,“文讲所”活动可先在新光裕周六、周日早场尝试起来,首先要主动根据宣传和文旅部门的有关工作部署,试着做一做关于苏州传统文化传承的公益性讲座,而且,每一次公益活动都要事先确定相应非遗文化保护主题。特别要注意在活动中融汇凸显新光裕的“评弹”特色,最好能由青年演员参与活动,同步创演相关内容的微型开篇,只要类似七绝,四句唱词差不多两分钟时长的精短唱腔即可。这样开展文化传承、保护非遗公益活动的同时,可以培养青年演员的创作素养。考虑到凡事要有一个发展过程,如微型开篇文字工作需要写作人员,这可以先通过招聘志愿者来承担任务。俗话说开门七件事,原来早场都是处于“休眠”状态的,早场一开门就必然产生相应的成本支出,所以,每一期“文化传承讲习所”做的公益,参加人数宜精不宜多,以 30 人为宜,最多 50 人,兼顾到权利与义务,可酌收活动者每人 10 元至 20 元品茗服务费,以此可充抵新光裕早场的一部分成本。当然,资费这方面的情况可能还要新光裕与有关单位做沟通工作。

完全可预测,“文化传承讲习所”绝非一朝一夕头脑发发热就能做成的事情。虽则说“文化传承,人人有责”,但也绝非一帆风顺、一头热就能成的,所以,一开始举办“文讲所”时,就要有长期的规划,让“文讲所”能够连续不断走下去。俱往矣,苏州评弹已经不可能再现二十世纪“蝶恋花”“新木兰辞”当年的全国影响力,也不像昆曲那样有对古代文学影响广大的“牡丹亭”,无捷径可走,怎么办?苏州评弹一定要挖掘古典文学名著资源,哪一部?应该是最红的中国文学与文化资源——《红楼梦》。从以往艺术实践看,改编《红楼梦》原著而做成“红楼梦”中篇,大体已经是此路不通。那么到底怎么办?这个苏州评弹的艺术问题需要认真深入,进行具有可操作性、可持续性的研究。

如今已经是“互联网+”时代了,网络、微信样样都不过三分钟碎片的热度,好多热点的热度都超不过三五天,所以,“文化传承讲习所”举办之后,预计热度也会像新光裕开张那样三四个月就冷却了。但是新光裕毕竟有自己的“非遗招牌”,只要新光裕下午场照式照样保持长篇演出——这在传统意义上被认为是苏州评弹的根本之所在,夜场照式照样有文旅商演时时呈现——服务于“南来北往的客”,再有“文讲所”的加盟,让上文所述周六、周日新光裕早场照式照样运用“红楼梦”公益评弹吸引人气,那么,又何愁“文讲所”不再往前走一走呢?日后,“红楼梦”公益评弹若能行得通,笔者建议,新光裕可尝试与苏州市传统文化研究会就“文化传承,保护非遗”进行合作,因为那儿有很多优秀文化人士,他们有资源,有能量,有情怀。

二、对于青年苗子能否“真包装、精包装、大包装”?

“保护非遗,守正创新”的关键点到底在哪里?众说纷纭。许多人都说“保护非遗,守正创新”,长篇是根本;有的人实实在在地创作,年年都在出“创新精品”;还有的人就比较出奇,他就喜欢“吹喇叭”,

大讲特讲“评弹剧”……我个人经过多年调研思考,一仍坚守自己的观点:“保护非遗,守正创新”重在向“受众思维”调整。而且我觉得“评弹就青年”已经到了不做不行的时候。“评弹就青年”必然重在“青年救评弹”,而这样,首先要做的工作就是包装青年演员。

如何来包装青年演员,而且还要“真包装、精包装、大包装”?这方面,大家若认真观察,可能苏州评弹界还是有些“黔驴无措”的感觉。“评弹就青年”应多多着想!以前《评弹艺术》刊物上有人撰文说“评弹就青年”提法不对,我认为这是不对的。我在想,正是由于不断出现此类看法,造成了苏州评弹界不会或者说是不太会包装青年演员。

人生能有几个十年呢?整个苏州评弹共同体能为青年苗子的十年提供怎样的包装?苏州评弹界能不能用十年时间包装出一名顶流的苏州评弹青年艺术家呢?譬如说,我个人看法,像青年演员谢宇佳,唱功已经属于过得去,而且说表比实际年龄老口得多,你看她每一次上台都是那么轻松自信,是一个好苗子。20 来岁这样年轻的好苗子青年演员,大家是希望她默默无闻磨个二三十年评上国家一级演员职称,还是行动起来及早包装,培养她加快成才?

我在想,很多人都不会承认“平江路评弹”属于苏州评弹非遗文化传承体系。然而,吴亮莹由小桥流水而不断壮大起来的过程中所下的包装功夫,是否值得大家来认真对待?包装有没有正宗与非正宗之别?如果包装已经成为文艺界适合公众化的出路,那么,苏州评弹界如何直面包装这件事?平江路对苏州评弹青年演员已经有所包装,蛮靓丽,很动人,很辛苦,可惜路子还是忒一般,还未见到可喜之处。

譬如说,应该能用五年的时间把谢宇佳这样的青年苗子包装培养出道,培养到说书时不用只是拿师傅所能搬搬场“背背书”,唱腔也不只是依样画葫芦地“背背唱唱”,而是能下手还能翻成上手,还能放单档。如果如此,最多再用五年的时间,不管她是否评上了一级国家演员职称,只要她勤奋学习,再加创造性地发挥,便有机会成为一名顶流的青年评弹艺术家,在舞台上获得广大观众的鼓掌。

那么什么是包装？简简单单地做好外表就是包装吗？什么叫真包装？包装就是给机会，尽可能给最多的机会。现在所谓的中篇创新精品都要首先让青年苗子来做。难道青年人挑不起创新的大梁？难道大家不相信青年，显得我们不自信吗？难道创新就是如近视眼一般看好眼门前的利益，而不论青年苗子的艺术发展？充分发挥青年的创造性难道不正是曾经大家自己青年时代的梦想？难道青年人真就顶不起苏州评弹一片天？啥叫精包装，包装就是破中立，譬如说，现在评弹学校的培养模式对于青年进行文化传承有否不合适之处？一个优秀的青年苗子一旦冒出来，除了喂以评弹说唱技艺的“奶水”外，还能做什么？谁都知道文化传承“工夫在诗外”之说，那么如何在诗外培养青年演员的文化传承工夫？我们能不能为提升青年苗子的文化给其聘请一对一的文史哲老师？我们需不需要苏州评弹青年苗子下了台，照式照样还能“胸有诗书气自华”一番？我们是否还要考虑如今青年苗子在其成长期，而他或她将来还要去引导和影响青年受众的文化审美取向？

什么叫大包装？包装就是全方位。我们会不会一直提倡青年苗子，只要多拜两档师傅、多背两档长篇、多唱几支开篇就算万事大吉了？我们的青年苗子，他们将来应不应该学会因受众而异“看人说书”“看人演唱”的一手“活儿”？我们的青年苗子，究竟心里只是满足于阿爹好婆来听书，还是“胸怀青年受众”？懂得评弹发展的生命所在，就是一定要做到“评弹就青年”！要不然，若干年之后，还有谁来与如今这些青年苗子“有你与我同行，再累也心甘”呢？觉醒吧，快拿行动出来吧，青年能有多少宝贵的青春？以十年为限，青年苗子要崛起，除开勤奋和吃苦，还必须要有提重青年苗子的关键词——包装。

三、如何才能用辩证的观点看待“说唱走正路”？

苏州评弹“保护非遗，守正创新”战略底牌怎么打？当然还是陈云同志提出的那七个字——出人出书走正路。由此,具体联系到苏州评弹“说噱弹唱”,以前蒋月泉提倡苏州评弹艺术境界应该是说唱一体,那么,现在“说唱一体”这条正路走得到底是什么光景?换句话来说,现在大家对“说唱走正路”的认知究竟有没有偏差?我认为有,而且有着大偏差。

那么,我们为什么会对书目说唱有认知偏差?可以说,说唱不平衡正在导致“苏州弹词说唱一体”面临阉割之虞。我看过很多中篇创新精品,绝大部分只是当场听听时(因我听书习惯从不注意“演”,所以大剧场我也只是听书,谈不上什么视觉观看)得到了相当满足,一旦走出剧场就是一肚皮的不满意。这是为什么?只有一种解答,那就是“创新精品”有所唱,但没有考虑到或者是没有唱出人物感情。而“创新精品”的说往往还显得比较粗糙,这又是为什么?因为我们许多“创新精品”太急就章了,急就章粗糙是理所当然的事了。进一步思考,“创新精品”如果唱不出人物感情,那么是不是它的“上家”,也就是“说”提前出现了问题,而由此影响了“说唱一体”?

苏州评弹听众在大剧场会发现,“创新精品”往往都是“倒拍账”,即每一回先安排好唱腔的“账目”,然后就不太会考虑“唱是说的继续和升华”。又因为“创新精品”都是瞄准节赛评奖而去的,那么怎么会考虑“受众思维”呢?由于“创新精品”好久都不肯面向苏州评弹听众,甚至于把苏州评弹听众直接就当成了“摩擦力”给忽略不计了,如此,论谁都不愿意再多在“说”上动“艺术要精益求精”的心思了。这么一来,“说”在“创新精品”中就此树立不起来了,那么再如何要“创新精品”的“唱”来“继续和升华”?

如今市面上很难听得到华彩熠熠的唱,很难听得到如故一闻的说。而极为有趣的是,网络上、微信里那种并没有多少精气神的唱,还会被那么一些人“包装”成炉火纯青之类。就此而论,倒真有那么一些人在做“唱”的膜拜主义者。如果“唱”已经不见得能有多大号召力了,那么能不能返身于“说”?

“唱”如果真像那么一些人认为的,就真能高于“说”,那么长篇书目中的“说”的地位何在？事实上，苏州评弹是中国民间文艺体系中最经济、最实惠的艺种。之所以有些人已然习惯于“唱”“说”反置，究其最终的原因，还是因为许多人，包括一些票友，他们只是喜欢听听“唱”、弄弄“唱”，而他们往往是很少“听书”的，甚或根本不听书。我们这些从小听书的老听众可能十分痴迷于流派唱腔，而那些从未听过苏州评弹的青年其实都只是一张白纸。因此，对于第一次接触苏州评弹的青年人来说，说表和唱腔的价值应该是二一添作五、左右相等的。

进一步深入，苏州弹词不能够全部代表苏州评弹。苏州评弹是由苏州评话和苏州弹词共同组成的，苏州评话无需唱腔，而自是独一门说表的艺术。从以往经验来看，总体上苏州评弹说表的影响力不输唱腔，说表艺术对于青年的受众反而显得更加经济实惠。我们 20 世纪 80 年代做青年听众时，苏州评话一来兴，往往就被金声伯一句“小闲话”、被吴君玉一排连牵的噱头征服了，简直是“没的话说哦”。一句话，好的说表就是经济实惠。有时候，短短一两秒钟的说表就能让人永世心耳不忘。一般而言，再好的唱腔也要好几分钟才能完成审美的落地，而真正要听懂、学会欣赏唱腔可能都要经过 1.2 万小时的大脑神经皮层积淀。最起码，现在市面上有意忽略了说表，而想以过度繁复的演唱去面对青年的“初评弹”，这样的法子实事求是说是不太经济也不够实惠的。一边抬头看屏幕，一边竖起耳朵听唱腔，这一心二用的本事能这么大吗？

希望苏州评弹能早一点懂得青年。如果这么多唱来唱去也只能对待和应付我们这些老听众，那么我们是不是应该好好来想一想——如何才能用辩证的观点看待“说唱走正路”？

我们对于说表艺术的“重整河山”是否该提上议程了？

评弹传承的重点应是传统书目的整理提升

潘　讯

传统书目是苏州评弹的根基与血脉，是评弹艺术悠久历史、连绵文脉、杰出成就的主要载体。丢失了传统书目，文化遗产意义上的苏州评弹将不复存在。

说苏州评弹蕴涵深、家底厚，主要是指评弹史上曾经拥有百余部长篇书目，传承有序，系脉分明，不仅见诸载籍，而且常演于书坛，有些经典书目更成为建构江南人民文化心理的重要部件。据周良先生统计，评弹史上有书名可循的演出书目有156部之多，其中评话70部、弹词86部，已经淘汰或不知书名的书目应该更多。他根据书目的传承与传播情况，梳理出评弹史上优秀传统书目38部，其中评话21部，分别为《三国》《隋唐》《水浒》《岳传》《金枪传》《绿牡丹》《封神榜》《济公传》《七侠五义》《英烈》《包公》《金台传》《刺马》《血滴子》《彭公案》《山东马永贞》《东汉》《西汉》《乾隆下江南》《西游记》《飞龙传》；弹词17部，有《白蛇传》《玉蜻蜓》《双金锭》《三笑》《珍珠塔》《描金凤》《大红袍》《落金扇》《双珠凤》《倭袍》《文武香球》《西厢记》《杨乃武》《顾鼎臣》《十美图》《啼笑因缘》《秋海棠》等。进入21世纪以来，周良先生为抢救保护传统书目，又主持出版了“苏州评弹书目库”，分7辑出版传统书目演出本21部，包括《三国》《反武场》《岳传》《后岳传》《包公》《珍珠塔》《西厢记》《杨乃武》《玉蜻蜓》《文武香球》《大红袍》《落金扇》《白蛇》《三笑》《神弹子》《描金凤》《双珠凤》《再生缘》《双珠球》《啼笑因缘》及《双金锭》(《太仓奇案》)等,保留了传统书目中最为精粹的部分。演出脚本虽然不能代替书台表演,却是评弹家底的基座、评弹传承的基础。

传统书目不仅见证了评弹历史的辉煌,也是今天评弹演出市场的主体,在江南听众中拥有深厚的群众基础和持续的欣赏热度。据上海评弹团提供的数据,2023 年,全团 62 名演员共演出长篇 4 500 余场,其中主要为传统书目,评话为《水浒》《英烈》《隋唐》《金枪传》《七侠五义》《绿牡丹》《岳传》,弹词有《珍珠塔》《玉蜻蜓》《描金凤》《三笑》《白蛇》《双珠凤》《杨乃武》《神弹子》《武松》《孟丽君》《双金锭》《十美图》《武则天》等,这些书目代表了评弹艺术的最高水准,也勾勒出评弹在中国最现代化的大都市上海的生存状态。回到评弹的故乡苏州,据苏州评弹团的统计,2023 年,全团 53 位演员共演出长篇书目 39 部,其中传统书目有《英烈》《包公》《血滴子》《飞龙仇》《七侠五义》《杨乃武》《珍珠塔》《玉蜻蜓》《双玉麒麟》《苏州第一家》《双金锭》《武松》《三笑》《孟丽君》《秋海棠》《啼笑因缘》《落金扇》《文武香球》等 18 部,其余演出书目大多为新编历史书,如《康熙皇帝》《智斩安德海》《芙蓉公主》《赵氏孤儿》《大汉吕后》《多尔衮》等,其中如《秦宫月》等书目的演出时间已近 40 年,也足以跻身传统书目行列。上海、苏州是评弹演出市场的两大集聚区,两地书目上演情况验证了传统书目的市场韧性和艺术魅力。

但是,一个严峻的现象是,评弹传统书目正在加速流失,常演的传统书目在减少,传承书目的上演书回也在削减。即以去年苏、沪两地书场上演的传统书目为例,除去相同的书目,共得传统书目 29 部,今天能够传承的传统书目大致不出此数。这一数目只占周良先生统计的 156 部传统书目的 18.6%,可见绝大多数传统书目已经失传或濒临失传。即使是经常上演的传统书目,其传承容量和演出长度也今非昔比。以传统书《杨乃武》为例,1949 年之前,整部书共有 120 回,每回书演出 90 分钟,这是该书创始人李文彬留下的最为完整的表演长度。20 世纪 60 年代,经过第二代传人李仲康的整理,《杨乃武》一书仍有 60 回,每回演出 120 分钟。而今天的表演长度只有 15 回书,这也是绝大多数传统书目的演出时长,传统书目面临釜底抽薪的危机。

作为非物质文化遗产的苏州评弹,保护与传承是首要任务,而保护与传承的重点应该是推动优秀传统书目的整理提升和常演常新。这一重新定位,是对苏州评弹 400 余年绵延不绝发展历史的尊重,是对中华优秀传统文化传承发展规律的尊重,是对江南地区数十万评弹听众精神文化需求的尊重。

保护不是株守,传承不是复刻。“传统”本身是一个相对的概念、流动的概念,传统书目也始终是时代的文本。评弹书目发展的经验告诉我们,今天为我们所称道的传统书目也并非历史原貌,大多是经过了 1949 年之后加工整理的本子,传统书目中那些最具文学性的经典选回也大多诞生于 20 世纪 50、60 年代的书目“整旧”中。我们保护、传承传统书目,不是将传统时代形成的曲艺文本原封不动地搬演于今天的书台,而是要通过有序整理和稳步提升创造出属于我们这个时代的演出文本和表演形态。

对于今天在书场常演的传统书目(回目),要进行持续的锤炼与延伸,形成若干蕴含时代精神、具有较高艺术品位的演出本。如前所说,今天的传统书目大多以 15 回的篇幅演出于各地书场,传承形态主要是对上辈演出状态的复制和模拟。弹词名家邢晏芝曾将这种传承样态称为“拍照式”继承,是学生对老师一招一式的模仿、一笔一画的复刻,这是艺术传承的基础,但绝非艺术赓续的终极状态。当代评弹演员的文化使命是,对待传统书目,既要能够做到“照着讲”,更要能够做到“接着讲”。由“拍照式”继承上升到创造性传承,创造属于“我”(演员自身)的演出文本、时代文本。即便是面对《珍珠塔》《玉蜻蜓》这样经过千锤百炼的经典书目,当代演员仍然具有转化与创新的空间。方卿羞姑的心理动机难道不能再作深层分析?金张氏对贵生的思念难道只有在问卜时灵光一现?不少青年演员感到,许多从先生那里传承下来的书回在今天的书场演出已显出陈旧、庸俗,难道就不能进行更新与调整?许多太先生一辈创造的“噱头”已不再令人发笑、会意,难道我们不能创造新的“外插花”“肉里噱”?至于不少传统书目中的经典选回,如《文武香球》选回《一马双驮》、《双珠凤》选回《火烧堂楼》、《三笑》选回《载美回苏》、《杨乃武》选回《密室相会》等,都有打磨提升的二度创作空间。同时,作为传承人,不能仅仅满足于15回书的传承容量,应努力将书回向两端延伸,尽量补足、补齐传承书目,并在书场中演出,使演出长度大体接近传统书目的原真状态。

对于一些濒临失传、久不演出的传统书目(回目)进行抢救发掘,使它们复现于书坛,实现活态化传承。书目的流传本身就是艺术的汰洗,历史上百余部渐趋消失的传统书目,其艺术水准也是参差不齐,并非要将所有传统书目都进行复排复演,抢救发掘的前提是精心遴选。对于那些整体艺术水平较高、经过几代艺人传承的传统书目,要进行整体性“打捞”,发掘存世的演出脚本或音像资料,寻访能说演此书的老艺人,将一部书较为完整地传下去。如评话《济公传》,这部书的最早演出者为清代道光年间艺人张松亭,他传给尤凤祥、尤凤台,尤凤台再传尤少台,此后又出现了平雄飞、虞文伯、贾啸峰、陈浩然、范玉山、沈笑梅等名家,《济公传》一书曾经在20世纪40年代盛极一时,且出现多种表演流派。1962年,沈笑梅还曾赴香港演出,留下了选回《割瘤移瘤》《相府治病》等珍贵录音。游本昌幼年多次观看过这位“江南活济公”的表演,为他在电视连续剧中成功饰演济公一角打了下深厚基础。但是,评话《济公传》已经失传于书台,亟待发掘抢救。对于一些流传较短、传人较少的传统书,要发掘其中艺术价值较高的折子书,展现其在说、噱、弹、唱等方面的艺术特色,以回目的形式将书目传承下去。如张鉴庭编演的长篇弹词《秦香莲》选回《迷功名》、杨振雄编演的长篇弹词《长生殿》选回《絮阁争宠》、姚荫梅编演的长篇弹词《双按院》选回《炼印》等,全书已稀见于书坛,但是其中的回目别具特色,具有极高文学价值,亟待保护传承。

书场是评弹的主要演出空间,长篇连说是评弹的主要演出形式。但是,评弹的演出空间与表演形式也始终处于嬗变与拓展中,广播、电视、网络,百年来评弹演出形式始终与技术创新相随。进剧场、进园林、进文旅场馆、进城乡社区,线下演出空间的转换也反制着评弹表演形式的变迁。传统书目中那些最为精粹的片段大多以中篇形式流行于书坛,如中篇《大生堂》源出《白蛇传》,中篇《婆媳相会》出自《珍珠塔》,中篇《厅堂夺子》《庵堂认母》源自《玉蜻蜓》,中篇《三约牡丹亭》《点秋香》来自《三笑》,中篇《暖锅为媒》《玄都求雨》《老地保》来自《描金凤》,等等。这些中篇评弹不仅具有较高的文学品位和欣赏价值,而且大幅推动了流派唱腔、表演手段等的创新与提升,使苏州评弹在 20 世纪 60 年代展现出新样态、新风貌。因为是中篇体裁,演出长度在 2 小时左右,便于组织巡回演出,故推动了传统书目的传播与传承。今天的整理工作要因应评弹表演形态的转变,从传统书目中发掘打磨一批中、短篇书目,以适应现代剧场等多元空间的演出要求,为传统书目赢得更多当代观众、青年观众。

传统书目由谁来整理?在传统时代,说书人就是书目的编创者。因此,评弹有了“人说书、书说人”的相互成就,有了“一书百说、一曲百唱”的演出形态,这是传统书目生成的自发状态。但是,至少从 20 世纪 50 年代开始,评弹书目创作整理就采取了新的策略,集体化操作成为传统书目整理的主要方式。1956 年夏,上海评弹团即分别成立小组,对《十美图》《玉蜻蜓》《三笑》《隋唐》《英烈》等传统书目进行整理。到 60 年代,在陈云同志的推动下,上海评弹团又对《珍珠塔》进行了集中整理。而从 50 年代开始,苏州先后成立整理小组,对《岳传》《白蛇》《玉蜻蜓》《珍珠塔》《三笑》等 5 部传统书目进行加工整理。这一阶段的书目整理留下了值得汲取的历史经验,是否尊重评弹的艺术规律、是否尊重演员的主体地位成为传统书目整理成败的关键。苏州整理的《三笑》《玉蜻蜓》两部书之所以能够久演不衰、常演常新,很大程度上就在于当年在书目整理中,尊重了徐云志、周玉泉两位老艺人的意见。今天,单靠说书人一己的力量已经很难完成一部长篇书目的整理传承。今天的书目整理工作同样要采取集体化操作,在文艺管理部门的支持和保障下,以老艺人为中心,吸收中青年演员、评弹编剧、专家学者力量,组建常态化、专业化的书目整理小组,创作改编新的演出文本,推动传统书目演出质量的稳步提升。

如何对待传统书目是70多年来评弹发展史的核心问题,伴随文艺政策、社会环境、文化生态的深刻变化,传统书目的生存状态经历了十分曲折的过程。今天,优秀传统文化已经成为民族文化自信的基石。我们愈加认识到,戏曲、曲艺等传统艺术的传承发展也如顾颉刚先生所揭示的中华古史的形成规律一样,是所谓“层累地造成”的,譬如积薪,后来居上。当前评弹传承工作的重点就是加大对传统书目的整理提升,通过坚持不懈的努力,让积淀深厚的评弹艺术在我们这个时代获得崭新的面貌,深度融入民族新文化的建构肌理之中。

图书在版编目(CIP)数据

传统文化研究. 第27辑 / 苏州市传统文化研究会编. 上海 : 中西书局, 2025. -- ISBN 978-7-5475-2401-5

Ⅰ. K203

中国国家版本馆CIP数据核字第20253CY193号

传统文化研究(第27辑)

苏州市传统文化研究会 编

责任编辑 伍珺涵
装帧设计 王轶頎
责任印制 朱人杰
出版发行 上海世纪出版集团
中西書局(www.zxpress.com.cn)
地　　址 上海市闵行区号景路159弄B座(邮政编码: 201101)
印　　刷 上海肖华印务有限公司
开　　本 890毫米×1240毫米 1/32
印　　张 13.25 插页 8
字　　数 360 000
版　　次 2025年6月第1版 2025年6月第1次印刷
书　　号 ISBN 978-7-5475-2401-5/K·493
定　　价 88.00元